よく生きることは
よく書くこと

ジャーナリスト
千本健一郎
の文章教室
1985-2015

静人舎

編者より

本書は、朝日新聞社編集委員の故千本健一郎氏が、在職中から講師を務めた「朝日カルチャーセンター・千本文章教室」（一九八五―二〇一五年）で、毎年四期（一期三か月）開催の講座の期末ごとの文集に寄せたエッセイを一冊にまとめたものです。文集（当初『一ぷらす一〇〇〇』という名称で8号まで制作。以降は「作品集」）は、受講者が教室で発表した文章を集め、期ごとに一冊ずつ有志が自主的に制作したもので、その巻末に千本氏が一文を付け加えた体裁になっています。

私自身、一時期、千本文章教室の生徒であり、遡ること三十年ほど前には千本編集長のもと、「朝日ジャーナル」別冊などの編集スタッフに加えていただいたこともありました。そうした機縁もあり、三年ほど前、文集に書かれた千本氏の文章をすべて拝見する機会を得たところ、その内容のおもしろさに思わず惹き込まれていきました。

題材は国内外の社会情勢から映画や文学、身近な知友の動静、自らの失敗談まで諸事百般。なかでも戦争やホロコースト、差別問題や冤罪事件など、人の愚かさが引き起こしてきた現代史の闇に触れるとき、筆鋒は鋭く熱を帯び、一方で母親や友を語る筆運びは濃やかにしてどこまでも楽しげでした。その見識の冴え、書く対象に立ち向かう姿勢の剛毅にして飄々、偏らず、奇を衒わず、適度なユーモアも忘れず、そして何よりも明晰であること――まさに「文は人なり」と感じたものです。

千本氏が、教室で毎回、顔を付き合わせてきた生徒たち一人ひとりを思い浮かべながら毎期末、直接、手渡すように書かれた文章は、「何を」「どのように」書くかについての見本となったに違いないと思わせるに足るものでした。それらは講義の余滴にとどまるものではなく、我々の心に〝考えるための種〟を蒔いてくれるものでもあり、それが次の段階の〝書く〟という言葉の芽吹きを促すものになっています。最良の文章教室だと思いました。

ところがそんな折も折、二〇一九年四月、療養中と聞いていた千本氏の訃報に接しました。ああ遅かりし、と一瞬思ったものの、同時に私の中で、この文業を一冊にまとめたい、という気持ちがムクムクと湧き起こってきました。それから三年、コロナ禍という厄災もあり制作も遅れましたが、ここにようやく出版の日を迎えることができました。

本書の表題は、千本氏が第一回目の講義（一九八五年十月）で言われた「よく生きることがよく書くことにつながる……」からとりました。書き手の生き方や問題意識をも厳しく問う千本氏の生きる姿勢そのものです。本書にはその初回の講義について書かれた「由来記」（一九八七年）から最終稿となった「三方からの言葉」（二〇一五年）までの掲載分をすべて収めました。

その最終稿の末尾には、東電福島第一原発事故以降、災害の実相を現場から発信し続ける福島の詩人・若松丈太郎さんについて、「(若松さんの)詩文に接したのは、東電福島第一原発爆発直後の二〇一一年五月のことだ。騒動の尻馬にのるようにして、少しはものごとの深みに触れよう、考えるべきことを考えねば、と耳をすましてみたのが出発点だった」とあります。昭和から平成にかけて書き継がれた千本氏の文章がまさにそうで、どの話題についても、「ものごとの深みに触れ、考えるべきことを考え、耳をすます」という姿勢で貫かれています。

そうした一つひとつの文章に千本氏が託したメッセージを、次代の人々に手渡すこと、それが私の小さな願いです。それが叶うのであれば、何もいうことはありません。

二〇二二年三月

静人舎　馬場先智明

目次

よく生きることは　よく書くこと

ジャーナリスト　千本健一郎の文章教室　1985-2015

1987

昭和62年

由来記

「大正」のあとの元号を何とするか。その変わり目で、漢籍に通じた学者たちが資料の山に埋もれるようにして候補名をひろいあげていった。「神化」「神和」「元化」「昭和」「同和」「継明」「順明」「明保」「寛安」「元安」……。

選定にあたっては、「本邦はもとより言うを俟《ま》たず。支那、朝鮮、南詔、交趾等の年号、その帝王、后妃、人臣の諡号《しごう》、名字等及び宮殿、土地の名称等と重複せざるものなるべきこと」などの条件がついていた。

背後では当時、帝室博物館総長兼図書頭であった晩年の森鷗外が、この問題にひとかたならぬ情熱をそそいでいる。また、候補名にまじった「光文」を東京日日新聞が大スクープ。と思いきや、これが大誤報、とにぎにぎしいエピソードがつづく。

といった事情は、猪瀬直樹氏の『天皇の影法師』（朝日新聞社、八三年）という本にくわしいから、のぞいてみられるのも一興だろう。

ところでわたしが書こうとしているのは、じつは、年号のことなどではない。だれがだれの影法師、なんていちばん縁遠い世界だといってもいい。この文集のタイトル『いちぷらすせん』をめぐる話である。なぜこんなヘンテコリンな名前におちついたか、という経緯なのである。

千本文章教室の文集を出したいのだが、と長谷幸子さんから切りだされたのは、夏のはじめであったか。

この教室の店開きが八五年十月。一定の定着歴をもつ生徒さんの延べ数も、どうやら文集をみたすぐらいにはなった。

わたしが接した年齢の範囲は十八歳から六十八歳まで。学生がいる。サラリーマンがいる。数かずの専門職の人たちがいる。人生体験も発想、表現の仕方も多彩をきわめる。共通しているのは、一つひとつの文章が、私的な色合いの濃いものであれ、記録・報告のたぐい、はては世相・風俗にまつわるものであれ、書き手のその時々の表情をしかととどめている点だ。

教室の「実作研究」で紹介するにしても限りがある。みごとだ、すごいな、へェー、とひとりごちながら、筆者と短評を書き入れるわたしとのやりとりで終わっている例も少なくない。

わたしは講義のしょっぱなに、文章の基本は自分の言いたいこと、つまり用件をもれなく的確に伝えることだ、と話した。よく生きることがよく書くことにつながる、とも述べた。その地点からわたしの話を丹念に聞きとり、地道な修練をかさねて、ヘタな講釈を上まわるあざやかな筆さばきを見せる人々が現れだしている。

文集は頃合いだと思った。

むろん、この場合作業のにない手は、あくまで生徒さんだ。自分の一文も盛りこんで出したい、出そうじゃないか、という意欲なり心意気があって、計画ははじめて成りたつ。

趣旨には賛成。ぼくにもお手伝いできることがあればやりましょう。長谷さんにはそう答えた。

さて、編集責任者たちを軸とするネバっこい行動力がみのって、三十編からの原稿が集まった。たいへんな成果だ。現在の仲間だけではない。かつての同僚にもはたらきかけて、意欲と心意気を引きだしたのだから。

残るは文集の表題だった。

「ともしび」「夜長」「天の川」「くも」……と案が寄せられた。編集責任者たちは、だが、いっかな首をたてに振らない。

あげく、わたしに相談があった。ご下命があった、といったほうがぴったりかもしれない。考えてください、がいつか、決めてください、になっていた。こっちも教室でタクトをあずかる身として、そのくらいはセンエツでなかろう、と勝手にきめこんだ。

とはいえ、あの元号えらびの先生方のおごそかさ、いかめしさとは、あまりにもかけはなれていた。万巻の書をあさるわけでなく、第一、リッパな漢字をつらねる方式は、このさい似つかわしくないという思いがあった。

暮らしのざわめきのなかから、ひょいとわき出たようなことばはないか。そのあたりが出発点だった。歩きながら、しゃべりながら、また、ひっくりかえって、風の吹くまま思うにまかせた。

ある日、教室のなかのみんなの顔が、くっきり浮かびあがった。一人ひとりが、こちらを見すえている。固有名詞をもった、まぎれもない一個一個の存在を感じとった。

あなたという一人がいる。あなた方という多数が生まれる。そこへせんぼんが加わる、という形で教室ができている。ことばにすると自然、「いちぷらすせん」になった。

長谷さんに示すと「これがいいわ。これにしましょう」。いつものようにゆったりと、だがきっぱり、彼女はそう言った。

そばで聞いていたYさんが「『千夜一夜（物語）』もあることだし」と、きれいにつづけてくれた。

ヘンテコリンがひっこんで、夢がグーンとふくらみはじめた。

（『一ぷらす一〇〇〇』一号　一九八七年十二月）

1989

平成元年

地下茎

一枚の絵ハガキが舞いこんだ。あの、ベルリンからだ。

ある晴れた夕暮れ、穏やかな日ざしをあびて、人々が「壁」のまわりにわんさとたむろしている。明るい顔つきで語り合う人たちの姿から、その場のはずむようなさんざめきが聞こえてきそうだ。背後には、色とりどりの落書きをちりばめた壁と、東西ベルリンの境をなすブランデンブルク門の偉容がある。門は六本のドーリス式石柱を踏まえて人々を見おろし、そのてっぺんに東独国旗がひるがえっている。

nach dem 9. November 1989（十一月九日以降）

と説明がある。差出人はD君。つい最近まで四十八階16番教室で私たちと机を並べていた青年だ。九〇年春からジャーナリズムで働くことが決まり、ロンドンを足場に数カ月欧州武者修行に出かけたのだった。

「東ドイツ、チェコ、ハンガリーをかけ足でまわってきました。プラハでは二十万ともいわれる巨大なデモにそうぐうしました。……ブダペストでは、現地の高校生のデモにくわわって行進しました。……時代の大きなふしめをはだで実感している気がします」

走り書きの文字がおどっている。おかげで、こちらもすっかり東独にちかしくなったような気になる。

百年に一度あるかないかの祭りに出くわしたようなものだ。D君は運がいい、と思う。気分が多少うわずって見えても、おかしくない。現場での「実感」は今後の彼にとって、かけがえのない財産にもなるはずだ。

と、ここまできて、最近大学の教師をしているK氏から耳にした話がよみがえった。自分のゼミで、学生たちに現実の動きを素材にした週間経済報告をさせているという彼は、こんな話をしたのだった。

――学生たちは事態の推移をよく追って、うまいことまとめる。世界の動きにも目くばりがきいていて、ソ連・東欧の変化なんかも、ぬかりなく織りこんである。討議もそつがない。

――ところが、よく聞いてると、ほとんどがマスコミ情報の引き写しだ。ジャーナリズムの報道の先に何があるのか、何が欠けているのかなんて、ほとんど考えない。思考までマスコミ製で満足しきってる。

K氏は学生たちに、たとえばその場でよく出る自由ということばの内容についてたずねた。言論の自由、集会・結社の自由ぐらいまではすらすらいくが、それ以上となると、はかばかしくなかったという。

身近な答えを日本国憲法第三章にもとめてみる。そこには「思想及び良心の自由」「信教の自由」「居住・移転及び職業選択の自由、外国移住及び国籍離脱の自由」などが、はっきり記されている。それだけじゃない。「奴隷的拘束及び苦役からの自由」と、からの自由もきちんと謳《うた》ってある。このぐらいの範囲まで連想をはたらかせ、調べる手間ひまをかけて、目の前のキーワードをとらえてみたらどうか、とK氏はいいたかったようだ。

さらに、ソルジェニーツィンの『収容所群島』を読んだ者は、自由と関連してその本のことを思いうかべた者は、とK氏がたたみこむと、こんどは全員、きょとんとなった。それが現実となんの関係がある、ということらしい。だがこれは、「社会主義」体制をおおった容赦ない政治的凍土の下で、流刑に処せられながら自由を希求する表現活動をけっして手放さなかった者の一大記録なのだ。いまの歴史のうねりとは無縁、ですむものかどうか。

そういえば、私にも思い出す名前がある。ローベルト・ハーヴェマン。八〇年代の初めに亡くなった東独の物理・化学者である。ナチス・ドイツ時代には抵抗運動に加わり、マルクス主義の実現に命をかけ、東独建設の功労者の一人に数えられた人でもある。その彼が、スターリン主義とその流れをくむ東独社会主義体制に批判の目を向けだす。

「社会主義というのは、利口な人が考案し、馬鹿者どもが実行する類のものか」(R・ハーヴェマン『二つの時代の証言』=永井清彦訳、河出書房新社)

ハーヴェマンは一転反逆者の烙印を押される。しかも彼を公職から追放する側には、かつてのナチ残党もいる。だが、あくまでも社会主義の未来を信ずる彼は、西へ逃れる道をとらず、みずから主張を貫いて東独で生涯を終えた。

もう少し軽いノリでは、ヴォルフ・ビーアマンという、ギターをかかえた東独の歌う詩人がいる。彼もまたお上を真っ向から批判して、祖国を追ん出された。ビーアマンは歌う。

ぼくらの誤謬を公然と語ることは
敵を利する、ときみはいう。
よかろう。だが、ぼくらが嘘を語るのは誰を利するのか？

（野村修『ビーアマンは歌う』、晶文社）

この詩人がハーヴェマンと親交があったのも、ごく自然にうなずける。むろん、11・9の前後で自由を直接に実現したのは、数知れぬ民衆のどよめきには違いない（そのなかに、西側の物質的な潤沢さやきらびやかさに魅せられた人々の歓声が、少なからず混じっていたとしても）。これにくらべれば、ソルジェニーツィン、ハーヴェマン、ビーアマンなどは、歴史上のほんの小さなエピソード、と映るかもしれない。

だがこの時期、熱気・興奮に流されるだけでは芸がない。地上に現れた民衆の祭りの底に、ざっと見まわしてもこの程度の苦渋をしみこませた地下茎が縦横に走っているのを見落としたくない。祭りは早晩、自らを語る新しいことばをもとめ始めるだろう。そのとき発せられるはずの肉声の原型が、こうした地下茎にびっしり刻まれているように思えるのだ。

花を見て根を見ざる者はあやうし、とD君のハガキを読み返す。「英語、韓国語、そして浴びるほど本を読まなければなりません」と締めくくっている。

案ずることはない。自分なりに地下茎とつながろうとしている。「浴びるほど……」は、わがクラスの合言葉でもある。そうした要件を、D君は窮屈な空間のなかにちゃんとこめていたのだった。

（『一ぷらす一〇〇〇』二号　一九八九年十二月九日）

1990

平成2年

文章教室と本

よく書こうとするものは、よく読まなければならない。そう思っているから、私は各期の最終講義をほとんど本の紹介にあてている。おもしろいもの、わかりやすいもの、文章のいいもの、そして何よりも、同時代をビンビン感じとれるもの、といったあたりが選択の基準になる。体験や思考をひろげ、深めるうえで、本をみつけるのも重要な才覚だ。私なりの偏見がその一つのヒントになれば、といつも念じている。

〈政治・社会・思想〉

脇　圭平『知識人と政治　ドイツ・一九一四〜一九三三』（岩波新書）
後藤昌次郎『冤罪』（岩波新書）
青木英五郎『日本の刑事裁判——冤罪を生む構造』（岩波新書）
正木ひろし『弁護士』（旺文社文庫）
広津和郎『松川裁判』上・中・下（中公文庫）

丸山真男　『日本の思想』（岩波新書）
佐和隆光　『経済学とは何だろうか』（岩波新書）
原田正純　『水俣病』（岩波新書）

〈ルポルタージュ・エッセー・現代史〉

安岡章太郎　『アメリカの感情旅行』（岩波新書）
司馬遼太郎　『街道をゆく』（朝日文庫）
陳　舜臣　『日本人と中国人』（集英社文庫）
富岡多恵子　『ニホン・ニホン人』（集英社文庫）
松本清張　『半生の記』（新潮文庫）
上野英信　『追われゆく坑夫たち』（岩波新書）
上野英信　『地の底の笑い話』（岩波新書）
T・K生　『韓国からの通信』一九七二・十一〜一九七四・六（岩波新書）
加藤周一　『羊の歌――わが回想』（岩波新書）
加藤周一　『続 羊の歌――わが回想』（岩波新書）
石牟礼道子　『苦海浄土』（講談社文庫）
新藤兼人　『祭りの声――あるアメリカ移民の足跡』（岩波新書）
亀井俊介　『サーカスが来た！』（文春文庫）
斎藤隆介　『職人衆昔ばなし』（文春文庫）

鎌田　慧『自動車絶望工場——ある季節工の日記』（講談社文庫）
栃折久美子『モロッコ革の本』（集英社文庫）
加賀乙彦『死刑囚の記録』（中公新書）
羽仁五郎『ミケルアンヂェロ』（岩波新書）
鶴見俊輔『北米体験再考』（岩波新書）
鶴見俊輔『語りつぐ戦後史』上・中・下（講談社文庫）
福沢諭吉『福翁自伝』（岩波文庫）
荒畑寒村『寒村自伝』（岩波文庫）
なだいなだ『お医者さん』（中公新書）
澤地久枝『昭和史のおんな』（文春文庫）
澤地久枝『妻たちの二・二六事件』（中公文庫）
角田房子『墓標なき八万の死者——満蒙開拓団の壊滅」（中公文庫）
角田房子『アマゾンの歌——日本人の記録』（中公文庫）
梅棹忠夫『モゴール族探検記』（岩波新書）
梅棹忠夫『東南アジア紀行』上・下（中公文庫）
深田久弥『日本百名山』（新潮文庫）
開高　健『もっと遠く！』（文春文庫）
開高　健『もっと広く！』（文春文庫）
石川　好『カリフォルニア・ストーリー』（中公新書）

沢木耕太郎『敗れざる者たち』（文春文庫）
中野好夫『世界史の十二の出来事』（文春文庫）
吉野せい『洟をたらした神』（文春文庫）
金　達寿『わがアリランの歌』（中公新書）
長田　弘『私の二十世紀書店』（中公新書）
村上信彦『明治女性史』全四冊（講談社文庫）
小田島雄志『シェイクスピア物語』（岩波ジュニア新書）
塩沢美代子『メイド イン 東南アジア』（岩波ジュニア新書）
細井和喜蔵『女工哀史』（岩波文庫）
横山源之助『日本の下層社会』（岩波文庫）

＊以上は一九八五年十二月十四日、第一期講義の最終回で紹介したもの。文庫、新書に限定した。ここでは、そのとき加えた短評は省略して書名だけを挙げる。

（『一ぷらす一〇〇〇』二号　一九九〇年五月刊）

1991

平成3年

戦争とキーワード

三十余年前にならったドイツ語の一文が、妙に頭に残っている。それはたしか、こんな意味あいだった。

〈王はなぜ、厄災ののちに平和をつくるのか。厄災の前にではなく。〉

("Warum der Koenig macht nach dem Schaden Frieden, und nicht vor dem Schaden?")

厄災がおこってみなければ平和の必要性を感じない人間の、いや支配者の、思いあがりと愚かさをついたことばに違いない。いつのころか生まれた箴言の響きをもつこの表現が、今世紀も暮れなずもうとする当節、いやに現実味をおびて迫ってくる。

やがてひと戦さ終われば、フセイン王とブッシュ大帝とが厄災の責任をめぐって、それぞれ数万数十万語をついやすことになるだろう。そのときは冒頭の記憶の断片をもじって、なぜ王と大帝は厄災ののちに長広舌をふるわれるのか、厄災の前にではなく、ぐらいのことは、いってやりたい。

戦争とキーワードなんて看板をかかげたくせに、はじめから軌道がそれかけた。それにここでの眼目は三十余年前の思い出などではなくて、もう一歩さかのぼった四十余年前の話なのである。

私が日本人として身近に戦争を体験したのは「大東亜戦争」が最初で最後だ。そのころ私のなかにことばとして埋めこまれた数かずの出来事が、その後、戦争の二文字をみるたびに甦る。たとえば警報ということばだ。敵機来襲の遠近に応じて鳴る警戒警報、空襲警報のサイレンの音が、どれだけ人々の胸をえぐったか。

玉砕には「名誉や忠義を重んじて、いさぎよく死ぬこと」という美しい定義が辞書に記してある。だがどう飾ろうと、軍民とともに一箇所に集まっていたものが全滅するということだ。アッツ島、サイパン島、硫黄島などがその舞台になった。玉砕には、島を飛び石にして本土に迫る敵の悪夢がいやでもつきまとう。

それ以上に肉感として刻まれているのがボードー、リャクダツ、ゴーカンの三語だ。十歳の幼い耳にはまず音が入ってきて、表意の文字ははるか時間がたってから知った。

「暴動」は、奉天（現・中国東北部の瀋陽《しんよう》）駅あたりで満人や鮮人が暴動を起こしたといった言い方で、恐慌をきたした日本人のあいだにひろまったのだった。

「掠奪」と「強姦」はソ連軍の奉天進駐とともに日常語になった。ソ連赤軍兵はスターリンがソ満国境経由で送りこんだ囚人兵だった。物欲と性欲とをむきだしにした集団であった。彼らは日本人の家と見るや土足で押し入って、あらゆる金品と女性をあさった。

いずれも昭和二十年八月十五日以後のことだ。すでに公の戦いは終わっていた。だが、硝煙がくすぶりつづけるうちは、民衆にとっての戦争は幕がおりないのである。

はじめは三語とも、ひたすら被害者の側に身を置いて聞き耳をたてていた。だがやがて遅まきながら、このそれぞれに、いまわしい加害者の面がはりついていたことを知らされる。

暴動という名の報復は長年、日本人に押えつけられていた人々の自然な衝動であったに違いない。暴動、とうろたえて叫んだ瞬間に、日本人はみずから他を踏みにじってきた過去をきれいに忘れはてたようだ。

掠奪と強姦もそうだ。ソ連の囚人軍をまつまでもない。中国をはじめとするアジアの各地で「皇軍」が「戦意高揚」のために、とっくにやらかしていたことだったのである。

さらにいえば「大東亜戦争」という呼称そのものが、キーワード中のキーワードとしてまるごと私にしみこんでいる。「東亜の盟主」をもくろんだ大日本帝国の意思を、少国民はうのみにしては吐き出していたのだ。私にすれば太平洋戦争とか第二次大戦といった言い方は中立的、というより非歴史的な〈無菌表現〉でしかない。というわけで、大東亜戦争ということばは、めったなことで放り出したくないのである。

ひるがえって、四十有余年後のいま、湾岸戦争を見ながら思う。目の前の戦争にワルノリするだけでなく戦後処理にむけて、どんなキーワードが浮かびあがるだろうか。王とその忠臣たちがまきちらす聖戦、正義、リンケージ、スカッド、パトリオット以上に民衆の生き死にに即した表現は、ついに聞こえてこないのだろうか、などなどと。

今はとりあえず、レバノンの『アル・デヤル』紙に書かれていたというこんな一節が胸に落ちる。

「この戦争の前はすべてが悪かった。戦争後はすべてがもっと悪くなるだろう」

(『一ぷらす一〇〇〇』三号　一九九一年二月二十一日記)

六百字の世界

安岡章太郎の短文に、「作文の功罪」というのがある。

筆者はかつて予備校にかよい、毎週、作文を書かされた。四十分間で六百字詰め原稿用紙一枚をキチンと埋めるのである。模擬答案は活版プリントになって学校中に配られる。半年たつと自分の作文がプリントされる。浪人二年目からは、プリントの常連に。三年目には「益々作文の要領を会得」したが、もうプリントにはならなかった。「評には、ただ『うま過ぎる』とあった」という。

文章を書くとは、当然ながら、六百字の名人を目ざすことではない。おのれの思いを自分のことばで他人に伝えようとする行為に他ならない。むろん、一定の紙幅の制限がつきまとう。だれもが有限の時間、空間を生きているかぎり、やむをえない制約だろう。わずか六百字で何が書ける、という声がある。そうも思う。だが、方寸の場とはいえ表現の機会を得たとすれば、身をよじってでも生かそうとしない手はない。

巨漢から小兵までが、同じ直径十五尺の土俵上で技と力を競う。となれば一切のむだを剝ぎとって最高の自己実現を図るしかない。大相撲の精華とは、そういうものだろう。六百字の世界とも通じ合う面がありそうだ。
　さらにいえば、要領を会得しただけの文章は、やがて、自己陶酔と堂々めぐりにおちいる。限りない知性のひろがりに無関心なうまさが、うとまれる所以《ゆえん》である。

（作文集Ⅰ　一九九一年十二月）

1992
平成4年

記録讃歌

お巡りさん嫌いの私が、お巡りさんの撮った写真に惚れこんでいる。彼の名は石川光陽。昭和六年に警視庁本庁勤めとなり、以後三十六年間、ライカDⅢを首にさげ、昭和の日本をうつしつづけた。

目の前に、出版されたばかりのグラフィック・レポート『東京大空襲の全記録』（岩波書店）がある。わずか十カ月で東京が壊滅するさまが、石川の手記と写真で冷酷なほど事実に即して刻まれている。

恐ろしいのは、町の景観が無残に変わっていく過程だけではない。克明に記された、火の海に逃げまどう人たちの表情や路傍に山をなす黒こげのむくろに、なんど息をのんだことか。目をそらしてはならぬむごたらしさというものがあるのだ、と思い知らされる。

石川は当時、警務課員として「空襲下の警察、消防の活躍の状況、災害状況など」を撮りつづけるよう上司から特命をうけていた。その結果、はからずも彼は、東京大空襲の全貌を写しとる唯一の日本人になってしまう。

作業は被災者とともに戦火を浴びつつ、生死紙一重のところで進められた。それがあってか敗戦後、占領軍からフィルムの提出を命じられたときも、石川は自宅の庭にネガを埋めて守りぬいた、という。

その一方で、石川のレンズは、戦前の東京の平和な光景をもありのままとらえた（『痛恨の昭和』など）。明るく生まじめそうな日本人の姿が彼の「レポート」のあちこちに息づく。それだけにまた、歴史が暗転したのちの、闇の深さが身に迫る……。

とまれ、石川はカメラ一台を武器にいつか組織の役割を超え、同時代を証言する地点にまで達した。私が目を見はるのは、じつは、このお巡りさんの記録への情熱であり、普遍への意欲なのである。

（作文集Ⅱ　一九九二年三月）

おばあさんの力

一時間十六分にわたる話を聞き終えて、途方もないおばあさんがいるもんだ、とあらためてため息をついた。話し手は作家の住井すゑさん。今年の一月で九十歳になったが熱意、体力、執筆力にかげりのきざしもない。

奈良県の被差別部落の人々を主人公に、水平社宣言が生み出されるまでの筋道を克明に描いた住井さんの『橋のない川』六巻は、すでに六百万部を売りつくした。年格好といい実績といい、多少のぼけや自己満足が生じてもおかしくはないだろう。

ところがこの人は、昭和天皇の死を契機に、あらたに第七部五百枚を書き加え、間もなく発行というところまでこぎつけてしまった。公刊がいささか遅れているのは、推敲に推敲をかさねているからだと聞いて、底抜けの集中力にまたびっくりする。

住井さんがこの五千枚の大作にとりかかったのは一九五七年、五十五歳のときだ。夫の農民文学運動家・犬田卯《しげる》氏がなくなり、「これで犬田は私の中に入った」と『橋のない川』への長大な旅が始まったのだった。住井さんはかつて、あるインタビューで『橋のない川』のイメージについて、こんなふうに語っている。

「ベーリング海峡で切れているアジアとアメリカ大陸が、もしつながっていたら、どうなっていただろうか。もし橋がかかってたらどうなるだろう——と考えたのです。そして寝ていると、あのさかまく怒濤が目にうかぶ。……人間の橋のない川は、大きくは、民族、人種による差別、同民族のなかでは家柄、血筋による差別です」

この作品はいったん第四部で完結したが四部で終わりたくない、終わるべきでない、という住井さんの意思が第六部まで書きつがせた。それが今は七部を書き終えて「願わくばもう十年生かしてもらって八部まで書きたいですね」とケロっと言ってのけるのである。

この情熱の根はどこにあるのか。住井さんは淡々と語る。

「明治四十三年六月、小学校三年生のときに大逆事件が起こり世の中が間違ってると思ったんです。幸徳秋水は世の中の金持ちと貧乏人の差をなくそうと考え、日露戦争に反対して天皇に爆裂弾を投げた悪い奴だ、と校長が訓示をした。私はそれを聞いて、自分と同じ考えの人がいてくれた、と胸がワクワクした。

翌四十四年、その秋水が同志十一人とともに死刑になった。私は生涯かけて秋水の仇をうってやろう、秋水の志をうけつごうと、子ども心にかたく決めた。それには七部じゃたりないですね」

この日の聞き手は、私を含む八千五百人。会場の東京・日本武道館が「ビートルズの公演なみに」人間でふくれあがった。たった一人のおばあさんの話を聞くために。二千三千じゃ物たりない、一万人に話しかけてみたい、と望んだだけあって、舞台中央にちょこんとすわったおばあさん、茶のみ話でもするように、「日常考えていること」をとぎれなく紡ぎだしていく。

「数年前に一人の若いお母さんが私のところへ相談にみえた。小学校五年の子に、こう言われたって。『天皇さんはもうじき死ぬでしょう。そしたらそのあと、どうやって天皇さんを選挙するの?』。天皇の跡目は天皇のお子さんがつぐものと決まってると思っていたけれど、そうは子どもに答えられなかった。子どもにも理のあるような気がして。いったいどう答えたらいいのでしょうか、と言うんですね。

私は言いました。『お子さんをほめてやってください。二十一世紀を生きるにふさわしい感覚だ』とね。お母さんは、じゃあ、子どもの考え方は間違ってなかったんですね。安心しました、と言ってにっこりされました」このあと、おばあさんは、すらすらと日本国憲法第一条、第二条を引き合いに出して、話の核心にせまる。

——憲法のしょっぱなに天皇は国の象徴だとか、皇位は世襲のものだとか書いてある。世襲で家柄が決まるのが封建ということだ。現行憲法は民主憲法だと教えられているが、じつは民主社会に封建天皇制が腰をすえているんです。

——天皇も、自分は選挙で選ばれたのではないからその席にはつけないとは言わない。日本はまだまだ民主国家じゃないんですね。

世襲としての「貴」があるかぎり、世襲としての「賤」（被差別部落）が存在するのは理の当然、と言う住井さんの視点が、憲法の読み方に新鮮な光をあびせる。

現行憲法の矛盾その二として、住井さんは第十四条を例にあげる。そこには「すべての国民は……社会的身分又は門地により……差別されない」とある。

——これでは、法の下の平等を謳いながら、社会的身分や門地（いえがら。門閥）は厳然としてあるのだ、と差別の現実を認めていることになる。上に差別が居すわってるんだから、差別はいけないと良識に訴えても、ことはなかなか進まない。本が売れた売れたといっても、いっこうに手応えがない……。

こんな憲法論議をする憲法学者や評論家に会ったことがない。これこそ「人類の母性は人以上の人を生まず、人以下の人を生まず」と言いきる住井さんにふさわしい発想であり、論理だろう。再びおばあさんの肉声を借りて言いかえれば、こういうことだ。

「母親が子どもを生む瞬間、日本人を生むんだなんて感覚はありませんよ。あたりまえの人間に生まれてほしい、という祈るような気持ちしかないはずです。だから、人は地球のどこに生まれても地球人として通用すればいい。それくらい人間はすべて自然法則のもとに生まれ、宇宙共通の存在なんです。これは四人の子どもを生んだ母親として保証します」

子ども時代の鋭敏な感受性を下地に、母性と理性ががっちり手を結んで、このおばあさんの生き方を支えている――そんな実感が自然に湧いてくる発言だ。
　住井さんは、人為の差別構造の対極に、だれもが従わざるをえない自然法則として時間という要素を考える。だれもが死からは逃れられないという平等原理の下で生きている現実を、である。だから今後、時間切れで志半ばで倒れても、また次の人が志を引き継いでくれる、とさばさばしている。あくまでも冷徹なリアリストなのである。

＊

　ここでいったん、立ちどまって読みかえすと、住井さんのとてつもない肺活量にのまれて、この人のことばを追うのに精一杯、といった気配が濃厚だ。でもこれは、彼我の人間の格が違いすぎるのだから、いたしかたない。そういえば住井さんは、八十を少し過ぎたころ、こう言っている。

「人間は五十過ぎて、六十に入って世の中のことが見えてくる。……いまになってみると、いま書けば（『橋のない川』は）もっといい作品になっただろうに。……早く書きすぎたような気がします」

　もう一度、立ちどまって考える。「おばあさん」をいやに連発したが、私の中に、九十歳のおばあさんなのによくやってるという意識が根深くあるんじゃないか。「なのに」とはつまるところ、若さの優越信仰につながる感覚ではないか。などなど。

　だが住井さんの表情に目をこらし、話に耳をすますと、「なのに」の角度から見ては、とんだシッペ返しを食うような気になってくる。こういう人を誤解すれば損失は間違いなく誤解する側に生ずる、と言ってもいい。

そこで「なのに」を「だから」に置きかえてみる。九十歳だから、おばあさんだから、これだけの「人間宣言」がのびのびできるのだ、というふうに。そうしてみると、このおばあさんの言動が、とても素直にのみこめる。しかし、このおばあさんは、やはりただものじゃない。そんなことは、とっくにお見通し。すでに十年も前に、彼女流に老いというものを見すえていた。

「一年ごとに読む本が多くなるから、その分少しずつでも利口になるわけでしょう? 自信が増していくことはあっても、不安なんて絶対ないですね」

「世間では何をもって老人だ、役立たずだと言うんですか。年寄りが社会的に何の役もしないとしても、地球の植物にとって彼の吐く息は必要なんです。……生きてる者はすべて地球のために役立ってるんですよ」

ここまでくると、住井さんを「なのに」や「だから」でとらえようとするのは見当はずれであることに気づく。この人は甘えや押しつけがましさからほど遠い、一個の自立した人間そのものだからだ。その人間が、たまたまおばあさんであるにすぎない、ということだろう。

＊

話を終えた住井さんは、現れたときと同じように左手にハンドバッグをさげ、右手をあげて軽々と拍手に応えながら、飄然《ひょうぜん》と舞台の袖に消えていく。いくぶん背をまるめ、でもたしかな足どりで。

「書くことは戦(いくさ)です。自分の思う通りの道を歩こうとしたら闘うほかない」という気迫が、めったなことで老いを寄せつけないのかもしれない。

近づけないのは、老いだけではない。私にしたところで、ノートを片手に、よちよち歩きで住井さんの背を追う赤ん坊のようなものだ。

帰りぎわに、聴衆の一人にまじっていた哲学者の久野収さんにばったり会った。住井さんの底力にあおられた直後だったせいか、この八十歳のエネルギッシュな思想家までが、住井さんの年若い弟のように見えたのだった。

（作文集Ⅲ　一九九二年六月）

紀州・一九九二年八月十四日

もう午前零時をまわっていた。怪しげな記憶をたよりに、どうやらその家をつきとめることができた。小さな田舎町のことだ。当然ながら夜は早い。でも、忌中の札がかかったこの家は玄関をあけはなち、あかあかと灯をともしていた。

玄関先で名乗ると、見知らぬ男の人が現れて、「いま、うちのもんらが、おたくのことを話してたところです」、とびっくりした顔つきになった。

奥の間に遺体が置かれ、それをとりまくようにして数人の女たちがいた。看病疲れか、ふすまを取り払った次の間で眠りこけている人もいる。二十代、三十代、四十代、それに、かけはなれて年とった人も見える。

「いっぽんさんは、どうしたんかいな、いつ着くんかいなて、いまゆうとったとこや」

いちばん年かさの人が静かにそう言って、こちらに顔をむけた。なつかしい表情であり姿だった。中上健次氏はこの母について語るとき、全身に愛となつかしさをただよわせたものだ。「おふくろが高血圧であぶないんですよね」と彼の口から聞いたのは「伽倻子のために」の試写会の帰り道だから七、八年にもなろうか。そのお母さんは、以前よりちんまりした印象を与えるが、それでも七十五歳のゆったりしたおばあさんになって、いま私の目の前にいる。

私がお母さんに初めて接したのは十五年も前のことだ。中上健次氏に紀伊半島の被差別部落を巡るルポルタージュを書いてもらうために、新宮を起点にともに歩きだしたときにお会いしたのだった。中上氏は「岬」で芥川賞をとった直後で、彼の小説の主な市場は東京にあったから、熊野まで乗りこんでくる編集者は珍品に見えたらしい。そこで「せんぼん」が、なぜか「いっぽんさん」の異名をいただいたのである。

当時、A・ヘイリーの「ルーツ」がアメリカで大当たりをとっていた。二百年余にさかのぼって黒人一族キンテ家の根っこから幹、枝葉までを克明に描こうとした野心的な物語だ。それを日本でやったらどうなるか。被差別の人々を軸に、小説ではなくドキュメンタリー手法で表したらどうだろう。中上氏と私は、ひと仕事終えたあとの雑談で、「紀州 木の国・根の国物語」の夢をとめどなくひろげていったのだった。

「おふくろに会ってみて」という中上氏のひとことから、私は、紀伊半島のすみずみにまで生きる根の国、つまりは被差別の人々の世界に、ごく自然に引きこまれていった。

おふくろさんの「キンジニヤニヤ」の話はこんなふうにして始まった。

「むかしあるところに、貧乏の家があってよ、そこに、親孝行の息子があって、おとうさんとお婆さんとおって、暮れの三十日くるけど、他所の家はもちついたりなんかして飾りもんするけど、そこの家だけが、まあ飾りもんも出来んし、なに、どうしようと思案してね、それから、まあその……」

筋立ては、ひとことでいえば「おむすびころりん」であり、全国に散らばるねずみ浄土の物語である。ころがるおむすびを追って地底に迷いこんだ若者が目にしたのは、ねずみたちの餅つきだった。『キンジニヤニヤ猫の声すればよー／ここは袋の御用ねずみよー』と言うてつきいるんやと」

半島先端の串本に近い古座《こざ》に生まれ育ったおふくろの話には、文字をもたぬ人々が語り伝えてきた物やわらかさと人なつこさがまじる。話はいつか、海鳴りや山風と響き合う。

——それにしても、長い時間がたっている。

「キンジニヤニヤ、いまでもよーくおぼえてますよ」

「わしも、あんたのことは、よーくおぼえとるよ」

その場の女たちは、故人の娘さんであり、姉たちであり、また妻であったりする。中上氏の死に顔には、文学とさんざん格闘し、病魔とまた戦いぬいたあとの平穏さが凝縮されている。その顔に飽かず目をやる母には、融けいるようなやさしさと、はっとするような女の威厳とが同居している。

母が、つぶやくともなく話しだす。

「健次は、だいぶ前から目が見えなくなっとった。死ぬ前の日の夕方やった。あの子をさすってやろうとするとな、こうして手をおさえて、いかん、わしがなでたる、ゆうて顔から手から背中から、さすってくれるんや。かわいい、かわいい、ゆうてな。手を吸ってくれたりしたんや。そんなこと、いっぺんもなかったのにな」

悲嘆にひしがれまいとする者の、おだやかな声音だ。一瞬、キンジニヤニヤの音律がよみがえる。

同じ日の昼すぎ、中上健次の骸《むくろ》を乗せた霊柩車は、大地を焼く真夏の光をあびて、火葬場へ走り去った。手もとに「文嶺院釈健智」と戒名を書きつけた紙片が残った。

(作品集Ⅳ　一九九二年九月)

人まみれ

年の瀬が迫ると、自然に思い浮かぶのが出会ったり別れたりした人々の姿である。その年がどんな年だったか、真新しい暦にどんなことが書きこめるか。それもこれも、目の前に明滅する人間の表情をぬきには考えられないからだ。

夏八月、作家の中上健次さんが死んだ。紀州の「路地」を出発点に朝鮮半島からアメリカ、ヨーロッパへと足をのばし、視野を深め、広い意味での差別・被差別の多重性を追った一生だった。十五、六年前、ルポルタージュ『紀州　木の国・根の国物語』の仕事でともに紀伊半島の被差別部落をめぐり歩いた体験が、ジャーナリストとしての私をどれだけたのもしく支えてくれたことか。中上さんもまた、「あのとき、みっちり仕込んだものを、ぼくは小説の中で存分に吐きだしている」とくりかえし語っていた。

中上さんは、生きることにおいて比類なくたくましく、表現することについては貪欲をきわめた。肉体と精神を使いきって天稟《てんぴん》を開花させ、さらに新しい章を開いては重ねていった。ときにほとんど人間ばなれして見えた文学的営為が、人間・中上健次の肉体をむしばみ、あっけないほどの頓挫をもたらしたかと思うと、なんとも皮肉な成り行きではあった。

人間への眼差しが鋭く、やさしいものであればあるほど、行動や表現に欲深くならざるをえない中上健次がかつて共同作業者として全身で発信していたのは、そういう意思だったような気がしてならない。

長い夏が往生際悪く立ち去りかねているころ、もう一人の作家・干刈あがたさんが亡くなった。中上さん同様、四十代の後半に入って、仕事がぐーんとふくらみそうだな、と予感させていた矢先の悲報だった。

離婚、母と子の葛藤、仕事にかかわる女たちのあり方、男や女をめぐる新しい人間関係の組み替えなどなど。単数、複数の同時代人のふだん着の生き方を、率直な観察眼と飾らぬ筆によってさらに掘りさげようとしていたはずだ。

彼女の作品は、周囲を圧倒するような巨大な人物や大がかりな事件などとは無縁に見える。だが彼女が描く現代生活の細部には、はっとするような深い傷や病、そしてときにいたわりまでが、さりげなく埋めこんであった。だから、でもあろう。目黒の奥のお寺でひっそり行われた葬儀で文芸評論家の松本健一氏や川本三郎氏を見かけたのは意外でもあり、やっぱりそうか、と心のどこかでうなずくものがあった。

うなずく以上にずしんと腹にこたえたのが、イスラエルの作家アモス・オズ氏との接触であった。オズは現代イスラエルを代表する知識人でもある。八年ほど前、彼のルポルタージュ『イスラエルに生きる人々』を翻訳したのがきっかけで、アラブ人とユダヤ人の相克が私の身近な主題になったのだった。

オズは一九三九年のエルサレム生まれだから、単純計算では私より四歳下ということになる。挨拶がわりにそういうと、オズは「なるほど。でも私は三百歳ぐらいのような気がする」と答えて、にやりとした。瞬間、「エレツ・イスラエル」（イスラエルの地）の苛烈な体験が生みだした疲労感と英知のまじり合った表情が、ふっと現れた。

オズはみずからをハトと呼ぶ。だが「戦争はいやだ。愛を育てよう」（"Make love, not war"）式のロマンチックな運動者とは、はっきり一線をひく。じじつ彼は第三次（六七年）、第四次（七三年）中東戦争でアラブ人を相手に戦っている。さらに今後も銃をとらないとはかぎらない、と明言する。

ただし、「一つは私自身、私の家族、私たちの国民の生命がおびやかされたとき。もう一つは私自身あるいは国の自由があやうくなったとき」と、はっきり条件がついている。いいかえれば、「国益のため、資源獲得のため、もう一つ寝室をふやすためなら一インチも動くつもりはない」という決意でもある。

イスラエルは北海道の四分の一弱の大きさで人口四百五十万（うちユダヤ人は三百六十万）。ケシ粒のような、中東の一地点にすぎない。そのひとかけらの土地に、遠くは二千年来の離散《ディアスポラ》を生きぬき、近くは第二次大戦中のナチス・ドイツによる大虐殺《ホロコースト》を逃れたユダヤ人たちがしがみつく。同時にパレスチナ・アラブ人が一千年以上も生活の根をはってきた事実を盾に、その同じ土地の占有権を主張する。

そこに二つの民族が死を賭けて争う最大の理由がある。それぞれがみずからの歴史的正当性のみを言いつのれば、相互流血のはてしない連鎖以外に期待できそうもない。オズは、この両者がのっぴきならぬ矛盾をかかえつつ人間としてともに生きるための方策を、知恵と力をふりしぼって追いもとめている。彼は、ひとつの処方としてユダヤの古いジョークを引き合いに出し、全方位論法ともいうべきものを紹介する。

——二人の農夫が一匹の山羊をつれ、ユダヤ教の導師《ラビ》のもとへやってきて裁きを乞うた。「これはわしの山羊だ」「とんでもない。わしのものだ」。ラビは二人の言い分を聞くと判決をくだした。「二人とも正しい」。そういって彼は昼食をとりに家へもどった。家では妻がこの話を聞くなり言いかえした。「同じ一匹の山羊が、Aのものでもあり、Bのものでもあるですって。そんなこと成り立つわけがないでしょ」。ラビはちょっと考えてからこう答えた。「なるほど。お前のいうことも正しい」

この場合「全方位」とは、態度をあいまいにしたり、論点をぼかすことではない。これが人間というものだ、人が生きることは正義が支配することよりも大切なのだ、という認識を意味している。それは人間存在そのものにつきまとうあいまいさ、人間を生かすだけの余地・容量といってもいいだろう。

オズがことばをそえる。

「舞台が死骸の山になりながら正義が栄えるというシェークスピア的悲劇の幕切れはいただ

けない。これに対してチェーホフ流の悲劇は登場人物全員が欲求不満をかかえ、幸せになりきれず、傷心のまま幕がおりる。しかしだれもが生きのびている。自分は後者の結末にくみしたい」

「しかしだれもが生きのびている」（STILL ALIVE）ということばに象徴される全万位の知恵の一端が、私の胸にことのほか響いた。

人は死ぬ。殺し合いをやめる気配もない。だが、喜々としてにせよ、やむをえずにせよ、異なる歴史や文脈と折り合って生きることの中に、自分が自分でありつづけられるかどうかの鍵がひそんでいるのではないか。そう思い知らされたからである。

貴重な人々の死と生が、今年もまた私の上に消しがたい刻印を打っていった。直接間接、人間にふれることを滋養にどうやら生きのびてきた身である。今後も人まみれの暮らしにはげみ、一条でも多く光をあびつづけたいと夢みている。

（『一プラス一〇〇〇』四号　一九九二年十二月二十二日）

1993

平成5年

利休の手紙

その夜、宴席で骨董商のPさんは終始上機嫌だった。ふだんは寡黙な紳士だが、興にのり気持ちがほぐれると一気に言葉があふれる趣がある。近ごろ茶人・千利休の手紙のひとつを発見して四十万円で仕入れ、三百万円余でさばけたとかで、この日は舌がすこぶるなめらかだった。コットウにはとんと面識のない当方だが、古ぼけた手紙を左から右へまわしただけで数百万なんて、聞いただけでも生唾がわく。でもPさんが高揚していたのは、その程度の商いのせいではなく、本物の利休の手紙を掘りあてた快感のせいらしかった。

「ふつう、本物の利休なら数百万はする。それが四十万で（入札に）落ちたんですから。これは偽物の値段ですよ。でも自分の中にコンピューターのように積み重なった利休があったからピンときた。日ごろの月謝がむくわれました」

顧客に本物を売ってこそ信用もつけばハクもつくといわれるこの業界、Pさんが四十年からの取引歴の中で偽物をつかまされ、天を仰いだことも一度や二度ではなかったようだ。

「なにしろ私たちの世界は目のたたかい。不勉強なら負ければいいんです」

日ごろ穏やかなPさんの目が妖しく光る。研鑽《けんさん》の誇りというものか。そのほかにも、Pさんの本物識別法がなかなかふるっている。

「こんど私が出会った手紙は宛名が甚兵衛などという、だれも知らない名前になっていた。どうやら仕立職人らしい。茶入れの袋ものができたかどうかをたずねていて、できていたら持たせてほしいと書いてある。こんな身分の低い者への手紙なら、まず偽物ということはない」

逆に宛先が秀吉だの、高弟で後継者の古田織部だのになっていたらどうだろう。大物をダシに値段をつりあげようとする魂胆を見込んで、眉に唾してかからなければならない、という。そこへさらに「追《お》って書《が》き」、つまり今でいう「追伸」の件が加わる。

手紙も用件だけでは茶会の楽しみがうすいからと、文末に思いついたことを書き加えて色をそえる。うぐいすの初音を聞いて一句ひねってみたとか、季節にちなんで桜をうたってみたとかいっては、自由に書きこんでいくやり方だ。むろん本物なら、これで雅趣も値段もいやますというわけだが、後世の人間が欲にかられて勝手に追って書きをつけ加える例も少なくないらしい。むろん利休ばりの風流な文言を考え、利休の書体に似せて、である。

どこか贋金づくりめいた工夫の才と、粒粒辛苦をいとわぬ情熱を感ずる。とはいえ、真贋の見きわめに生きる者にすれば、油断もすきもあったもんじゃない。

ポンと話は飛ぶが、骨董品の売り買いがまた、一筋縄ではなさそうだ。どだい値段があってなきがごとき市場なのだから、最後は心理戦がものをいうらしい。

「こちらが早く手放そうという気があると、どうしてもその品について口数が多くなる。相手はそれを察して微妙に足元を見てくる。反対に、あわてて売ることはないという自信があると、こっちは、昨今の世の中の動きや人のうわさ、天候のぐあいなど、商売に無関係な話ばかりしてる。そうすると買い手がだんだんじれてきて……」

Pさんは舌なめずりするように言葉を呑む。このあたりになると、相手は名だたる文化人や財界人、政治家であることが多いらしい。

「むこうは激しい競争を生きぬいて、それなりにのぼりつめた人たちだから、気がぬけない。そういう緊張感のあげく相手を引きこんで――「たらしこんで」の意味もあるようだ――目算通り売りこめたときの喜びは格別ですね」

Pさんの商売の真髄は、たまたま幸運をつかんであぶく銭をかせぐことにあるのではない。日々、目をサラにして「物」の発見につとめ、身をけずるような交渉術と引き換えに、それに見合った正当な報酬を受けているのである。少なくともそう思わせるものが、Pさんの論理と構えにはある。

虚実すれすれの淵に身をさらし、ときに虚を実に見せる術と向き合う。そう言いかえてみれば、舌先三寸、筆先細工のやりくりをつづける身に、Pさんの話がいたくしみとおるのも不思議はないのである。

（作文集Ⅴ　一九九三年三月）

生きている「義」の手ごたえ ――岐路に立った人々の系譜――

在日朝鮮人で詩人の金《キム》時鐘《シジョン》氏のエッセイ「クレメンタインの歌」（注1）に出会ってから十年以上がたつ。

日ごろ、寄せては返す情報や噂に気を取られ、忘却と無為を重ねているくせに、いや、そのゆえにか、たまたま、人間が人間らしく生きる姿を思い描いたりすると、決まってここに書かれた一個の人物像が浮かびあがってくる。金時鐘が愛情をこめて描く父親の姿である。

日中戦争が激しくなるにつれて、朝鮮人の皇民化教育が「内鮮一体」の旗のもとに強引に進められた。たとえば一九三八年、日本の年代でいえば昭和十三年、朝鮮では教科書から「朝鮮語」が消された。そして二年後の昭和十五年からは、朝鮮語そのものの使用も禁じられた。

数千年もの間、ひとつの言語で生きてきた民族が、ある日、法権力によって別種の言葉を使うべし、と命じられたのだ。そのむごさを、いま私たちはどれだけ切実に追体験できるだろう。だが「私には、そのようなことが全然苦痛ではなかったのです」といって、金時鐘は私たちを唖然《あぜん》とさせる。

そのときすでに朝鮮語は週一時間程度の授業にすぎず、それも大方は「兵隊さんの奮戦ぶりを聞かされる時間」になっていた。日本人になるつもりの朝鮮人児童にとって、朝鮮語を習うより、日本人の先生が話す昔話や勇ましい紙芝居などのほうがずっと楽しかった、とも金はいう。まして、当時すでに「堪能《たんのう》な〝国語〟の読書力」を身につけ、「日本人になることに血道をあげ」ていた金少年にとっては、なんの不都合もなかった、というわけである。

先ほど私は、一つの民族が言葉を奪われるむごさについて触れた。だが、むごさ、とは、むしろ一人ひとりのいたいけな魂に狂った信仰を植えつけることにあるのではないか。いまは、そう思い直したくなる。人が自分自身であることを根こぎにされながら、「全然苦痛ではなかった」といわせてしまう害毒の奥深さに改めてたじろがずにはいられない。

ではそのとき、彼・金時鐘の両親はどうしていたのか。「利発な」息子に引きかえ、親は「なんとも変りようがないくらい、新時代からはずれた朝鮮人であった」という。

母は日本語が話せない。息子は『国語常用』を持ちかえっては「国語」を知らない母を困らせる。「めし、みず、といったたぐいの単語だけを押しつけるのだが、それでも母はおよそのところを笑みで間に合わせてくれていた」というありさまである。

父は、ぎっしり本のつまった部屋と知識人の風格をもち、息子は「侵しがたい威厳」すら感じていた。日本語の読み書きにこと欠かず、日本の日刊新聞まで取り寄せて毎日読んでいながら、日本語を口にしない。彼は日本支配の長い年月、朝鮮最南端の島・済州島の一角で、明けても暮れても釣り糸をたれていたのだった。十年一日、周衣《トルマギ》（外套のような外出着）姿で町を歩き、職もなければ働きもせず、非国民呼ばわりされても仕方ない存在——と金少年の目には映った。

朝鮮語廃止後は、めったなことで表情を変えない父が不快さを隠そうとせず、金時鐘少年が釣り場に弁当を届けに行っても、あいさつ一つ与えようとしない。「父と子がただ海を見つめて、何時間となく座り通す夜がつづいた」という一行に、父と子をへだてる溝の深さが刻まれている。

　もの心ついて以来、釣りを友とする父の姿に親しみ、夜釣りの弁当を届けては分かち合い、父の膝で父が口ずさむ短歌《ターンカ》や民謡《ノレガラク》を聞き、眠りこけ……という共通の記憶が、彼らの生と歴史を犯すものの手で無残に引き裂かれたのだ。少年は習得した日本語によって、「父を見過《あやま》ったばかりか、父に繋《つな》がる、朝鮮の一切をないがしろにした。……同じくらいに父の朝鮮語も、あまりにも多くのことを閉ざしたままの言葉であったから、私を開かせないことで私を損ねた」

　日本の敗戦を境に父は釣り場から姿を消す。ほとんど家にも寄りつかなくなった。「解放」と「独立」のうねりが父を活動に駆り立てたことは、容易に読み取れる。

――父は専門学校相当の学校を卒業する年、一九一九年三月一日、ソウルから起こった朝鮮民族の反日独立運動「三・一万歳事件」にかかわり、学校を追われ、旧満州（現中国東北部）各地を放浪したあげく、済州島に居ついた人だった。

　金少年がこんな単純な事実を「解放」後はじめて知ったということにも、父と子が言葉を失った歳月の痛みが影をおとしている。

　他方、朝鮮中の町や村で「万歳《マンセー》！万歳《マンセー》！」の声がわきたっていたころ、金少年は「はぐれた犬のように」、かつての父の釣り場に立って何日も涙を流した。「敗れた日本からも置いてけぼりをくった感じ」とは、十七歳の少年の血をはくような一句に違いない。

　だが十日ほどたった夜更けの突堤の先端で、なにげなく口をついて出た朝鮮語の歌が、金少年を皇国臣民から朝鮮人に立ち返らせるきっかけを与える。それが幼いころ夜の海辺で父が口ずさんでくれた朝鮮語歌詞の「クレメンタインの歌」であった。

ネサランンア　ネサランンア（おお愛よ、愛よ）
ナエサラン　クレメンタイン（わがいとしのクレメンタインよ）
ヌルグンエビ　ホンジャトゴ（老いた父ひとりにして）
ヨソヨン　アジョ　カッヌニャ（おまえは本当に去ったのか）
「父も母も、つかえた言葉で、振る舞いで、歌に託した心の声で、私に残す生理の言葉を与えてくれていたのだ。ようやくわかりだした父の悲しみが、溢れるように私を洗っていった。言葉には、抱えたままの伝達があることも、このときようやく知ったのだ。……言葉は私に朝鮮を蘇らせた」

言葉を閉ざし、意思をかよわせることを拒んでいた父は、じつは長い時間をかけて、言葉を通して生きる意味を息子に注ぎこんでいたのだった。

この父と息子の関係は、しかし、これで終わったわけではない。

息子は新たな言葉を手にして、力ずくで代わりの主人を据えようとする軍政に批判の矢を放ちはじめる。間もなく火を吹いた朝鮮戦争の前夜、「国におれない事情」が起きて、彼は日本へわたった。

他方、父は李《イ》承晩《スンマン》の強権政治下で「赤色逃亡者」を家族にもつ者として年老いた妻と過ごし、「なが患いの寝床で肩寄せ合っていた果ての」死を迎えた。時折、人を介して息子に届く伝言は、死ぬ間際まで「おまえはおまえの生き方をそこで生きなさい」というものだった。身動きすらままならない老夫婦の窮状を訴えたり、ひとり息子の助けを求めたことはただの一度もなく、「絶対に帰ってくるな、老いた者が先に死ぬのは世の常だ、日本で生きろ」とくり返し伝えてきたという。

念のために「義」という文字を辞書で引いてみる。「道理。条理。人間の行うべきすじみち」とある。と同時に「事宜を知り、恥を知り、為すまじきを為さぬこと」という定義もある。詩人・金時鐘の父は、とりわけ後者の中身を体現したということができようか。

世の中が、あげて一方向に走り、一色に染まるとき、別方向の、あるいは別種の発想や行為を選びとることが、どれほどむずかしいか。心細いか。危《あや》ういか。

それを、岸壁にしゃがみこんで釣りをつづけるという形でやってのけたところに、この父の味わい深さと忘れがたさがある。周衣を着通し、黙りこくって、おのれとおのれの一統を踏みつぶしにかかる暴政と対峙しつづけた者の生きのよさとさりげなさが、ひときわ光を放つ。

義という言葉以前に、いつしか義を実践し、その義ゆえに、またしても世に入れられず、貧と病と喪失感にさいなまれ、みずからはうめきつつも息子には新しい義に生きることをうながす。ここまでくると、釣り糸に親しんでいた飄然たる男が、試練を丸ごとひっかついでかつぎ通す、なんともたのもしい強力《ごうりき》に見えてしまう。同時に、自分は自分として生き、息子は息子として生かすことによって、おのれの納得する人間像から離れまいとする、鋼《はがね》のような意思を感ずるのだ。

自分がどう生きるかについて考えだせば当然ながら、人がどう生きたか、どう死んだかに目が向く。まして、生の行く方を思案するさなか、むりやり命を絶たれた者の消息は、ひときわ心に残る。その一例が、塩尻公明・元神戸大学教授が「或る遺書について」（注2）で紹介した青年の生と死である。

青年の名は木村久夫。敗戦当時、陸軍上等兵。昭和二十一年五月二十三日、シンガポールのチャンギ刑務所で戦犯として絞首台にのぼった。享年二十八歳。

塩尻氏はかつてこの木村青年を旧制高知高等学校で教えたつながりから、いちはやく一九四八年に前記の一文を世に送ったのだった。私が薄っぺらな文庫本で木村青年について初めて読んだのは学生時代の初期、いまから四十年近くも前のことである。

その後、ニュルンベルク、東京両戦争裁判の経緯からBC級戦犯の追及にいたるまで、戦争責任の態様・内実については浅からぬ関心を抱いてきたつもりだ。そうした中で、やはりことあるごとに気になるのが木村青年のことなのである。

塩尻教授の文章のもとになった木村の遺書そのものは現在、岩波文庫『きけわだつみのこえ―日本戦没学生の手記』に二十四頁にわたって収録されている。ここではその両者の文面から、木村久夫の軌跡をたどりなおしてみたい。

略歴を見ると大正七年四月九日、大阪府生まれ。高知高校を経て昭和十七年四月、京都大学経済学部入学、昭和十七年十月一日入営とある。文字通り「学半ばにして」兵役にとられ、あまつさえ無実の罪を着て命までも奪われた一生であった。

高知高校入学当初は、両親の仲がしっくりいかぬことを気に病んで酒をあおり、また講義をより好みしていやなものは徹底的にさぼるので教師たちの人望も芳しくなかった、と塩尻は記している。だが高等学校二年の夏休みに転機がおとずれる。

木村自身の筆を借りよう。

「私の一生の中、最も記念さるべきは昭和十四年八月だ。それは私が四国の面河《おもご》の渓《たに》（石槌山の麓）で初めて社会科学の書を繙《ひもと》いた時であり、また同時に真に学問というものの厳粛さを感得し、一つの自覚した人間として出発した時であって、私の感激ある生はその時から始まったのである」

塩尻の目から見れば、当時の木村には表面の姿からは想像もつかぬような真摯な好学心が潜んでいて、簡素で不自由な衣食住にも耐え、ぶっ続けに勉強に没頭できるたくましい力があった、ということになる。塩尻はまた、木村には生まれながらの愛情の深さと大まかさがあったようだ、といい、「彼には学問的天分よりももっと貴重な愛情的天分があった」とも書いている。

その木村がなぜ戦犯に問われ、極刑に処せられたのか。

昭和十八年、木村は南方派遣軍に加わって日本を出発、約一万の陸海軍人とともにインド洋上の一孤島カーニコバル島に上陸、いくたびかの激戦を経て敗戦を迎えた。島には英語を話すインド人も少なくなく、なかには大学を出て木村の好むような本を所蔵する者もおり、彼はそれらのインド人と親しみ、戦闘のあいまなど、彼らの本を借り受けては研鑽にはげんでいたようだ。

こうして彼は英語に熟達し、島民に対する指令、調査、処罰などあらゆる場合に軍の通訳としてなくてはならぬ存在になる。なかでも終戦直前、島でスパイ狩りが行われ、多数のインド人が処刑されたとき、その逮捕・取り調べにかかわったことが、その後、彼を不利な立場に追いこんでいった。「すでに激しい暴行を受けて瀕《ひん》死《し》の状態に陥っていた犯人が彼にさげ渡されて、彼が困却しているうちに死んでしまった」というようなことも起こったと、塩尻はその後の伝聞をもとに記している。

さらに木村が、将校たちから法廷で真実を述べることを禁じられ、「それがため、命令者たる上級将校が懲役、被命者たる私が死刑の判決を下された」という事情もある。

これについては木村も「明らかに不合理」として、判決が下った後にみずから英文の書面で事件の真相を暴露して訴えた。だが、憎悪と報復が先行して下された判決が、情理をふまえた理論によって覆されることは、ついになかった。その結果残虐行為ひとつせず、島民に親しまれ、子どもらにいつもつきまとわれていた青年兵士が戦争犯罪人の烙印を押され、処刑台に立たされることになったのである。そうと決まって、彼が書きつけたことばが、またすごい。

「日本は負けたのである。全世界の憤怒と非難との真只中に負けたのである。日本がこれまであえてして来た数限りない無理非道を考える時、彼らの怒るのは全く当然なのである。今私は世界全人類の気晴らしの一つとして死んで行くのである」

この明るさ、快活さはどうだ。

「私は何ら死に値する悪をなした事はない。悪を為したのは他の人々である。……江戸の敵《かたき》を長崎で討たれたのであるが、全世界から見れば彼らも私も同じく日本人である。彼らの責任を私がとって死ぬことは、一見大きな不合理のように見えるが、かかる不合理は過去において日本人がいやというほど他国人に強いてきた事であるから、あえて不服とはいい得ないのである。……日本の軍隊のために犠牲になったと思えば死に切れないが、日本国民全体の罪と非難とを一身に浴びて死ぬと思えば腹も立たない」

私たちは、こうした先人の骨を踏みしだくようにして平和と豊かさを謳歌していることを、ときに思い起こしてみる必要がありはしないか。略奪、暴行、殺戮によってアジア各地を襲った私たちの歴史があればこそ、アジアの民は、繁栄への期待感で日本の顔色をうかがいつつも、他方で、過去の拭いがたい記憶にうなされつづけているのだから。

軍事力の海外派遣論議から慰安婦問題まで。また歴史教科書の記述から気軽なアジアの旅行の先々まで。半世紀たったいまも、ことあるごとに私たちはみずから犯した罪業の前に立たされる。そんなとき、どう答えるのが正しいのか。いや少なくとも、どうすれば、まっとうな人間のまっとうな答えに近づけるのか。その重要な手がかりの一つが、歴史を見はるかした木村久夫の遺言の中にあるような気がする。


話はひとっ飛びして、まど・みちおという詩人のことに移る。まどは六十年におよぶ詩作活動に対して、つい先ごろ、芸術選奨の文部大臣賞を受賞した。念のため「ぞうさん ぞうさん おはながながいのね」を作詞した人と、申し上げておく。

昨年出版された『まど・みちお全詩集』（注3）には千二百編ほどの作品が収められている。「ぞうさん」だけでなく、「ては　ふたつ」「なっぱの　つけもの」「よが　あける」など、どれもが、じつにやさしい言葉でつづられている。中身がまた、じかに読む者の心にしみる。

だが、何よりも異色なのは、著者の「あとがきにかえて」である。まるまる七頁が、みずから書いた「戦争協力詩」に対する「お詫びにならないお詫び」で埋まっている。全体のなかで二編。それも本人は書いたことすら忘れていた。だがそういうものがあることを人から指摘されると、八方手をつくして発見し、この本に載せたというのだから恐れいる。

までの述懐によると、彼は戦前から、人間にかぎらず生き物のいのちは、何ものにも優先して守られなくてはならないと考えていた。戦後も、戦争への反省どころかひどい迷惑をかけた近隣諸国に、詫びもせず償いもしない政府のやり方に憤ってきた。だから地元の「核兵器廃絶、軍縮をすすめる区民の会」をはじめ、「アムネスティ・インターナショナル」や「キリスト教海外医療協力会」にも誘われるまま参加している。

「つまり、一方では戦争協力詩を書いていながら、臆面もなくその反対の精神活動をしているわけです。これは私に戦争協力詩を書いたという意識がまるでなかったからですが、それは同時にすべてのことを本気でなく、上の空でやっている証拠になりますし、またそこには自分には大甘でひとさまにだけ厳しいという腐った心根も丸見えです。そしてとにかく戦争協力詩を書いたという厳然たる事実だけは動かせません」

いかにも率直だ。事実の前に頭《こうべ》をたれる謙虚さが、また胸をうつ。しかも書かれた日付は一九九二年四月九日とある。敗戦のどさくさや意識の乱れにまぎれて書かれたものではない。一九〇九年生まれというから八十の坂をゆうに越えた人間が、つい昨日の行為を振り返り、責任をとるといった気迫で、精一杯のメッセージを書き綴っているのだ。表現にかかわる者が、みずから書いたものに責任をもつ、とはこういうことなのだろうか。まどは、それだけでなく、自分の歴史を抹殺・改ざんすまいとする強靭《きょうじん》な記録精神をも宿しているのかもしれない。さらにいえば、おのれの営為に対するなみなみならぬ自負までがうかがえる。

この『全詩集』の編集にあたった伊藤英治が「戦争協力詩といえるものはこの（「朝」と「はるかなこだま」）二編だけでした。童話、随筆、詩論、童謡論にも直接戦争にふれるものはほかに存在しませんでした」と証言しているのも、すがすがしいかぎりだ。

だが、私がまどを詩人として、人間として、信頼したくなるのは、何よりもここに収められている散文詩「魚を食べる」のせいなのである。

「私は独り者のせいであるか、一日中で、御飯を食べる時が一番もの淋しい」で始まるこの詩は、自己観察エッセイと呼びたくなるような、克明な食事記録の形式をとっている。

「三度の食事は、私の一日の生活に於ける内省的なアクセントになっている。私は商売柄（私はこれでも土方の片割れだが）一日中田圃や野っ原を駆けずり廻って、土に、空気に、太陽にまみれ、凡そ盲滅法な生活をしているけれ共、ただ、三度の御飯だけはゆっくり食べる。……御飯の度に私は何処かへ忘れていた私を探しあてようとする」

食べるという生存の出発点に思考の根を求めようとするこの人の発想に、何よりも共感がわく。ひとりで食べる淋しさと面と向き合える人なら、おのれの内省にどこまでも耐えられる人なのだろう、と合点がいく。

「私は裸身になって見詰め、裸身になって思う。しんじつ私になって淋《さみ》しみ、しんじつ私になって楽しむ」

ここまで自分をのぞきこんではじめて、淋しさが楽しさに変わるのだろうが、それを「食べる」という最もありふれた行為を通してやりぬくところに、この人の確かで、親しみ深い構えがある。

そういえば、木村久夫の遺書にも、食べることをめぐって見落とせない一節がある。絞首台に立たされる日を目前にして、彼はこう書いた。

「吸う一息の息、吐く一息の息、喰う一匙《さじ》の飯、これらの一つ一つ凡てが今の私に取っては現世への触感である。……口に含んだ一匙の飯が何ともいい得ない刺戟を舌に与え、溶けるがごとく喉から胃へと降りて行く触感を、目を閉じてジッと味わう時、この現世の千万無量の複雑なる内容が、凡てこの一つの感覚の中にこめられているように感ぜられる」

こうして木村の思索もまた、食べることと密着しながら紡ぎ出されていたのを知る。みずからを省《かえり》み、他を思いやり、告発する言葉が、ときに熱をおびても、つねにちゃぶ台越しで伝わってくるように感じとれるのは、この日常的行為を精神活動の支点あるいは重心にしているからではないか。それだけではない。釣り竿一本で「日本帝国主義」に立ち向かった金時鐘の父もまた、こうした食の呼吸と同質の平静さを自己認識の基盤にしていたように思えるのである。

そこでつまるところ、こうした三様の生き方、振る舞い方に共通して流れる色合いはどんなものだろう。一つはっきりいえることは、いかに少数であろうと、それぞれの持ち場で、おのれ流の義を実現する者がいるという事実である。しかも彼らの生きた事例は、同時代あるいは後代の人間にいかにひっそりとした形にせよ、伝わらずにはいないということだ。

むろん、彼らの頭にまず義が意識されたのではあるまい。要は、のっぴきならぬ状況に追いこまれたとき、あたふたと逃げまわるか。世をあざむきにかかるか。それとも事実に即してものを考え、みずからの行動原理とするか。そこに判断の分かれ道がある、ということだろう。

ざっと周囲を見わたせば不況を訴え、政治不信を憂える声の高まりが目立つ。とはいえ、戦火や飢餓や民族の確執といった、締めつけられるような緊張とは当面、距離がありそうだ。ならば、その種の安穏さを粗末にする気はない。けれど、安穏さと馴れ合ったあげく、肝心な岐路で判断停止というぶざまさも、さらけだしたくない。

その意味で、ここにあげた「父」、木村久夫、まど・みちお、そしてその背後にひかえる自覚的個性と、たえずどこかで気脈を通じていたいのである。


(作文集VI　一九九三年六月)

＊この文章は、『月刊私学公論』の依頼で「『義』の現在」特集のために書いたもの。同誌一九九三年第四号に掲載された。

(注1) 金時鐘『「在日」のはざまで』(立風書房)、『金時鐘コレクションⅧ』(藤原書店) 所収
(注2) 塩尻公明『若き友へ贈る』(現代教養文庫、社会思想社) 所収
(注3) 伊藤英治・編『まど・みちお全詩集』(理論社)

表現三態

1

日曜日の昼さがり、ニューヨーク・ヤンキースのジム・アボット投手がノーヒット・ノーランを達成した、というニュースが流れた。

アボットは二十五歳。生まれつき右手首から先がないという障害をかかえている。右腕の先にグラブをのせ、投球と同時に左手に持ちかえて守りにつく。この「アボット・スイッチ」は現大リーグの投手のなかでも一流の守備力を誇る。

アボットはソウル五輪の全米代表チームに選ばれ、金メダル・ナイン実現の原動力になった。そのうえ、野球の粋《すい》ともいうべきメジャー・リーグに入ったと聞いて、ずしんと腹にこたえた。その彼が名門ヤンキース九十年の歴史で八人目という大記録をなしとげたのだ。なまなかの喜びではあるまい。

ところが、ラジオのニュースは、こう言ったものだ。

「アボット投手は『ノーヒット・ノーランを達成できるかと思うと試合中はいてもたってもいられませんでした』と語り、大リーグ入り五年目で初めて達成した快挙に喜びを隠しきれない様子でした」

意地悪おじさんの耳がピクンとした。「喜びを隠しきれない様子」という言いまわしが不自然に響いたからだ。もともとこれは、喜びを隠すことを美徳と考える文化が生んだ表現ではないか。喜びをあらわにするのははしたないが、うれしさのあまり、つい自分を抑えかねた、という意味合いだろう。

だがこの場合、相手は率直な感情表現を尊ぶアメリカ人だ。勝敗がすべてという黒白のはっきりした世界に生きる人でもある。常人には想像もつかぬハンディキャップを乗りこえてきたという背景まである。アボットの喜びには何重ものはずみがついておかしくない動機がうかがえるのだ。

念のために翌朝のスポーツ紙でアボット自身のことばをさがしてみる。「ちょっと非現実的な気がする。興奮で死にそうだ」とある。

「みんなが（ノーヒット・ノーランを）できるとすれば、ぼくにだってできるさ」ともある。

全身に鳥肌が立つほどの感動ぶりが読みとれる。一つひとつ障害を踏みこえてきた者の自負ものぞく。いずれにせよ、「喜びを隠しきれない様子」は、ちょっとピンぼけではないか。

それは偏屈おじさんの揚げ足とり。うれしくてたまらないさまを慣用にしたがってそう言ったまでのこと。目くじらをたてるにはおよぶまい——そういう意見もあるだろう。

だがおじさんは、喜び、ときたら、隠しきれない様子、という出来あいのことばにパッと飛びつく気楽さが気になるのだ。あげく、事態を正確に伝えようとしない文章ができあがる。おまけにすり切れた表現だから、しぜん影がうすい。味気ない。ほとんど意味のない文章は、そんなふうにして生まれる。

これだけ書き終えると、おじさんの胸に丸一日居すわっていたもやもやが、どうやら晴れた。

2

話がおもしろくて表現力も抜群、という作品に出会うと、おじさんは自分で書きあげたみたいに欣喜雀躍する。かと思うと、上々のすべり出しで話が進みながら、終盤で乱気流にでも会ったように意味不明あるいは消化不良におちいる、悲劇の作文にお目にかかったりする。そんなときは、筆者と切歯扼腕《せっしやくわん》の思いを共にする。せっかくここまでできながら歯がゆい。じれったい。隔靴掻痒《かっかそうよう》の感といってもいい。

いやに漢字を並べたてたが、文章を書くときは、ふつうこんな決まり文句は使わないほうがいい。ただ、古今の文章に接しているとどんな言い方にぶつからないともかぎらない、基本的教養の守備範囲は広いにこしたことはないのである。まあ、この程度は知っておきましょうよ、という一例だ。

さて本題へ。例によって朱筆を手に作文の山と格闘していたら、思わず目に力がはいった。二十代の女性が自分の将来について書いている。その最終節にこうあった。

「これから七年、あるいは七十年生きるのかもしれない。けれど、金太郎飴のように、どこを切っても満足のゆく人生を送れればいいな、と思っている」

問題は「金太郎飴のように……満足のゆく」というくだりだ。金太郎飴については「まるい棒状の飴で、どこを切っても断面に金太郎の顔があらわれるようにつくられたもの」といったことが、どの辞書にも書いてある。まさに金太郎飴的な記述でおおわれている。

つまり、「金太郎飴のよう」とは、おお、この画一主義、切っても切っても同じ顔が出てくるしぶとさよ、といったときに使うのが似つかわしい。あきれたり感心したり、といった気持ちがにじむ。だとすれば、われらの仲間のように「どこを切っても満足のゆく」もののたとえとするには、ちとむりがある。

「どこを切っても同じ」と「どこを切っても満足がいく」とは同一ではない。金太郎飴はあくまで前者の例であって、後者のそれではない、ということだ。

似て非なるものに惑わされるべからず。おじさんは、おもむろに朱筆で短評を書く。

3

テレビが下野《げや》、すなわち「野《や》に下《くだ》る」ということばについて解説していた。「官職を辞し、民間にくだること」をさすという。長期間、政権党の座にあった自民党が野党に転じた日のひとこまだ。解説委員氏は話をひろげて、野に遺賢なしという言い方もあります、とつけ加えた。

おいおい、そりゃ、野に遺賢あり、の間違いだろ。おじさんは、また眉に八の字を寄せた。政府や権力筋にばかり賢い人が集まってるわけじゃない。ひろい世間には人知れずすぐれた人が埋もれているものだ。そういう人材にめぐりあったとき、野に遺賢あり、と嘆声をもらすんじゃないか、というわけである。

それでも、念のため、またまた辞書のお世話になった。辞書をあけてみて、びっくりした。そこには「野無二遺賢一」と記されているではないか。中国の古典『書経』の一節に、ちゃんと「ヤニイケンナシ」と書いてあるらしい。では、どういう意味か。

こんどは分厚い『故事俗信　ことわざ大辞典』におうかがいをたてた。

「賢人は皆朝廷に登用されて、有徳の士で民間に残っている者はない。すぐれた人物が認められて官吏に採用され、国家が安定しているさまをいう」

もはや、答えは明白である。よろず減らず口の多いおじさんのうろ覚えは、木っ端微塵にされた。

なに、そういう迷妄を打ち破るために辞書なんてものはあるんじゃよ。おじさんは、とりあえずそう強がってみる。一呼吸おいて彼は、だから思いこみは恐ろしい、と気をとりなおし、古ぼけた記憶装置にみずから朱を入れたのだった。


（作文集Ⅶ　一九九三年九月）

無限引用

わが文章教室が、この十月から九年目にはいった。初めの一、二回を話したところで脂汗は出るわ、冷や汗は出るわ、そのくせさっぱり出てこないのが知恵と話題というていたらく。一期三カ月が終わったら、さっそくお暇を頂戴するつもりだった。

ところが学期末に「先生、来期はじめの宿題は何でしょうか」と事務局の女性にやさしくきかれ、前後の見境もなく、次のテーマは、と口走ってしまったところから恥多き旅が始まったのだった。

それにしても九年といえば、あだやおろそかな年月ではない。小学校に入学したわらべが思春期を迎えてしまう時の流れに相当する。達磨大師が壁にむかって座禅しつづけ悟りを開いた故事から、面壁九年というたいそうな表現もある。

さしたる学もないのに、そんなに延々と、いったい何を話すことがあるんだい、といぶかしげな顔をする友人がいても不思議はない。

そんなときはふつう、営業上の秘密。それに四十人からの生徒さんの顔を見ていればおのずと主題も浮かんでくるというものだ、ぐらいに答えておく。

でも、同じ問いに、われながら首をかしげることがある。

本人は三カ月ごとに十回連続の読み切り講談をやっているつもりだ。毎期、生徒さんが全員入れかわるなら話は簡単。極端にいえば、むかし大学でやられたように、一冊の古いノートをもとに初対面の方々にむかってさも新しげなことを語るようにして講釈すればすむかもしれない。一回こっきりのおつき合いなら、そのつど使い古しのテープをまわしていてもお茶をにごせそうだ。

だが、ここではそれが通用しない。一年前後の継続受講者はざらで、二年、三年と留年を恐れぬツワモノたちまでが目を光らせているからだ。いかに名人・志ん生の噺《はなし》がおもしろいからといっても、たてつづけに同じ出しものをきかされたら、はだしで逃げだしたくなるではないか。

それに私の話は骨組みがしごく単純だ。文章表現で心すべきことは正確さ、簡潔さ、それに明快さです、とたったこれだけである。毎回、幕開きの講義ではそういっている。それだけいえば幕を引いてもいいぐらいに思っている。

にもかかわらず、話はつづく。なぜか。

正確さ、簡潔さ、明快さがどうして必要なのかを論証しなければならない。正確さ、簡潔さ、明快さをどうやって実現するか、追求しなければならない。

とはいえ、この三要素はあくまでも必要条件にすぎない。文章を書いて人さまにはたらきかけようとする以上、必要条件をみたし、用件を伝えるだけでは、ちとものたりない。どこかに訴えるものがほしい。愛嬌といってもいいし、魅力といいかえてもけっこう。つまりは、十分条件への肉薄である。

必要条件の点検もそれなりに手間どるが、十分条件の吟味となると、相手が愛嬌などというとらえどころのないものだけに、どうやってこれを生みだすか、嗅ぎあてるかは、よほどの訓練を要することになる。

しかも目標を高くするごとに、これでいいという到達点は一歩遠のくわけで、はなはだ始末がわるい。流連《りゅうれん》も辞せず、といった心意気の人々が層をなす所以だ。それに応じてこちらもまた性懲りもなく腰をすえ、文章表現上の必要条件、十分条件を軸に話しつづけることになる。

そのとき最有力の武器になるのが引用文だ。「例文研究」と名づけた講義の前半では、ありとあらゆる人が書いた、これはという文章を紹介して批評を加える。

どういう論理構成になっているか。どこが、なぜ人の目をひくのか。どんな表現に力があるのか。どんな表現が文章を殺すのか。説得力の決めては何かなどなど。

少し気どっていうと、さまざまな角度から、生きた文章とはどういうものかに迫っていくわけだ。

授業の後半は「実作研究」である。生徒さんが書きあげた宿題から数編をとりあげて、前記のように検討しながらとっくり読みこむ。ここでも実作を長ながが引用して、ちょびっと批評語らしきものを発する。

どちらの「研究」も、引用文が生命だ。これがなければ始まらない。アンパンでいえば、肝心のアンコはすべて借りもの、せいぜいのところ貴重なアンコを包んでアンパンの体裁をととのえる薄皮の部分が私の話、ということになろうか。

あらかたが他人の文章の引用で、自身のことばはわずかしかもたぬ者が、こともあろうに文章教室を受けもっている。ふだん世間にむかって独自の発想・言語表現にこそ魅力の源がある、といいつづけているこの私が、他人の褌《まわし》で相撲をとっている。皮肉な話だ。奇っ怪な光景ともいえる。

ではあるが、ここで一寸の虫にも二、三たわごとをいう自由を許していただきたい。

私とて、発想や表現の独創性を重んじる点ではだれにも負けない気でいる。だが独創性といっても、突如、天から降ったり地から湧き出るようにして現れるものではない。文章表現の独創性は、何千何万という模倣を重ねたあげく一滴か二滴得られる程度のものなのだ。

それにまた、貧弱なことばを独自のものとして提出するよりは、ここにこんな豊かな表現がある。これをバネにみなさんも自分のなかの潜在能力に鍬を入れてみてはいかが、という思いが強い。

さらに申せば、引用文とはおのれの言わんとすることをより生かすためにお出ましいただく太刀持ち、露払いのようなもの、と勝手に決めこんでいる。だから一から九までは他人の文章ながら、それをこちらの論旨に合わせて拾いあげ、はめこみ、ひとかけらでも批評のことばをそえて自分なりの議論をこねあげようと骨身をけずる。その一点に引用者のかすかな自負が宿る。
かくてわが引用劇は、かぎりなく続く……。

（作文集Ⅷ　一九九三年十二月）

1994

平成6年

講師が推薦する二十冊

〈同時代を考える〉

『歓迎されない人々』 タハール・ベン・ジェルーン著（晶文社）

『20世紀のドラマ・現代史再訪1〜3』 読売新聞編集局編（東京書籍）

『戦後日米関係を読む 「フォーリン・アフェアーズ」の目』 梅垣理郎著（中公叢書）

〈歴史・社会・文化〉

『うわさの遠近法』 松山巌著（青土社）

『海の都の物語 上・下』 塩野七生著（中公文庫）

『昭和史・世相篇』 色川大吉著（小学館ライブラリー）

『明治大正史・世相篇』 柳田國男著（講談社学術文庫）

『能面のような日本人』 金両基著（中公文庫）

〈自伝・伝記〉

『津田梅子』 大庭みな子著（朝日文芸文庫）

『愛鳥自伝 上・下』 中西悟堂著（平凡社ライブラリー）

『半分のふるさと 私が日本にいたときのこと』 イ サンクム著（福音館文庫）

〈楽しさ〉

『台湾万葉集』 孤蓬万里編著（集英社）

『「受験世界史」の忘れもの』 井野瀬久美恵著（PHP文庫）

『新約聖書を知っていますか』 阿刀田高著（新潮社）

『人間についての寓話』 日高敏隆著（平凡社ライブラリー）

『ツルはなぜ一本足で眠るのか 適応の動物誌』 小原秀雄ほか著（草思社）

『書物との対話』 河合隼雄著（潮出版社）

『都市の誘惑・東京と大阪』 佐々木幹郎著（TBSブリタニカ）

『居酒屋の加藤周一・2』 白沙会編（かもがわ出版）

〈文章〉

『作文講話及び文範』 芳賀矢一、杉谷代水編（講談社学術文庫）

＊これらの二十冊は一九九四年一月期の最終講義において紹介されたものです。

ホロコーストの影

イスラエルへの玄関口が、本国から三千五、六百キロも離れたロンドンにあろうとは夢にも思わなかった。

……ヒースロー空港でイスラエル航空《エル・アル》のチェック・インが始まる。この日、ここからテルアヴィヴのベングリオン空港まで飛ぼうとする客は百人前後だっただろうか。いたってこぢんまりした集団である。ところが行列が、いっかな動かない。やがて私の番がきて、謎がいっぺんに解けた。

乗客にたいする係員の質問が、じつにくどいのだ。容赦ないのだ。一人ひとり、一家族一家族、航空券とパスポートを出させ、場合によってはトランクをあけさせ、念入りに調べては「尋問」するのである。

――イスラエルのどこへ、何しに行くのか。

――どこへ泊まるのか。

――だれが、いつ航空券を買ったのか。

――ヒースローでは、空港の外に出たか。

――空港で、だれかから何か受けとったりしなかったか。

こちらは、エルサレムで開かれる第一回ヘブライ文学翻訳者国際会議というものに招かれている身だ。主催はヘブライ文学翻訳協会という組織で、イスラエルの外務省や文化省が協賛の形をとっている。

むろん、招待状はある。駐日イスラエル大使館が「念のために」と書いてくれた身分保証書もある。

いわば、れっきとした客人なのである。なのに何だ、このあつかいは。だんだん、むかむかしてきた。「いいかい、君の国のほうから、どうぞいらっしゃい、といってくれたんだよ」。つい語気が強まる。

相手はケロッとしている。

——じゃあ、あなたはヘブライ語ができるんですか。

いや、まったく知らない。

——それでなぜ翻訳できるんです。

それは君、ヘブライ語から英語に翻訳されたものを日本語になおすわけだ。

——会議は何語でやるんですか。

ヘブライ語。ただしそれがわからない参加者には英語の同時通訳をつけてくれるといっている。

——写真つきの身分証明書は?

見せると、これは日本語で書いてあって読めないという。

読めないなんていうのは君の都合だ。ぼくの身分証明書はこれしかない。君が出せというから出したんだ。あと解読できるできないは君の問題だ。

こういうと威勢がいいようだが、こちらも必死。顔の半分くらいは引きつってたんじゃあるまいか。そこへ、

——武器はもってないか。

とたたみこんできた。「も、っ、て、な、い。ぼくの武器はこれだけだ」と、思わずペンをテーブルにたたきつけた。

じつはこんなのはまだましで、出国のときにテルアヴィヴ空港で「イスラエルに滞在中、アラブ人と会ったか」ときかれた日本人女性が、正直に「うん」とうなずいたため衣服までとられて調べられ、半狂乱になった、という話も残っている。

ともあれ、取り調べはこれにて落着。「危険なものをもちこまれて飛行機が爆破でもされたら困るんでね」。若い大男の係官は、それまでの不機嫌そうな表情を捨て去り、一転、顔をほころばせた。過剰ともみえる用心深さとあまりにもすばやい変わり身に、舌をまくやらあきれるやら。

エルサレムで「追憶の山《ヤド・ヴァシエム》」を訪れる。ナチスの大虐殺にたおれた六百万人のユダヤ人を悼《いた》んでつくられた記念館だ。ここは、あの反ユダヤ主義が吹き荒れた時期に、ユダヤ人を救済した人々をしのんで植えられたイナゴマメの木に囲まれている。一本一本の木の下に「義人」の名と国名が記してある。

記念館のなかには、ホロコースト期のユダヤ人をめぐるさまざまな資料が展示されている。どこのだれが、どのように犠牲になったのか。写真、物、人名、地名など集められるだけのものがそろっている。

子ども館では真暗闇の空間にともされたロウソクの灯が周囲の鏡に無数に反射し、殺された子どもたちの名がたえず呼ばれては、こだましている。

途方もない虐待、殺戮を強いられたものの怨恨が、ちょっとやそっとで消えるとは思わない。まして大戦後五十年、欧米両大陸のネオ・ナチの口からホロコーストはユダヤ人がつくりあげたデマだ、そんなものは存在しなかった、という声まであがりつつある昨今だ。生きているかぎり死者の記憶をひとつたりとも薄れさせまいとする気持ちも、わからぬではない。

だが、それ以上に心に残ったのは、強制収容所の生き残りの人々から聞いた話だ。

「私たちは被害者意識だけでホロコーストの過去を後生大事にしているのではない。生き残るとは、どういうことか。極限状態で仲間を無視したからこそ生き残れたのだ。いちばん苦しいときに仲間を踏みつけにしたから、いま私たちはここにこうしていられる。私たちのなかにホロコーストが今なお脈うっているのは、そうした罪の意識が底流にあるからです」

このように、私たちが生きているこの二十世紀という同時代の社会では、加害書と被害者をはっきり区分けしにくくなっている。そのことを思い知らされる。

ヒトラーの威力の前に声もなく屈しつづけたユダヤ人は、ではヒトラーが消え去ってから以後、安心立命を手に入れただろうか、パレスチナの地に築きあげたイスラエル国家を盾に、先住民であるパレスチナ人にたいして加害者の役を演じつづけてきたのではないか。「ホロコースト後」に目をむけようとしない現代史認識の危うさが、ここにある。

週末の土曜日はユダヤ教の安息日《シャバット》。金曜日の夕方から多くの店がしまり、バスは止まり、タクシーもめっきり減る。敬虔なユダヤ教徒は安息日前夜から労働は一切せず、火も使わずエレベーターのボタンも押さない。ユダヤ教の教義にのっとって料理された清浄食《コシェル》を出すホテルに家族ぐるみで泊まりこんで、ひたすら神への祈りを深める。仮に一家で着飾って、日がなぶらぶらしているように見えるとしたら、俗物のひが目のなせるわざなのだ。

その金曜日の夕方、ユダヤ教正統派があふれるホテルの大食堂の一角で、イスラエリ夫妻と食卓をかこむ。夫のツヴィさんは、放送局のニュース部門の責任者だ。宗教には一定の距離をおく「セキュラー」(世俗派、あるいは現世重視派)でもある。奥さんのダリアさんとのあいだには四人の子どもがいる。

ツヴィさんは日曜大工が得意で、レンガを種み重ねてちょっとした建て増しをするぐらいは朝飯前だという。家庭第一主義を自認している。そのツヴィさんが話す。

——私は日々の平穏なくらしに誇りをもっています。私たちの頭には、いつだってホロコーストの恐怖が住みついている。たとえば朝、あたたかいベッドのなかで目をさます。さしあたり食べものの心配はしなくていい。自分の命はむろん、妻や子の身の上を案じる必要もない。こんなことは、ユダヤ人の歴史のなかでは例外的なことなんです。これを手放すまいとするのは自然の成り行きです。

——うちの子どもの数は、イスラエルの平均的家族からすると少ないほうでしょう。ふつうは六、七人というところかな。聖書の創世記にも「産めよ、増えよ、地に満ちよ」と記されていて、カトリックと同じように避妊は忌避されています。これも民族としての絶滅を恐れる気持ちの表れじゃないだろうか。

——私自身は大戦末期にこのパレスチナの地で生まれたサブラ(ヘブライ語で「サボテン」の

意味）ですが、戦後、ヨーロッパから難民がどかっと入ってきたときはショックだった。彼らはホロコーストのことを何ひとつ話そうとしなかった。私たちは当時のユダヤ人虐殺について輪郭ぐらいは聞いていたから、この人たちを大いに非難した。何の抵抗もせず、無力な羊の群れのように殺されていったことにたいしてね。私たちはここに腰をすえ、独立戦争を経て、自分たちの国や命はなんとしても自力で守らなければならないと信じていたからです。

――六〇年代に入って、彼らはようやくホロコースト体験を語りはじめた。それによって私たちは、ワルシャワやトレブリンカでユダヤ人の蜂起、抵抗があったことを知った。そこから彼らにたいする理解も深まり、ホロコーストの記憶を日々、新たにすることが大切だと考えるようになった。

――あなたがたはヒロシマ、ナガサキの痛みは風化しつつあるという。そうだとすれば、日本が平和を実現したからです。経済面で大成功したこともあるでしょう。だが私たちは、まだ平和を手にしていない。パレスチナ人とのあいだで流血をくり返している。明日はどうなるかわからないのです。

「私たちは、まだ平和を手にしていない」。ツヴィのことばには痛切な響きがある。

一方で、夜でも人が安心して歩けるこの国の治安のよさには目をみはる。だが他方で、一つの民族が異民族と絶えずこすり合い、異民族を支配し、異民族の土地を占領し続けるという異様な現実があることも否定できない。平穏無事に見える日常が次の瞬間、どんな災厄《さいやく》に転じても不思議はないのだ。イスラエルとＰＬＯ（パレスチナ解放機構）の「暫定自治合意」ひとつで、長らく蓄積された両民族の不信や怨念が晴れるはずもない。平和共存が根づくまでにはまだ、いくつもの不幸な発作や痙攣《けいれん》を経なければならないだろう。

そう考えれば、冒頭で紹介した空港の尋問も、二千年来、離散・流浪の歴史を重ね、たえず迫害、裏切り、殺戮にさらされてきたものの、生きのびるための知恵と実践、ととれなくはない。

「これだけは知っていてほしい」とツヴィさんはつけ加えた。

「この国ができるまで気の遠くなるほど長いあいだ、私たちは身を縮めたり人の顔色をうかがったりしながら身を処してきたんです。しかも国ができたのはついこのあいだ、まだ五十年もたっていない。さまざまな歪みについてはもう少し時間を貸してください」

ものごとの詳細を知らなければ関心のもちようがない。そしてまた、関心をいだけば、さらに深みが知りたくなるはずだ。無関心は無知に通じ、無知は偏見を育てる。その意味でも、たまたまパレスチナの地で知りかけた人間への関心を中途半端に終わらせたくない。それは、ユダヤ人にたいしてもアラブ人にたいしてもいえることだ。

いまは精一杯の、旅の感想である。


（『一プラス一〇〇〇』五号　一九九四年四月四日記）

カー＝ツェットニクとは何者か

「彼」の名前にはじめて出会ったのは、イスラエルの作家アモス・オズの『レバノンの山す

いた。

オズは彼について、こう書いている。

「アイヒマン裁判の証言台で卒倒してしまった作家のカー＝ツェットニクは、アウシュヴィッツは『焼きつくされた惑星』であり、ユダヤ人虐殺は『地球とは違った惑星で』おこなわれたのであって、あそこにいたことのない者には絶対に分かりっこない、と言った」

カー＝ツェットニクはアウシュヴィッツ強制収容所の生き残りであり、一九六一年春、エルサレムで開かれたアドルフ・アイヒマン裁判の検察側証人として法廷に立ったのだった。彼の証言は、こんなふうに記録されている。

「私はそこに約二年いた。そこでの時間は、この地上での時間とまるで違っていた。時間は一秒ごとに別の周期で動いていた。その惑星の住人たちには名前がなかった。彼らには親もなければ子もなかった。着ているものも、この地上のものではなかった。そこで生まれた者はいないし、出産した者もいなかった。呼吸ひとつするにも別種の自然法則がはたらいていた。彼らはこの世界の掟にしたがって生きているのでもなく、死んでいるのでもなかった。彼らの名前は、すべて番号だった……」

カー＝ツェットニクが自分自身の証言の重さに圧倒されて気を失ったというアウシュヴィッツ体験の無残さが、このときあらためて私を打った。同時に、カー＝ツェットニクという、どこが頭とも尻尾ともつかぬ名前の異様さが、深く胸に焼きついた。

法廷で証言台に立ったカー＝ツェットニクは四十五歳。もともとはイェヒエル・ファイナーという、れっきとした名前があった。ポーランドにあった祖父の農場で少年時代を過ごし、ルブリンのユダヤ教神学校を経て、音楽家、作家、詩人として羽ばたこうとしていた。

だがアウシュヴィッツをくぐり抜けてからは、イェヒエルは、それまでの自分の仕事をすべて消し去ろうとするようになった。それまでの自分の名前も投げ捨てた。アウシュヴィッツが彼の家族を奪い、存在理由を剝ぎとり、彼を一介の囚《とら》われ人《びと》におとしめたのだ。

彼は解放されるとナポリに近い英陸軍キャンプに移され、体力の回復とともにホロコーストについての物語を書きはじめた。収容所で死んでいった犠牲者になりかわって彼らの声となろう、彼らの生と死を書きつくそう、と心に誓ったのだった。


「私はすわったまま書きつづけ、二週間半というもの、ほとんど立ちあがりもしなかった。書きあげた原稿をパレスチナに送ってほしい、と身近な兵士に手渡した。兵士は『サラマンドラ』という表題をじっとながめてから、こう言った。『おい、著者の名前を忘れてるぞ』。私は思わずどなりかえした。『著者の名前だって？　この本は焼却炉に入れられた人たちが書いたんだ。カー＝ツェットニクと書いといてくれ』」

『サラマンドラ』はサラマンダーの変形か。サラマンダーとは火の精、あるいは火の中に住みながら焼けないと信じられた伝説の動物をいう。ここではアウシュヴィッツ殺人工場の焼却炉で灰にされながらも、生者の記憶の中で永遠に息づいている同胞を意味するのだろう。

ではカー＝ツェットニクとは何か。ドイツ語で強制収容所のことをKonzentrationslager《コンツェントラチオーンスラーガー》という。このうちK《カー》とZ《ツェット》という頭文字を拾いあげれば自然、カーツェットとなる。それに接尾語の -nik（…と関係のある者の意。たとえばビートニクというふうに）をつけるとカー＝ツェットニクができあがる。つまり、もとをただせば強制収容所の、「囚人」という意味の普通名詞なのである。個々の名を失ったカー＝ツェットニクの群れは、一人ひとり、前腕に彫られた入れ墨の数字によって区別されるほかなかった。

彼、カー＝ツェットニクは、みずからすすんで、この普通名詞を自分のペンネームにしたことになる。同時に彼は、多くのイスラエル人と同様、本名を変え、イェヒエル・ファイナーからイェヒエル・デ＝ヌールになった。デ＝ヌールとは「炎から生まれた者」の意味だという。「炎」はいうまでもなくアウシュヴィッツを象徴している。

さらに、カー＝ツェットニクことデ＝ヌールの腕には135633というアウシュヴィッツ番号が刻まれているという。

私がカー＝ツェットニクの由来を知ったのは、ごく最近のことだ。イスラエルのジャーナリスト、トム・セゲヴの『七番目の百万人──イスラエル人とホロコースト』（未邦訳）を読みはじめたところ、たまたまその序章がまるごとカー＝ツェットニクにあてられていたのだった。

こんな背景も知らずに、私はオズの本を訳していたわけだ。もちろん、自身の無知さ加減には、身がすくむ。だが、遅ればせながら、奇妙な固有名詞ひとつに盛りこまれた現代史の重大なエピソードに出くわしたのだ。こころよい衝撃でもあった。

シベリア抑留の体験をもつ詩人・石原吉郎は、かつてこう書きつけた。

「ジェノサイド（大量殺戮）のおそろしさは、一時に大量の人間が殺戮されることにあるのではない。そのなかにひとりひとりの死がないことが、私にはおそろしいのだ。……死においてただ数であるとき、それは絶望そのものである。人は死において、ひとりひとりその名を呼ばれなければならないものなのだ」(『望郷と海』から)

アウシュヴィッツの死者たちは、まさに固有名詞を剝奪されて死を強制された人々だった。デ＝ヌールは、その最後列にいて、かろうじて死をまぬがれた。だが彼は、ペンをとるかぎり、みずからを死者の一員に加えるべきだと考えたのだ。そのときイェヒエル・デ＝ヌールは、カー＝ツェットニクにならざるをえなかったのである。

(作文集Ⅸ　一九九四年六月)

気になる夏

目の前に藤原てい著『流れる星は生きている』(中公文庫)という本がある。著者は一九一八年生まれ。すでに故人となった直木賞作家・新田次郎氏の夫人である。

この本は昭和二十四年四月に出版されて大反響を呼び、ことし平成六年八月に文庫の改版が出されるまで、ゆうに百万部以上を売りつくしたといわれる。これだけでも、日本人読者がいかにこの本に息長く吸い寄せられてきたかがうかがえる。

著者は昭和十八年四月、新京(現・長春)の中央環象台勤務になった夫について満州(現・東北中国)にわたる。ソ連が参戦した二十年八月九日夜、突如、周囲があわただしくなり、一時間以内に新京を逃げるのだ、と夫に告げられたときの驚きと困惑から、この本は始まる。

〈関東軍の家族がすでに移動を始めている。政府の家族もこれについで同じ行動を取るように上部からの命令である。新京が戦禍の巷《ちまた》になった場合を考慮して急いで立ち退くのだとのことだった〉

任務のために残った夫と別れ、五歳の長男、二歳の次男、生後一カ月の長女をつれての逃避行が始まる。

〈ほんの二時間も前はあんなに平和に暮していた私たちが、どうして急にこんな姿で星空を見なければならないのだろう〉

じつは、これこそ、同じようにしてにわか難民になった満州在住日本人あらかたの実感だった。

翌朝から無蓋貨車に乗せられ、「夢なら早く覚めてもらいたい」と思い、「お鍋で顔を洗う」のにも慣れながら八月十五日を迎える。

〈別の不安が私たちの間にすぐ湧き上った。それは直接死に直面しているような恐怖感から来るものであった。日本は負けた、すぐその後に何か起るに違いない。その起るものを極度に誇張して考えた私たちはいつでも逃げられるように用意して十五日の夜を迎えた〉

不安といい恐怖というが、何に対して、とははっきり書かれていない。だが、「満人」、朝鮮人の暴動を予感していたことは想像に難くない。つまりは、敗戦前まで、日本人がわれ知らず虐げていた異民族からの報復である。

こうして著者たち一行は満州を通過し、朝鮮半島を南下していく。著者の視線は一貫して、三人の子どもとわが身、離ればなれになった夫、そして行をともにするエゴイズムまるだしの日本人に注がれたままだ。他民族が生活の根をおろした国を通り抜けていくのに中国人、朝鮮人はほとんど姿を見せない。

それでも朝鮮に入ってからは、ぽつりぽつり朝鮮人に関する記述が現れる。たとえばこんなふうに。

〈近くに寄ってくる朝鮮人すべてに対して私たちは警戒の眼で眺めていた。本当に私たちに好意を示してくる朝鮮人は、決して私たちに近づこうとはせず、道ですれちがった時にそっと子供たちにリンゴを握らせたりコメをくれたりした。多くは老人であった。若い人は私たちを見ないようにして通る方が多かった。私たちはすべてに対して無抵抗に馴らされていった。そうしないと一部の日本人ぎらいの朝鮮人にどんな眼に合わされないとも限らないからであった〉

それだけではない。著者は、ジフテリアにかかった長男に高価な血清注射を打って費用の不足分を肩代わりしてくれた朝鮮人医師のことを、きちんと書きつけている。食べものを恵むところを見られると村八分にあうから、といって目の前に「捨てて」くれた朝鮮人主婦のことも書きとどめている。

これを今の時点で、あまりにも貧しい他民族との接点、などと断じてみても始まらない。むしろそれ以上に、あの大混乱のさなか、わずかな接触の機会に、かつての被支配の民が垣間見せた度量の広さに驚嘆するばかりだ。同時に、目の前の事態を即物的に記録しておくことの意味をも思い知らされる。

じつは私も同じころ、同じように無蓋貨車に乗って、同じ満州の奉天（現・瀋陽）から中国大陸を西南に下っていた。途中、名も知らぬ小さな町に止まり、一面の高粱《コウリャン》畑の真ん中で不規則停車をくり返しながらの道中である。

その間、中国人といえば停車中の貨車に群がる水売りの人々ぐらいしか印象にない。私たちはどこかで暴動、略奪、強姦におびえながらも、他方でひたすら日本へ、という思いに駆られ、中国人や朝鮮人のことなど眼中になかったのだ。彼ら異民族を意識的にとらえようとしない点では、敗戦前と何ひとつ変わってなかった。しかも、『流れる星は生きている』の著者ほどの接触面も記憶に残っていないのである。

ただ、このときの私たちの精神状態や行動様式は、藤原さんが描くそれと基本的には同一だった、といっていいだろう。

しかし考えてみれば、私たちは、少なくとも「満人」や「朝鮮人」たちに、来てくれと乞われて「外地」へ行ったわけではない。私たちの渡満は、国家の政策の一環であれ、よりよい生活を求めたものであれ、すべて自分たちの都合に発したことだった。あげく、こちらの都合が悪くなった。反省、会釈もあらばこそ、こんどは方向を転じて母国に向けて一目散に走りだしたのである。

私はまだ十歳そこそこで考える力がなかったとか、父や母は満人や朝鮮人と仲よくしていたとか、いくらでもそうした言い方はできる。だが肝心なのは、私たち日本人がずかずか他人の土地に入りこみ、身内同士で巨大な車座を組み、隣接して暮らす他民族を片隅に追いやり、彼らに背を向けつづけたことだ。

そしてまた、女であれ子どもであれ、民族対民族の枠組みでいえば、日本人として満人や朝鮮人の上にのしかかっていた事実を否定し去るわけにはいかない。

こうした認識がないから、いったん力関係が逆転すると、ひたすら驚き、乱れ、おのれ一人、一民族が生きのびることにしか気がまわらなくなる。私たちは敗戦を政治力学の変動としてとらえることができず、地震か洪水のような災厄同然に受けとめたのだった。

だとすれば、朝鮮に対しては「併合」以来、中国については十五年戦争このかた、日本人自身がどれだけ朝鮮や中国の民衆を迫害し、難民化させてきたか、ということにとっさに頭が回らなかったとしても、ちっとも不思議はない。

私はいま、『流れる星は生きている』の著者をあげつらう気はさらさらない。同じようにして引き揚げてきた私の母も、後日、心身が回復してからこの本を読み、そうなのよ、この通りだったのよ、と強い共感を表したのだった。

それと同じ熱い気持ちでこれを読み、支持した人たちが戦後半世紀にわたって絶えなかったのだ。この事実を無視するわけにはいかない。

ただ私は、その事実をきちんと意識化したいのだ。あのときの盲目的な自己愛と自己憐憫を、その後私たちはどれだけ乗り超えられたのか、という問いを、もっと深めたいと思うのだ。最低、そのくらいのことは学びとる重大な契機だったはずだ。あの敗戦で露《あらわ》になった私たちと他民族との関係、あるいは無関係というものは——。

平成六年九月六日付『読売新聞』書評欄の短評欄に『流れる星は生きている』が取りあげられている。「昭和二十年八月九日のソ連参戦によって新京を命からがら逃げのびた一家の苦難の記録。読む者の胸を打つ一冊」と書いてある。

同じく九月十八日付『朝日新聞』の「声」欄は「引き揚げ」というテーマで読者の声を載せている。秋田市に住む「無職73歳」の深澤アイさんは、三歳の長女をひもで自分と結び、生後六カ月の長男をリュックに入れて北満から逃げてきた、と書く。歩いたり無蓋車に乗ったりして。

〈食糧事情は極端に悪く、母乳も出なくなっていた。食物をかみくだいて口移しで与えた。栄養失調で母子とも、生死をさまよい、私が死にそうになっていた。そのとき「死んだら子たちはどうなる!」。声が聞こえ、周りの人からほおをたたかれ目が覚めた(中略)。あの時、私が目覚めなかったら、残留孤児になったであろう子? 我々の子孫の時代には絶対に戦争の悲惨体験をさせないように切に祈るばかりである〉

書評欄も投書欄も、あいも変わらず自分(=日本人)本位の〝苦難史観〟に彩られている。何ゆえに生まれた苦難だったか。悲惨体験と平和祈念との間をどんな論理でつなげばいいのか。その種の発想や試みは、めったに見あたらない。『流れる星は生きている』は、脈々と生きつづけているのだ。

夏は過ぎても気になる夏は、私の中から容易に消えそうもない。


(一九九四年九月)

編集と選別

小さな本を書いた。表題は『私たちの文章教室』ぐらいが身の丈に合っているのではないかと思った。だが、「タイトルはもっと強いほうがいい」という出版社の意向で『「いい文章」の書き方』となった。世間に向かって大見得を切ったようで、ちと落ち着きが悪いとはいえ、そんな気がする、といった程度のこと。ま、いいか、ですむ話である。

ところがここに、当方の胸三寸にはおさまりきらぬ事態が生まれた。ことの起こりはPさんの述懐である。

Pさんはこの本を町の本屋の店先でパラパラめくってみた。『「いい文章」実例集』という章に、なにげなく目がいった。そこにはわが文章教室の仲間たちが書いた宿題から十五例が採録され、それぞれに添削と講評がついている。Pさんは、そこに自分の名前と文章がないのを知り、「眩暈《めまい》がして倒れそうになった」という。

むりもない。二人の幼子をかかえ、昼間は仕事をこなしながら六年間、この文章教室に通い、研鑽に励んできたのだ。その打ち込み方と自負からいって、自分の文章が引かれていて当然、ぐらいに考えたとしても不思議はない。じじつ、教室歴からいえばPさんよりはるかに経験の浅い人、文章表現上の素養、蓄積でもPさんの水準に及ばない人の文章があるかもしれない。Pさんでなくても、私をさしおいてなんだ、という気になる方もおられよう。

しかし、これを機会に次のようなことを申しあげておきたい。

文章を書く、あるいは編集するということは、集めた材料を大量に捨てていく作業だ、ともいえる。そうやって、一定の文脈のなかで最大限に生きる素材を注意深く選びとって文章を編んでいくのである。したがって、この文脈ではこの十五例がぴったりくる、というだけのこと。一編一編に点数をつけ、順位づけして上位から採用する選別方式とは基本的に違うのである。さらにいえば、ものを書く、あるいは編集する過程で、捨てるものがたくさんあればあるほど、その分、文章に張りと力が期待できる。

私が新宿で文章教室を受け持つようになって十年目。私の心に残る文章、教室外の人々に大声で吹聴したくなるような作文にも山と接してきた。そこからたっぷり滋養を摂取したあげく、今回は十五例に絞りこみ、私なりの論旨を鮮明にするためのテクストとさせていただいた。その意味で得がたい十五編ではあるが、十六例から先の膨大な作品群もなくてはならぬものだった、というのが私の実感である。

それだけに、『「いい文章」の書き方』は私たちの文章教室が足かけ十年かかって生み出した共有財産だ、という思いが強い。

Pさんはショックから立ち直るのに一週間かかったという。「でも偉いでしょ。その間にあの本を読み通したんだから。もう大丈夫、それでも口惜しい……」

これだけのことをPさんが真正面から話してくれたことが、私には何よりも嬉しかった。おかげで個人的な感情のワクを超えて、文章のありようについて改めて考えさせられる機会を得たのだから。

小さな本には、小さからぬ効用もあった。

（一九九四年十二月五日）

1995

平成7年

「まえがき」のまえがき

こんなことになろうとは夢思わなかった。

この一月から『二十世紀の千人』という十巻本、書き下ろしの人物評伝を発刊し始めたら、一日十六時間働き、日曜祭日をすべてこれの編集のためにあてても、いっかな余裕が生まれない。おのれがひろげた大風呂敷に、すっぽり包みこまれている風情なのである。

いったん出したら毎月出さなければならない。選んだ筆者は三十二人。それぞれに個性豊かなのはたのもしいが、締め切りに几帳面な方がいれば、正反対に無頓着な方もいらっしゃる。

こちらプロデューサーとしては、全体計画と予定表を渡したら、あとは筆者から届く原稿を待つしかない。むろん山の上に山を重ねるぐらい催促をしての話だ。一巻について百人を盛りこむ。一人欠けても本は成り立たない。締め切りは来た。あるいは過ぎた。だが原稿は影も形もない。そんなことがいくらでもある。枕を高くして眠れるわけがない。

勢いこの種の短文ひとつに道草を食う間もないということになる。だが、これまで文集『一プラス一〇〇〇』だろうが記録集だろうが、ともかく穴は埋めてきた。連続出場の見栄がある。

誇りもある。それに、日ごろ人さまの文章をあげつらっている身の上だ。ここを頬かむりして通り過ぎるのは、われながら釈然としない。

そう考えて苦しまぎれに悪知恵を働かせた。四月上旬に発売される『二十世紀の千人』第二巻「政治・国家・民族」編に私が書いた「まえがき」を特別公開《ロードショー》でそのままここに転載しようというのである。

巻ごとにこんなよしなしごとを書かねばならぬことも、私の〝多忙さ〟の一要素には違いない。いまの私にとっては生活のうたとでも申すべきもの。そう思し召し、見世物小屋のおやじよろしく呼びこみに精出すさまなど思い描いてくだされば、もっけの幸い。

念のためにいえば、以下の文言は六百六十字以内で書くことになっている。ところがこの「『まえがき』のまえがき」のほうは九百字余りある。いかにも、ぶざまだ。朱筆をもった教室の主《あるじ》にかかったら、何を言われるかわかったものではない。

まえがき

「君は政治のことなど考えないかもしれない。だが政治は君のことを考えている」と言ったのは、イギリスの社会学者G・D・H・コールでした。政治・国家が急速に肥大化し、個々の人間をあまさず吸いこんでいった今世紀の軌跡を振り返れば、自然にうなずける言葉でしょう。

ざっと眺めただけでも二つの世界大戦があり、そこから無数の迫害、殺戮、革命、反革命が生まれ、その一方で冷戦構造の生成から崩壊へ……、と政治・国家、そして民族をめぐる変動にはケタはずれなものがありました。そのたびに権力のありようとは程遠い、砂粒同然の民衆までが、この世界大のドラマに一役を与えられ、参加を強いられたのです。
強者が自らの意志を実現しようとして伯仲勢力とぶつかる。とばっちりが弱者にいく。弱者にも固有の立場があり、主張がある。大小入り乱れての相克が避けがたいものとなる。あげく欲望、策略、抵抗、大義、さらに感情をも加え、すべてが政治・国家、民族の抗争に総動員される。そうした百年の、時々刻々のなかで「彼女」は「彼」は、何を思い、何をなしえたのだろう――。
「王はなぜ、災禍を生み出す前にではなく、それをもたらした後に平和をつくるのか」という嘆声は前世紀までのもの。私たちの目と耳はいま、王が消えてもなお治まらぬ災厄のルーツに向けられます。そこにうごめく生身の人間そのものに。圧殺者、煽動者、黒幕、抵抗者、テロリスト、スパイ、傀儡《かいらい》、反逆者、改革者、解放者たちの〝響きと怒り〟がこの巻の主旋律です。

（編集部）

（一九九五年三月記）

スイスからの声

一九四五年五月八日はナチス・ドイツが連合国軍に降伏した日だ。五十年後のこの日、パリ、ロンドン、モスクワ、そしてベルリンでかつての勝者と敗者はそれぞれに五十周年を記念する式典をおこなった。戦勝を祝う国々、敗北とナチスの暴政という苦い過去に向き合う国という極端な違いはあれ、どちらも戦火にまみれ、災厄を投げつけ合った当事者である。自らの歴史の記憶を確かなものとするために節目を区切ろうとする姿勢は痛いほどわかる。

そうしたなかで、ジュネーブ発のニュースにいたく目をひかれた。

スイスのカスパー・フィリガー大統領が第二次大戦終了を記念する会合で、大戦中のユダヤ人に対する扱いを公式に初めて謝罪した、というのである。大統領はさらに、スイスが政治亡命を求めるユダヤ人の入国を認めなかったこと、またドイツに対してユダヤ人の旅券には識別しやすいように「J」（ドイツ語のJude《ユーデ》＝ユダヤ人＝の頭文字）のスタンプを押すように要請した点について、こうも述べたという。「深い反省と謝罪の意を表明する。このような過ちは結局は許されないことだと理解する」。

スイスは周知のように永世中立国だ。第二次大戦では親ナチの枢軸国側にも反ナチの連合国側にもつかず、中立を守り抜いた。この戦争の当事者になったことは一度もない。ホロコーストとも無縁のはず。それなのに、ユダヤ人への謝罪とはどういうことだ……。

たしかにスイスは戦争で手を汚しはしなかった。しかも、争いの一方の側にくみさないからといって、この国を侵そうとするものへの戦いを放棄したのではなかった。自らの主張を手控えることもなかった。戦時体験のあるスイス人から、こんなエピソードを聞いたことがある。

――スイスが第二次大戦中もっとも貢献したことがあるとすれば、新聞、放送が完全に言論の自由を守りきったことでしょう。とりわけ、毎週金曜日の夜、全欧に流されたラジオ放送は民主主義を象徴する声としてヨーロッパの人々には忘れがたいものがあるはずです。

――これに対してわが連邦政府は、ナチス・ドイツのゲッベルス宣伝相から、この国の言論の自由を停止しなければ侵略も辞さないという脅しを五十回以上もうけました。政府は苦境に追いこまれたが、スイスは真実を語るとは言っていない、全世界から集めた事実を伝えているだけだ、とはね返して自由と抵抗の姿勢を貫いたのです。

なんと小気味いい話だろう。いや、胸がすくような話であればあるほど、大統領の「謝罪」とどうつながるのだろう、という疑問がふくらむ。これだけ強靭な独立自尊の永世中立国であるにもかかわらず、なぜ反ユダヤ政策をとったのかということだ。

じつを言えば、この「……にもかかわらず」というところに落とし穴がある。中立政策をとるが故に、第二次大戦中ドイツからこの国に亡命を望んだユダヤ人を閉め出した――というのが事実のようだ。それをかつて次のような言い方で私に説明してくれた人がいる。

――スイスは昔から、ヨーロッパの宗教戦争から逃れてくる人を、カトリックであれプロテスタントであれ受け入れてきた。だからレーニンはじめ共産主義者や社会主義者の亡命も許したのだ。しかしここにも、ヨーロッパの他の国同様、ユダヤ人嫌いの伝統があった。十九世紀の半ば過ぎまではユダヤ人の政治的権利も認められなかった。ギルド（商人の同業者組合）やツンフト（都市手工業者の同職組合）にも加入できず、職業の自由もなかった。仕事といえば高利貸か牛売り、あるいは小さな店を開くぐらいなもの。そうした反ユダヤ感情が、第二次大戦で表面化したのです。

――ナチスが強力になった大戦前夜の一九三八年、この国に入国するユダヤ人のパスポートにはすべて「J」という判を押すこと、という法律がまずできた。当時、ドイツには五十万人のユダヤ人がいたが、四二年に入ってユダヤ人狩りが激化するにつれてスイスへの亡命者が相次いだ。スイス政府がドイツの報復を恐れ、戦乱に巻き込まれまいとしてユダヤ人に対して国境を封鎖したのは、この年の十月のことだった。「救命ボートはすでに満員だ」("The Lifeboat is full.")というのが、このときの政府の言い分だった。

私にこう語ってくれたのは、チューリヒのジャーナリスト、アルフレート・ヘスラー氏である。彼は一九六〇年代末に『ボートは満員だ』という本を書いて自国スイスのご都合主義的な態度に批判の光を当てたのだった。ヘスラー氏はさらに言葉をついだ。

――その時も、他の政治的亡命者の入国は認めておきながら、ユダヤ人の亡命だけは受け入れようとしなかった。みすみす殺されることがわかっているのにドイツへ送り返しさえした。だが、はたして「ボートは満員」だっただろうか。亡命者四万人までは十分パンを与える余力はあったし、ドイツに対する心理的不安はあっても、現実的な脅威はなかった。ナチス・ドイツは、スイスがユダヤ人を受け入れるのは勝手だ、と考えていた。結局私は、私たちがユダヤ人の扱い方を誤って、スイスの神聖な中立性に汚点を残したことを立証しようとしたのです。

ヘスラー氏の本は国内に小さからぬショックを引き起こした。にもかかわらず、それから十年後の七〇年代末に出会った私に向かって、彼はこういったものだ。「この政治的、文化的静けさ。何のこだまも返ってこない静けさ。それこそがいま、ものを考える人々の痛切な問題なのです」

輝ける中立政策がなまなましい現代史の中で、ユダヤ人迫害の「共犯」と見紛《みまが》うばかりのエゴイズムを内蔵していたとは！　だがそれにも増して、石のような「静けさ」の中でその事実を記憶しつづけ、検証に検証を重ね、半世紀たったいま、世界に向けて「反省」と「謝罪」を公表する態度がまた、ただものではない。

その動きたるや、氷河のそれにも似て、よほど目をこらさないと見落としかねない。だがそれだけに、冒頭の大統領声明からは、何世紀にもわたっておのれの脈拍に合わせて歴史を刻んできた人々の沈着さと自負が透けて見えるような気がする。

あの有名な『第三の男』という映画に、「スイスが数百年の平和を保って作り出したのは鳩時計ひとつじゃないか」というセリフが出てくる。陰謀や惨劇もないかわりにルネサンスを生み出す力もない、というヨーロッパ周辺国の揶揄《やゆ》の表れでもあろう。

そういえば、チューリヒのガイドの謳い文句もつつましいものだった。「ここにはパリやローマにあるような誇るべき歴史的名所はありません。ただ、私たちには民主主義があります。中立があり、言論の自由があり、赤十字はじめ国際的に開かれた精神があるのです」

スイスは言ってみればヨーロッパという大都会の中の小さな村のようなものかもしれない。〝村〟が〝都会〟の政策決定や争いごとに巻き込まれずに生きるには、当然、さまざまな緊張や葛藤がつきまとう。だが村が表面上は平和と安定を保っているが故に生き方そのものまでが内外から美化され、村の住人もそれを信じこんでしまう。そのとき村の基本政策への批判はタブーになる。好ましくない事実は封印され、人々は息を殺したまま押し黙る……。

そう見えたところへ、大統領の深い声が響いてきたのである。私たちは戦いには参加しなかったものの、歴史に超然としていたわけではない。あの悪名高いナチスの人種政策にいつか手を貸していたのだ、とわが身の暗部をあえてさらして見せたのである。

歴史の記憶を練りあげる前に、急速に歳時記化しかねない「戦後五十年」といった物言いが大流行だ。その中で、五十年という年月をかけて自分なりにたどりついた言葉には、やはり人を立ち止まらせるだけの真実がある。

（一九九五年六月一日記）

「戦後五十年」の瞬間

オーストリアと聞けばまずは「美しく青きドナウ」が浮かび、「ウィーンの森の物語」のメロディーが甦る。トニー・ザイラーに代表される華麗なアルペンスキーを思い出す人もいるだろう。どこか夢見るようなたたずまいを感じさせるお国柄なのだ。その中欧の一角から、はっとするような報道が流れてきた。

オーストリア議会は六月一日、第二次大戦中、ナチス・ドイツによる迫害の犠牲となった人々に、戦後補償として五億シリング（約四十五億円）の基金を創設する法案を可決した——というのである。基金の対象になるのは一九三八年三月から四五年五月の戦争終結までの期間に強制収容所などに送られたユダヤ人、ジプシー、共産主義者、同性愛者など約三万人。国外に亡命した人、戦後国籍を変更して海外に住む人たちも含まれるようだ。

優美さを売り物にするオーストリアが、ナチス・ドイツの犯した罪をわが罪とみなすとは一体、どういうことか。

一九三八年三月、政権奪取から五年余を経たナチス・ドイツは隣国オーストリアに侵入、これを併合した。一九一八年、それまで中欧に君臨していたオーストリア・ハンガリー帝国は第一次世界大戦に敗れ、一介のオーストリア共和国に転落。国土もそれまでの七分の一に激減した。とはいえ一部のハンガリー系、スラブ系住民を除けば大方がドイツ系の人々から成る、れっきとした独立国である。それを勢いに乗るナチス・ドイツが一気に呑みこんでしまったわけだ。

これを皮切りにナチスによるヨーロッパ各国への侵攻が雪崩をうつ。三九年三月チェコスロバキア解体、同年九月ポーランド侵攻、四〇年五月オランダ、ベルギーを相ついで制覇、同年六月フランス占領、四一年四月ユーゴスラビア侵入……と、鉤十字《ハーケンクロイツ》が各所にあふれかえる。

つまりオーストリアは「ドイツの制圧機構による最初の犠牲者になった」(イスラエルの作家、アモス・オズ)。そこから「(ナチスが)凶暴さを発揮する手始めに、美しくつつましやかなオーストリアから道義をわきまえた初々しさを奪ったのだ、という話になる。親切で上品な中年のウィーンの人に会うと、いまでもこの手の説明をしてくれたりする」という土壌が生まれる。

たしかに大戦の序幕ではオーストリアは被害者だった。それは事実だとしても、大戦末期には国民の一割がナチ党員になり、本心はともかく、ヒトラー勢力の一角を形成していたことは否定できない。

オーストリアの戦争犯罪への加担といえば、先年ワルトハイム元国連事務総長が戦時期の行動をめぐって国際的批判にさらされたことを記憶している方もおられるだろう。一九七一年から十年間、紛争の防止や拡大阻止、人権保護など「世界で最も厄介な仕事」と取り組んだ人物が八六年に自国オーストリアの大統領選に出馬した折、かつてナチ将校としてユーゴスラビアのパルチザン弾圧などに関わったという疑惑に包まれたのだ。

多くのオーストリア人にとって、これは他人事ではなかった。犯された者がいつしか犯す側にまわっていたという、いまわしい共通の過去を見てとったからだ。

オーストリアは第二次大戦に敗れた後、米英仏ソの四カ国に分割・占領されたが、五五年に独立を回復。以後、永世中立の民主国家に変身した。そうした現状にしがみつこうとするオーストリア人は、ワルトハイム批判をユダヤ人勢力による内政干渉と受けとめた。だから彼らの約半数はワルトハイムに投票し彼を大統領に押し立てた。「彼の過去にもかかわらず、ではなくて、まさにそれゆえに」（オズ）。

そのオーストリアが、〝被害者史観〟をなげうち、歴史的事実を見すえて行動する、と宣言したのである。さらに加えてクレスティル大統領も「われわれがこの事実にきちんと向き合うまで、長い時日を要した」と述べた。苦渋に満ちた表現だが、じつに人間らしい肉声を感じる。

そういえば、同じ今春の戦後五十周年記念式典でオランダのベアトリクス女王も「オランダ人全員がレジスタンスの闘士だったわけではなく、ナチス・ドイツに協力したオランダ人も少なくなかった」と演説した。オランダも、先に触れたようにナチス・ドイツに蹂躙《じゅうりん》された犠牲者だ。また、あのアンネ・フランクたちが屋根裏部屋に長らく身をひそめていられたのは、それを支える秘かな市民の協力があったからだといわれる。そうした国ですら、いかに小さくともわが身の汚点を直視しようとしているのである。

オーストリアにせよオランダにせよ、みずからの歴史上の罪状を認めることでわずかでも彼らの品位をおとしめただろうか。話はまったく逆で、その毅然とした姿勢が世界の目にはっきり焼きつけられるはずだ。

彼らは、では、格別偉大なことをしたのだろうか。少なくとも彼ら自身にはそんな意識は希薄だろう。自分たちの加害の事実を認めなければ、新しい生命体として進行形の歴史に参加できないという実際的な判断が彼らを動かしたに違いない。妥協が飛躍を生み出すという計算も働いたかもしれない。いずれにせよ私たちが「地球規模」の現実認識をもち、「国境を超えた《ボーダレス》時代」を生き抜こうとするならば、せめてこの程度の知恵、あるいは配慮が不可欠なのではないか。

そうしたことを痛切に感じさせられる「戦後五十年」の瞬間ではあった。

(一九九五年六月二十二日記)

切なる願い

「つまらん記録を出してきて。区切り? そんなもん、まだ区切れん」と言ったのは、あのオリックスの仰木監督である。プロ野球二十一人目の監督通算五百勝を達成した直後、記者団の質問にこう答えたのだった。この人のことばが大望を抱く者の常道のように聞こえるのは、仰木さんの人徳というものだろう。

ひるがえってこの私《わたくし》めも、区切りとか節目とかいう感覚とかけ離れたところで生息してきた

ような気がする。ただし私の場合は計画性に乏しく、目の前の主題に熱くなりやすい質《たち》だから
だろうと自覚している。

それが昨今、あれもこれもちょうど頃合い、といった出来事が迫ってきてあたふたしている。

九二年初夏、『朝日ジャーナル』が消滅してから企画・編集にあくせくしてきた書き下ろし人物評伝『二十世紀の千人』全十巻本が、十月末に完結する。特にこの一月からは四百四十頁の月刊誌を出すような荒業が続いただけに、いささか身も軽くなるはずだ。

第二に私たちの文章教室が九月末で満十年を刻んだ。受講者一人ひとりの熱意には改めて頭が下がる。他方、わが才のつたなさをもってやりくり算段、綱渡りを続けた過程を振り返ると、冷や汗が噴き出してくる。とはいえ、現代日本の「ふつうの人々」の知性、感性、はては生きるしるしまでも目のあたりにする楽しみに引きずられてのこと。この道は、ちょっくらちょっと止められるものではない。

そして何よりも十月二十六日。定年という大区切りがやってくる。「会社勤めのジャーナリスト」から頭の五文字がなくなるわけだ。会社に捧げきっていた体と時間を取り戻す絶好機だと思う。いや、思おうとする。何といっても組織を離れて天上天下おのれ一人の道を歩いたことがないのだ。10・26以後については、新《さら》の原稿用紙を前にしたも同然。還暦の岐路が近づくにつれ、区切り感よりも模索意識ばかりが先立つ。

そこで身辺の生きる達人たちの姿を思い浮かべる。安岡章太郎氏は八年前に重篤な病を経て『大菩薩峠』を読破、これをバネにして千五百枚にものぼる評論風エッセー「果てもない道中記」を書き上げた。「あと二つ三つ（大きいものを）書いておきたい」と腕をさすっている。そ

の間に映画館に出かけてはイヴ・モンタンやレニ・リーフェンシュタールといった二十世紀の躍動的人物像をめぐるドキュメンタリー・フィルムを観ている。生きのいい文章も生まれるわけだ。

もう一人の水上勉氏も八九年の天安門事件を目撃後、心筋こうそくの発作を起こし、「見舞客が別れを告げる客にみえた」という時期を経験している。その水上氏の二度目の全集がやがて発刊される。二十年ほど前に初の全集が出たときは「中仕切りみたいなもの」と言っていたが、はたしてその後も営々と労作を重ねてきた。そしていま、「生涯に二度全集を出してもらうなんて運のええ話や」と再点検の筆を手放さない。

両者に共通するのは表現への貪欲さと仕事が生み出す快活さとでもいうべきものだ。つけ加えれば、二人の生まれ年は水上氏が一九一九年、安岡氏は一九二〇年である。

さて、くだんの仰木監督はリーグ優勝の祝賀会で、こうあいさつしたという。「今夜はたっぷり飲んで、明日の試合は少し二日酔いで出てきてください」。これまた緊張と活力をあわせもって進路を開く者のセリフに違いない。

夢はでかいほうがいい。及ばずながらこのあたりを目安に朗らかに右往左往できたら、というのが現時点での切なる願いである。

（一九九五年九月二十七日記）

論理的表現は他者意識から始まる ――「文章教室」の現場から――

次の一文は、一九九五年七月八日の文章教室での講義をもとに、『月刊国語教育』（東京法令出版）同年十二月号（特集・作文で鍛える論理とは）に「提言」として掲載されたものです。

朝日カルチャーセンターで文章教室を受け持つことになった、と言ったら、「文章の書き方なんて教えることができるのかな」と疑問を呈した人がいる。いまは亡き作家、中上健次氏である。

文章は人それぞれが生きてきた過程が投影されたもの。また天分としかいいようのない文才の持ち主がいるのも事実だ。だとすれば、文章の書き方などというものは教えたり教えられたりする対象にはなるまい、というのも作家、小説家としては、ごく自然な反応だったのかもしれない。

だが、小説だけが文章ではない。文才に長《た》けた人にだけ書くという特権が与えられているわけでもない。人は必要に応じてさまざまな文章を書かねばならぬ事態に追い込まれる。

論文、報告文、批評文、書簡文、さらにそうした要素をすべて呑みこんだエッセーなど、散文表現は多彩をきわめる。これらは、自分の思いを底流に、人間の生き方死に方まで一切合財を盛り込もうとする小説とはだいぶ趣が異なる。自分の言わんとすることを正確にむだなく伝えることが眼目だからだ。

正確にむだなく伝えるにはどうするか。これは方法、技術をめぐる問いかけである。ところがこの国ではどこを見わたしても、そうした方法としての作文教育を行なっているようには思えない。小学校、中学校での読書感想文や運動会、遠足などの点描《スケッチ》を最後に、大学入試の小論文、レポート、卒業論文へとなだれ込む。文章を組み立てる原理そのものに触れる余裕はなさそうだ。その欠落を補う形で文章構築の技術を説いたらどうか。

つまり、文章にいかに自らの思いのたけを詰め込むかというより、どうすれば自分の考え方を過不足なく通じさせるか。そのための具体的な方策を追求するわけである。私たちの教室が十年続いているのはそのせいだろう。

＊

カルチャーセンターの文章教室は参加資格を問わない。だから年齢、職業、生活背景など色とりどりの人々が出入りする。文章を書くのが好きだ、得意だ、という人から、苦手だから基本から勉強したいという人まで、じつに幅がひろい。期せずして、無作為に抽出された〈日本人の文章表現力のいま〉が浮かびあがる。

新入生にありがちなのは、書いている自分だけがあって、読んでもらう他者についての意識が薄い文章だ。さらにこまかく見ると、①筆者みずから自分の書いたものにうっとりしているもの、②ああ思い、こう感じたと感情、感想の吐露で埋めつくされたもの、③体験し、見聞したことを何もかも並べたてる記述、④さらには、そもそも○○とは、と大上段に振りかぶったものの途中で論証の道筋を見失ったもの……、といったところが目立つ。

そうした個々の作文に対して私は添削し、批評を加え、ともに開かれた文章の実現を目ざす。たとえば、こんなふうに。

――文章は他人に通じなければ意味がない。筆者であるあなたが、ああ思い、こう感じるのはなぜか。その根拠（理由）を示す必要がある。見聞きしたことをできるだけ多く伝えたいと思うのは人情だ。けれど結局、何を言いたいのかを書き忘れないこと。同時に文意を鮮明にするために、書くべきことと書かないでいいことを種分けしつつ、順序だてて話を進めよう。またいきなり大風呂敷をひろげず、具体的な事柄から書き始めて一般的な話へ、と発想を逆転してみよう。

つまりは〈論理的な表現のすすめ〉である。

＊

自分に伝えたいという主題があって、書くという伝達行為が始まる。だが原稿用紙を前にしても、やみくもにペンを走らせないほうがいい。どんな素材をどう配置すれば話が効果をあげるか、どこへ向けて話を進めるかなど、狙いを定めてから動き出そう。

とくに内容が直接わが身とは無関係な報告書、批評文、論文などを書く場合、調査、取材が重要な意味をもつ。資料や人間にあたって新鮮な知識・判断材料をできるだけ多く集め、テーマに即して取捨選択し、話を組み立てる。

というわけで、現実に筆をとるまでは、けっこう手間ひまがかかる。だがそのほうが中身の点でも論理展開の面でも読みごたえのあるものが仕上がる確率が高い。人は情報量豊かな文章に引き込まれるのだ。

ただ、ここにひとつ大きな関門がある。自分がいくらおもしろい話だ、意味のある情報だと思っても、他人も同じように受けとめるとは限らない、ということだ。それに書き手の気持ちの高ぶりが先走ると身勝手な論法や情動の押し売りにもなりかねない。

肝心なのは、書き手が書かずにはいられないものの正体をあまさず語りきること。おもしろいと考える題材の仕組み、背景、特徴、関連事項といったものを筋道を立てて表すことだ。読む側に、おもしろさの根拠を多角的に明示する、と言いかえてもいい。論理の手順を踏むとは、そういうことだ。

読み手にことばがしみ込めば、「なるほど」となる。なるほど、そういうことかと納得のいく材料が増えれば、伝え手への関心も深まる。それにつれて、読む側に「それでその先は？」という好奇心が芽生える。そうなったらしめたもの。書き手はますます腰をすえ、事を分けて書きつげばいい。その一方で、発信者としていかに熱くなろうと、話が論理の道筋から逸脱していないかどうかを点検するもうひとつの目、つまり複眼の構えを手放してはならない。

そこで問題は、論理の力をどうやって身につけるか、深めるかである。答えは簡単。文章になじむことだ。「多読、多作、多思の三つ」（注1）がこれに当たる。

よく書こうとするものは、よく読まなければならない。そう考えて、「浴びるほど、ひっくり返るほど本をお読みなさい」と教室でも私は言い続けている。これによって発想、表現、情報の新陳代謝を目ざす。論理的な表現のための水源地づくりなのである。

多作については「腕を鍛え経験を得るため……あらゆる文題を捉えて片っ端から書いてみるがよろしい」（注2）といった元気一杯の言い方がある。

そして多思。書き上げた文章をみずから添削推敲することを意味している。ここでの目的は他人の目で読み返し、どれだけ他者の胸に届くかを見極めることにある。その意味でいい文章が書ける人とは自分に対して他者の目、すなわち批評眼をもちうる人、他者の助言にどこまでも耳を傾けることのできる人、と言えるのではないか。

どんな文章でも世間にさらされるまでは下書き、ないしは試作なのだ。下書き段階で磨きに磨きをかける欲深さをお勧めしたい。

その上で独自の大胆な自己表現に向けて踏み出してみたらどうだろう。そういえばエッセー(Essay)とは、もともと「試みる」という意味をもつ動詞なのである。

(注1) 芳賀矢一/杉谷代水編『作文講話及び文範』(講談社学術文庫)
(注2) 同著

1996

平成8年

危うし、〈アウシュヴィッツ〉

日本人はなぜこうもアンネ・フランクが好きなのだろう。また彼女と〈アウシュヴィッツ〉をセットにして「生命の尊さと平和の価値」を説くことが、いったい何につながるのか、つながらないのか。

一月末に東京・新宿で開かれた「心に刻むアウシュヴィッツ展」をのぞいて、まずそんな疑問がわいた。

この展示会は一九八八年から日本全国あちこちで催され、ここが八十三ケ所目に当たる。今回の主催者は三十五人の書店や出版関係者から成る実行委員会。各地で地元の市民が支え、受け継いできたイベントとのこと。

展示パネルは「アウシュヴィッツ前史」を皮切りに絶滅収容所の成立、ナチ親衛隊、強制連行、人間の選別、ガス室などを経て秘密抵抗組織、解放までが整然と並ぶ。写真と背景説明で〈アウシュヴィッツ〉の道筋が年を追って簡潔にたどれる仕組みになっている。

ビデオ・コーナーがあって『夜と霧』（アラン・レネ）や『証言―奇跡の生還者』などが、たえず流れている。

別の一角には、かつてここに捕われていた反ナチのポーランド人画家が命を賭して描いたという「囚人の日々」のスケッチがある。点呼、労働、食事、懲罰――被害者像、加害者像の数々が木炭画からあざやかに浮かびあがる。

圧巻は、ポーランドの国立博物館とイスラエルのホロコースト研究所から借り出された遺品の山だ。女性たちがガス室に入れられる前に刈り取られたという毛髪とその毛髪で織られた布地。収容所内で便器にも使われたとされる食器。懲罰用のゴムホースのむち。毒ガス・チクロンBの1kg缶。これは約四百人を死に致らしめる量だという。となりには「人間の脂肪で作った石鹸」……。

そしてもうひとつ目をひくのが、アンネ・フランクをめぐる写真空間だ。父オットーが撮った、アンネ誕生の翌日から逮捕直前にいたる一連のスナップで埋まっている。アンネ自身については、「隠れ家での過酷な条件の下でも、少女らしいみずみずしい感性と未来に対する確信と理想を失わなかった人間」という解説がある。彼女が〝ホロコーストのアイドル〟にされつづける必要にして十分な理由がうかがわれる。

戦後五十年（ああ、またしてもこの標語がおどる!）。死の収容所の名前すら知らない若者に、「『アウシュヴィッツ』を通してさまざまな抑圧と戦争の歴史認識を深め」てもらおうという試みとか。だとすれば、ここでの視野が一九三三年のヒトラーの政権奪取から強制収容所の解放までに厳密に限られているのも、ひとまずうなずける。だがそれにしても。

戦後半世紀を謳うなら、なぜアウシュヴィッツ以後の「歴史認識」がチラリとも入ってこないのだろう。残虐を極めたナチス・ドイツvs悲惨な運命をになったユダヤ人、という図式を後生大事になぞるだけでは固定観念の上塗りにおちいらないものかどうか。

たとえば、こういうことだ。

ナチスは壊滅した。ヒトラーも灰になった。では生きのびた三分の二のユダヤ人はどこへ行ったのか。幸せをつかめたのか。途切れた歴史というものが存在しない以上、少なくともこの程度の想像力、好奇心がふくらむのは自然だろう。

じつはそこからユダヤ人たちの、イスラエル建国にまつわる新しい一章が始まる。それに連動して、かつてのユダヤ人とあまりにも似かよった、パレスチナ人の離散と流亡の時が刻まれだす。だからパレスチナ人は言うのである。ホロコーストの結果、ユダヤ人がパレスチナに彼らの国家をつくり、それによって生活を根こぎにされたわれわれこそが究極の被害者なのだ、と。

どちらもが同じこの土地にしがみつき、これを守り抜こうとすれば、数次にわたる戦争や相互テロの連鎖は避けられなかった。これがアウシュヴィッツのつい鼻先に横たわる同時代の現実である。

アウシュヴィッツを記憶し、確認することが無意味だなどとは思わない。だがアンネをも動員して、ということは少なからず情動にまで働きかけて、一民族の被害者性だけを訴えるやり方では、加害者・被害者の立場が錯綜《さくそう》しつつ進行する目の前の歴史のダイナミズムを掬《すく》いとれないのではないか。

風化しかけた重い過去を次の世代に知らせねば、という善意を疑うものではない。だが、いまそれを知らせるには、いまにふさわしい知的誠実さが必要な気がする。あれ以後わかってきた奇っ怪な事柄もあるのだから。一例をあげる。

一九四四年四月、連合軍のノルマンディー上陸まであと数週間だったが、シゲット（注1）のユダヤ人は「最終的解決」の網の目が広がっていたのを、あいかわらず知らされていなかった。自由世界は、アメリカやパレスチナのユダヤ人指導者は、一九四二年から事情に通じていた。（中略）ルーズヴェルト、チャーチル、ベン・グリオンがラジオでこう呼びかけを発していたとしたら。

「ハンガリーのユダヤ人よ、おとなしくゲットーに閉じ込められてはいけない。封印された家畜用貨車に乗ってはいけない。逃げろ、洞窟に隠れろ、森に避難しろ」（中略）もし、列車の目的地はアウシュヴィッツだと教えられていたら、アウシュヴィッツの意味が明かされていたら……（注2）。

連合国側の要人はそのことを知っていた。知っていて教えなかった。そこからこのような、自陣営の中枢を不作為犯視する見方さえ出てきている。これまた半世紀後に知らせるべき必須情報ではないか。

さらにいえば、ヨーロッパのユダヤ人の悲劇は何度語られてもそのたびに涙と正義感を誘われるが、舞台が中東、つまりは第三世界のパレスチナに移ると、がぜん「遠い国のわかりにくい出来事」にしてしまう私たちの精神風土についても、とっくり考えたほうがよさそうだ。欧米・キリスト教文化に対して抱きがちな親近感とその他の文化圏への距離感が何に由来するかを省察すること、と言いかえてもいい。

標本化された定番資料を重おもしく差し出して、ぜひとも知っていただこうとするより、アウシュヴィッツはその先にスリルに富んだ逆転劇をはらまざるをえなかった、とやるほうが若者の心はつかめるはず。しかも、もともとはそれが本道でもあるのだ。

歴史は日々うねり続ける。この際、ホロコーストにこだわる大切さと、こだわりすぎることの危うさを、同時にかみしめたい。

*『月刊私学公論』一九九六年二月号のために書かれたものを転載します。

(注1) 当時のハンガリー(現・ルーマニア)領内にあり、旧ソ連ウクライナ共和国との国境に近い山間の小都市。アウシュヴィッツを生きのびた作家エリ・ヴィーゼルの故郷。

(注2) ヴィーゼル『そしてすべての川は海へ—20世紀ユダヤ人の肖像』上(朝日新聞社)一三〇～一三一頁

曙光

去る五月二十六日、日本歌人クラブ、春の総会の折、拙歌がみとめられ、漸く曙光を見出し余生のかぎりをつくし度心《たく》をきめました。

ひとことで言うは短かし五十年寡婦のたつきに腰曲がるまで

八十四歳のYさんのハガキには、いくぶん震えのまじった草書で、だがしっかりと、そう書いてあった。

祝いを述べると「やんなっちゃうよ、恥ずかしくて」と、でも、まんざらでもない明るい声だ。

敗戦の翌年、混乱の満州（現・中国東北部）で夫を病で失い、十歳と生後半年余という二人の子をかかえて日本にたどりついた。それからというもの針仕事、家政婦、保険の外交員、食堂の賄い係など、骨がきしむほど働きつづけてきたお人である。

日本歌人クラブは現在、会員がざっと三千。その人々が年に一度、自選歌を五首ずつ提出し、そこから約百首が選ばれて、その年の『年刊歌集』に掲載されるのだそうだ。つまり一万五千首ほどの中の百首に入ったということになる。年齢を考えれば二重丸の快挙だ。

改めて、歌にこめた気持ちをたずねる。

「あれから五十年たったのよ、とはだれにでも簡単にいえる。言葉にすれば、それだけのこと。でも、私の歩いてきた道としたら穏やかなものじゃないでしょ」

念のためつけ加えれば、「たつき」とは生計、または生活の手段を意味する。

当初は「……寡婦のたつきの泣き笑い過ぐ」としたが、推敲の末、冒頭の形に仕上げた由。

それでも悪くなさそうだが、あまた思い浮かぶことばの中から「一番身にこたえるものを残していく」という葛藤を経ての選択だったようだ。

葛藤といえば、この人の中にはいつも五十ぐらいの「雑物」、つまり主題があって「頭が軽くなるときがないの」という。本を読んでも町に出ても、見るものきくものすべてが歌の素材になる、と考えているからだ。

たとえば、家の中で掃除しながら思いつくことをメモする。それを散文で書いてみる。そこから「大事なことば」をつまみ出す。それを三十一文字につないでいく。

「大事なことば」「身にこたえるもの」とはどんなものか。

「一生懸命という心のかたまりをぶつけようとすると、それにふさわしいことばが出てくるのよ。上《うわ》の空でやってもだめ」

——しかし、いくら一生懸命になっても人を打つ表現が生まれるとはかぎらないでしょ。

気がつくとこちらは、つんのめるようにして、あれこれ尋ねはじめている。

「そりゃあなた、省いて省いて削り落としたところで共感していただくんだから、自分一人だけでいいわ、いいわと字を並べるんじゃない。ひとさまに訴える気で自分の真実を吐露すれば相手にズキンと伝わるはずでしょ。伝わらないじゃおかないわよ」

——そうなると当然、表現力の蓄えも必要になりますね。

「そう。自分の思いをきちんと伝えるだけの語彙《ごい》がないとね」

そのためにYさんは「何でも読んじゃう」のだそうだ。たとえば『オール讀物』を年に三度ぐらい買って「講談話から現代の先端の小説や外国ものまで」、しっかり目を通してしまうらしい。そうかと思うと、依田学海《よだがっかい》などという明治初期の漢学者の日記をかじったりもする。これは嫁いだ先の姑《しゅうとめ》の父親が、たまたま学海先生だったという縁による。

「それと、ことばの内容の吟味ね。同じ〈きく〉でもじっくり聞くのか、聞き流すのか、ただ音が耳に入ってくるだけなのかで漢字の使い方だって変わってくる。字を知れば同時にそれが表すものを知らなけりゃ、ということになる。植物だって動物だって、姿かたちからその生い立ちまで知らないと、思いきって書けないし……」

長年、胸のうちに貯めこんだものを少しずつ解き放つような話しぶりだ。

Yさんが短歌づくりに本腰を入れだしたのは一九六九年だというから、歌歴もゆうに四半世紀をこえる。だが途中、老母の晩年を介護して九十六歳の最期を看取るまでの八年間は、歌との付き合いもままならなかったらしい。

そのころの一首にこういうのがある。

うわべにて優しく母をみとりなす裡《うち》に潜《ひそ》める修羅に抗《あらが》う

年が行って衰えを増し、やがて錯乱していく実母に、かろやかに、丹精こめて接していたみずからの内面を、鋭く見据えている。

こうした時期もふくめて、「たどたどしくやってきた」というのは、Yさんの実感なのであろう。

「お父さんが亡くなってから五十年という節目に、やっとクギさすようなことばが見つかるようになったっていうことかしらね」

傘寿を過ぎて数年、いまだ〝邪気〟を友とするこの人は「耳は違くなったけど、ぼけるどころじゃないわよ」とちょっと力んでみせた。

Yさん。明治四十五年二月十八日生まれ。千本八重。私の母だ。


（一九九六年六月十日記）

'96 夏から秋へ

◎八月初旬　久々に心身が全開した。紀伊半島の南端に近い新宮に三十代から六十代までの男ども十余人が集まって、大遊びをやらかしたのだ。
半島の東海岸を北上して熊野灘に面した人影もまばらな海に飛びこむ。海辺からいきなり山路に入り温泉につかる。十津川のクリカボチャから熊野川のアユ、取れ取れの海魚ハタハタに舌つづみを打つ。あげく議論に興じ将棋に苦吟する……。

昨年十一月、「南スラウェシ・トラジャ地方（インドネシア）の自然と文化を訪ねる研究旅行」を共にした面々である。学者、ジャーナリストといったウルサ型ばかりだが、十日間の旅で共通の関心事をもち、寝食を共有することによって自然、強い絆が生まれた。年をとってから近しい友人ができる秘訣の一つかもしれない。

＊

白い熱射を浴びながら尾鷲から紀伊長島にかけて、被差別部落をいくつか車で駆け巡った。このあたりは三重県でも和歌山県との境に近い辺境のせいか、差別問題にしても行政の意欲が届きかねる風情。部落解放運動も組織の力が及んでいない。部落の人々もまた「寝た子を起こすな」の意識が強く、部外者の訪問は迷惑がられる土地柄とか。若い者は都会に出て故郷を捨てる。残った者はそのまま朽《く》ちて部落ともども消えることを願っている、というのである。なかの一つは国道沿いに立木の目隠しがあって、その背後にある数十軒の部落が視野に入らないように仕組まれている。一帯はホタルの名所だそうだ。

都会からはるばるたどりついた桃源郷さながらの場所に、こうも無残な差別が埋め込まれ、うずくまっているとは――。

一行も、とりあえずは黙って腹におさめるほかない。それぞれが記憶しつづけ、仕事の場などでぽつぽつ消化していくことになるのだろう。

そのまま渓谷をさかのぼり、その名も魚飛《うおとび》という瀞《とろ》で冷水を浴びる。

＊

一日、故・中上健次さんの実家へお線香をあげに出かける。お母さんのちさとさんと義父の七郎さんが縁側のソファにすわって庭をながめながら、ぽつりぽつり話している。健次氏が死んで、もう四年目の夏だ。お母さんは七十代の終わり。気丈な美しさの名残りをたたえた相貌に今はひたすらやさしさと静けさが漂う。足は不自由だが、あの破天荒な作家の揺籃《ようらん》期を育んだ口承の語り口はまだ健在だ。

「歩こうと思うんやけど、けんじ、歩かいておくれいうとな、歩けるんな、気のもんやけどな」

「一日だって、けんじのこと忘れる日はないんよ」

「あのころ、あんたら山のなか歩ってきて、山ダニしょってかえってきて、いつふろはいるんかと思てたもんな」

二十年前、私たちは——中上氏と部落の青年たちと私は——ここを基地に紀伊半島の四方八方へ動き、被差別部落を取材して回っていたのだった。その青年の一人が、今は市役所の同和課長だったりする。

別れ際に、ちさとさんが言った。

「死んだらあかんな」

◎**八月中旬**　新聞で、政治思想史学者・丸山真男氏の訃報を読む。経済史学の大塚久雄氏の告別式に寄せた丸山氏からの弔辞の一節を文章教室で取り上げたのは今期七月二十七日のことだ。
「私はこの日を突如としてとか、意外にもとか呼ばない。それはとうとう来るべきものがきた、遠からず、私もその道を歩むべき、人のけっして帰ることのない道を渡ったからである」

病床から発せられた、これほど勁《つよ》い、人間の生死を見すえたことばは稀だろう。

一九五〇年代の半ば、大学生になりたてのころ、ナチズムについて何がしかのことを知りたいと思った。そのとき私の幼い目をまず開いてくれたのが、丸山氏によるナチス指導者たちの精神構造をめぐる論考と竹山道雄氏のヨーロッパ精神史をたどる長尺のエッセイだった。

その影が尾を引いてか、学生を前に「ホロコーストからパレスチナ問題へ」などと怪しげな話をしている今のわが身がある。

丸山氏の晩年に、氏を囲む五、六人の雑談会に加わる機会に恵まれた。学問のこと、世相のこと、人物月旦《じんぶつげったん》から映画、音楽、果ては新国劇まで、氏は興に応じて語り、倦むところがなかった。午後二時ごろから短い夕食をはさんで九時前後まで、そのたびに座談の妙とはこういうものかと時を忘れた。それでいて本領は、「あの人ほど饒舌を思想に結実した人はいないんじゃないか」と作家・安岡章太郎氏をうならせる卓抜な文章家であった。

たまたま文章教室の話になったとき、丸山氏に言われたのは「今の時代に生きて、考えようとする人々と接する貴重な現場です。大切にしてください」ということだった。

また拙訳本『贅沢な戦争』を送ったときにいただいた礼状には、こうあった。

「……中近東問題は私の昔の学生時代からの『西洋史』の勉強の盲点からいまだ脱しきれず、もっとも苦が手の分野に属します。御訳業によって学ばせていただくことを楽しみにしております」

希代の大知識人は、市井の小宇宙にも未知の領域にも、きちんと視線を投げかけていたのである。

◎**九月初旬**　×日。一通の便りあり。三十五年来の友人Mが八月二十六日に敗血症で他界、故人の遺志で遺体は「医療研究の一助」にとすでに献体、よって葬儀は一切行いませんでした——という知らせ。はじめはクラッときてわけがわからなかったが、ミズカミが死んだ、とつぶやいたとたん、嗚咽《おえつ》がこみあげてきて、おいおい泣いてしまう。自分のことしか考えず、今も今とて目の前の作業に振り回されていたガリガリ亡者にとってはなんとも手ひどい一撃だ。

通信社の写真編集者から時事英語誌の編集長を経て大学教授へ。タテ社会でがんじがらめのこの国で、ヨコへヨコへと自力転身をとげていく快男児だった。仕事も遊びも、いつも私の数歩前を行く存在だった。目を病み、ガンで入院しても当方には何ひとつ知らせず、退院すると「たまにはメシでも食おうか」と涼しい顔で連絡してくるような奴だった。

有能というのか貧乏症というのか。君は、先生業のかたわら次々訳書を送り出して私をあぜんとさせた。だが結局のところ、こっちはその美技に舌を巻いていたのだ。

この春送ってくれた訳書『さらばヤンキース――運命のワールドシリーズ』（上・下、新潮文庫）は張り扇《はおうぎ》で同時代を語る原作者D・ハルバースタムの持ち味を存分に生かした名訳だった。私はこれをインド旅行に持参し、ホテルのベッドにころがって時々腹をかかえて大笑いしながら読み通した。

君はとうとう、死までおれより一歩先んじてしまった。しかももう跡形もないという。そんなのあるか！　が、そのあっけなさは、お前の無欲恬淡《てんたん》そのものかもしれない。そこにまた、多くの人が惹《ひ》きつけられたのだろう。

君のおかげでワニの目にもいくぶんの涙が残っていることがわかった。多少なりと情のあるうちは未練がましく生きてみるよ。

はじめて締め切りのない世界で、少しはのうのうとしたまえ。


（一九九六年九月十五日記）

まり子さんのことば

宮城まり子さんの投稿文が新聞の「論壇」欄にのった（一九九六年十二月十日付『朝日新聞』朝刊）。宮城さんは女優というより、肢体不自由児養護施設・ねむの木学園の園長さんといったほうが通りがいいかもしれない。彼女が静岡県・浜岡砂丘の一角にねむの木学園を建てた六八年ごろ、福祉政策をかかげて立候補した政治家は、たった一人だったという。当時は世間も政治も、フクシなどというものに鼻もひっかけなかったのである。

宮城さんは、今回の彩《あや》福祉グループの特別養護老人ホームの建設にかかわる贈収賄事件を知って、「この犯罪は、『日本の福祉文化』の歴史と今の姿を汚してしまった」と書いた。「お年寄りの介護やお世話をみんながしなければならない大切な時、するのだという心にみんながなり始めた時、人々のやさしさと善意を、施設を必要とする人を利用した」のだから、というのが、その理由だ。

だが宮城さんが投稿したのはそれ以上に、事件をきっかけにメディアに現れた福祉施設の建設をめぐる補助制度の解説をみて、びっくりしたからだ。「これでは、補助金だけで福祉施設を建設することができるような誤解を招くのではないか」と思って、いたたまれなくなった、というわけである。

宮城さんは、一つの社会福祉法人の責任者として、じゅんじゅんと説く。

——補助金をもらえるのは建設費全額ではなく、国庫補助金交付要綱に定められた補助対象基準事業費の四分の三だ。

――つまり、建物にかかるすべての費用の四分の三ではなく、国が定めた基準の面積、単価の四分の三なのだ。

要するに、補助金だけで建物が建つわけではない、ということだ。

また、土地を買う金や土地の造成費には補助金はない。だからその資金調達から始めなければならない。

さらに入居者に「心豊かに住んでほしい」と願い、トイレ、風呂、台所などを、それぞれ基準以上に広くしようとすれば建物は少しずつふくらみ、建設費が増える。「とても定められた基準では足りない」。だから多額の自己資金をひねり出さざるをえない。

まり子さんは宣言する。「福祉施設を建設しようということは、人の命を守り、人としての尊さを大切に考える誇りある仕事だからこそやれるのです」と。

入居者の生活条件をまず第一に考える者と、施設の大義名分にかくれて私腹をこやそうとする者との差は歴然である。しかも前者が決定的に割を食うというのだから、石が流れて木の葉が沈むを地でいくようなものだ。

建築がおわれば、運営上の難問が控えている。

来年度から職員の労働時間が週四十時間に短縮される。だが職員の配置基準は変わらない。そこで、労働時間が短くなる分、職員をふやそうとすれば、人件費は補助金では足りないことになる。では、施設経営が苦しくなるのを覚悟で職員をふやすか、職員に今以上の労働を強いるか。施設の長は決断に迫られる……。

宮城さんが挙げる例は、施設での日々の営為と直結した切実なことばかりだ。「ゴールドプラン」などといったいかがわしい理念や、省内序列と外部団体が結託した利権集団の振る舞い方とは、およそ異次元の話である。

かつて宮城さんは、ねむの木学園をつくるときに、なかなか許可がおりないので、県の課長につれられて議員のところへ行ったことがある。そのときの議員の反応を、彼女は忘れていない。「もっと大きいことだったら何でもしてやるけど、それは小さ過ぎる」といわれたのだ。「それなら私一人でやるわ、十回足運べばいいところを二十回運べばいいんだからと思って」「ねむの木」ができた年の次の選挙あたりから、だんだん福祉ということばが出回り始めた。やがて「福祉をいう人がいい点をとって、福祉をいわない政党がなくなったの」。福祉は流行になりだしたが、「流行になってしまうと、一時の感情の気まぐれですたれることがある」と宮城さんは感じとった。

彼女が雑誌記者である私にこう語ったのは、二十年近くも前の七八年秋のことだ（『朝日ジャーナル』七八年九月二十二日号）。そのときの彼女の発言の一つひとつが今なお熱く脈打つように聞こえるのはなぜだろう。

宮城さんが「ねむの木」をつくろうと思いたった直接の動機は、「就学猶予」ということばとその現実を知ったことだった。知恵遅れの子、からだの不自由な子、それに孤児は学校に来なくてもいい、という意味だ。ならば、義務教育によって、すべての子どもに学ぶ権利があるというのはウソっぱちなのか。

「日本に（就学猶予の子どもを教育する施設が）あるのって聞いたら、ないっていうの。それでつくったの」

このインタビューのなかで宮城さんが語った「福祉に〝清貧に耐える〟発想は禁物」ということばも忘れがたい。たとえばこんな具合だ。「保母さんもちょいとした余裕の持てる月給をもらわなければいけないと思う。繰り返しても繰り返してもかなえられないときには悲しいでしょう。自分自身がもどかしくなってどうしようもなくなったときに、人にもいえないようなときには、自分で自分をなぐさめなきゃしょうがないでしょ。だからそれだけの余裕をもたなきゃいけない」

もう一つ印象的なエピソードもつけ加えておく。彼女がドイツで見かけたある施設の求人ポスターのことだ。そこには「一つの宗教を固く信じている人、奉仕の精神をもっている人、一生独身を通す人」と書いてある……と思った。ところが、よく読むと「ではなく」と続いている。「ではなく、あらゆる自由な思想を持ち、これがすばらしい仕事であると思っている、すぐれた人材を求める」という広告だった。「私、やったぁ、と思ったね」

このころ「ねむの木」には、まり子園長のもとに五歳から二十五歳までの肢体不自由児（者）四十六人が住んでいた。そのほかには、保母さん十五人と男性の生活指導員が六人。宮城さんは「オカアサン」と呼ばれて朝七時から子どもにつきまとわれ、子どもを追いかけつづけた。音楽教室でオルガンをひき、調理場で大なべと取っ組み、入浴、散髪の面倒までみた。仕事でふくれあがった手は、とても「女優」の手ではなかった。

やめようと考えたことは？　と私はたずねた。宮城さんは、こう答えた。

「毎日。掃除なんかしているときに、私がうまく頓死してくれるといいなと思う。今は慢性自殺への道をまっしぐらに行ってる。のたれ生き」

この人の嫌いなもの。「正面から来る敵は迎え撃つけど、じわじわボウフラのようにわいてくる敵は大嫌い。おんなじものがずらっと並んでるの、大嫌い」

今、一番ほしいものは？「いい人材。福祉の地位が下のほうにあるから、なおさら」

ボウフラ的なるものがはびこり、「いい人材」が見あたらぬかぎり、宮城さんに安息はおとずれそうもない。そしてまた、私たちも、宮城さんの行動力にもたれかかっているかぎり、第二第三の「オカミッチャン」の培養に手を貸すことになりかねない。

（一九九六年十二月十七日記）

1997

平成9年

スパイク、そしてバイライン

スパイクと聞けば、たいていの人は、野球やサッカーの選手がはいている靴を思い浮かべるだろう。すべり止めの鋲《びょう》を靴底につけたあれである。

私が記者として出発したてのころ、早ばやと刷りこまれたのが、このスパイクということばだった。といっても、こちらのスパイクは、砂煙をあげて一瞬の明暗を競う劇的な場面とは、およそかけ離れている。

ジャーナリズムの世界には、記者が書く記事の第一関門にデスクというものがかまえている。デスクといっても、れっきとした人間だ。彼（または彼女）は、あらかた十五年ぐらいの記者経験を積んできたツワモノで、記者が出してくる原稿が世間の読者に通用するかどうかを見きわめる。

ニュース性のある記事かどうかに始まって、伝えるべきことが過不足なく盛られているか、文章表現として適当かどうか、などを最初の読者として点検する役どころだ。そのうえで必要な個所に赤字を入れ、贅肉《ぜいにく》をそぎ、よりよい商品にして送り出す。記事の中身がパッとしない、表現もまずい、あまり食欲がわかない、どころか箸にも棒にもかからないとデスクが判断したら、原稿はくずかごに直行する。「ボツ」である。

当時、私が働き始めたアメリカ系通信社のデスク（こっちは机）の一角には、なんとも奇妙なものが置いてあった。直径十センチ弱、厚さ一センチばかりの、円形の文鎮《ペーパーウェイト》然としたものの真ん中に、二十センチほどの釘《くぎ》状の細い棒が突っ立っている。鉄製の小皿に、これまた鉄製の、先のとがった割り箸が一本、直立している図を思い起こしてくださってもいい。これをスパイクという。そう教えられて以来、ギロチンと同じくらい深く心に刻みつけられたのだった。

記事を書くといっても、何をどう書くかなんて何ひとつ教えてくれるわけじゃない。一人前の記者たちは、あっちの新聞に目を通し、こっちのテレビ、ラジオに耳をこらし、四方に電話をかけ、八方に出かけていっては、けたたましくタイプを打ち、すいすい出稿している。

こちらも見よう見まねで、なんとかこねあげて恐るおそる提出する。するとデスクは、パイプをふかす合間をぬうようにして、あっという間に読みくだす。読みくだしたかと思うとバサッと音がする。やっとの思いで仕上げた原稿がスパイクめがけて振りおろされ、あわれ串刺しになったのである。またしても！

デスクは次の瞬間、何ごともなかったように別の原稿に目を通し、出稿者に一、二質問してチョンチョンと朱を入れ、印刷に回している。彼（彼女）は駆け出しの記者に向かって、なぜスパイクにしたかなどと説明する暇もなければ発想もない。

　それでも、出稿すると、時にはデスクからご下問を受けるようになった。これはどういうこと？　こっちはどういう意味かね。この背景にはどんなことがあるの？

　やっと食いついてくれた。そのかわり答えるたびに原稿が朱直しで真っ赤になる。ずたずたに切られる。こうなるとヘビー級チャンピオンのパンチを浴びた新人ボクサーの顔みたいなものだ。わが原稿はほとんど原形をとどめていない。生きた心地がしない。

　さあ、これでいい。清書したまえ。東京の地下鉄地図以上に入り組んだ直しを後生大事に拾い集めて、改めて一読する。さきほどの混沌《こんとん》はどこへやら、型にのっとった流暢《りゅうちょう》な記事が目の前にある。たったこれだけのことを書くのに、自他あわせてあれだけの労力を費やしたかと思うと、情けないやら呆《あき》れるやら。

　記事の終わりに〈KRAMER/SEMBON〉などと記してある。クレーマーはデスクの名であり、朱を入れて共に書きあげたという意味合いもある。センボンは、とにもかくにも記事の原材料をくわえこんできたのはこの記者だ、という印である。

　では、あの瀕死のもと原稿はどうなったか。未熟の恥はかき捨てということでこの世からきれいさっぱり消され、曲がりなりにも活字への道が開けた分だけ覚えておけばいい、というなら話は簡単だ。が、そうは問屋がおろさない。

　あわれ、初稿はデスクの手で、またしてもバサッ。スパイクへの道をたどる。これも記録のためである。どんな原稿が直接スパイクされたのか、あるいはどんなふうに朱を入れられ、リライト（rewrite）されて救済されたのか。一日の終わりに編集長が、通過した原稿ともども、じっくり目を通すための資料にするという仕組みだ。つまり、朱直しが山と入っているかぎり、提出原稿はスパイクをまぬがれないことになる。

また、文末の署名《サイン》にしても、あくまで社内での確認のためのものだ。大記事を飾る署名《バイライン》(byline)とは、どだいわけが違うのである。

ふつう私たちは文章を書く場合、天然自然に表題を書き、何の疑いもなく自分の名前を記し、おもむろに原稿用紙を埋め始める。だが、ジャーナリズムの内部ではそうはいかない。まずは、一人前の記事と認められ、活字化(あるいは放送化)されなければ話にならない。さしあたって、だれが書いたかより、何が書いてあるかが問題なのだ。

主題(記事の内容)、表現形式(文章力)が一応の基準を満たすようになって、やっとそれをもとに、ものの見方、考え方をつけ加えることが許される。そこではじめて記事が報道・解説・評論といった体裁をととのえ、署名入りも板についてくる。

しかし、はなから原稿に自分の名前をつけて、はい、署名記事ができました、とやる記者は、まずいない。少々の経験を土台におずおず書いた原稿を、デスクが流れるように目を通す。恐ろしいスピードでマル、テン、カッコなどに朱を入れていく。時々、フフッ、ヘェー、何だって……、と一人でぶつぶつ言っている。あげく「うん、わかった」「よし、おもしろい」、ボソッとそう言うなり、原稿の頭、あるいは尻尾にナンノナニガシと筆者名を入れ印刷へ、という手順になる。

その一瞬、すぐ横でありあわせのごみ箱にすわってデスクの手もとをにらんでいた記者は、全身が解き放たれる。晴れがましさと不安と責任感が一気に押し寄せてくる。

というわけで、バイライン記事は、内容、筆法ともにお前さんの名前で世に出してもそうおかしくないと思うよ、というデスクの証明書でもあるのだ。

スパイクと出会ってから三十六年余りが過ぎた。自分の署名記事《バイライン・ストーリー》に目を見はってからでも四半世紀以上という勘定だ。近ごろではおこがましくも、表題と同時に自分の名前をみずから書きこみ、人様にお渡しするようになった。だがそれに目を凝《こ》らした編集者が、少しでも首をひねり、眉根を寄せようものなら、たちまちスパイクの四文字が脳裏にちらつく。にっこりさわやかに礼をいわれると、背筋がぞくっとする。初めてバイライン記事が誕生した「あの日」が、そのまま甦る。

この種のバイオリズムが感じとれるうちは現役だ、とうぬぼれている。

（一九九七年三月二十三日記）

その日――

その日、一九九七年五月一日。晴れあがった空の下で若葉をまとった木々が軽くざわめいていた。さわやかな季節の幕開けを告げるように。

午前十一時、東京・牛込柳町の蓮紹山瑞光寺の本堂から低い読経の声が流れ始めた。棺に向かって右手に親族、左手に賓客という配置は見慣れた光景だ。だがその賓客である黒装束の男たちのなかに、かつての剽悍《ひょうかん》な男たちの、歳月を深く刻んだ表情を目にしたときは、やはり胸をつかれるものがあった。

短い焼香の間に千葉茂、別所毅彦らの顔を、私は目の端でとらえていた。正面の額のなかからは、青い横縞のポロシャツ姿の藤本英雄が微笑みかけていた。千葉、別所、藤本――いずれも昭和二十年代の巨人の黄金時代を支えた主役たちである。

別所は、剛速球と「懸河《けんが》」にたとえられる落差の大きなドロップを武器とする大投手だった。ゴルフ焼けした顔に真っ白な太い眉毛が張りついてる。

天才二塁手の千葉は、二塁塁上で球を受けるなり一塁方面には目もくれず一塁手川上哲治のファーストミットにドンピシャリ投げこむ名人芸で、併殺の山を築いていた。右打者としての軽妙なライト打ちにも定評があり、よろず重厚長大な川上と人気を二分していた。今は軽い猫背姿に多少の老いがまじっている。

藤本はといえば、そのころすでに盛りを少し越え、かげりを漂わせていたような気がする。大正七年、韓国・釜山生まれ。山口県の下関商業から明大へ。そこでエースとして二度、母校を優勝に導き、昭和十七年九月、巨人に入団。入るなり十連勝を記録し、つづく十八年にも十二連勝を達成。目のくらむような彼の活躍は、しかし、戦局の悪化で中断され、戦後の悲運へとつながる。

昭和二十一年、中日ドラゴンズに移籍したが、藤本はここでのむりな連投がたたって肩を痛める。激痛が走り肩があがらなくなった。十五勝をあげた直後のことだった。

二十三年、巨人へ復帰。勝利数は八に激減した。打者への転向をはかるが、結果は思わしくない。外野手としての返球にも肩にひっかかるものが残った。

子どもたちは、ひいきチームの選手の動静には敏《さと》い。この程度の情報ならあっという間に仕入れてしまう。

そんなとき彼は、かつて米大リーグで「火の玉投手」と超速球をうたわれたボブ・フェラーの書いた本と出会う。彼はそこで、

「……アメリカン・フットボールをパスするように投げ、地面に落ちないように滑るように真横に流れていく」

という球種を知る。スライダーだ。

「バッターから見た場合、曲がる球はかならず落ちるものと意識している。……しかしスライダーは落ちることなく横に切れこむ。だから、バッターの目には球がホップしたように映る」（北原遼三郎『完全試合』）。

要するに、打者はまっすぐ球がきたと思ってバットを強振する。が、その瞬間、球はすいっと横に逃げてしまう、というのである。

昭和二十四年、藤本はこの〝魔球〟を駆使して開幕八連勝を果たし、二十四勝をあげて鮮やかにカムバックした。またその年、巨人は戦後初のペナントをさらい、藤本は最高殊勲選手に選ばれた。以後、「スライダーの藤本」は私たち少年ファンの胸に深く焼きつく。

だがなんといっても藤本の最大の偉業は、日本のプロ野球史上、初の完全試合《パーフェクト・ゲーム》を演じてみせたことだ。昭和二十五年六月二十八日。朝鮮戦争が勃発《ぼっぱつ》して三日後である。こちらは中学三年

生になったばかりだ。

当時の新聞の野球欄にはスコアと投手名、本塁打を打った打者名が記されているぐらいで、戦評はおろか写真もろくにない。ラジオは中継のある日でも、あらかたは雑音ばかりのＮＨＫ第二放送だから、あてにできない。テレビも民放も、まだこの世にはない。ないない尽くしに加えて、僻遠の地・青森市営球場での出来事ときている。

翌日の新聞では「空前の大記録　プロ野球史初の金字塔」という五段抜きの記事があったというが、こちらはきれいに見落としている。

だがしばらくして、風のたよりでこのニュースを知ったときは、腹にズシンときた。藤本をはじめとするミラクル・メーカーたちに敬意を表し、畏怖さえも覚えたのだった。詳報は知らずとも、それがいかに困難かをありありと想像でき、体感できるほどの野球少年が、そこらじゅうにいた、ということだ。

「完全試合」を辞書で引くと、

「(野球で)一人の投手が相手に安打・四死球を辞さず、味方の失策も全く無く、一人も走者を出さずに完投して勝った試合」

とある。

九回二死、あと一人、というところで涙をのんだ例をみるにつけ、神か天使のいたずらめいたものを感ぜずにはいられない。

たとえば最盛期の別所の場合。最後(であったはず)の打者が放ったゆるい遊撃ゴロが内野安打になって、完全の二字は彼の前から永遠に消え去った（昭和二十七年六月十五日、大阪球場の対松竹ロビンス戦。松竹は後に大洋ホエールズと合併する）。しかもこの時の打者はプロ入り二年目の無名選手で、彼はヒットはこの一本を記録しただけで二十九年秋にプロ野球を退いている。

また九回二死、代打者の打った一塁ゴロを野手が捕ろうとすると突然打球が跳ねあがり、彼の頭上を越えていった、という例もある。一塁ベースの手前に落ちていた小石に球が当たったのだ。たったそれだけのこと。

だから投手の抜群の働きがあったうえで、味方の完璧な守備、それに運といったものが一分のすきもなく噛み合わなければ、とても成り立つ代物ではないのだ。日本のプロ野球六十年の歴史で藤本から槇原寛己（巨人、平成六年五月十八日達成）まで、〝完全男〟はわずか十五人という事実が、何よりもそれを物語る。

試合の途中、巨人のベンチから声があがった。「これは完全試合というやつじゃないのか」それを聞いた監督の水原茂は、「静かにせんか」とこの選手をごつんとやった、という。

「口にだすと記録が達成できないというジンクスもあった。そんなこともあり、ベンチではみな押し黙っていたんですよ。もちろん私も沈黙していましたよ」

藤本は後年、緊張しきった味方の様子をこう語っている。

この年、プロ野球はセ・リーグとパ・リーグに分かれたばかりだった。このときセ・リーグの巨人、広島、松竹、西日本の四チームは梅雨を避けて東北遠征の途上にあった。そしてこの日、四対〇で巨人の餌食になったのは西日本パイレーツ、プロ野球界に一年二カ月しか存在しなかったチームである（同チームはその後、西鉄ライオンズに吸収合併された）。

この「大事件」から二、三年たつと、野球しか頭になかった少年は少しずつ大人への道をたどり始める。それに加速がついて俗塵にまみれるころには藤本も巨人も、はるかかなたの世界になっていた。

だが英雄たちの記憶は体のどこかで生き続けていたのだろう。還暦もとうに過ぎたある日、新聞で藤本の訃報を見て、心中、何か動くものがあった。草野球の感触が甦り、名プレーヤーたちが生みだす名場面に息をのんだ瞬間瞬間が次々浮かびあがってきた。そうなると香典袋の名前の脇に「かつてのファン」と書いて飛んでいかずにはいられなくなった。

目の前の別所は藤本とともにチームの大黒柱だったが、今は東京読売巨人軍OB会会長の肩書きをもつ。千葉はあの歴史的な試合で二塁を守っていた。隣にはその日のセンター青田昇もいる。強打、強肩、俊足で「ジャジャ馬」の異名をとった闘将は、今も色つやがよく目に精気がある。その彼ですら完全試合を意識して「顔の筋肉もつっぱってしまい、どうかフライが飛んでこないように、と祈った」というのである。六番サード手塚明治は白髪痩身の紳士になりきっている……。

葬儀は総勢百人足らず、といったところか。チームメートの川上哲治、後輩の長嶋茂雄、王貞治らは供花に名をつらねているが、その場には見えない。

二百勝投手として現役を終え、野球殿堂入りも果たした人の幕切れにしては、いささかひそやかな感がある。

永の別れの締めくくりは藤本投手の息子さんのあいさつである。会葬者一人ひとりに話しかけるようにして、彼はこう語った。「……父の野球生活は必ずしも一直線ではありませんでした。百九十九勝から二百勝への一勝は、肘を病み肩を痛め、長い道のりでありました。子どもの私がキャッチボールの相手をさせられたこともありました。とはいえ、父はプロ野球のピッチャーであります。十球も受け取ると私の手は倍ぐらいにはれあがり、これが勉強よりもつらかったのを覚えています」

完全試合の四年後、昭和二十九年のシーズンに藤本は一勝しかあげられなかった。通算百九十九勝である。右の話は、この落日の日々のひとこまをめぐるエピソードだろう。

昭和三十年十月十一日、巨人は和歌山球場で広島カープと対戦した。この年の最終戦である。巨人の先発投手は堀内庄、入団二年目のホープだった。試合は巨人の打線が火を吹き、四回まで七対〇とリードを奪った。

ここで監督の水原茂は投手交代を告げ、藤本をマウンドに送った。「敵も味方も、みなわかっているわけですよ、あいつに勝たせてやろうということが」と藤本は振り返る。

だが、やはりボールは走らない。藤本はスローボールとゆるいスライダーを投げ続け、巨人は九対〇で勝った。藤本は、まさしく泥沼をはうようにして、最後の一勝をもぎとったのである。

息子さんの話を聞きながら、私はまだ往年の選手はいないものかと、八方目をこらした。だが、たとえいたとしても背番号をつけているわけではない。全員が黒のスーツに黒のタイという、もう一つのユニホーム姿だ。おまけに半世紀近い月日が流れている。だれがだれやら、わかるものではない。

焼き場にむけて棺が走り去ると、人垣がくずれだした。徒歩で、バスで、タクシーでと、昔日の名選手たちも思い思いに、淡々と散っていった。

私のなかに、新たな記憶の一章が誕生した。

（一九九七年六月十四日記）

（注1）藤本英雄は昭和十八年、中上高子と結婚。中上家の婿養子となり中上姓に変わったが、野球生活では藤本で通した。
（注2）参考文献　北原遼三郎著『完全試合　一五人の試合と人生』（東京書籍、一九九四年）

グラーグを生きのびて　――ジャック・ロッシのことば・抄

ことの発端は新聞の片隅に載った豆記事である。

〈講演会「ヨーロッパにおける共産主義の運命」　6日午後4時、東京・本郷の東大法文2号

館。旧ソ連の強制収容所体験者ジャック・ロッシ氏。東大スラブ文学研究室〉（傍点筆者）

傍点部分の十二文字に、思わず引き込まれた。

かねがね、二十世紀はファシズムとスターリニズムという二つの巨大な全体主義にいたぶられた時代だ、という思いがある。ファシズムのほうはまだしも、日本軍国主義をはじめナチズムの爪痕まで、深い痛手を負った人々の感触が身近にある。だがスターリニズムとなると、ソルジェニーツィンやかつてのシベリア抑留体験者たちが書きとどめたものぐらいまでは見当がつくが、体験者を目のあたりにするなんて、あったためしもなく、期待したこともない。たった一人でもいい、「スターリン獄」につながれた人の肉声を聞きとっておこう、と思ったのだった。

演壇に現れた老人ジャック・ロッシは、杖こそついているが目が明るい。視線に力がある。小柄でやせぎすだが、どこか飄然としている。彼がグラーグ（監獄と強制収容所の総称）で過ごしたのは一九三七年から六一年までの二十四年間。二十七歳から五十二歳までの「人生で最良の時期」にあたる。

それだけに彼が開口一番、「私はスターリニズムにもマルクス・レーニン主義にも不平不満《クレーム》はもっていない」と言ったのには、びっくりした。これが長らく監房で罵詈《ばり》雑言漬けにされ、汚辱の淵に蹴落とされていた人のことばか、と耳を疑ったのだ。

ロッシは、ことばをついだ。

「当時私はレーニンの倫理が正しいと信じていたのです。レーニンは、プロレタリアートの階級開争に貢献するものは倫理的だ、と規定していました。これは、ほかにはいかなる倫理も存在しないということで、自分の利害に貢献するものだけが倫理的だ、というのだから強盗の倫理と等しいことになる」

「クレームはもっていない」と言った人が、次には同じ思想を槍玉に上げたのである。これにも啞然とした。

大急ぎでこの人の軌跡をたどってみよう。

彼は一九〇九年、リヨン（フランス）の裕福な家庭に生まれた。幼くして父を失い、母は在パリのポーランド高官と再婚。彼も義父に連れられてヨーロッパ各地に移り住み、十カ国語を身につけた。

十七歳でポーランド共産党員に。スターリンのグラーグを経巡る破天荒な旅《オデュッセイア》に踏み込んだとき、彼はコミンテルン（共産主義インターナショナル）の地下工作員だった。「この地上に社会的正義が支配するようになるためには、すべてを犠牲にする覚悟であった」という熱烈な共産主義者として。

その彼が、なぜ逮捕されたのか。ソ連の取調官は「フランスとポーランドのためにスパイ活動をしたからだ」と言った。あまりのとっぴさに、ロッシは精一杯笑いをこらえた。同志諸君は自分の誤りを認めて、すぐに謝罪するだろう、と確信していたからだ。「だが党は自分の『誤り』を認めなかった。誤りをおかしたのは私のほうだった」

一九三七年といえば、スターリンによる大粛清の嵐が吹き荒れた年だ。自分の逮捕はその粛清の一環であり、その狙いは共産党に残っていた民主主義の遺産に引導をわたすことにあった、とロッシは言うのである。彼は十七世紀フランスのモラリスト・詩人ラフォンテーヌの寓話を引いてみせる。
――一頭の小牛が小川で水を飲んでいる。その上流に一匹の狼がいる。狼が牛に向かっていう。「お前はおれの飲む水を汚している」。小牛は「自分は下流にいるのだから、あんたの飲み水を汚していないし、汚せるわけもない」と説明し、論証する。すると狼は「要は、おれはお前を食いたいのだ」と答えて小牛に襲いかかり、ケリをつけてしまう……。

私に対する尋問は、まさにこういうものだった、とロッシは両手をひろげる。「なにしろ真の共産主義だ、革命家だと言い返し、証明するには時間がかかる。それに尋問で重要なのは無罪の証明ではなく、人民の敵とされる人間をなるべく多く狩り集めることだったのだから」

グラーグに入れられて、ロッシは否応なく「毎日が民衆のどまんなか」という生活を強いられる。この場合民衆とは、囚人という名の膨大な「犠牲者」をさす。撲滅された「富農《クラーク》」であり、キリスト教徒であり、さらに「害虫」「体制の敵」といった烙印を押された人たちである。ここで彼は「数百数千の友人との、魂を響き合わせるような対話」をかわすことになった。

たとえば。

ニカールは農奴を両親として生まれたロシアの老農夫だ。一九〇五年と一七年二月の革命、さらに一七年十月のクーデターの生き証人で、幻想は一切もっていない。強制収容所《ラーゲリ》生活九年目のニカールは三年目のロッシに「低い声で、単調に、誇張なしに」語る。

――一九三一年、武器をもった兵隊が彼の村を包囲し、政治将校《コミッサール》が農民にもてるだけのものをかき集めるように命じた。一家はそのまま行き先も知らされずに家畜運搬車に乗せられた。富農と判定された農民家族を運ぶ長い護送列車の一部に。残った土地、建物、家畜、家具調度、衣服、道具などは、すべて集団農場《コルホーズ》の財産になった。補償はなかった。

ニカールの話は、かつてロッシがソ連国外で工作員活動をしているころ、「ブルジョワ新聞」で読んだことと寸分違わなかった。だが「そのころの私は、もちろん、『世界最初の労働者と農民の国に対して向けられたいやしむべき中傷』と、怒りとともに排斥していた」のだった！　ロッシはそのすぐあとに、こう付け加えずにはいられない。「ついでに言うなら、一九四三年に世界の世論は、ナチスの火葬炉についての最初の報道を信じようとはしなかった」

とはいえラーゲリは、「たれこみ屋」「見せかけの仕事」「技術的に……」（「目立たない方法で」の意味で使われた隠語。囚人が同房の囚人を殺すときなどに使う）にあふれた、油断もすきもあらばこその世界でもある。

東シベリアのタタール村出身で四十八歳のアーメドがグラーグに初めて入れられたのは十六歳のときだ。かっぱらいだった。以来彼はブラックリストにのり、警察が逮捕できなかった軽犯罪者の身代わりとして逮捕歴を重ね、定期的にここに押し込められることになる。そのアーメドが鳥獣の話に託してグラーグの奥義を授けてくれる。

——真冬のある日、シベリアの太陽が顔をのぞかせる。雀が隠れ家から出て青空を飛びまわるが、太陽といっても零下五十度の陽光だ。雀の翼はあえなく凍え、雀は落ちて雪の中に埋もれる。そこへ牛が通りかかり、雀の上にひとかたまりの糞を落とす。この糞の温もりのおかげで雀は元気をとりもどす。糞から顔を出して幸せのあまりさえずり始める。と、猫がこれを聞きつける。猫は雀を糞の中から引き出すと、丹念に糞を落とし、あげく雀を食ってしまう。

さてこの話の教訓は、とアーメドはこう締めくくる。

「お前の顔の上に糞をたれるやつが、かならずしもお前に悪意をもっているとはかぎらない。お前を糞からひっぱり出してくれるやつが、かならずしもお前のためを思っているともかぎらない。いずれにしても、糞の中にいるときに、さえずるって法はないのさ！」

バイカル湖のほとりの中央監獄で、ロッシは日本の旧帝国陸軍の将兵と同じ監房に入れられた。「彼らの礼儀、自己抑制と清潔さはグラーグという醜悪な環境の中では際立っていた」。彼は、哀れな縞のパジャマ姿でひどく痩せた男たちに「品位」を見てとった、とも言う。

一九四九年のことだ。ロッシはすでに十二年間をグラーグで過ごしていた。しかもそれは「虚偽、不公正、失望、屈辱、挑発、傲慢、堕落、偽善、そして飢えと寒さと恐怖に満ち、垢にまみれた」時間であり空間であったのである。

そこでロッシは、やがて意外なことに気づく。コミッサールにすれば、ロッシはフランス人で帝国主義者で、人種差別主義者である。その彼を「東洋の猿」と一緒に閉じ込めれば侮辱と懲罰になる、と官憲は考えたらしい。だから「どうだね、猿たち(日本人)の間での生活は？」と聞かれると、この「監獄の古狸」は必死で答えたものだ。「非常に難儀しています」。うっかり「良好です」なんて答えて別の監房に放り込まれたら一大事、というわけだ。

ロッシは自分がグラーグを生きのびたキーワードとして「トゥフタ」をあげる。いんちき、ごまかし、でっちあげ、はては「仕事をするふりをして、しない」ことをさすロシア語だという。さらにこの言葉はソビエト体制とソビエト経済を理解するうえで、もっとも重要な概念を含んでいる、というところまで話はひろがる。すなわち――

もともとマルクス・レーニン主義が掲げた理想は実現不可能だったが、スターリンはこのユートピアが現実である、と宣言してしまった。そうなると国全体が、党の指令のいかさま《トゥフタ》を遂行するためにいかさま《トゥフタ》に訴えざるをえなくなった、というのである。

つまり、スターリン体制は人々にユートピアと幸福を約束するが、これが実現しない。とすれば、みんな幸福なのだと嘘をつかなければならない。嘘をつくためには国家的テロルを用いざるをえない（注1）。暴力的にユートピア思想をたたきこまれる人間たちは見せかけの「ノルマ達成」でお上の目をごまかし、自己を防衛する。お上はさらに暴力的になる。「このシーソーゲームの果てにソ連人は倫理的に破壊され、また国は見せかけの経済、つまり統計だけの経済によって崩壊してしまった」

そういえば、〈共産主義とは何か？　理性に対する理念の勝利である〉などというスターリン・ジョークもあった。

端的にいって、ソ連の体制そのものがトゥフタによって成り立っていた。だからソ連の崩壊は当然の帰結だった、というのがジャック・ロッシの論理である。むろんこの一言でソ連邦消滅ほどの巨大な歴史現象を説明しつくせるとは思わない。だが、グラーグ体験を経たればこそ掬いとれた、「ソ連邦の歪みではなく本質」というものも多分にあったに違いない。

こうした重量感のある話を進めるロッシの口ぶりや身ごなしには、一貫して不思議なほどの

者の片鱗か。

グラスの水に指をひたして文字を書こうとする。身辺のものをすべて活用して生きのびてきた

料で飼ってくれ、りっぱな教育をうけさせてくれた」と言ってのける剛腹なほどのユーモア感覚。

一方でまた、グラーグ側に対して「私を生きたまま残してくれ、ずっと食べさせてくれ、無

彼はラーゲリで出会った無実の人々と自分を区別して、こうも言っている。

「私の場合はだれにだろうと文句の言える筋合いではない。私はソビエト政権は平和とみんなの幸福を保障してくれると信じていたのだから。この自分の誤りについて私は償わなければならない」

冒頭の「クレームはもっていない」という発言の裏で、ソビエト体制への信頼と不信がこのように渦巻いていたのだ。そう考えれば、一見飲み込みにくい論法も飲み込めるのではないか。

ロッシさんはいま、パリ近郊の2DKマンションに一人住まいとのこと。友人の報告では、「家具はあまりなく、ほかの家とくらべてやや多く見受けられたのが本、辞書、雑誌、新聞のたぐい」で「生活は簡素のひとことにつきる」(外川継男・上智大学教授)とか。

最後に蛇足を一つ。ロッシさんはいまの工業先進国の姿にどんな感慨を抱いているのか。「アメリカ、西欧、日本など西側の世界では、とるに足らぬ個人的な難儀がひどく大きなものとして受けとめられている。たとえばセックス。なんでこれしきのことが、世の大事業という

ことになるんでしょう！　私の『ラーゲリ・マニュアル』（邦訳は後出資料2）にこういう表現がある。『生きてはいるが、もうやる気はないよ』って。というわけで、こんなものは表層的なことにすぎない。それなのに何か大きなことのように騒ぎたてる」

『失楽園』に気もそぞろの社会には、何とも身にこたえる評言であろう。

（一九九七年八月十五日記）

＊右の一文は、九七年六月六日、東大で行われたジャック・ロッシ氏の講演を、左記の資料によって補足しつつまとめたものである。それぞれの著者、訳者に敬意と感謝をこめて。

（資料1）ジャック・ロッシ著、外川継男訳『さまざまな生の断片―ソ連強制収容所の20年』（成文社、一九九六年）

（資料2）ジャック・ロッシ著、内村剛介監修『ラーゲリ（強制収容所）註解事典』（恵雅堂出版、一九九六年）

（資料3）川崎浹著『権力とユートピア　ロシア知識人の肉声』（岩波書店・同時代ライブラリー、一九九五年）

（注Ｉ）その後、九七年九月二日付『朝日新聞』夕刊（東京版）の文化欄で、次のような衝撃的な言葉に出くわした。「ユートピアという考え方自体がいつも問題をもっていると私は思います。もともとはユートピアというのは実現不可能だという意味で、その不可能なことを、無知で残酷な独裁者が夢見る時が一番恐ろしいのです」。

こう語るのは、三十四歳のときにチャウシェスク独裁政権下のルーマニアからドイツに政治亡命し、現在ベルリンで作家活動を続けるヘルタ・ミュラーさんだ。彼女はまた、二十世紀の歴史の悲劇は繰り返されると思うかという清水克雄記者の質問に、「私は楽観していません」と答えている。一九五三年、ルーマニア・ニツキドルフ生まれ。スターリン主義をはるか遠ざかったはずの世代の発言だけに、なおのこと奇妙な符合では片付かないものが胸に残る。

デッドライン

近頃はさすがに、試験の夢を見ることは無くなった。だが、しつこく夢にまで現れて悩ませてくれるのが原稿の締め切りをめぐるあれこれである。それも、新《さら》の原稿用紙を前にして一字も書けない、といった原始素朴なものではない。還暦を過ぎたオヤジの心根を反映してか、かなり手のこんだものが多い。

たとえば、まだ締め切りには余裕があると思っていると、何いってるんだ。今日だよ、今日。一時間以内に四千字（四百字詰原稿用紙十枚分）出してもらいますよ、と情けも容赦もあらばこそという声がとんでくる。

まだ頭のなかがまとまってません。もう少し取材したいことも残ってるし、なんて言い訳が通用する相手ではない。

心安げに相手といったが、これがもう二十年、三十年前のデスクたちで、多くはその後ごぶさたの限りである。物故者もいらっしゃる。夢のなかでは、そういう人々の表情が、やけに生なましい。

そんなときの私の困惑ぶり、というより惑乱ぶりといったらない。提出した原稿の不手際をいたぶられるとき以上のものがある。思わず身がすくむ。ブルッとして自然、生理的欲求が生ずる。反射的に目がさめて、これで救われる。

あるいは、こんな形をとることもある。

どこやら出張先にいる。もう、いく日かが過ぎている。ところがこれだ、これを書いてやろうというものが浮かんでこない。メモ帳をひっくり返すと、やたらめったら人に会って話を聞いた痕跡だけはある。ところが、取材の焦点が定まっていない。話にもはずみがない。メモは乱雑だったり字がかすんだりしていて読み返せない。

もうとっくに戻って出稿していなければならないはずなのに、デスクからは何の音沙汰もない。見限られたのかもしれない。

そこへ電話がかかってくる。気がつくと、私は机につっ伏して仮眠中なのであった。あわてて胸を張り、せき払いをひとつすませて電話口に出る。

「もしもし、○○出版社の××でございますが、お原稿の進行ぐあいはいかがでしょうか」

もの柔らかだが、凛《りん》とした女性の声だ。長らく気になっていながら、先着の急ぎの仕事が終わらないために、まだ手のついていないものへのお尋ね電話である。

「はい、いま一生懸命、そちらの方向に向けて走りだすべく努力しているのですが……」

シドロモドロ、冷や汗ともども、恐縮しきって答える。それでもやっぱり、受話器をおくと思う。あの悪夢のなかをただようよりは、まだしも現実のほうがましだわい、と。

要は締め切りである。デッドライン deadline というやつである。もともとは越えてはならない一線ということだ。ここを越えたら最後、どんなにすばらしい原稿でも受けつけてもらえない。紙屑あつかいされても文句はいえない。そういうものだ、忘れるなとジャーナリズムのしょっぱなにたたきこまれた。これがよほど身にこたえたとみえてデッドラインへの畏怖感にとりつかれてしまったらしい。

じゃあ、締め切り前にさっさと仕上げたらどうだ。世の賢人は、そうおっしゃるに違いない。だがなかなかそれがそうはいかないのである。

少しでもいいものを書こうと思ったら、目の前の原稿のことだけ考えていてはいかん。次の原稿、先ざきのものに、より魅力的な材料を盛りこもうとしたら、一人でも多くの人と話せ。酒もたしなめ。一冊でも多く本を読め。一本でも多く映画を見ろ、芝居にしたしめ。絵をながめ、彫刻にも近づけ。音楽で耳を肥やせ。旅をして数かずの未知に触れるがいい。

そう説いてやまぬ先達も少なからずいた。これまた身にしみいる話だ。右の教えを実践して締め切りぎりぎりまで時を忘れる。と、いつのまにかあのデッドラインが目の前に、という悪循環のなかで暮らしてきた。

だがデッドラインの存在も、そういまいましいだけではない。第一、これがなければ、ここちよい教義におぼれて原稿書きは一日のばし、あとは野となれ山となれにもなりかねない。つまり、デッドラインは人を現実に引き戻す、のっぴきならぬ重力の役を果たしているのだ。

もう一つ落とせないのは、デッドラインを首尾よく切り抜けたときの快感である。あれほどぎゅうぎゅうの目にあいながら、関門を一歩過ぎれば、安堵と希望に満ちた解放の天地がひろがって見える（ような気になる）。この味がたまらない。こたえられない。産婦が経験するという、産前産後の難儀と安らぎとも通じ合うものがありそうだ。

そうやってまた、性懲りもなく主題を孕《はら》み、育て、臆面もなく世に送り出す。デッドラインに悲鳴を上げつつ、いつかそいつとたわむれている。

たわむれの時間がすぎると、いよいよ大文字のDEADLINEが現れる。これこそ究極の待ったなしである。この線の向こう側は「彼岸」という妙なる名前で呼ばれている。でも私のようなものにすれば、そこはお閻魔《えんま》様の領域に他ならない。あんまり恐ろしいから、ふだんは考えないことにしている。

しかしこれだって、いやなことばかりではないはずだ。仮に不死の刑をいいわたされて何百年、何千年と生きながらえる身になったら！「此岸《しがん》」が地獄のなかの地獄、つまりは無間《むげん》地獄に見えてくる。デッド・タイアード（dead tired 死ぬほど疲れる）とは、このことかもしれない。

彼岸と此岸。メリハリがあるから私たちの生は、まがりなりにも美しい。いとおしい。そのメリハリをつかさどるのが大文字、小文字のデッドライン――そんなふうに思えるのである。

（一九九七年九月十五日記）

腕よ！

新聞の一角に寒山拾得《かんざんじっとく》ばりの笑顔があって、自然、目が吸い寄せられた。「植村和堂（書家）」とある。やっぱり、あのお人だ。私の中学、高校時代の習字の先生である。

こちらは野球と映画しか頭にない腕白にして生意気盛り。落ち着きはらって書の道に励むどころではなかった。手本から隔たること千里、それにまた朱直しをなぞって書いても、文字の線がひたすらあらぬほうへ流れてしまうのだから手に負えない。

そういう大坊主、小坊主の悪筆に再度朱を入れ、ときに丸、二重丸などくださるのだ。当方、マルにはとんと縁がなかったが、ニコニコ顔を絶やさずヒョイヒョイ直す筆先があまりにみごとな姿形を描くので、もっぱらたまげていた。

その結果、師の筆勢の気配すら宿さぬ、妙ちきりんな書体が出来上がった。脳中に何の脈絡もなく残っているのはただ一つ、先生が教えてくださった唐の能書家・顔真卿《がんしんけい》の名前だけという惨状である。いや、もう一つ。墨を擦《す》る手が汚れるうちはいい字は書けない、と言われて目をパチクリした時点で、進歩がぱったり止まった。

そんな人間の前に、四十有余年を経て、先生の温顔とイガグリ頭が現れたのである。「忙裏得閑」の掛軸を背負い、ふんわり端座した和服姿は九十一歳とある。目の前の文机の上には、文字でびっしり埋まった巻物状のものがひろがっている。和紙に金泥で書写された法華経だという。植村氏が五カ月がかりで九万三千字に及ぶ法華経開結全十巻の写経を完成させたのである。

今年は平泉・中尊寺の金色堂が国宝の指定を受けて百年になる。その記念事業として後世に伝える写経を、植村氏はその寺から依頼された。平安末期に平泉に君臨した藤原氏は、写経を入魂の仏事として大切にしていたとか。

夏はニカワで溶く金泥がもっとも扱いやすい季節であり、作業のヤマ場だった。

「長いこと写経してきたが、書いていて、これほど気持ちよく書けたのも珍しいな」

十三歳で書の道に入ってから、かな書家として知られてきた人の、八十年後の述懐である。卒寿《そつじゅ》を越えた今も眼鏡なしで一日百枚の訓練を欠かさないという。

いったん腕に刻みこんだ芸の命は、かくも長い。かくも勁《つよ》い。そしてまた、かくも弾みをたたえている。

＊

その本は、ハッとするような告白から始まる。

「親父は、祖父の後を継いで棺桶を作っていたようですが（中略）……親父の田舎は伊豆の松崎の奥にあり、（中略）……『別所と特殊部落の研究』（吉川弘文館、一九六六年）によると、ここは伊豆半島に十一カ所を記載されている被差別地区の一つだとされている所なんです」

「（私は）子ども心に、やはり日常生活を通じて差別意識を意識させられることが多かった。（中略）……裕福な家の子どもの自転車がなくなったりすると、なぜか一番先に駐在所に引っ張られるのは私でしたから」

「（二十歳ぐらいまでに）泥棒とヤクザ以外は、手当たり次第にいろんな仕事をやりました」

この十一月に出たばかりの『三國連太郎・沖浦和光対談』（上・下、解放出版社）の冒頭で三國氏はこんなふうに語り出すのだ。

そこで改めて三國連太郎。年配の人なら『飢餓海峡』や『越後つついし親不知』、若い世代には『釣りバカ日誌』をあげれば、この人の映画俳優としてのひとかたならぬ存在感をあらたにするはずだ。対する沖浦和光氏は桃山学院大学名誉教授。専攻は比較文化論、社会思想となっているが、日本の被差別部落研究の第一人者といったほうが話が早い。

対談はまず、三國氏がなぜ俳優になったか、何を機に「虚」から「実」の世界への回心が芽ばえたかを語り明かすことから出発する。それはやがて沖浦氏の本領である、歴史のなかで賤視されてきた人々の系譜と、彼らが創り、担ってきた芸能の始原へと向かう。

質す側と答える側を互いに目まぐるしく入れ替えつつ、両者の関心は、時間軸では古代から現代までをたどり、空間的には日本列島、朝鮮半島、中国、インド、インドネシアなどを経巡る。上巻では「浮世の虚と実」を、下巻では「芸能史の深層」を延々語り合って倦むところがない。質疑、討議が連想を生み、連想がまた新たな着想を呼び、仮説には根拠を求めて食いさがる執拗さを忘れず、両者の旺盛な探究心は息苦しいほどの熱をはらむ。

というわけで、この本の真の衝撃力は、当然ながら三國氏の告白云々に終わるものではない。一方に、自らの生い立ちを公表してまで自分と仕事とのかかわりと生身の人間としての意味合いをつかみとろうとする三國氏がいる。他方にそれを受けて、一個の俳優と人生体験を敷衍《ふえん》し、被差別の民の群像と重ね合わせ、彼らの創造的役割を活写してみせる沖浦氏がいる。三國氏の俳優ばなれした(?)行動力、読書力と沖浦氏の途方もない学問的な目くばり、踏査力があればこそ紡ぎ出せる緊張感が、むしろこころよい。

巻末近くにいたって、なお圧巻の発言が飛び交うあたりにも、二人の沸き立つようなエネルギーのありようがうかがえる。こういうことだ。

明治新政府の文明開化路線に関連して森鷗外、夏目漱石、永井荷風らがそれぞれどんな姿勢を示したか。芸術の欧化主義をどうとらえたか。また、近代天皇制とのかかわりで明治社会を揺さぶった大逆事件に対しては、どう反応したか。

両者の眼差しはついに、日本の知識人が日本の近代、あるいは差別の近代化とどう向き合ったか、という問いにたどり着かざるをえない。答えは、この本の最後の一章をあてて詳述されている、とだけいっておこう。

ほっと息をついて三國氏がいう。「この浮世を七十四年生きてきますと、やはりそれなりに疲れますね」。沖浦氏が応ずる。「私も今年でちょうど七十の峠を越えたんですが、やはりドッと疲れが出てきました」。集中のあとの弛緩《しかん》——それぞれの道の高段者同士が見せ合う、心からの笑みであろう。

＊

ある夏の夕方、マイアミビーチの喧噪のかげで、サイモン・ウィンター老人はピストル自殺をはかる。年をとり、疲れはて、孤独で、もう何年も有益なことはしていない。長居しすぎた客のような気がしてきたからだ。

その瞬間、アパートの隣人である老婦人がドアをたたいて駆けこんでくる。「今日この町で五十年ぶりにシャッテンマンを見かけた。あの男に殺されるんじゃないかと思うと、不安で眠れない」と訴える。彼女はユダヤ人で、ホロコーストの生き残りだ。サイモンは真相解明に力を貸すことを約束して彼女を帰す。その直後、彼女は何者かに殺される。

マイアミビーチは、冬になるとニューヨーク周辺から多くのユダヤ人をはじめ裕福な人々がやってくる、避寒地として名高い。マイアミはまた、ホロコーストの生き残りの多い町としても知られている。

シャッテンマンとはドイツ語で影の男《シャドウマン》を意味する。彼はみずからユダヤ人でありながらナチス・ドイツの手先になってユダヤ人同胞を絶滅収容所に送る先導役を果たした、というのだ。「あの男を見たのは一瞬でした。でも、絶対に忘れない」という老婦人の、半世紀も前の記憶は信じられるのか。シャッテンマンは実在の人物なのか。存在するとすれば、彼の狙いは？ひょんなことからマイアミビーチ市警察とサイモン老人との共同作戦が始まる。

ジョン・カッツェンバックのミステリー、『追跡』（上・下、講談社文庫）を読みだしたら止まらなくなった。「見えない敵」を追い詰める謎解きの道筋が、じつに精緻なのだ。もっと正確にいえば、物語の主役を演じるサイモンが、素敵にかっこいいのである。

サイモンは二十二年間マイアミ市警本部に勤務し、後半の十五年は殺人課にいた。数々の難事件を解決してきた辣腕《らつわん》家でもある。が、最後に殺人現場へ行ってから十年以上がたった。そういう人物が自分の自殺願望を一時タナ上げにして、事実の究明にのめり込んでいく。若い現役の有能刑事を相手に、寄りそうがごとく離れるがごとく、サイモンは冷静に現場を見きわめ、的確な推理を働かせ、資料の山、関係者らの背後に光をあてる。

やがて、彼の中で死にかけていた「刑事」が息を吹き返す。長年にわたって蓄えた知覚、嗅覚、それに体力までが甦ったとき、彼の前に現れたものは——。

ついつい、まずい宣伝文句《コピー》みたいになってしまった。

むろん、肝心なのは全体の構成とストーリーテリングの妙味である。そのうえで忘れがたいのが、このサイモン元刑事なのだ。死の淵まで行った彼は、事件によって鮮やかに復活した。彼の体内にしみこんだ一切の記憶が全開したのである。

ここでも、かつて腕にたたきこんだ何かが存分にモノをいっている。

以上の三話は、わが日常の周辺から拾い上げた。いずれ劣らぬ、「腕に覚え」の面々である。さて、わが腕よ、おまえには何か「覚え」があるか。何か仕込まれた形跡はあるか。


（一九九七年十二月記）

1998

平成10年

『タイタニック』余滴　――舵への疑問から――

アメリカ映画『タイタニック』には、近頃にない充足感があった。沈没の極限状況に直面した人々のパニックを頂点とする愛と別れ、涙と感動のヒューマンドラマ、といった大文字の宣伝文句を一点一画もゆるがせにしない画面に圧倒されたからだ。悲劇も恋も人間の葛藤も、これ以上ない典型をそろえ、紋切り型といえばこれくらい紋切り型の集大成は、めったにあるものではない。だが三時間十四分、その紋切り型の分厚い集積で押し切ってしまう骨太さが、そんじょそこらにない劇的効果を生んでいた。つまり私は、「世界を沸かせる、世紀の映画」に手もなく呑みこまれてしまったのである。

ところがある日、やはりこの映画を見た年上の友人のQ氏が「どうも腑《ふ》に落ちない」と少々浮かない表情で私の前に現れたのである。Q氏は六十九歳。一九四三年から戦中戦後にかけての十年余り、外国航路のセーラーからクォーターマスター（操舵手。本人は「舵《かじ》取り」という）までつとめた人だ。

一九一二年四月十四日午後十一時四十分。タイタニック号は全速力に近い二十二ノットで大西洋を西にむけて航行している。見張り番が突然、前方四百五十メートルほどのところに海面から高さ十七、八メートルの氷山を発見する。「まっすぐ前方に氷山発見」。報告を受けたマードック一等航海士は反射的に操舵手に向かって「面舵《おもかじ》いっぱい」と叫ぶ。操舵手は舵輪をぎりぎりいっぱいまで回す。船は左舷に旋回しはじめるが、氷山は右舷にぶつかり船腹をなぞるようにかすめて暗闇に去る。

映画では、そうなっている。

「だけど面舵といえば船を右へ進めることだし、取舵《とりかじ》は左へ向けることだ。でも映画の字幕ではたしかに面舵と出ていた。だとすると記憶がぼやけたのか」

そう思ったQ氏は、複数の辞書にあたって調べたと言う。するとはたして面舵には「右舷」、あるいは「船首を右へ向ける際の舵の取り方」とあり、取舵にはその逆、すなわち面舵の「右」の部分を「左」にした説明が書かれていた。

「とすると」と口ごもるQ氏につづけて、早とちり気味の私は言った。「誤訳かな？　もしそうならエラいことだ。舵を右に切るか左に切るかは、ここでは決定的なことなのだから」

念のために映画館で買ったパンフレットを開いてみた。たしかに問題の個所には「面舵いっぱい」とあった。

さっそく、この映画の日本配給元である20世紀フォックス極東映画会社制作部にたずねてみた。先方は「私どもは専門家に監修していただいている」と言いつつも、しばらくお待ちを、ということで、折り返し電話連絡を待つことになった。

二十分ほどして連絡がきた。

――一九二八年以前は舵を左に切れと言ったら右へ切り、右に切れと言ったら左へ切ったそうです。それが、右へ切れと言ったら右へ、左へと言ったら左へ切るようになったのは一九二八年からで、世界的に船を操る機構で決められたのです。それ以上はわかりません。これでご納得いただけると思います。なおこれについては自衛隊の方からも同様な疑問が寄せられました。

そう言われると、また新たに疑問がわいてきた。左へと言ったら右へ、右と言ったら左へ、とはどういうことだ。なぜ一九二八年を境に言い方が逆になるのか。「世界的に船を操る機構」とは何か。いろいろモヤモヤが残る。

防衛庁の防衛研究所戦史部に電話してみた。総務課長氏が、

「旧海軍で面舵といえば右方向（時計の三時方向）に舵を切ること。取舵は左方向（同九時方向）に舵を切ること」

とまず明快に答えてくれた。そのうえで、ただし一般商船の場合は違う言い方をしたかもしれないが私は知らない、とつけ加えた。

一般商船と聞いて日本郵船広報課に接触してみた。ここではよくわからないとのことで、横浜の歴史資料館か日本船主協会にたずねたら、と言ってくれた。資料館は折悪しくわかりそうな人がおらず、日本船主協会広報室に質問のホコ先を向ける。

同広報室は、面舵、取舵についてはQ氏が調べたのと同じ見解だった。ただし、「世界的に

船を操る機構」とは国際海事機関（ＩＭＯ）ではないか、と言う。「ここでは船の安全面、構造面を含めて条例づくりをやっていますから」とのことだった。

ＩＭＯの本部はジュネーブにあり、日本には出先機関はない。それに「一九二八年」についても「第二次大戦前の資料はありませんなあ」と言われた。もともとこの協会の発足自体、戦後の一九四七年なのだ。「そんな古い情報はむりですよ」。先方も困惑しているようだ。それでも、社団法人・日本船長協会というものがあるから、そこで聞いてごらんなさい、と助け船を出してくれた。

船長協会のＭさんは私の疑問をきくと、それならこの人に当たってごらんなさい、と飯島《いいじま》幸《ゆき》人《と》氏の名を挙げた。飯島氏は東京商船大学名誉教授で、現在は鳥羽商船高等専門学校の校長先生である。

見ず知らずの飯島氏にいきなり電話する非礼を詫びつつも、こちらの疑問をあれこれ述べたてた。飯島氏はその場で気さくに答えてくださった。それだけではない。電話では要領を得なかったかもしれない、と資料と氏の執筆になるエッセイを送ってくださったのである。それをたどりつつ、私たちが追ってきた問いへの答えをさぐっていこう。

飯島氏（航海学、電子航法専攻）はエッセイの中で、こう書いている。

〈11時40分頃、見張り員の一人が前方に何かを見た。それが見る見る大きくなって迫ってきた。「氷山だ！」彼は叫びながら見張り台にある鐘を叩いて危険を知らせるとともに、電話でブリッジに報告した。船長はただちに「ハード・スターボード」（「面舵いっぱい」の意＝

千本）を令したが、氷山は船首まで迫り、しかし容易に舵はきかない。（中略）40秒位経ってからようやく船首が右に向いてきた。（中略）しかし氷山はタイタニック号の左舷船底の外板を100メートルに亘り引き裂いてしまったのである〉（九八年一月発行『校長の肩振り』十八号、「タイタニック号」から）

要するに「面舵いっぱい」の号令で船首は右を向き、タイタニック号は左舷に裂傷を負ったということだ。何たること、映画とは正反対ではないか！　しかも飯島氏のこの一文は『エンサイクロペディア・ブリタニカ』の記述をもとにしているとのこと。事実、『ブリタニカ』の〈「タイタニック」大惨事（"TITANIC" DISASTER）〉の項には、たしかに「氷山によってこの船の左舷に三百フィートの裂け目が生じた」と書いてある（これも飯島氏が送ってくださった原文コピーによる）。

飯島氏はここまでを映画『タイタニック』を見る前に書いた。そして映画を見たのち、Q氏と同じ疑問にとらわれたのだった。すなわち——

〈タイタニックが氷山に衝突する直前、当直士官が「Starboard!《スターボード》」と操舵号令を発し、日本語の字幕も「面舵」と出ていた。「Starboard：面舵」とは船首を右に回頭させよという号令である。ところが、操舵手は舵輪を反時計回りに回転させ、それに従って船も左側に旋回していったのである。これは極めておかしな事であって、現在の操舵では明らかに操舵手のミスとしか解釈できないことがらである〉（前掲文）

飯島氏の右の証言で、誤訳うんぬんは私の早呑みこみの罪であることがわかった。だがそれにしても、いやそれだけに疑問は深まるばかりだ。飯島氏とQ氏の疑問がぴたりと重なっているのだから。

だが飯島氏はここに何らかのトリックがあるのではないかと考えはじめ、操舵号令の歴史的変遷に思いいたるのである。

――昔の船では、舵柱に直接棒を直角に差しこみ、この棒（舵柄《だへい》）を左右に動かして操舵していた。舵柄で舵をとるためには舵柄を右に回せば船首は左を向き、左に回せば右に向く理屈だ。したがって、この舵柄装置時代の操舵号令は一般に舵柄を動かす方向を指示したものだった。

――そこで「面舵」と号令されれば舵柄を右に回すから、船首は左に回ることになる。この習慣は舵柄が舵輪になってからも残っていて、国によって号令の意味とは反対の舵を取っていたようだ。

飯島氏はそのように推量したのである。

――タイタニック当時、イギリスでは舵柄方式の操舵号令を使っていたと思われるので、映画のシーンは間違いとは言いきれない。またこの映画はタイタニック号の潜水調査の結果をも踏まえてつくられているのだから、船は左転し、氷山は右舷に衝突したというのが正しいのかもしれない。

飯島氏は推論をこう結んだうえで、操舵号令の変遷についてはさらにイギリスの友人に問い合せ中なので、その結果、また書き替えになるかもしれない、というメモまで送ってくださった。事実に対して慎重、周到、厳正であることがうかがえる。

それにしても全長二百六十八メートル、四万六千三百総トン、当時世界最大を誇る大型客船が四千メートル近い海底に沈み、乗員・乗客総数二千二百二十三人のうち千五百十七人が波間に呑まれたという大海難である。この事故に驚倒したドイツ皇帝ヴィルヘルム二世は、船舶の安全施設について国際協定を締結すべきだと提案した。イギリス、アメリカもまた原因究明と対策にのりだした。

だが第一次大戦の勃発など世界情勢の転変が相つぎ、一九二八年にいたってようやく、海上における人命の安全のための国際条約が合意された。これによって今日の自動車と同じような操舵方式——面舵といえば右舷に舵を切り、取舵といえば左舷に切るやり方に統一された、というのである。

タイタニック号をめぐるあまたの事実、巨大な伝説を前にして、かほどの好奇心のうごめきが、文字どおり氷山のかそけき一粒にも及ばないのは重々承知している。だがQ氏の覚めた目が感じとった疑問に導かれているうちに、はからずも真摯《しんし》な学究の合理的な仮説に出会うことができた。一市井の徒の、知的探究のおぼつかなさと手答えをあわせて記録しておきたいと思ったのである。

（一九九八年三月十日記）

追記　飯島氏が前記のエッセイ「タイタニック号」の文末にあげている参考文献を、この場にそのまま引き写させていただく。氏への感謝と敬意をこめて。

＊ロバート・D・バラード（タイタニックの潜水調査隊の指揮者）著『タイタニック発見』（一九八八年、文藝春秋）
＊ロビン・ガーディナー、ダン・V・ヴァット著『タイタニックは沈められた』（一九九六年、集英社）

平和とは〝短い休暇〟か ——映画『遥かなる帰郷』をめぐって——

「アンネの日記」を読みアウシュヴィッツと聞いてユダヤ人の悲惨な運命に涙する人は少なくない。だが、ナチスが壊滅し、収容所（ラーゲル）が消え去ったのち、生き延びた囚われ人たちはめでたく平和を手にしただろうか。

一九四五年一月、ソビエト軍が絶滅収容所を解放したとき、トリノ出身のイタリア系ユダヤ人プリーモ・レーヴィの目には故郷への道がくっきり浮かんでいたはずだ。だが、鉄路はずたずたにされている。彼らを乗せた列車は予期に反して東へ向かい、南下すべきところを北上したりする。

えたいの知れぬ方向転換や停車の度に、生存者たちは収容所で深く刷り込まれた恐怖、不安、絶望にさらされる。敵とも味方ともつかず、勝者とも敗者とも見分けがたいさまざまな民族とのこすり合いが次々押し寄せる。ユダヤ人への反感もしぶとく残っていた。

彼らは戦争でも平和でもない灰色の闇の中を八カ月間さまよい続けた。刻一刻、生を確かめつつ。試練を超えたレーヴィは「残酷な特権」として、収容所の体験と記憶を書き始める。この映画の原作『休戦』（今夏、竹山博英訳で朝日新聞社から刊行予定）（編注・二〇一〇年、岩波文庫刊）である。
彼はその後、本業の化学者に復帰し、作家としての名声も得た。にもかかわらず八七年四月、突然、自宅アパートの玄関前の手すりから下の玄関ホールに身を躍らせた。
『休戦』の終章に、こんな一節がある。「ラーゲルの外のことは何一つ真実ではないのだ」。大いなる死の淵をのぞき込んだものにとって、平和とはついに〝短い休暇〟でしかありえなかったのか。

（一九九八年六月三日付『産経新聞』夕刊「シネマ」欄からの転載）

「『タイタニック』余滴」その後

アメリカ映画『タイタニック』は、いぜん順風を受けて満帆《まんぱん》の勢い。この分だと長期興行《ロングラン》の大航海は、まだ当分、幕を閉じそうもない。『作品集』24号で私が「『タイタニック』余滴」（以下「前編」と呼ぶ）を書いたのはこの春のことだが、こちらも「その後」と銘打ってぜひとも付け加えておきたい続報を手にした。いささかなりと耳目を寄せていただければ幸いである。

その一　前編で私は、『エンサイクロペディア・ブリタニカ』の〈「タイタニック」大惨事〉の項に「氷山によってこの船の左舷に三百フィートの裂け目が生じた」と書いてある、と記した。しかしうかつにも、これが何年度版の『ブリタニカ』であるかについては調べそこね、書きもらしたのだった。この点はその後の調べで一九六三年版であることが明らかになった。

ところが昨今の定説では、映画で描かれているように、タイタニック号は右舷に裂傷を負ったとされている。だとすると同号が遭難した一九一二年から半世紀あまりにわたって、お膝元・イギリスの権威ある事典が左右をとり違えた情報を流しつづけていたことになる。

ただし『ブリタニカ』の名誉のために急いで申せば、一九九〇年版『ニュー・エンサイクロペディア・ブリタニカ』では「同船の右舷が氷山に衝突し、（十六あった）防水区画のうち五区画が破壊され、それによって（一九一二年）四月十五日午前二時二十分、同船は沈没した」となっているのである（傍点および丸括弧内は筆者）。

新版ブリタニカの原文コピーは、前編を読んだ若い友人P君が、東京都新宿区立中央図書館に足をはこんで取ってきてくれたものだ。拙文をファインプレーで掬いとってくれた探究心と行動力に心から敬意と感謝を表したい。

その二　次は、前編の中心テーマであった舵への疑問をめぐるニュースだ。

前編での疑問について、ざっと振り返っておこう。

――映画ではタイタニックが氷山に衝突する直前、当直士官が「Starboard!《スターボード》」と操舵号令を発し、日本語の字幕にも「面舵いっぱい」と出ていた。「スターボード＝面舵」とは船首を右に向けよという号令だ。ところが操舵手は舵輪を反時計回りに回し、それに従って船も左舷に旋回していった。これは現在の操舵では操舵手のミスとしか考えられない。

以上は、かつて外国航路の操舵手《クォーターマスター》をつとめた友人のQ氏も航海学専政の飯島幸人東京商船大学名誉教授も、等しく首をかしげた点であった。

飯島氏は、そこで、操舵号令の歴史的変遷に思いいたった。

――昔の船では、舵柱に直接棒を直角に差し込み、この棒（舵柄）を左右に動かして操舵していた。舵柄で舵をとる場合、舵柄を右に回せば船首は左を向き、左に回せば右に向く理屈だ。この舵柄装置時代の操舵命令は一般に舵柄を動かす方向を指示したものだった。

――そこで「面舵」と号令されれば操舵手は舵柄を右に回し、したがって船首は左に回ることになる。この習慣は舵柄が舵輪になってからも残っていて、国によって号令の意味とは反対の舵をとったのではないか。

飯島氏はそのように推量した。だとすれば、タイタニック当時、イギリスでは舵柄方式の操舵号令を使っていた可能性もあり、問題の映画の場面も間違いとはいいきれないことになる。

飯島氏は自らの推論についてイギリスの友人に問い合わせていたところ、このほど返事が届いた。回答者はロンドン商船大学学長のJ・F・ケンプ博士である。同博士はいう。

〈私はまだ映画は見ていないが、タイタニックの当直士官が下した面舵いっぱいの号令で左側に操舵輪を回したことについて書かれた新聞記事を読んだことがある。この映画の場面は間違っていない。なぜならば一九一二年当時のイギリスの操舵号令は舵柄（Tiller《ティラー》）またはHelm《ヘルム》（ティラーと同義）を動かす方向を指示していたからである〉

この説明は飯島氏の先の推論とぴったり一致する。ケンプ博士は続けて言う。

〈「Starboard helm」、あるいはたんに「Starboard」と言われたら、helmが右になるように、

即ち舵輪は左側に回さなければならず、従って船首は左側に回頭するのである〉

シロウトにはいささかわかりにくいと思われるので、飯島氏の解説を聞いてみよう。

――この当時、イギリスの操舵号令は、船首の向きではなくて、舵柄を動かす方向を意味した。だから「Starboard」と命じられれば、操舵手は舵柄を右に動かして船首を左に向けた。ところがタイタニックは、もはや手動の舵柄ではなく、舵輪を操作して舵を動かしていた。舵輪による操舵方式は自動車のハンドルさばきと同じで、舵輪を回す方向と船首の方向が一致する。即ち、「面舵いっぱい」の号令で舵輪を時計方向に回せば船首は右を向き、命令が取舵なら舵輪を反時計方向に動かすことによって船首は左を向くようになっている。

――ところがタイタニックの場合は、舵輪を用いていながら号令は前時代のものであったために話がややこしくなった。面舵いっぱいの命を受けた操舵手は、船首を左に向けよ、という意味に解したのだ。そこで彼は舵輪を必死に左に回転させ、船首を左に向けた、というわけだ。

このように舵輪時代になっても、いぜん舵柄時代の操舵命令が生きていては何かと混乱が生ずる。そこで一九二九年にロンドンで合意された国際海上人命安全条約によって、操舵号令は常に船首が動く方向を指示しなければならないことが決められた、というのがケンプ博士の説明である。しかしイギリスでは法制化が遅れ、この新しい操舵令がイギリス船に適用されるようになったのは一九三三年からというのだから、とても一筋縄でいく話ではない。

その三　では、ひるがえって日本における操舵号令はどうだったのか。飯島氏の調査によると、まず十返舎一九の「萬詳回船往来」に「……船長、常に柁柄を捉え、左右にこれを正し、右に進むるを表柁といい、左に進むるを取柁という」とある。また幸田露伴の「水上語彙」には「オモカチ：面楫。卯面楫。重楫。左楫。船首に向かい船を右方にやる柁のとり方」と記してあるという。

これらから飯島氏は、面舵とは船首を右に向ける現在と同じ意味であり、日本では昔から船首の回頭方向をさしているといえるのではないか、と推断している。

「目の前の舵柄の方向を命ずるのでなく、船の針路に合わせた号令だった点で、日本はイギリスより進歩したシステムをもっていたといえそうだ」

と飯島氏は、少々誇らし気である。

もとはといえば右か左かという一見単純な事柄が入り組み、こんがらがって、ひとかたならぬ議論を巻き起こしてきたかと思うと、あらためてびっくりする。だがこれは案外、私たちが日頃あいまいに処理している左右についての日常表現の反映なのかもしれない。

たとえば政治の世界で右翼、左翼といった場合、何を基準に左右を決めるのか。右翼については「(フランス革命における国民議会で議長席から見て右側に保守派が座ったことから)保守的、国粋主義的な思想傾向。また、その立場に立つ人や団体」といった説明がある(『大辞林』)。議長席から見て、というところがミソだ。野球ならば本塁から見て外野の右のほう、となる。

ではセーヌ川左岸とか右岸とかは、どこから見ていうのか。河川の左岸とは水源から河口に向かって左側をいい、右岸は同様に右側をさす。だが船の場合の左舷、右舷とは、河口または海口から水源に向かってそれぞれ左側、右側をさすのだという。しかも海で水源がはっきりしない場合は、○○海域は××を水源とする、というふうに人工的にこまかく決めてあるというのだから、いいかげん頭が痛くなる。

道の教え方でも、東京でならまず例外なく、ここを右へ行き、あそこを左へ……などと言うはずだ。が、これが大阪となると、ここを西へ行き、しばらくしたら南へ行きなはれ、と言われること必定だ。このほうがより客観的、合理的な説明にみえるが、さて西も東も心得ぬ旅人にとっては難儀な話といわざるをえない。

その四　いささか脱線した。最後にもう一つ、タイタニック関連のエピソードをご紹介しておく。海上の救助信号としておなじみのSOSが消え去ろうとしている、という話である。SOSはもう古い、というのだ。なぜ古いのか。だれが古いと認定したのか。では「次」は何なのか……。

海や船に関する取り決めは、すべて国連の下部組織である国際海事機関（IMO）でなされる。SOSが一九九九年二月一日をもって廃止されることも、ここで決定された。背景には当節の科学技術革命と合理化思想がある。

SOSはモールス符号による電信だから練達の通信士が必要だ。だが人工衛星による宇宙通信に見られるように、無線電話やデジタル通信の技術がめざましく進歩し、熟練した人手を要する通信方式は時代遅れとなった。そこでSOSに代わって、GMDSS（全世界海上遭難救助システム）という新しい通信システムが導入されることになった。こうして一九〇六年、ベルリンの国際無線電信会議で、それまでのCQDに代わって採択されたSOSが、九十年余におよぶ歴史的役割を終えようとしているのである。

ちなみにＳＯＳは「Save Our Ship (or Soul)」の略、ＣＱＤは「Come Quick Danger (or Distress)」の略だといわれたが、どちらもこじつけらしい。ＣＱＤはモールス符号では「－・－・、－－・－、－・・」であり、これでは聞きとりにくいからと、より簡明な「・・・、－－－、・・・」、すなわちＳＯＳに変えられたという。だが、海上勢力の強かったイギリスはなおもＣＱＤを使いつづけ、なかなかＳＯＳを使おうとはしなかった。タイタニック号の遭難時にも、はじめ通信士はＣＱＤを発信したが、船長がより聞きとりやすいＳＯＳ信号の打信を命じたのだった。

こうしたことから、長らく、タイタニック号は世界で初めてＳＯＳを発した船とされてきた。だがピーター・ケンプ（注１）の"Oxford Companion to Ships and the Sea"（Oxford University Press,1975）によると、一九〇九年八月、アメリカのArapahoeという汽船がプロペラシャフトを折って動けなくなりＳＯＳを発して救助を求めたのが最初、ということのようだ。

ここでもタイタニック伝説は揺らぎだしているのである。

（一九九八年九月十一日記）

（注１）元イギリス海軍の軍人で第二次大戦中は情報活動に従事。戦後は海軍史の第一人者となり、『タイムズ』紙のヨット欄エディターとしても活躍した。

参考文献　飯島幸人『校長の肩振り』二十一号、二十六号

正体

このところ不精者が洗たくものの山をほぐすように、たまった原稿を書きついでいる。ところがこれが、いっこうにはかどらない。ひとつは『週刊20世紀』という雑誌用の、いくたりかの人物論、もうひとつはユダヤ関係事典の何項目かについての解説記事である。

どちらも引き受けたからには、そうそう不案内とばかりはいえない主題のはずだ。なのに、思うように筆が進まない。この角度から書くか、あの話から入るかなどと思案しているとすぐ二、三時間が過ぎてしまう。

いくら私が路地裏の閑人だからといって、これだけに専念していればいいというものではない。大学との付き合いもあれば、カルチャーセンターでの講釈も忘れるわけにはいかない。世間に顔を出すとなれば、それなりの準備も必要だ。

それに持ち出しばかりでは頭のなかが干上がってしまうから、あれこれモノを読んだりして考える力を養っておかねばならない。人並みに好奇心もあるから新聞、雑誌の類を開いたら、これまた時を忘れる。

そのほかに、ご馳走だって食べたい。映画も展覧会も見に出たい。親しい人間とおしゃべりだってしたい。そういえば、旅にもだいぶごぶさたしている。

そんなこんなを考え、その一部なりと実行に移していると、書く時間はおのずとせばまる。締切は容赦なく迫る。窮屈感はますます募る。それなのにまだ書き出しひとつ決まらないものが、ゴロゴロある。思いあまって目をあげると、やれ『「いい文章」の書き方』だの『「書く力」をつける本』だのと、恐れ気もない表題をつけた本が棚におさまりかえっている。

――書くときは主題をしぼれ。文章の効果的な配置を考えろ。

――よく調べて、広い視野を得てから筆をとれ。

――正確・簡潔・明快の三原則を守れ。

どれももっともな口上だが、ここまで追いつめられると、即効薬にはなりがたい。かえってそのもっともらしさが神経にさわる。とんだ逆効果だ。

ともかく冷静に、と自分に言いきかせて資料を読みなおす。じっと目をつぶって一から整理し直してみようとする。

と、突然、筆が動き始め、やっと想が流れだした。救われた。そう思って一段落ついたところで読みかえす。おかしい。どこかで見たことのある文章だ。気がつくと、ほとんど資料をなぞっているだけではないか。

もういけない。原稿用紙のマス目ばかりにらんでいては視野狭窄《きょうさく》が深まるばかりだ。太いため息をひとつつき、決然として腰をあげる。銭湯に行って豊満な湯の泉につかりながら気分転換を図ろうというのである。以前は寒風をついて自転車で林のなかをつっ走ったが、老骨と化した昨今は好んでこの湯船戦法をとる。わざわざ温泉まで出向かずとも、三百八十五円ナリで全身のほんわかさに加えて精神衛生の改善まで手にできるのだ。貧乏書生にはまたとない福音である。

湯を浴び、そば屋でざるそばを一杯奮発してさらに気力を充実させ（たつもりで）、再び机に向かう。霊験もあらたかに、身にくつろぎは得られた。そうなると現れるのは、求めている文章の一節よりも全身とろけるような睡魔である。

　こうなったら素直にこれに従い、脳中をすっきりするにしかず、と静かに机上に伏してしまう。頭のすみで、うわごとのようにあの一句、この一句と去来させているうちに、いつか前後不覚になっている。

　目覚めると、いよいよギリギリのギリ。待ったもヘチマもなくなっている。そんなとき、どこかでコトリと音がしたような気になる。それが合図らしく全身の神経がうねりだす。どんどこどんどこ、やみくもにペンが動く。所定の分量をだいぶ超過したあたりで運動がとまる。そこで添削、推敲にかかる。もう雑念をもてあそぶ余裕はない。しばらくして、またコトッという音を聞いたと思うと、なんとかできあがっている。

　やっとひとつ、悪夢を脱した。さあつぎ、と別のテーマが待っている。見たところは顔見知りのようで、では、と付き合い始めると、これまた、のらりくらりと逃げられて、なかなか文字の枠内にひっとらえることができない。そしてまたぞろ、あれのくり返しだ。まるで永久運動のように……。

　三十八年間、読むの書くのとプロ面《づら》さげて生きてきたものの正体は、こんなところだ。


（一九九八年十二月十六日記）

1999

平成11年

「あれもこれも消えた」考

かつて政治記者だったAに会った。新聞社を定年になって三年余、当方と同年配である。先輩のBが亡くなった直後で、ふだんは陽気なAもちょっとしんみりしていた。

「同じ野党担当のときは、ぼくが社会党の右派でBさんは左派。自民党をもったときは向こうが三木派でぼくが大平派だった。Bさんはあくまでジャーナリストで、経営者になってリストラの旗ふりをしたりするタイプではなかった。ぼくも彼も定時制高校の出身でね」

そのBが社長にまでなって「俗事」に奔走するのをみるのはしのびなかった、とAの個人的追慕の言葉がまたひとしきり続いた。

「で、気がついたらぼくが関心をもって追っかけてたものが全部消えてたんだよ」

Aはそういうと、あれこれ列挙しだした。「社会党、総評、ソ連、労働組合、社会主義。貧乏だってそうだ。どれも消えちゃった。ぼくが記者としてやることがなくなったのも不思議はない」

「消えちゃった」には、なるほど実感がある。文字通り消滅したもの、すっかり形骸化したものをひっくるめて、時代の熱や光や死活問題をはらむかにみえた諸現象が少なからず見る影もなくなっているのは一面の真実である。それにA自身は善意の人だし、彼個人の感懐として聞いているかぎり、とりたてて異をとなえることもない。

そう思っていたらAがこんなことをいいだした。「君のほうだって差別だの同和問題だのって消えちゃったんじゃないの？」

こうなると、おっとり聞いてばかりもいられなくなる。

たしかに三十年余り前にあった部落の内と外との激しい生活格差は、その後の高度成長の波と同和行政の推進によってずいぶんと狭められた。差別されるのは貧しいからだ、平均的日本人と同じレベルの生活をめざせ、という部落解放運動のスローガンが実現されたとすれば、理屈のうえでは、差別は消えて当然ということになる。ところが結婚や就職のように、家族のだれかが部落外の人間と新しい関係をつくろうとすると微妙な摩擦、抵抗、拒絶反応が現れてくる。「そのたびに自分たちが説明困難な存在であることについて戸惑いや苛立ち・諦めに至る何とも気分のスッキリしない思いと直面させられることになる」（注1）というのである。

皮膚の色の違い、民族の違い、貧富の差といった差別の指標になりそうなものはどこにも見当たらないのに、差別事象は容赦なく目の前に立ちはだかる。差別解消の目標を達成したと思ったら、その一歩先には目に見えぬ差別の網がぬかりなく張りめぐらされていたわけだ。では、だれがなぜそんな網を仕掛けてくるのか。答えはいぜんモヤに包まれている。しかも――「問題の深刻さは、学者研究者の作業のレベルですら部落・部落民の定義が定かでなく、何

を獲得すれば解放を実現したことになるのかという大衆的な議論はまだ緒にもついていないという実態の方にある」(注2)

というついこの二月に発表された現状分析だってあるくらいだ。

それだけではない。差別するのは人間の本能だから差別なんて永久になくならないという「差別＝永久不滅論」や、差別差別とやかましくいいたてなければ部落差別は今の若い世代が大人になるころには自然に消えているという「差別＝自然消滅論」も、まだまだ根強い。とてもじゃないが、差別や同和問題は消えてなくなったどころの騒ぎではないのである。今はとりあえず、「『部落問題はなぜ終わらないか』ではない。それは今日あるような形では終わらせてはならないのである」(注3)という論者のことばをかみしめておきたい。

「同和」はほんの一例だ。早い話が、まさに、またぞろという形で噴き出てきた民族差別の兆候である。つい最近も、全国各地の朝鮮中高級学校で女子生徒の通学用制服をチマチョゴリとする制度が、九九年四月から廃止されるというニュースに出会った(三月六日付『朝日新聞』)。朝鮮民主主義人民共和国(北朝鮮)の「核疑惑」や「ミサイル発射」などの報道があるたびに、民族服姿の女生徒に対する脅迫、暴力、いやがらせが増加するからだ、というのである。改めて息をのんだ。

私たち日本人が、自分たちとは異なる人々に対する不寛容なり侮蔑のまなざしなりを今もって後生大事にかかえているという事実を思い知らされたからだ。また隣国の国家意思や行動がけしからんとなれば、それにつながる人たちをもこれと同一視して不当な危害を加えるといった、粗暴・野蛮な要素を清算しきれずにいるということだろう。日々、「国際化」を合言葉にしていても、ひと皮むけばこのていたらく――とは思いたくないが、これが動かしようのない現実なのだ。そういえばもう四半世紀ほども前に読んだ、在日朝鮮人の詩人・金時鐘の、こんな文章を思い出す。

「(七、八年前、東京での会合の帰りのこと) 新宿駅の改札口をくぐってホームへ上るのに、林立するスキー客のリュックや、人のうずくまりにさえぎられてなかなかホームへ上がれませんでした。……大群落の間をかいくぐりつつホームにたどりつく間、私はほんとうに言い知れぬ恐怖にとりつかれました。それはもはや人間が群れているというより、昆虫かなにかの群落ではないかとさえ思ったほどでした。……一切の無関心をきめこんで、ただの量としてかたまって時間を待っている、ということ。……無関心が絶対量となった中を、私は針で縫うように天に至らねばならない。……個人としての朝鮮人が日本人の絶対量の中をかいくぐる時の恐怖、それは『私』という『個』が背負いこんだ絶対の恐怖であります。……電車がすべり込む。車掌がおりたって、お前たちの行くところはあそこだ、と指をさす。そのリュックサックはみるみる背ノウになりかわり、林立したスキーは銃剣に早替りして、彼等は何のへんてつもなく移動を開始するのです。私はこの恐怖を、『日本人』に知らせる手だてを持ち合わせていません」(『さらされるものとさらすものと』明治図書出版、一九七五年)

日本人、とりわけ善良な市民を自認するものにとっては、なんと大仰な発想の飛躍、と一笑して終わりかもしれない。だがこれを行き過ぎた被害者意識と片づけ、自分にかぎってそんな差別意識はないと思いこんでいるかぎり、チマ・チョゴリ問題を生む素地はどこまでも生きつづけるはずだ。それだけに今回のチマ・チョゴリ事件は「在日」社会に深い衝撃を与えたのはむろんのこと、いま現在、私たち日本人が立っている足場をも震撼《しんかん》させるものを十分に含んでいる。

消えたといえば、つい半世紀ほど前に猛威をふるった大量虐殺《ジェノサイド》もホロコーストも強制収容所も跡形もなくなったかにみえる。だが本当にそうなのだろうか。それらを生んだ心理的・思想的基盤まで根絶やされたといえるのだろうか。それらの歴史的な意味合いについて私たちは理解しつくしていると胸をはれるだろうか。それはAがいう社会党、総評、社会主義、貧しさといったことについてもあてはまる。

足を使い、人と会い、現場を踏み、この目で見て書く、とはジャーナリズムの鉄則だ。だがそこから、見えないものは存在しない、という実感にもたれかかるのは、じつに危うい。性急すぎる。粗雑すぎる。視野狭窄、判断停止を経て事実認識そのものまでが狂いかねないからだ。個々の現象が過ぎ去って既知の光景が一変したときこそ、現象の奥にある意味をつかみとるために目をこらすべきではないか。そんな緊張、しんどさ、いや楽しみすらがあるから、路地裏の浪人もまだどうやら、ぼけずにいる……。

Aとの茶飲み話で始まったものが、自分の中でしだいに茶飲み話ではすまなくなってきた。そうはいっても、その場で長ながとAに論駁《ろんばく》したわけではない。「今はたまたま映画館で上映中にドアを開けられたようなもの。急に明るくなって画面は鮮明さを失ったけれど、映画そのものが終わったわけじゃないでしょ」とだけ言って、私はこんなことを考えつづけていたのだった。

（一九九九年三月十七日記）

（注1）吉田智弥（奈良県地方自治研究センター事務局長）「部落問題はなぜ終わらないか」（『現代思想』九九年二月号）
（注2）同右
（注3）同右

言葉の矢

日曜日の朝、新聞をひらいて眠気が一度に吹っ飛んだ。わが文章教室のCさんの名を読者の投書欄で見つけたからだ。昨今、世の耳や目を集めている通信傍受法案をめぐる歯切れのいい論評である。それも実名で堂々と（注1）。

Cさんはまず、通信傍受法案に「盗聴」の語を使うのは不適切なので「傍受」と表現してほしいと報道機関に求めた法務省に疑問を呈する。「盗聴」が似つかわしくないというなら「傍受」はもっと不適切な表現だ、というのである。

なぜか。

Cさんは「無線を傍受する」という用例をあげ、傍受とはラジオを聞くような感覚で周波数

という前提で交信している、という。

そういえば思い出す。一九五〇年代から六〇年代にかけての冷戦はなやかなりしころ、「当地(東京)で傍受したモスクワ放送によれば」といった前置きで「日本軍国主義」や「アメリカ帝国主義」を批判する論説が電波メディアや新聞をにぎわしていた。たしかにこのときは、モスクワが日本に聞かせるために流したものを受信していたのであって、先方の秘密放送をこっそり聞いていたわけではない。モスクワ放送が北京放送、ハノイ放送でも事情はまったく同じだ。そうした「共産圏」の放送を「傍受」し、新聞社、通信社に配信するラヂオプレスという専門の通信社があったくらいである(注2)。

そんなことを考えながらCさんの文章をたどると、はたしてこう書いてある。

〈また、海難事故などのように、だれかに聞いてほしい場合もある。(傍受は)秘密性に乏しく、オープンな響きを有する言葉である〉

どんぴしゃりの指摘だ。ところが、通信傍受法案の「傍受」は話が逆で、〈本人の知らないところで、本人は秘密から守られていると信じて行った会話がひそかに聴かれているのである〉。だから〈本来の「傍受」の意味からかけ離れており、むしろ「盗聴」の方が適切な表現に近い〉となる。

こうしてCさんは、目の前に出された「傍受」は「盗聴」というのがふさわしい、と小さなスペースの中で、きれいに論証してしまったのである。だが彼は、論理一点ばりで満足して筆をおくような野暮はしない。

どうしても「盗聴」がいやなら、ひそかに聴く「密聴」か、隠れて聴く「隠聴」なんて新語を考えて見たらいかがが、といくばくかの余裕をみせて六百字の文章を締めくくるのである。硬軟とりまぜたこんな舌鋒にあったら、批判される側もしばしうっとり、自ら斬られたことにも気づかないのではないか。

時代の的を射る一本の言葉の矢が、私たちの教室から放たれたことを、私は心底誇りに思う。Cさんの言説が、文章修業は世の中の動きとは無縁の、タタミの上の水練ではありえないことを、みごとに例証してくれたからである。

＊

ひとつ、かすかに気がかりなことがある。Cさんはこの通り、天下に顔をさらして発言している。表向き、ここは言論の自由が保障された社会には違いない。だが一皮むけば、いやがらせもないとはいいきれないのがニッポン役人共同体というものではないか。こんな上質の議論ゆえに、Cさんの周辺に間違ってもその種の陰りがささないことを願っている。いや、願うだけではない。Cさんの声はおのずから孤ならず、多くの心ある耳が、しかと聞きとり記憶していることを明記しておきたい。

（一九九九年六月十五日記）

（注1）九九年六月十三日付『朝日新聞』「声」欄〈「盗聴」嫌なら密聴か隠聴で　地方公務員　千葉幸則・埼玉県狭山市　四十九歳〉
（注2）ラヂオプレスは今も健在。同社の説明ではロシア、中国、北朝鮮、ベトナム、中・東欧な

ど現旧共産圏の「公開情報を傍受」し、配信しつづけているとのことであった。

ノマド風《スタイル》

野球はどこがひいきかときかれると、ひどくとまどう。

少年時代は圧倒的にジャイアンツだった。川上、千葉、別所らの最盛期である。途中、長らく野球には心が動かなかった時期がある。仕事に気をとられていたころだ。それが、赤ヘルが初優勝を目ざして突っ走った年、カープを取材することになり、そのときカープ以上に生きのいいチームはなかったから自然、そこに吸い寄せられた。ところがやがてイチローが人影もまばらな球場でひときわ躍動していると知って、今度はオリックスのプレーから目がはなせなくなった。と思ったら、最下位ヤクルトを上昇機運にのせた野村采配にうなりだす。つぎは横浜打線の炸裂《さくれつ》に舌を巻くうちに、かつての広島同様の郷党意識の高まりがこちらにも伝染していた……。

つまり、何があっても巨人だといい、負けても負けてもぼやきつつ不甲斐ない「虎」を愛しつづけるひたむき派とは大違い。その面では、こんな信用のおけないファンはいないだろう。けれど、迷走をきわめる心理の動きにも一脈の筋らしきものがないでもない。「巨人時代」を別にすれば、変化と新風をこそ愛するという、わが嗜好のかすかな軌跡が感じとれるのである。

だがこれは、身についた放浪癖の現れ、といえないことはない。そういえばこの傾向は職業選択のときにも顔をのぞかせていて、学生時代、ひとつことにしがみつくことが不得手だったこともあり、ジャーナリズムなんて道標も定かでない稼業に迷いこんでしまった。むろんここにだって政治記者だ、経済記者だ、事件記者だと、りっぱに専門記者の道があるわけだが、やはり私は雑誌の記者・編集者というあいまいな場所に身をおくことになった。

雑誌の仕事は専門記者のそれに比べると、好き勝手な領分を自在に行き来できる風通しのよさがある。また題材しだいで自分を記者にもでき、あるいは人さまの表現力を借りて頁を埋める編集者の役も演じられる。状況に応じて住み分け可能な両棲類《りょうせいるい》みたいなものだ。

ついでにいえば、仕事のしょっぱなは英語でものを書くことを要求される日々だった。そこではみずからの努力不足をタナに上げて、異国語などで思いのたけを書きつくせるものじゃないと大反発を感じ、日本語を駆使する世界を渇望した。そのくせ数十年を経てみれば、国際語の一つぐらいは使いこなしてものを見、考えるのでなければ強靭な発想は得られないと思いこみ、かの旧敵・英語ともずいぶんと親しげに付き合っている(つもりだ)。これまた、あてにならないといえば、あてにならない。

というわけで職業生活のあらかたも、明日をも知れず色とりどりのテーマを求めて過ごすこと、牧草を追って移動する放牧の民《ノマド》さながらだった。それがざっと二十余年前、狭山裁判の一端に触れたころから、日本のなかの部落差別に目をそそぐようになった。そこからひろく人間の差別、被差別を考えるようになるあたりで、どうやら腰が定まってきた。それがその後のユダヤ人問題、さらにはユダヤ人とアラブ人(パレスチナ人)の葛藤への関心にもつながることになった(これには十歳までの、引き揚げを含む満州―東北中国―体験で刻まれた被害、加害意識がどこかで働いているように思える)。

だがユダヤ人問題を考えるとなると、彼らの歴史の輪郭ぐらいは頭に入れておかねばならない。ところが旧約聖書の民である彼らは二千年来、国をもたず土地を所有せぬまま世界中に散らばって生きてきた。彼らの生き方、死に方をたどるとなると、どうしても東西ヨーロッパからロシア、アメリカの地までも目をこらさざるをえない。ましてパレスチナ人との相克ともなれば中東認識も欠かせなくなる。さらに部落差別、インドのカースト制と、人間の差別構造そのものへの関心もやみがたいものがある。とするとここでも、あの領域もこの分野もといった人間探究がなければ理解が深まらない、と思ってしまう。

どこがひいきチームかというのと同様に、何がご専門で、ときかれて窮してしまうのはこうした事情による。大学では一応、「社会思潮―ホロコーストからパレスチナ問題へ」というもっともらしい商標をかかげているが、そのすぐ裏側で雑多な知識・情報をあさりつづけている身には、こそばゆいことこの上ない。

おまけにこの文章教室でも十有余年、文章のあらまほしい姿を考えて右往左往し、怪しげな本までぬけぬけと出したりしている。こうなるともう、脳中が端然と整理された御仁《ごじん》には、混沌・混迷の輩《やから》としか映らないだろう。だがそれも身から出たさび、別段うらみも悲しみもしない。混沌であれ混迷であれ、とどのつまり、自分の関心の筋道は自分の目にだけはどうやら見えているつもりだからである。

最後に混迷おやじの関心が、いまどのあたりをさまよっているかをご報告しておこう。一つは、克明なイスラエル史の本を訳出すること。愛憎いずれにも片寄らず、膨大な事実を積み重ねて現代イスラエルの歴史を記した日本語の本が見当たらないだけに、意欲だけはぱんぱんに張り切っている。

そこでもう一つは、米大リーグ、シカゴ・カブスの主砲サミー・ソーサが今季の本塁打数をどこまでのばせるか、ということなのだから、われながらなんともたわいない。

ソーサの本塁打は昨九八年、セントルイス・カージナルスのマーク・マグワイアに四本及ばぬ六十六本だったが、ともに大リーグ記録の六十一本を大きく越えた。今年は九月十六日現在で五十九本。二年連続六十本以上という大リーグ新記録も、つい鼻《はな》っ先《つあき》だ。

彼ソーサは十六歳でドミニカ共和国での赤貧からはいだし、以来十五年、掛け値なしに二の腕だけで大記録と自らの足場を創りつつある。この姿を前にしては、たいていのボール・プレーヤーも色あせてみえてしまう。それにまたこのソーサには、自分のことをあれこれ言いたてる前に好敵手マグワイアの力量をたたえたり、ドミニカのかつての隣人たちの暮らしぶりに思いをはせたり、といった心ばえがある。

そんなところがまた新風、変化にたえず憧れる身には、こたえられないのである。

（一九九九年九月十八日記）

拝啓　ポケモン殿　――ポケモンはこう考える――

　ポケモンこと、君たちポケットモンスターがアニメ映画で米国の子どもたちの心をすっかりつかんだ、というニュースを耳にしたのは、つい半月ほど前のことだ。そういわれても、君たちのマンガはむろん、テレビのアニメともビデオゲームとも無縁に生きる者にとっては、あまり感興もわかぬまま聞き流していた。ところが事態は急転した。ポケモンカードに印刷された卍《まんじ》印がナチス・ドイツのシンボルだった鉤《かぎ》十字を思わせる、と米ユダヤ系団体から抗議され、米国任天堂はこのカードの製造・販売を中止すると発表した、という話だ（注1）。となるとこちらも、そうそうポケモンを決めこんではいられなくなった。

　同社によると、卍は日本語版の一部ポケモンカードに印刷されているだけで、米国内で製造されたカードにはなかった。だが小中学生のあいだでカード熱が急上昇するにつれて、正規のルート以外で米国内に輸入され、人気を集めていたようだ。

　さっそくアメリカで出された同社の声明文を読んでみた。

――『オックスフォード世界宗教事典』によると、まんじ印は仏教やヒンズー教のきわめて古い歴史をもつ宗教的なシンボルである。これらのカードはアジアの市場で販売されており、この地域ではまんじ印は肯定的に受けとられている。

――ポケモンカードゲームの日本人製造者は、まんじ印は日本文化や仏教ではきわめて肯定的な意味をもつと信じているが、ほかでは誤解される恐れがあることも理解できる。

――したがってこうした不幸な出来事が今後起きぬよう、この印のついたカードの製造を中止することに同意した。

　一応、善戦のあともみえる。けれど、別にやましいところはないが異文化への配慮から右のような結論に達した、といたって物分かりがいい。だがそう簡単に一件落着としていいものかどうか。

　たしかに問題のカードに印刷された卍が、ナチスの紋章だった逆まんじ「卐」とまぎらわしいのは事実だ。だが、以て非なるもののことばどおり、「まぎらわしい」と「同じ」とは断然別物でしょう。

　落ち着いて卍の意味合いを調べてみよう。ごく標準的な『世界大百科事典』には、こうあった。「インドの諸宗教で、瑞相《ずいそう》すなわち吉祥や美徳を象徴するものとして用いられる印。卍字、万字とも書く。……仏教とともに中国、日本にも伝えられ、現代の日本では仏教や寺院を示す記号・標識として用いられている」

　またヒンズー教ではビシュヌ神の胸の旋毛を象徴したものとされ、仏教では釈迦の胸や足裏にある瑞相であると知れば、紀元前の昔からこの上なくめでたいものの現れとして尊ばれてきたことがわかる。

　では「卐」はどうか。『大日本百科事典』はこう記す。「この紋章の起源は古いが有名なのはナチスのシンボルとしてである。一九二〇年ナチス党が成立すると、ヒトラーはこの運動のシンボルを考え、赤地（運動の社会的理念）の中央に白（国家主義）で丸く抜き、その中に卐（アリアンの勝利のために戦う使命）を黒で書き込んだシンボルを採択した」

　こうして四十五度傾いた逆まんじがナチスの党章となり、一九三五年から四五年にかけてナチス・ドイツの国旗にも使われた。勢いハーケンクロイツは反ユダヤ主義の先頭に立つことになった。六百万人からの同胞を抹殺されたユダヤ人の目に、またとない凶の象徴として映るのは当然すぎるほど当然なのだ。

だが、まんじとハーケンクロイツは、右にみたように、それぞれの含意が天と地ほどにもかけ離れている。いかにヒトラーの悪逆を憎み、ユダヤ人の運命に寄り添うからといって、古い文明の所産を消し去っていいというものではあるまい。

異文化交流の場では、誤解はむしろつきものぐらいに考えたほうがいい。要は誤解にもとづく摩擦を丹念に解きほぐしながら相互の理解や共感に近づくこと。そんな息の長い構えがないと、お互いの顔をのぞきこんで話し合える関係はいつまでたっても生まれないような気がする。

今度の一件で米国任天堂に抗議してきたのは「反中傷連盟」(ADL、本部・ニューヨーク)と「日系米国市民連盟」だという。後者についてはあまり聞いたことがないが、前者はれっきとしたユダヤ人組織だ。ユダヤ人にかぎらず他の少数民族への差別に対しても闘う人権擁護団体として知られている。反面、マスメディアや一般市民のイスラエル非難の言動に対しては反ユダヤ主義として徹底的に攻撃し、その声を封じるためにあらゆる手段を用いる、ともいわれる(注2)。

今回のまんじの一件についてADLもまさか反イスラエル的とは思わなかっただろうが、親ヒトラーの反ユダヤ主義に通じると判断したらしい。ADLの掲げる大義そのものはとても大事なことだ。しかしだからこそ、ADL自身も他者の歴史や文化のあり方に正確な認識をもち、自分たちと異なる思考様式や価値観をもつ他者には寛容でなければならないはずだ。

まして問題のまんじ印は暴力や残虐さなどとはほど遠い、「愛すべき」モンスターの一匹ゴルバットを彩るものとして使われたとのこと（このカードの販売元メディアファクトリー）。同社の話だと、もともとこのカードでは草や木や水をモチーフにしてモンスターをつくっている。この場合は忍者やお寺をモチーフにしたので卍を入れた、という。それにポケモンは争っても「殺す」ということばはけっして口にせず、「気絶する」という表現しかしない。「愛情をもって接する」もよくでてくる言い回しだ、というのが同社の説明だった。

そうなるといよいよ、反ユダヤ主義をふりかざした発言が的はずれの力みかえりに見えてくる。なのに、「いくら逆向きだといっても、正確にそのことを知ってる人はそういないと思うし……」とことばをにごし、ユダヤ人団体らの言い分をすんなり聞き入れるとしたら、百五十一匹のポケモン全員にとっても寝覚めが悪いんじゃなかろうか。

そういえば反ユダヤ主義の気配などあまり見当たりそうもないこの国で、このところ目立った事件が二つあった。

一つは一九九五年の初頭だから、君たちポケモンがゲームとして誕生する一年ほど前のことだ。きっかけは、文藝春秋の月刊誌『マルコポーロ』二月号に掲載された「ナチス『ガス室』はなかった」という記事だった。これに対して米国のユダヤ系人権擁護団体「サイモン・ウィーゼンタール・センター」（SWC、本部・ロサンゼルス）が文春の媒体に広告を出している内外の企業に広告停止を求めるなどの抗議運動を展開。そのため文春側は社長の辞任、編集長の解任からついには『マルコポーロ』そのものの廃刊にまで追いこまれた。

この件では最初、花田紀凱編集長は問題の記事について「説得力ある文章だ」と主張していた。だがやがて、ＳＷＣの広告停止要請に応えて内外の大企業が軒並み広告を引き上げ、さらには第二次大戦後五十周年式典と同時期に出たのだから反ユダヤの意図があると思われても仕方がないといった空気も強まり、文春は全面屈服の道を選んだのだった。

そしてもう一つは今年秋に起こった『週刊ポスト』事件だ。発端は『週刊ポスト』九九年十月十五日号に載った「長銀『我らが血税５兆円』を食うユダヤ資本人脈ついに掴んだ！」という記事だった。長銀買収の動きの背後にはユダヤ系資本の強い意志が働いている、といった内容だ。

『ポスト』の発売から三日後、先の『マルコポーロ』事件にも登場したＳＷＣがこの記事をめぐって「ユダヤ人謀略説と反米感情に基づいている」として同誌発行元の小学館に記事取り消しを求める声明を発表した。『ポスト』も当初は強気で、「記事中どの部分が謝罪なり、取り消しにあたるか具体的に指摘してもらえば再調査の上、訂正するのもやぶさかではない」と突っぱねた（注3）。だがこれを見たＳＷＣが『ポスト』に広告を出していた日本企業十社に広告掲載の中止を要請すると、同誌はただちに記事の内容が事実に反することを認め、謝罪の意向を表したのだった。それが同誌十一月二十六日号掲載の次のような「お詫び」につながる。

――記事は、ユダヤ教徒や人権を支持する世界の人々を侮辱し、誤解を招く危険で誤った人種的ステレオタイプに基づくものでした。（中略）

――記事の要約がインターネットで全世界に伝えられたことにより世界各地でユダヤ人への危害が発生する危険性すらあり、経済大国・日本のトップ週刊誌としての自覚を欠いていたことを深く反省すべきであると考えます。

──サイモン・ウィーゼンタール・センター及び在日ユダヤ人諸団体に対し、これらの重大な誤りについてご指摘いただいたことを感謝します。（後略）

しかし、こうしたやみくもな謝罪文をいくらながめても、どうやら誤解を招く危険な情報をあてがわれたらしい読者は、それについてどのように訂正すればいいのかさっぱりわからない。また、悪質な反ユダヤ主義のタネもまかれたらしいのだが、今後この種の記事にどう向き合えばいいのか、これではその手がかりも得られない。編集部が勝手に「反省」したり「感謝」したりすればすむ問題とはとても思えない。

二つの事件から浮かび上がるのは、ユダヤ人あるいはユダヤ的なものに対する無知と偏見、それにとどのつまりは「売れればいい」「謝まればいい」という日本のジャーナリズムの一部をおおうその場逃れの精神風土というものではないか。

今回の卍騒動がこの二件とまったく同質だとは思わない。現代史の事実を歪めたり、何やらオドロオドロしげな反ユダヤ・イメージをかきたてるたぐいの企画でないことは、はっきりしている。だが主張すべきことを主張しない文化は軽視され、無視されることはあっても、互いに信頼し合い尊重し合う姿勢を生み出しはしないだろう。これではポケモン君たちが、いかに国際舞台で活躍し愛されようと、ペット愛のレベルで止まっても不思議はないだろう。

ポケモン諸君、最後に植村卍さんという人の発言を紹介しておきたい。植村さんは神戸学院大学の先生でユダヤ人哲学者マルティン・ブーバーの研究者。彼は長らくエルサレムに滞在して研究生活を送っていたが、その間一度たりとも「まんじ」という名前について「ハーケンクロイツとまぎらわしい」などといわれたことはなかったそうだ。その植村さんは、こう言う。

「まんじをハーケンクロイツ化して悪用したのはヒトラーのほうです。その意味ではぼくら卍派はとんでもない被害を受けたことになる。敵は向こうであって、こっちじゃない。そこを取り違えるなんて見当違いもはなはだしい」

さて、君たち百五十一匹のポケモンの魅力に心を奪われている内外の子どもたちは、「見当違い」を手もなく受け入れた大人たちをどんな目で見るのだろう。

以上は当年六十四歳、半睡半醒のジャーナリスト・ボケモンの、いささか筋ばったつぶやきです。若さあふれるポケモンご一同の胸にどれだけ届くことやら。不安と期待をこめて。

（一九九九年十二月十四日記）

（注1）一九九九年十二月三日付『読売新聞』（夕刊）、同十二月六日付『朝日新聞』（夕刊）
（注2）土井敏邦著『アメリカのユダヤ人』（岩波新書）
（注3）『噂の真相』（二〇〇〇年一月号）

2000

平成12年

証人たちと私たち

三月六日、かつて「東京大空襲」を体験した大沢きみ江さんの声がラジオから流れた。

その日、一九四五年三月十日未明、東京・下町を見舞った大空襲に出会ったときさきみ江さん一家は浅草区駒形一丁目六番地に住んでいた。きみ江さんは当時四十歳。B29がまき散らす焼夷弾《しょういだん》に追われ、何もたずに隅田川にかかる厩橋《うまやばし》へ逃れた。

――焼夷弾は明るいよ。明るいの。橋にはだんだん人が集まってきたの。橋の真ん中は荷物だらけ。それに火がついたの。ねんねこも焼けたの。でも逃げられないんだよ。わたしは欄干のとこでうずくまってた。火の粉だらけだよ。熱いよ、熱いよとどなって人が倒れるんだよ。火がついてる子どもが来て、また倒れるんだよ。

――わたしは橋の真ん中の欄干に顔入れてしゃがんでた。あんたも背中で黙ったままで、死んだと思ったよ。まわりの家も船も燃えてるんだよ。川の上は火だらけ。のどがかわいたけど川の水がからいの、からくないの。とっても飲めやしない。

――わたしは朝まで橋の上にいたの。歩けないから。気がついたら熱い熱いっていってた人、みんな死んだよ。むし焼きだよ。みんな家族を呼んでるの。朝になって近くの小学校へ行く途中でウチがブスブス焼けてるのを見た。プールで顔を洗った。わたしは足にやけどしたの。げたが焼けてね。死んだ人のげたを拾ってゆわえつけた。

——食べるものは何もなかった。あんただけは放せなかったよ。お父さんと三人で市川まで歩いたよ。垣根の棒をひっこ抜いて杖にして、死骸につまずきながら。そのうち慣れて、よけて歩いたよ。

——（京成）電車は（千葉県）国府台《こうのだい》で折り返してた。満員だったよ。親戚の人たちが心配して見に来てたの。あんたたち焼けだされたのかって、それがうるさいの。八幡でおりたら、シーンとしてた。ホッとしたね。おばあさんに会ったのが（午前）五時。死んだと思ってたって。

きみ江さんの話しっぷりは、九十五歳のいまもきびきびしていて、十二分間の放送時間がたちまち過ぎてしまう。インタビュアーはラジオパーソナリティーの大沢悠里《ゆうり》。この人、じつはあの日、きみ江さんの背中にしがみついていた四歳児なのだった。右のきみ江さんの談話は、TBSラジオのワイド情報番組『大沢悠里のゆうゆうワイド』（月―金午前八時半―午後一時）の特別企画『母に聞く！　東京大空襲』から拾い集めたものだ。

「東京大空襲」と聞いて、私が「ああ、あれね」とか「またあの日か」ぐらいの反応しか示さなくなってから、すでに久しい。当時私は、父の仕事の関係で満州の奉天（現東北中国の瀋陽）にいて、戦火とは無縁の暮らしをしていた。またこの「三月十日」については、当時東京にいて家に焼夷弾の直撃をうけた祖父母たちからゲップが出るほど聞かされてきた。どんな悲惨な体験談でも刻々色あせていく。語る側がどんなに力をこめて話しても、きく側には「またか」という心理がはたらく。戦争体験を語り継ぐことの重要さはよくわかるが、体験談のもつ強みと同時にそのもろさをも承知しておかないと、いかにもあやうい。

そうやって戦争の記憶が「風化」しつつあるなかで、こうした企画が一段とリスナーに訴えるのはなぜか。

きみ江さんの体験そのものは、あまたの東京都民が共有してきたものの、ほんの一例である。だが、有名人の母という特殊性が多くの人の興味をよぶ。それにインタビュアー自身が、肝心かなめのときにその母親にへばりついていたという劇的要素がある。これだけ高齢の方からどんなことが聞けるだろう、という好奇心もつのる。身近な人間の苦労話や教壇から語られる学習用のことばとはひと味違ったものへの期待、といってもいい。

私もまさにそんな野次馬根性でこの番組に聞きいった。きみ江さんの肉声には生ま身で火煙をくぐってきた者ならではの響きがあった。だがそれ以上にひろく戦争、爆撃、はては被害・加害が目まぐるしく錯綜しつつ進行する同時代史というものについても、改めて目を向けさせずにはおかないものが含まれていた。

たとえば「その日」をめぐるいくつかの事実である。三月十日は陸軍記念日なのでこれまでにない大空襲があるといううわさがあった。午前零時十五分から二時三十七分までの百四十二分間に飛来したB29三百三十四機が計十数万発の焼夷弾を投下、約九万人の生命を奪った。なお焼失家屋は二十七万戸、東京は丸焼けとなった。ちなみに関東大震災での東京市の死者は五万八千人といわれている。

またこの日は、前日正午頃から北北西の強風が吹き荒れ、風速およそ三十メートル。電線がうなり、ゴミ箱のふたが舞い上がった。五十年ぶりという異常な寒さでもあった。

さらに重要なのは、それまでの「軍事施設を中心とする精密爆撃では生ぬるい」として米国側がこの時点で戦術を一変させたことだ。「これは夜間、低空で、目視爆撃をする方法で、無数の焼夷弾が使用された。この戦術の変化は、厳密な意味での軍事施設だけではなく、〝地域群〟への攻撃がくわえられた。日本の軍事生産のおおくが、家内工業にたよっているのがその理由であった」と米人作家M・アムラインは記す。（早乙女勝元著『東京大空襲』岩波新書）

この時を境に〝地域群〟の一般市民を対象とする無差別絨緞爆撃が開始されたのである。早乙女の本はまた、戦略爆撃に焼夷弾がつきものとなったのは一九四〇年にドイツ空軍が英国本土の都市爆撃を行い、その有効性が実証されてからだという事実を明らかにする。さらに同書は、四三年七月の三日間にわたるドイツ・ハンブルクの大空襲では米英爆撃機による焼夷弾攻撃で死者六万—十万を出し、同市の市街地の六十パーセントを破壊した、とも伝える。

無差別爆撃といえばこれまた第二次大戦末期のドイツ・ドレスデンを襲った大空襲がある。「エルベ河岸のフィレンツェ」として優美さを誇ったこの町は四五年二月十三日、連合軍の猛爆によって市中が徹底的に破壊され、死者三万五千人（後日の調査では十三万五千人ともいわれる）を出した。

いったん戦争という憎しみの種がまかれれば敵味方を問わず、一地点の残虐さは他地点への残虐さとなって飛び火せざるをえない、ということだろう。そしてまた、巨大な炎におおわれながら強靭な証人たちの証言が残った点も、それぞれの被災地に共通している。

ハンブルクの大空襲についての代表作としては、ドイツの作家H・E・ノサック（一九〇一―一七七）のルポルタージュ風の作品「滅亡」があり（岩波文庫『死神とのインタヴュー』所収）、ドレスデンをめぐっては米国の作家カート・ヴォネガット・ジュニアの『スローターハウス5』（ハヤカワ文庫SF）が名高い。

ノサックは戦前、共産党に入党しており、三三年にナチ政権が生まれると執筆停止処分をうけた。その後、父の貿易会社に「亡命」入社し、夜の時間を執筆活動にあてた。彼は大空襲によって家財も書きためた原稿も日記もすべて灰にされ、それと引き替えのようにしてこの作品を仕上げたのだった。

一方ヴォネガットは一九二二年、米インディアナ州生まれ。コーネル大学で生化学、シカゴ大学で人類学を学び、ゼネラル・エレクトリック社につとめた後、創作活動に入った。第二次大戦では一兵卒として従軍、ドイツ軍の捕虜となりドレスデンですごすうちに英米空軍の焼夷弾の雨を体験したのだった。ドイツ系米人四世として敵対するナチからは「兄弟、兄弟」と呼ばれ、味方の無差別爆弾にあうというとてつもない悲喜劇にまきこまれたのである。

彼にとってのドレスデンの災厄はあまりにも不条理なもので、ただ笑うしかないしろものに映った。人から当時の惨状をきかれてもヴォネガットは「覚えていない」としか答えない。あげく彼が創り出したのは、タイムマシーンによる過去・現在・未来への自在な旅という趣向をまじえた、多分にSF風な物語だった。そして文中のあちこちで「そういうものだ」ということばをくり返す。廃墟を前に口にできることばは、これしかないとでもいうように。

こうした表現のスタイルがリアリズムとは別に、いや時にはリアリズムにもまして、「語り継ぐ」力をもちうることは、もっと知っていていいような気がする。

では、空からの無差別大量殺戮という戦法は、いつ、だれの頭に芽ばえ、いかなる変転をたどって広島、長崎の空にいたったのか。

軍事評論家・前田哲男の『戦略爆撃の思想』（朝日新聞社、一九八八年）という本をひらくと、じつに思いがけない記述にぶつかる。そのルーツは「中国四川省・重慶に設けられた『抗日首都』に対する、日本海軍航空隊による、一九三九年から一九四一年にかけての『戦略爆撃』」にあるというではないか。

「『重慶爆撃』を推進させた原動力は、都市そのものを爆撃対象とみなした点において、また前線と統後、交戦者と非戦闘員の境界を取り払ってしまったことで、まぎれもなく『思想における核』の投下にほかならなかった」

前田はこう書いた後で、次のように言いきる。

「『この時期、この場所から』という意味において、重慶はスペイン・ゲルニカとともにヒロシマに先立つヒロシマとみなし得る」

東京の非戦闘員を業火のなかに追いやった悪の元凶をたどると、ついには同じ日本人の姿が浮かびあがるのだから、なんとも衝撃的だ。だが歴史の現実をみれば、被害性と加害性が背中合わせで存在するという例は少なくない。早い話が第二次大戦の初期、ナチスの相つぐ都市爆撃にさらされた英国がいったん勢力を盛り返せば、つぎは逆にハンブルク、ドレスデンが戦火の餌食にならざるをえないのである。

もっと身近な例もある。九三年三月九日付『朝日新聞』「声」欄に一通の投書がのった。それはこんな書き出しで始まる。

——一九四五年三月十日の大空襲は本紙に「B29、帝都市街地を盲爆」と報じられたが、それと同程度の扱いの記事は、「仏印を単独で防衛」という大見出しから続く、日本軍の久々の「快挙」である。

「仏印」は現在のベトナム、ラオス、カンボジアを含むインドシナをさす。ここは長らくフランスの植民地だったが、太平洋戦争開始より約一年前に日本軍が踏みこみ、フランスとの「共同管理」下に置いた。それを三月九日、日本軍は武力行使に出て、ついにこの地を単独制覇した、というのだ。この時期、ベトナム北部には大飢饉が起き、二百万以上の餓死者を出したといわれる（ベトナム民主共和国独立宣言）。

ほとんど同日同時刻に、同じ日本人が犯し犯されるという、あまりにも対照的な動きをみせたことをさし示す一文だ。投稿者は「東京都　早乙女勝元　作家60歳」とある。他ならぬ『東京大空襲』の著者である。

あの悲惨さ、この悲惨さを並べたてて戦争悪を相対化し、宿命化し、軽減しようとする試みは歴史の詐術にも等しい。だが、個人的にどれほど語り残したい話でも、個々バラバラの一過性のものでは急速に飽きられ、やがて立ち枯れてしまう。それでは証人たちの怒りや悲しみも、ひとり相撲のまま宙をさまようばかりだ。

戦争や爆撃は、地震や洪水などとはわけが違う。明らかに人為がはたらいて起こる結果なのだ。だれが、なぜ、どのように惨禍をもたらしたのかという普遍的な問いが欠かせないのはそのためだ。また、そうやって歴史をとらえなおすことではじめて、「今さら」となりがちな私たちの中にも先人の体験がしみわたるのではないか。

大沢きみ江さんをはじめとする証人たちの発言が貴重なものであればあるだけ、その場の感情の起伏だけで反応して終わりというわけにはいかない。といって、それをノサックやヴォネガットや、その他膨大な有名無名の人たちの声につなげ、全体を受けとめたうえで次の走者に伝える覚悟と力量がこの私たちにどれほどあるか。

大沢きみ江さんのことばは、こちらの知性と想像力のありようを、深いところで試しているように思える。

（二〇〇〇年三月十四日記）

「神の国」の真意 ――五月二十七日の文章教室から――

今日はタイムマシーンに乗って、昭和十八（一九四三）年の国民学校の教室に身をおいてみましょう。つまりみなさんは「小さいながらもお国のためにつくす少国民」というわけです。ではPさん、目の前の文章を読んでください。

〈軍艦マーチが、ラジオを通じて勇ましく鳴りひびき、大本営発表の〝大戦果〟にその都度胸をおどらせたのも、どうやら東京初空襲（昭和十七年四月十八日＝千本注）あたりまでだった。あとはまるで火が消えたみたいにさびしくなり、年が明けて一九四三（昭和十八）年をむかえたとたん、私たちの耳にとびこんできた最初の不安のタネは、日本軍のガダルカナル島からの「転進」だった。

ソロモン群島の拠点ガ島（戦後は〝餓島〟と書く人も登場した）は、アメリカ軍の上陸以来、敵の戦力をあまくみて、日本軍はつぎつぎと大兵力をガダルカナルに送りこんだがその大半は海上で沈められ、かろうじて、たどりついた部隊は、補給路を断ち切られ、骨と皮ばかりになって、ついに二月はじめ退却せざるをえなくなった。これを軍部は敗北ではなくて「転進」と発表したのである〉

今回の文章は早乙女勝元＊著『東京が燃えた日』（岩波ジュニア新書）からの抜粋です。初版の出版は一九七九年六月ですから、日本の首相を名乗る人物が「神の国」についてウロンな演説をおこない、教育勅語について珍解釈をふりまくはるか以前に書かれたものです。その点を頭に入れておいていただきたい。

さて昭和十八年初頭といえば「大東亜戦争」の火ぶたが切って落とされて一年余り、もはや緒戦の勝利また勝利といった勢いはない。どころか「転進」などという怪しげなことばが登場した。だが、正確な戦争情報から締め出された民草《たみぐさ》にはその意味がはっきりつかめない。大和魂を有する神国日本は負けることはない、というお上のご託宣をただ信ずる他ない。「忠良の臣民」は大方、こんなふうに考えていた。そんな背景のもとに次の一節が現れる。Qさん、読んでください。

〈もちろん私たちは、その実態を知るよしもなかったが、東京初空襲の大本営発表九機撃墜と同様に、それはへんだという声が、どこからともなく流れてきて、「転進」とは後退、敗退ではないか、と父が、またしても重々しい声でつぶやいた。

私は、その声を聞きのがさなかった。すでに大本営の発表は、東京初空襲から、ちょっぴり腑に落ちぬものになっている。またか、とはいわないけれど、転進また転進で、南の兵隊さんたちがみな、一人残らず、本土まで引きさがってきたらどうなることか。その疑問に納得いくように答えてくれる情報がないから、父の不安を頭から否定できないのだった〉

一介の勤労者である父のつぶやき。何も知らされなくとも民の嗅覚は鋭い。「私」もその低い声を聞きのがさない。転進また転進となったらどうなるかとは、きわめて理にかなった疑問だ。「私」は当時十歳、東京・下町の国民学校五年生である。この二人にきざした不安が、すぐさまはっきりした形になって現れる。そこをRさん、お願いします。

〈つぎのニュースを待ちのぞんでいる矢先、さらにまた追いうちをかけるようにしてやってきたのは、山本五十六《やまもといそろく》連合艦隊司令長官の戦死だった。山本五十六といったら、日本中だれ一人知らぬ者はいない。その名をきいただけで、道ばたの野良犬だって姿勢を正すかと思えるほどの存在で、いわば日本海軍のキラ星だったのである（A）。山本司令長官は「四月上旬前線ニオイテ全般作戦指導中敵ト交戦、飛行機上ニテ壮烈ナル戦死ヲ遂ゲタリ」と発表されたが、海の巨星ついに落つ——そんな感じで、私はもちろんのこと、学校中が粛然となった〉

山本長官戦死のニュースは、著者より三歳下のわたしもたしかに聞いた。「粛然」は記憶がないが、一日も早くルーズベルトやチャーチルをやっつけなくては、と幼い敵愾心を燃やしたことは忘れていない。ヤマモトイソロクといえばほんの一少年にとってもそれほどの英雄だったということかもしれない。著者はそれをAのように描く。比喩の鮮やかさにうなる。重苦しい空気とは裏腹の、一刷《ひとは》けのユーモアが光る。

では「学校中が粛然」とは具体的にどういう状態だったのか。その先をVさん、読んでください。

〈朝礼で全員黙禱のあと、壇上にのぼった男子級長総代が、右手の甲で涙をぶるんと振りはらいながら（B）、少国民の決意文を読みあげたのを、忘れることができない。「昭和の東郷（平八郎）とまでいわれ、全国民にしたわれた閣下の戦死は、断腸の思いとしかいいようがありません。憎んでも憎んであまりあるのは、敵鬼畜米英です（C）。でも、米英よ、よく聞け。連合艦隊司令長官には古賀峯一《こがみねいち》大将が、すでになられたぞ。見ておれ。おまえたちは、一人残らず地獄の底に落ちていく日が、きっとくる！（D）その日のためにこそ、ぼくたち少国民は、閣下のあとにつづいて、一日も早く、強いりっぱな軍人にならなくてはならないのです。ぼくたちの手で、この弔い合戦の火ぶたを切ることを、心から閣下にお誓いします」〉

Aとは対照的なのがBCDだ。Bはいかにも講談調の誇張表現、Cは決まり文句中の決まり文句、Dは内容空疎な大言壮語。こうした陳腐・空虚語群が一堂に集まると、その効果はどうか。どんなに形勢不利におちいろうと必勝の信念に生きなければならぬと教えこまれた者の、「思いこんだら命がけ」精神が随所に脈打つ仕組みだ。

では、こんな子どもにだれがした。また、この日を境に学校で何が起こったのか。Jさん、読んでみてください。

〈この日から、米英の二文字には、かならずケモノ偏をつけることになった。人間でなくて「鬼畜」なのだから、狲獏と書け、わかったか、と先生は自分から黒板に、その新文字を大書してみせた。

なぜ「鬼畜」かというと、日本は万世一系の現人神《あらひとがみ》をいただく神の国であり、現人神＝天皇陛下は、見かけは人間と変わりないが神様が心の中に宿っていらっしゃるのだから、天皇陛下の声はすなわち天の声、天の命令でおこなう戦争を「聖戦」という（E）。大東亜共栄圏を解放するまことのたたかいである。したがって、天皇国日本に、はむかってくる者は、鬼か牛みたいなもの。ケモノ偏をつけるにふさわしい（F）、というのである〉

ついに少国民を現場で製造する者が姿を現す。ケモノ偏のエピソードはなんとも奇っ怪で、にわかには信じがたいかもしれない。しかしこれが皇民教育の一環としてリッパに通用していたのだ。だがそれよりなにより、つべこべ聞いたふうな評語や解説を並べたてる前に、このようにまず事実を提示すること。それこそが証言としてこの上ない説得力、衝撃力をもつ。

さらにEFにじっと目をこらそう。日本で「神の国」とは、まさしくこのような文脈で使われたのだ。天皇は「万世一系の現人神」と教えられた。「聖戦」は「天の命令」でおこなわれた。だからそれに刃向かう者はケモノ偏にふさわしいと吹きこまれた……。わたし自身はこれほど高度な（?）話をされた覚えはない。だが当時五年生の著者の頭脳には、しっかりこう刻まれたのである。ひとたび「神の国」を口にしてこの時代の忌まわしい意識を引きずる者と批判され、「真意」はそんなところにはないと言い張った首相がいた。だが早乙女氏の記述は事実に即して明快に、右の一連のことばの真意を解き明かしている。

しかも、そこでいったん勢いづいた神がかりの狂信はとどまるところを知らない。Lさん、つぎをお願いします。

〈「おまえたち、神風を知っておるか?」

先生は、一息いれたあと、姿勢を正して一オクターブ声を高めた。

「弘安四年夏のこと、蒙古の大軍がわが国を侵略しようと攻めよせてきたとき、突如神風が猛然と吹き荒れて、敵艦隊を海のもくずにした。天上の神々は、神のみすえの、起立!」

一同ぱっといすから腰をあげて、直立不動となる。

「神のみすえの天皇陛下を、休め！　見放すはずがないのだ。鬼畜どもが、いま最良の臣民である山本元帥を奪い、さらに勢いを得て北上し、九十九里浜沿岸まで接近することがあったにしても、おまえたち、少しも心配することはないぞ。神風がついておる。いいかわかったか」

先生は神風を強調し、くりかえし念を押した。先生が本気でそう信じていたのかどうかは知らないが、私たちは、先生の確信に満ちた声に感動した。級友の一人は、涙にむせぶ声でさけんだ。

「先生、ぼくたち一人ひとりは、きっと神風になります。神風になって、山本元帥の仇討ちを……」

「ようし、その意気だ。その意気で突っ込め！」

拳をにぎりしめた先生は、空手の突きの姿勢で、さっとばかりに空を切って見せた〉

憑《つ》かれたように「神風」というキーワードがくり出される。「神」という厳《おごそ》か気《げ》にみえたものが「風」というエネルギーを得て一気に「突っこめ！」にまで突っこんでいく。当時の治者は先生の論法そのままに被治者を駆り立て、破滅に追いこんだのだった。これはその生きた縮図といえそうだ。

このあと著者は次のように冷静に書き加える。Zさん、最後の個所をお願いします。

〈（中略）神風とは要するに、神のみすえの天皇陛下と、神の国を守る兵隊のことなのだろう。四大節のたびごとに、校長がうやうやしく奉読する教育勅語にだって「一旦緩急《いったんかんきゅう》アレハ義勇公ニ奉シ」という一行がある。まさかという時がきたなら、義勇公に、つまり天皇と国のために命をささげろ、ということだ。それが日の丸教育の基本精神なのだった〉

天皇は「神のみすえ」だから、神以外のものではありえない。そういえば、その「神の国」を守る兵隊に「神兵《しんぺい》」の名をたてまつっていたのを思い出す。

教育勅語にはたしかに「……父母ニ孝ニ兄弟ニ友ニ夫婦相和シ朋友相信シ」と謳った個所もある。だが戦時下の当時、どこに最も力点が置かれていたかは右の一節を読んでも明らかだろう。私たちは少なくとも、どこを強調するかで白とも黒ともなりうる面妖《めんよう》な文章に一身をゆだねるべきではない。

こうして早乙女さんの文章は、何よりも人間が過去をうやむやにせず、きっちり記録し記憶することの大切さを伝えてくれる。権力者がその場の都合で、あることばの本来の意味をねじ曲げ、戦後の国会で失効を確認された文言を仮にも道徳規範として仰ごうとする試みを黙視すれば、私たちが今日ここで戦中を追体験した甲斐がなさすぎる。

歴史の事実を知ろうとせず、その改竄《かいざん》に走ろうとする者に、私たちは未来の切れっ端をも託すわけにはいかないのである。

（二〇〇〇年六月十九日記）

＊さおとめ・かつもと　一九三二年東京・下町生まれ。小学校高等科卒業後、働きながら独学をつづけ、作家となる。著書に『東京大空襲』（岩波新書）など。

事実へ　――ある受難と栄光――

真夏の午前四時すぎ。うつらうつらしていた身に枕もとのラジオのつぶやきが、しだいに意味をもった言葉として響き始めた。年かさとおぼしき男の声が、あらかたこんな話をしていた。

……そのころ、自分は日本の戦略物資の面から英米を敵にまわす恐れのある日独伊三国同盟を結ぶのは危険だと主張した。またドイツの石油ストックから独ソ戦の先行きを分析し、戦いはドイツに利あらずという結論を得た。だがこうした見解が軍の逆鱗にふれ、憲兵隊に逮捕されて丸三年獄中生活を送ることになった。それでも最後には自分の考え方の正しさが証明され、自分を獄に送りこんだ側の「信念」や「希望的観測」は雲散霧消した。

彼が語る「そのころ」とは一九三九年から四五年にかけて、つまり第二次世界大戦前夜から日本の敗戦までの時期をさしている。

「歴史の事実によって裏付けられる判断――それだけが正しい答えなんです」。この人が明朗に言い切ったとき、眠気はすでに消え去っていた。ＮＨＫの『ラジオ深夜便』という番組の最後に「グシマカネサブロウ」という名前を聞いた。それを糸口にこの人の思想の経路を改めてたどってみる気になったのである。

夜が明けて都立中央図書館に問い合わせると、たちどころに具島兼三郎氏の著書・編書十八冊を教えてくれた。『現代国際政治史――冷戦構造の発展と崩壊』『現代の植民地主義』『全面核戦争と広島・長崎』といった書名がずらりと並ぶ。戦後は九州大学教授、長崎大学学長などを歴任したレッキとした国際政治学者なのである。一九〇五年生まれだから二十世紀をまるごと生き抜いてきたことにもなる。こういう人について無知だったとは。ジャーナリストを名のるものとしてほんとうに恥ずかしい。

とまれここでは、彼の思想形成史を主題とした『どん底のたたかい――わたしの満鉄時代』（一九八〇年）と『奔流――わたしの歩いた道』（八一年、各九州大学出版会）をもとに彼・具島兼三郎の足どりを追ってみたい。

もとはといえば、樽づくり職人の息子である。家の一部が仕事場になっていて、職人たちが竹を割ったり材木を削ったり樽を運び出したりで、いつも家中がごった返していた。「頭を痛めて勉強なんかしてどうする。それより職人になって一生気楽に暮したほうがどれだけいいか」と言われて育った。

だが、小学校の先生の強い支持があって中学へ進学。いったん学費が途絶えかけたが同じ福岡市内の外科医の好意で学業を続け、旧制五高から九大法文学部に進む。入学にあたって彼はこの外科医夫人から、次のように言われた。「学問はただ月給を沢山とるためにするんじゃないのよ。……学問を身につける幸運を摑んだものは、身につけた学問を社会のために役立てなければならない。……いくら物知りになっても、その知識を死蔵しているだけなら、そんなものは意味がない」

具島氏は後年、獄中でこの言葉をかみしめ、心身の衰弱をハネ返すバネとするのである。

卒業後は九大法文学部助手を経て同志社大学法学部講師から助教授へと順当に歩みかけたが、昭和十年代に入るや学内で右翼勢力が力をもちはじめる。「同志社は反国体思想の巣窟だ」「天皇よりもキリストを上におく同志社はけしからん」といったデマや放言がはびこりだした。そうした中で、具島助教授も他の教官たちにまじってリベラルな「思想傾向」をとがめられ、「其職ヲ免ゼラレタシ」というビラまでまかれるようになった。折から具島氏は九大時代の恩師に満鉄調査部のポストを紹介され一九三七年、玄界灘を越えて大連に向かう決心をした。

満鉄《まんてつ》――南満州鉄道株式会社の略称である。手もとの辞書によると、こうある――一九〇六年から四五年まで存続した半官半民の国策会社。日露戦争で得た長春・旅順間の鉄道をはじめ、炭鉱などの付属事業も経営し、日本の満州支配に重要な役割をになった。

またその調査部については「一九〇七年に発足。中国・ソ連などの総合的調査・研究、満州国・華北の経済開発調査などを行なった」とある。つまり満鉄の頭脳にあたるシンクタンク（知的集約集団）であり、フィールドワークを重視する調査に特徴があった。

具島氏がそこで出会ったのは社内での活発な議論ぶり、「日本内地では想像もつかないような自由」であった。もちろん三一年の満州事変以後、日本全体がファシズム一色に包まれようとしているときにここだけが陽の当たる場所ではありえない。具島氏はこれを「檻の中の自由」と名づけるが、それでも自由度がゼロに近い国から来た身には得がたい思想環境に映った。さらに背後には「自然科学や人文科学、社会科学、哲学、宗教、芸術、歴史、語学などに関する世界中の単行本、雑誌、辞書、年鑑、それに世界中の主要な新聞」があった。

そこから生まれたのが彼の「物資戦略と外交政策」という論文である（調査部機関誌『満鉄調査月報』一九三九年十月号および四〇年一月号に発表）。

一九三七年、日独伊は防共協定を結んだが三九年に入るとソ連はドイツに接近、独ソ不可侵条約を結んでしまった。なにしろ社会主義国とそれとは対極にあると思われていたナチズムの国家とが手をにぎったのだ。世界中の知識層がショックを受けた。ドイツの態度を「防共協定違反」とみた日本政府の衝撃も大きかった。そこへ具島氏の「わが国の枢軸（親独、親伊）外交は一時の政治的必要に基づいたもので、物資戦略の当然の要求として生まれたものではない。独ソ不可侵条約で枢軸外交が崩壊したのも当然でこんな危なっかしい外交は好ましくない」とする論文が現れたのである。

しかも当時の枢軸外交推進の旗手は満鉄総裁・松岡洋右である。その配下である調査部員が「現在の貿易構成はそのままにしておいて、英米仏を敵に廻す恐れのある独伊との同盟を結ぶくらい、我国にとって危険なことはない」と論陣を張ったのだ。

とはいえ、この時期はまだ、具島氏の三国同盟批判を軍の参謀連中に説いてみようとすすめる上司がおり、それに応えて参謀のあいだを具島氏自身が説明して回る余地が残されていた。

具島氏はやがて新しい任務につく。のちに満鉄の三大調査の一つといわれた「支那抗戦力調査」の一員に組みこまれたのだ。調査員の一人として、後にゾルゲ事件に連座して刑死した尾崎秀実も加わっていた。

この調査の狙いは一九三七年以後、泥沼化した日中戦争を前にして中国側の抗戦力がどのくらいあるかを知ろうとすることにあった。なにしろ日本側からすれば南京、漢口、重慶と次々主要な都市を陥落させても中国側はあくまで抗戦態勢を捨てない。日本軍の兵站《へいたん》線の延び具合からみて奥地に退避する相手をどこまでも追い続けるわけにはいかない。では、どこで、どうこの戦争を収拾するか、日本側はその答えを求めていたのだ。

一九四〇年春、上海で行われた中間報告会で具島氏らは次のように指摘した。

――中国の抗戦に必要な武器はもちろん農村からは生まれない。だが外国からの援助がなければ抗戦できないかというと、そんなものではない。農村の生産関係を農民に有利なように改革し、それを守るために農民を動員する中国共産党式の方法がとられるならば、抗戦はいぜんとして可能である。

――今の状況からすると、中国に対する英米の援助の根を絶つことも容易でないし、抗戦の主導権が国民党から共産党に移りつつあるので、軍事的な手段によって一刀両断に事態の解決をもたらすことは期待できない。事態の収拾は政治的手段以外にない。

このとき具島氏は「百姓のおやじさんに軍服を着せたような感じ」の海軍士官に出会った。この「野暮ったい感じの人」が報告会後の座談会で、こんな意見を述べたのである。

「多くの日本人はアメリカを馬鹿にしている。それはアメリカを知らないからだ。自分はアメリカに留学していたからアメリカという国を知っている。海軍なんかキビキビしていて立派なものだ。彼らの生産力は日本人の想像力を絶するものがある。自分は軍人だから陛下の命令があればアメリカとも戦う。しかし最初の半年か、せいぜい一年ぐらいは暴れてみせるが、あとはもう自信がない。アメリカを敵にまわすなんて愚かなことだ」

具島氏はあとで、この士官が山本五十六であることを知らされる。後年、日米戦のさなか、ソロモン諸島のブーゲンビル島付近で自ら作戦指導中、搭乗機を撃墜されて戦死した連合艦隊司令長官その人である。山本はまた当時、三国同盟反対派の重鎮でもあった。

一方、一九三九年九月、ドイツのポーランド侵攻によって火ぶたが切られた第二次大戦は四〇年春、ヨーロッパで急展開をみせていた。ドイツ軍はデンマーク、ノルウェー侵入に勢いを得てベルギーを蹂躙、フランス・マジノ線を突破、六月にはイタリアが参戦、フランスの単独降伏といった大事件が相次いだ。

ドイツ軍は無敵だという空気がひろがり、ドイツとの同盟をもくろむ日本国内の枢軸派が再び頭をもたげた。フランスやオランダの本国がドイツ軍に占領され、仏領インドシナ（現ベトナム、ラオス、カンボジア）や蘭領インド（現インドネシア）の地位が弱体化したため、これを放置すればヒトラーの支配下にも入りかねないという予測が生まれ、今こそ独伊と組むべしという勢力が海軍にも台頭した。三国同盟に刃向かうものは国賊呼ばわりされるような情勢になったのである。

四〇年九月、日独伊三国軍事同盟が成立した。その中にこんな一項目があった。「三締約国中のいずれか一国が現にヨーロッパ戦争または日中紛争に参加していない一国によって攻撃されたときは、三国はあらゆる政治的、経済的、および軍事的方法により相互に援助することを約束する」（傍点・筆者）

傍点部分は明らかにアメリカをさしていた。「このようにして日本は、自らの破滅を招くアメリカとの戦争を自分自身の手で用意したのだった」と具島氏は記す。

翌四一年六月、ドイツは独ソ不可侵条約を捨てて突如、侵略しないと誓った相手のソ連に侵略戦争を仕掛けた。この条約に望みをかけていたソ連側の動員はおくれた。その分、勢いづいたドイツ軍は潮のようにソ連領の奥深く進撃した。「さすがドイツだ」という声が日本全土をおおった。そのとき具島氏は「国際問題の専門家」として満鉄重役会から質問を受けた。「ドイツ軍の攻撃が始まってフランスが降伏するまでにわずか四十日余。この調子だとソ連も二カ月もすりゃあ降伏するんじゃないかと思うが、君の考えはどうか」とのご下問である。「三十五歳になるかならぬかの若造」はこう答えた。

ソ連軍はフランス軍よりもはるかに装備が優秀なこと。今は動員が立ちおくれて敗けているが、動員が利いてくれれば戦線は漸次立ちなおってくるであろうということ。ドイツ軍は最初はどんなに勝っていても、石油のストックが貧弱だからソ連第一の油田地帯コーカサスのバクーを占領しないかぎりその勝利は確実でないこと。他方、ソ連はコーカサスの防衛に成功すれば今度は相手が弱ってくるから形勢逆転の可能性が出てくること。コーカサスはその地勢からいって守るに易く、攻めるに難いところだから、ドイツ軍の攻撃は困難をきわめるであろう。したがって独ソ戦が二カ月で終わるなどというのはとんでもない話で、戦争は必然的に長期化するに違いない。

重役たちは「ホホー、そんなものかねぇー」と言いつつ、割り切れない顔で聞いたが、おさまらないのはそれとはまるで違う判断をしていた参謀本部だった。

参謀本部は、四二年度にドイツ軍は北は北海のアルハンゲリスクから南はカスピ海のアストラハンを結ぶAA線まで進出すると想定していた。具島氏はこれについて、ドイツにはたしてこのような作戦を行えるだけの石油があるか、という疑問を抱く。彼が属する満鉄北方調査室の研究ではドイツ軍が東部戦線千五百キロの全線にわたって機械化部隊を動かすと仮定すると、当時ドイツがもっていると推定された石油では四カ月半しかもたないということになっていた。四カ月半でAA線までの進出はまず不可能である。だが参謀本部の計算ではゆうに九カ月はもつというのだ。そこで具島氏は参謀本部の計算書を調べた結果、満鉄のものに比べてはるかにズサンであることを発見する。

これが「一会社員の言うことなど聞く必要はない。そんな生意気なことを言う奴は追いかえせ」という参謀本部当局の憤激を買った。具島氏は「ドイツの石油危機と昭和十七年度における独ソ戦争の見通し」と題する一文を残してその場を去った。

一九四二年六月、ミッドウェー海戦の敗北を境に、日本は作戦の主導権をアメリカ側ににぎられる。以後、太平洋における日本側の旗色は急速に悪くなっていく。八月にはガダルカナルへのアメリカの反攻が始まる。そして九月十七日早朝、具島氏は憲兵隊に寝込みを襲われて同行を求められた。そのまま大連から奉天（現・瀋陽）の憲兵隊留置場へ。

取り調べらしい取り調べもないまま獄につながれ、孤独と不潔と一切のニュースからの遮断を強いられて約一年。四三年夏、新京（現・長春）の留置場にいた具島氏は、かつてひそかにロシア語を教えたことのある元監視役の憲兵からイタリアが降伏したことを聞かされる。そのときのことを彼はこう記す。

「わたしはまるで神にでも祈るときのように真理の前にぬかずきたくなった。それはうれしいとか、悲しいとかいう通りいっぺんの感情を通り越した厳粛な気持ちであった。というのも、もともとわたしが捕らえられて、こんな豚箱生活をはじめるようになったのも、独伊との同盟に反対したことが、その大きな原因となっていたが、その反対論の中で特にイタリアについてはその早期脱落の可能性について、ハッキリこれを指摘してきたからである。歴史はかねてわたしが憂慮していたことを、ハッキリ裏付けたのである。ひさしぶりに研究者としての幸福を味わった」

ニュースから隔離されたまま彼は、イタリアの降伏が戦局に及ぼす影響を考えはじめる。イタリア本国が降伏するくらいだから北アフリカ戦線はもうないだろう。中部地中海では連合軍の艦船が悠々と航海しているのに違いない。独ソ戦に派遣されたイタリア師団には大きな動揺が起こっていよう。イタリア師団がソ連に降伏したりドイツへの協力を拒否したりすれば独伊両軍の間に衝突が起こる可能性もあり、東部戦線におけるドイツ軍の立場が悪化することは避けられない……。

　四三年秋、具島氏は身柄を新京監獄の未決監に移された。そこでも飢餓、寒気、自説を固持することへの迷いにさいなまれる。そのとき監房の白壁の上に、たくさんの落書の中から意外な文字を発見する。「抗日到底」「打倒日本帝国主義」と並んで「監獄是革命家的休息所」の十文字だ。囚われの身となった中国共産党あるいは国民党員にすれば、ここは彼等の激しい革命生活の中でめったに許されることのない休息の場所であったのだ。具島氏の「からだは活力をとり戻し、弱りかけていた精神は建て直った」

　それだけではない。四四年正月早々、具島氏は弟が差し入れてくれた弁当をくるんだ古新聞でスターリングラード（現ボルゴグラード）でのドイツ軍大敗のニュースを目にしたのだ。新聞の日付は四三年一月二十五日。一年前の出来事だ。

　ドイツ軍がコーカサス作戦をやるには背後の安全を確保するためにロストフとスターリングラードはぜひとも押さえておかなければならない。その一つで負けたとあってはコーカサス作戦なんて思いもよらない。枯渇したドイツの石油ストックを補充する道は失われたといってよい……。

　イタリア降伏のニュースに接したとき同様、具島氏の脳裏にめまぐるしく世界地図が明滅し、一年後の今、局部的にドイツが勝利することはありえても、大局的にみれば、戦争はすでにドイツ側に不利になっているにちがいない、と推断を下す。そこから、太平洋方面での日本に対する締めつけも一段とひどくなっているのではないか、という類推までは、ほんのひとまたぎだった。

一九四五年のはじめから新京で裁判が始まった。途中で「歴史の説得力」によってか、裁判長が保釈出所の特典を認めてくれた。そして五月一日、ドイツが連合国に降伏する一週間前、具島氏は懲役二年の宣告を受けたが執行猶予ということで即日保釈となった。裁判長は関東軍憲兵の顔を立てつつ具島氏に実質的な自由を与えたのであった。

それに引きつづく日本の敗戦によって具島氏を処罰しようとした満州国は亡びた。日本でも治安維持法は廃止された。「わたしがそれに違反したとされた法律でさえも、その法律の方が間違っていたことが明らかにされたのです」。彼は身近な人にこう書き送った。こうして具島氏は名実ともに青天白日の身となった。

以後、具島氏は戦争と平和について考え、語り続ける知識人として後半生を歩みだす。周囲がいう「ジェットコースターのような人生」の上り坂に向かったといってもいい。だが彼の関心の基盤が「ファシズム」を離れることはなかった。

多幸なるべき青春を容赦もなくふみにじり空虚な英雄主義の鼓吹によって多くの青年たちをつぎからつぎに墓場に送り込んだものはだれであったか？

父を子から、子を父から、夫を妻から、青年を恋人から無慈悲にひきはなして、風のようにうばい去ったものはだれであったか？

おとなしく法律を守り、配給だけで生きようとすると、一日として生きてゆくことのできないおそろしい社会を呼び寄せたものは、だれであったか？

具島氏はこうした問いをたたみかけて、答えはたった一つ、「ファシズムである」という。彼の戦後の代表作の一つが『ファシズム』であるのは、いかにも合点がいく。

まどろみの中で、はしなくも得た恵みの記録である。

＊

（二〇〇〇年九月十二日記）

〈その他の参考資料〉＊伊藤武雄『満鉄に生きて』（勁草書房）

＊草柳大蔵『実録 満鉄調査部』上・下（朝日文庫）

土佐からの贈り物 ――「びっと」「へこい」「おかいす」たちのつぶやき

国の経済をあずかる人々が景気上昇を願ってあれこれ手を打ってはみるものの、思うような結果が出ない。そんなとき彼らは、こんなセリフをよく口にする。「国民の消費意欲がいまひとつ盛り上がらない」

それをきくと、つい悪たれをつきたくなる。もうぼくらはありあまるほどモノをもってるよ。これ以上そう簡単に消費とやらに血道をあげるとは思えない、と。

では、いまほしいものは、いったい何なのか。

私の手もとに一冊の本が送られてきた。『詩集「びっと」は"bit" 土佐方言の語彙をめぐって』（花神社）という長めの表題がついている。

送り主は著者の小松弘愛《ひろよし》さん。私より一歳年上の一九三四年生まれで元高校の国語の先生だ。八〇年に詩集『狂泉物語』でH氏賞を受けた詩人でもある。小松さんとは四半世紀ほど前に私が『朝日ジャーナル』の取材で高知を訪れたときに知り合った。そのとき五頁ほどの記事を書くのに小松さんはじめ何人かの先生たちのお世話になった。以来、時たま賀状が行き交うぐらいのつながりが、ぼつぼつ続いてきた。

この文章教室との関係でいえば、私の開講以来十五年余の間にたった一回、例文研究に詩を引用したことがある。その詩が、この小松さんの「一尾の魚」という作品だった。魅力ある散文の書き方を研究するはずのこの教室に、なぜ彼の詩が登場したのか。それを書くのが本稿の目的ではないから、興味のある方は拙著『「書く力」をつける本』(三笠書房)三章第三話をのぞいてみていただきたい。

前置きが長びいたが、要はこの小松さんから一冊の本を贈られたということだ。パラッと最初の頁をめくった。「びっと」という詩がある。

〈英語を習っていたとき/"bit"という単語はすぐに覚えた/土佐の「びっと」は「少し」/英語の"bit"も「少し」だったから〉

土佐語と英語が同音同義!　これだけならダジャレみたいなものだが、ここからの連想が図抜けている。

〈十年ほど前の調査によると/南アメリカ・ボリビア低地に残る/パカワラ語を話せる人は/成人男性と妻二人/未成年の子供五人で/たったの八人だったという*/つまり「びっと」になってしまったのだ〉

土佐在住の詩人の目は一気に数千里のかなたに飛んで、南米のちっちゃな言語に注がれる。あの広大な大陸ではどこへ行ってもあらかたスペイン語で用がたりる、という私たちの常識がある。それは「征服」というものの残酷な一面でもある。英語、フランス語、ロシア語、ドイツ語といった「主要言語」には、多かれ少なかれ「大」が「小」を蹴ちらした歴史がはりついている。そして私たちが、蹴ちらされた被征服の人々のことば──生き方──に思いをはせることはめったにない。「びっと」を母語とする人がまず思い浮かべたのはこの地球上で八人しか話さない、話せない言語があるという事実だった。

そのことが、私を激しく打った。書斎でひとり夕食を食らいながら肺腑《はいふ》をつかれた。しかも「八人だったという」の＊印をたどると、朝日選書『世界のことば』所収「南米インディオ諸語」、とあるではないか。じつはこの本は、私が企画して『朝日ジャーナル』に連載したものをまとめたものなのだ。その本にあとがきまで書きながら「パカワラ語」なんて忘れ果てていたのだから、なんとも救われない。とまれ、ここでこうした形で詩に織りこまれてよみがえった姿をみて、改めて目を見はった。

「びっと」は、つづく。

〈今／土佐湾に流れこむ／奈半利《なはり》川　安芸川　物部《ものべ》川　仁淀《によど》川　そして四万十川……／どの川をさかのぼっていっても／上流に住む人は「びっと」になり〉

川の民をいぶり出すように追い立てるものは何だろう。ダムだ、開発だと、いずれ換金・拝金、はては人間破壊をも屁とも思わぬ者たちの壮大なもくろみのせいではないのか。

〈土佐の方言も／パカワラ語のようになどと言えば／天が崩れ落ちはしまいかと心配した／

かの杞人《きひと》の憂いになるかもしれないが／土佐で育ったわたしは／「びっと」の行く末も気にかかる／英語の辞書を引くと／"bit"には／重要度を示す＊印が二つも付いているのに〉

ＩＴだ、国際化だとくれば、人は争って英語に殺到する。その一方で土佐語はデジタル世界になじまないとなれば、やがてパカワラ語の道をたどらないとだれが言いきれるか。外《と》つ国に杞人があれば土佐に足もとが崩れる予感におののく人が現れたところで、何の不思議があろう。

もう一つの詩「へこい」。

〈社会科の試験で／「コスイギン」と書くべきところに／「ヘコイギン」と答えた者がいたそうだ。
どうして／「コスイギン」が／「ヘコイギン」に？
共通語で「ずるい」ことを「こすい」と言う／土佐では／「ずるい」ことを「へこい」と言う／だから／「こすい」と「へこい」は同じで／「コスイギン」は「ヘコイギン」だ〉

コスイギンはソ連の政治家。一九六四年、フルシチョフに代わって首相となる。これは念のため。

題材は、職員室での採点風景から採ったエピソードだろう。「ずるい」は「こすい」。「こすい」は「へこい」。ゆえに「コスイギン」は「ヘコイギン」。ここまでは一見ありきたりな三段論法（！）である。だが――

〈待てよ／共通語の「こすい」は／文字どおり「狡《ずる》い」ということになろうが／土佐の「へこい」には／言うに言われぬところの／おかしみのようなものもあったはず〉

前記の論法は、こすいイコールずるい、ずるいイコールへこいという前提があって、はじめて成り立つ。だが詩人の語感と記憶では、ずるいイコールへこいという等式に違和感がぬぐえない、というのである。

〈子供のとき／仲のよかったアキラ君と／田舎では見たこともない饅頭が／お墓に供えられているのを見つけ／薄《すすき》の穂なんかが揺れる／日溜りになっている岸にもたれて／半分っこをしたけれど／うまく割れず　アキラ君に／あんこの多い方を取られてしまった。
「へこい！」とわたしは文句を言ったが／アキラ君は／決して「ずるい」少年ではなかった〉

何よりもまず「へこい！」がもつ愛敬のある響きが耳にこだまして、腹をかかえて笑ってしまった。それ自体、ユーモアの含有量がすこぶる高いのだ。理屈っぽく言えば、ごく原初的なすばしっこさや駆け引きや、力比べや知恵比べ――そういう場面で言ったり言われたりする精いっぱいの批評語、か。真剣かつ切実だが、一晩寝ればともにケロリと忘れ去るといった趣がある。「へこい」はあくまでも「日溜り」で発せられるのが似つかわしい。だからそう言った当人が、奴はずるい少年ではなかったと弁護せずにはいられない。

こんな日なた臭い友情にふれると、涙がこみあげてきて困る。

「へこい」の結びは、こうだ。

〈ともあれ／「コスイギン」を「ヘコイギン」と呼べば／わたしの心にも／日溜りのようなものができて／ソ連の歴史までも／すこし／明るくなってくるような感じになって。〉

「ソ連の歴史までも……明るくなってくるような」。かつての饅頭争いの敗者の中に、いまこんな光がさしこんでいる。読む者の中にも、陽炎がそっくりそのまま入りこむ。おかげで目の前の食卓はちと寒々としていても、腹の中がポカポカしてくる。

そうだ、答案に「ヘコイギン」と書きつけた、肝心な君！　君は答案で×をつけられたかわりに、詩人に途方もない霊感を与えたのだ。だれが見ても引き合わない。でも君は、こんなときこそ「へこい！」と言って笑っていればいい。「ヘコイギン」の並びない創造主として。

詩人も忘れかけていたことばに「おかいす」というのがあった。『高知県方言辞典』をひもとくと、

〈おかいす　女陰。（「御貝す」か。「す」は鼻のス（巣）、耳のス（巣）などの穴に当たるス）〉

とあるらしい。

〈なるほど／こういうことであったか／女の子たちが遊んでいて／何かの拍子に／白いパンツの奥がちらっと見えたりすると／男の子たちは／「いやぁ　おかいすが見えた」／などとはやしたてていたけれど〉

お・か・い・す。飯粒をのみこんで、入念に発音してみる。初対面でお初に口にしたことばだから、まっさらな外国語のようなものだ。ドキンとくるような生なましさは、まるでない。でも、土佐の小僧どもがやらかした悪さは、場所とことばこそ違え、わが身にも覚えがある。おっと、この詩は、そんなところが眼目ではない。「学校とは鞭をもって方言をたたき出す場所である」という生きた例として「おかいす」をあげているのだ。

〈国民学校／といわれていた小学校のとき／厚紙を切って作られた／汽車の切符大の紙片を／一人当たり二十枚ほど配られた／生徒どうし　方言を使うと／例えば／「おかいすが

……」などと言えば、聞きとがめた者に／切符を渡さなくてはならなかった／わたしは／たちまち自分の持ち分をなくしてしまい／それからは友達のことばに／狐のように耳を立てる少年となり〉

性の目覚めも恥じらいの芽も、なべて方言狩りの津波にのまれてしまう。そういえばこの時期、朝鮮半島では朝鮮語を話すことが卑しまれ、禁じられていたのではなかったか。かわりに、「内鮮一体」の旗の下に日本語が押しつけられていたはずである。

〈今　おもえば　あの切符は「方言札」と呼ばれるもの／たしかに／学校とは／「おかいす」にも鞭を振るう所だった。〉

大言語、共通語だけを善とする虚妄と傲慢さを当時、何人の人が指摘しただろう。それにまた今は今で、「グローバリゼーション」の波にのるにはこれしかないとばかりに、またぞろ大言語、共通語になびこうとしている。その事実を、「おかいす」は私たちに容赦なくつきつける。

びっともbitも少しも、どれも持ち合わせて生きたい。へこいもおかいすも、手放さずにいたい。でなければ征服と膨張を事《こと》とする言い回しがのさばり、欲望を刺激することばがしゃにむに製造され、濫費《らんぴ》されていくのではないか……。

わたしはこの一冊から、たえず自分を耕している人の力を感じた。大笑いしたり涙したりしながら読み終えてわき上がったのは、めったなことで使い捨てにできない類のことばと人に出食わしたという手ごたえである。

夕食後の冷めた茶をすすりながら、だんだんと「ほしいもの」の一端を見つけたような気になってきた。

（二〇〇〇年十二月十二日記）

2001
平成13年

大きな本

目の前に大きな本がドーンとある。Ｂ５判といえば新聞のほぼ四分の一の大きさだ。頁数は千三百六十四頁、二段横組み。片手だと、よっこらしょと思わず声が出るほどの重量をもつ。本、書類、電話・ファックス、インクつぼ、何だかんだを雑然と並べたわが机の残余空間にこれをひろげると、他の物品が入るすきは、ほとんどない。

本の存在感は、むろん、かさの大小によって決まるものではない。この本の意味合いについて、たとえばあのイーデス・ハンソンさんは、こんなふうに書いている。

「人権」という言葉がごく当たり前に使われるようになったが、「人権ってなんやねん」という問いに一言で答えることは難しい。……人間をきちんと守る社会を作るには、やみくもな情熱だけでは足りない。「人権」にも知識と情報の整理が大切な時代になっている。

そこでハンソンさんは、いろいろな立場の人々が「知識の土台を共有することでお互いの溝

織アムネスティ・インターナショナルの日本副理事長として発言している。彼女はここでは、人権を守る国際救援組を埋める」ことができるはず、とこの本に期待する。

本の名は『部落問題・人権事典』（部落解放・人権研究所編）。正式な誕生日にあたる発行日は二〇〇一年一月一日である。この本の前身『部落問題事典』が刊行されたのが一九八六年九月。その後十年ほどして、これを全面的に改訂して新しい事典づくりを目ざす動きが始まった。今回の「大きな本」はそれから四年半の編集作業を経て仕上がった成果である。

二千四百三十六項目を七百十二人の執筆者が解明しているだけあって、この『事典』の目配りはじつにひろく、かつこまかい。

とりあえず部落問題って何？　という人がいたら「部落問題」の項を引けばいい。「概括」「歴史的・社会的差別」「今日の部落問題」と分けて、簡潔・明快に書かれている。

見どころはそれ以上に、部落問題を軸にひろがる他の差別問題や人権問題、それに国際的な人権の流れ、世界の差別問題といったものが、きっちり扱われていることだ。すなわち差別意識、社会的排除、天皇制、家制度、といった基本項目に始まって、民族紛争、難民、外国人労働者など、さらには障害者・高齢者からセクシュアル・マイノリティの人権問題までが入ってくる。

ためしに「賤民」を引くとヨーロッパ、インド、中国、朝鮮、日本（古代、中世、近世）とあって比較追跡ができるようになっている。「穢《けが》れ」はとみれば歴史に始まり、民俗的観点、宗教的観点、文化人類学的観点、そして女性と穢れまで、丹念に光をあてている。

さらに地域性も強い部落問題で全国都道府県別の現状解説があり、だれもが無縁ではいられない現実をつきつけられる。かと思うと、人の目にふれやすい文学、映画、演劇、さらにはメディアのなかで差別問題がどのように現れ、どう受けとめられたかなども、ふんだんな事例をあげて書きこまれている。

まことにユニークな彩《いろど》りだ。それだけに類書がない。だがこれほどまでに多種多様な差別・被差別の渦が私たちを巻きこんできたのか、いや、今なお巻きこみつつあるのか、と思うと、改めて息をのむ。「人間の歴史は、差別の歴史であり、差別と闘う歴史であった」(村越末男・大阪市立大学名誉教授)という言葉にも実感がこもる。私たちにとって切実な問題を詰めこんだ一冊といわざるをえないユエンだ。

ところで辞書、事典の類は必要に応じて引くもの、という固定観念が少なからずあるようだ。だがもっと上手な活用法は、折にふれて開きたいところを開き、興のおもむくまま拾い読みすることではなかろうか。そこから言葉や問題そのものへの関心、親しみ、ひいては理解が育っていくはずだ。だからこの『事典』についても、本棚の肥やしになんかせず、日常の友としてじゃんじゃん付き合うことをおすすめする。少なくともあなたが、自分のこと、自分をとりまく社会環境のこと、その相互の関連といったことについて、息長くもまた深く考えようとするならば。

とはいえ、定価四万八千円+税——とくれば、やはりウッと息がつまるかもしれない。でも、相手は多面体としてのおもしろさを存分にそなえている。その存在も中身もろくに知らないでは、あまりにももったいない。せめて時々、図書館でのぞくぐらいの接触をはかってみてはいかがだろう。

それにまた、高い安いはあくまで比較の問題かもしれない。その証拠にＩＴ機器なら十万、十五万でも、「安くなった」なんて思えたりするではないか。
ちなみに私は、新品の万年筆を一本余分に買うつもりで大奮発したのだった。

（二〇〇一年三月十五日記）

サンカに出会った日

かつては備後十万石・水野藩の城下町、いまは日本鋼管とともに生きる瀬戸内中央部の町、広島県福山市。そこから、ざっと二十キロ北西に芦田川をさかのぼると府中市に入る。このすぐ北側から日本海にかけて中国山地の山なみが延々とつらなる。

五月一日、府中からさらに芦田川をのぼって小一時間、車を走らせる。午前五時、世羅《せら》郡甲山《ざんちょう》町の芦田川支流の上流にたどり着く。雨しきり。土手を吹き抜ける風が冷たい。二人の男がすでに、ゴム製のオーバーオールを着て、昨夕仕掛けたハエナワの釣針から川魚を引き揚げている。仕掛け場所にとくに目印はないが川や岸辺の様相を見定め、川底を足でさぐるとピタッとわかるらしい。

午前六時前に二人が土手に上がってくる。籠の中にはギギ、ナマズが勢いよくはねている。ウナギ連中にはみごと逃げられたようだ。それでも魚の姿をみて二人は白い歯をみせる。久しぶりに旧友に会ったような会心の笑みだ。

午前九時前、一行が府中市内に戻ると一人のおじいさんがこのギギ、ナマズをさばき、「炊《た》いて」（煮て）ご馳走してくれる。ただし「内臓は一番うまいところだから人には食わさん」のだそうだ。味噌汁の具はナマズである。

おじいさんは当年八十三歳の作田茂《さくだしげる》さん。かつては「サンカ（注1）」と呼ばれていた人々の一人だ。その茂さんの世代から川魚取りを学んだ作田晃《あきら》さんは五十九歳。この晃さんと茂さんの息子の清さん（四七）が早朝、川につかってかつての川魚漁を再現してくれたのだった。いずれもサンカ、あるいはサンカの流れをくむ人たちなのである。

その三人が食後の座談で、こもごも話す。

「真冬ン川へ身ィ一つで入ってみい、冷《つめ》ったいゆうもんじゃないど。じゃが、スッポンもえが、寝とるカメを足でまさぐるンが、おもしろかったよのう。川はええどォ」（茂さん）

「学校行ってもいじめられるか、差別されるかだ。小学校三年のとき給食費がなくなってドロボウあつかいされ学校がいやンなった。『山の者《もん》』がと同級生にいわれるとグッときた。そうなったらこっちは、あばれるほかない。そういうとき隣のおじさんに、川に行くかといわれた。すぐさまハイと答えた。学校に行かんですむし、魚をとって食べることで頭がいっぱいだった。ただただうれしかった。河原近くに天幕をはり、ときには橋の下や、灰小屋《はんごや》（注2）を借りて泊まって川をさかのぼっていった。そうやっておじさんから魚の移動の仕方を学び、魚をとる技術を会得した。おじさんには十歳ぐらいまでついて歩き、十七ぐらいから川漁をひとりで始めた」（晃さん。現在は尾道市の職員）

「私が小さいころは、父がとった川魚を母が町に行商に出て売りさばいていた。母はサンカボイト（ボイトはホイト。物乞いの意）といわれても、私には何のことかわからなかった。お前のおふくろの魚、買うてやったと友達にいわれると、もうやめてほしかった。それが十七、八歳までつづいた」（清さん。現在は部落解放運動に従事）

「うちらサンカは、被差別部落と隣り合って住んでいる。だがむこうは多数。仕事もまったく違う。だから部落の人からも一段低いものとみられる。その後、同じ被差別民いうことで解放運動に参加したが水平社宣言（注3）にある『吾々がエタである事を誇り得る時が来たのだ』いうことばが、ピンとこない。こちらはエタ（注4）やカワタ（注5）とは仕事も全然違うから誇りの持ちようがないんですわ」（清さん）

無知と偏見が差別を生む。こんなことはとうの昔にわかっているつもりでいた。だが作田茂さんたちの話にじかに接すると、私たちが彼らについてほとんど何の事実も知らぬまま、勝手にあこがれたり、自分本位の夢をふくらませていたことを思い知らされた。同時に、あこがれもまた、事実をゆがめることで差別を助長しかねないということを。

あこがれをもとにしたサンカのイメージとは、例えばこんな具合だ。

――サンカは俗界に出て人目に触れることを避け、まるで隠者のように山奥でひっそり暮らしていた。近代文明から見捨てられた棄民であり、通常の倫理・道徳は通用しない。その分、近現代社会の管理網にとりこまれず自由奔放に生きてきた……。

だが、そのすぐ裏側に、世間のおぞましい決めつけがはりついていたことも見落とすわけにはいかない。サンカは一所不住の流民であり、異能・異形の集団として、長らく「化外《けがい》の民」

視されてきた歴史がある。さらに生活に窮すると犯罪を犯すとみられ、彼らに近づくことすら恐れられてきた存在でもあったのだ。

だが、この対照的なサンカ観がどちらも、いかに思いこみの上に成り立った想念であるかは、作田さんたちのこんな話を聞いてみれば少しはわかるはずだ。

――ものは、なに一つ盗むないうて教えられてきた。子どもン頃、よその家にうまそうな梅の実ィ見つけて、どうしてもほしゅうなって、一つだけもいで帰ったら、親父にばれてボッコウ怒られたよの。「あった枝へくっつけて元どおりにしてけぇ」ゆうて。「信頼がのうなったら、どうするんなら」いうてのう。（茂さん）

また、川魚漁の漁業権にしても一八七〇年代（明治の始め）頃に取得し、百年近くも生業《なりわい》としてきた。「藩政時代も考えればもっと長いはず」というのは晃さん。先人からの聞き取り調査をもとにした発言である。晃さん自身、幼いころ、むかし交付された木製の大きな鑑札、すなわち漁業権を認めた許可証を見せてもらったこともあるそうだ。

さらにいえば、サンカは世俗から離れて超然としていたわけではない。里に来ては川魚はじめ自作の竹製品やシュロ箒《ぼうき》などを売って金銭を得、米などの食料品と交換して生活していた。だから清さんは、こう言うのだ。「差別が厳しい俗世間に入りこみ、技術と信頼というたった一つの武器を持って、人々を感心させ納得させていくほかに、彼らにとって里との関係のもちようはなかったはずだ」

それだけにまた、作家・三角寛の博士論文「サンカ社会の研究」（注6）に対する作田さんたちの批判・反発は強く、とりわけその中に登場する何葉もの女性の上半身あらわな写真については「あんなことは絶対にない」と強く否定した。「たしかにセブリ（野宿生活）のときに焼き石で風呂をわかしたりはしたが、サンカは他人に裸姿など見せやせん。完全なやらせだ」

ではなぜサンカをめぐる猟奇的、神秘的幻想がひろがったのか。それについて賤民史の比較研究を続けている沖浦和光・桃山学院大学名誉教授は、こんなふうに言っている。

――一九一一年に柳田國男が学術論稿『「イタカ」及び「サンカ」』を書くまで学問研究の対象として取り上げられることもなかった。それ以後九十年の間に発表されたサンカの歴史民俗学的研究もごくわずか。取材源がはっきりしていて信頼ができる資料は十指にみたない。

――これには理由がある。民俗史を編む場合に、もっとも重要な資料となるサンカ自身によって記録された内部資料が見当たらなかったのだ。やむをえずこれまでのサンカ論考のほとんどは、外部からの観察記録か間接的な聞きとりを素材にしていた。そのように研究の基礎となる資料が少ないので、どうしても限られた情報を根拠にいろいろ想像をめぐらせてサンカの社会像を構築することになってしまう。

――こうしてサンカは一方で原始的な自然人のようなユートピア感覚でみられ、他方では凶暴な犯罪予備軍の巣窟のように長らく語られてきたのだった。

しかしそのどちらもが誤りであることは、作田茂さんをはじめとする人々の話をたどれば、その一端なりともうかがえる気がする。このように歴史の闇に閉ざされた長い時期を経て、今まさに沖浦氏を中心に中国山地の裾野で、漂泊から定住へ移った人たちの聞き取りが進行している。私はその調査のほんの一部に触れる機会をもったにすぎない。これで一気にサンカをめぐる謬説がただされたとも思えず、彼らの歴史的な謎が解明されたなどという気もない。

だが、ただひとつハッキリしているのは、今回の小さな旅で私の中にあったサンカをめぐる漠たるイメージが作田茂さん、作田晃さん、作田清さん、藤岡健治さんといった固有名詞をもつ一人ひとりの人間に置きかわったという事実である。

今後さらにこれらの人々の話を虚心にきき、果敢な研究者の切り開く着実な調査と知見に力を得て、自らの中の差別意識とより鮮明に向き合っていきたい。

（二〇〇一年六月十二日記）

（注1）サンカ

現代まで定住することなく、山間水辺を漂泊する特殊民群の代表的なもの。ミツクリ・ミナホシ、オゲ、ポンなどともいう。西は九州から中国山脈、近畿中部から東は関東地方にも分布している。単純な生活様式で、セブリと称する仮小屋または天幕によって転々と移動し、男は泥亀・鰻などの川魚を捕らえて売り、女は笊《ざる》・籠・箕《み》などの竹細工をする。これらによって山農村と多少の交渉をもっている（柳田國男監修『民俗学辞典』東京堂出版、一九五一年）

（注2）灰小屋

人里の近くにあり、田畑の肥料となる草木灰を貯蔵する場所。

（注3）全国水平社宣言

一九二二年三月、京都市・岡崎公会堂での全国水平社創立大会で採択された日本最初の人権宣言。「全国に散在するわが特殊部落民よ団結せよ」に始まり、「人の世に熱あれ、人間に光あれ」で結ばれる（部落解放・人権研究所編『部落問題・人権事典』解放出版社、二〇〇一年）。

（注4）エタ（穢多）
中世および近世における賤民身分の称。非人とともに四民の下の民とされ、差別を受けてきた人たちの明治時代までの蔑称。

（注5）カワタ
革多、皮多とも記す。被差別民として皮革役を勤めさせられた人々。近世以降、卑賤視を含む「穢多《えた》」称に変えられていく（『部落問題・人権事典』）。

（注6）三角寛《みすみかん》（一九〇三～一九七一）は元朝日新聞記者。戦前、戦後を通じて山窩《さんか》小説の第一人者とされた。「山窩社会の研究」と題する論文で六二年四月、東洋大学から博士号を得た。

参考文献
①三角寛サンカ選集全七巻（現代書館）。特に第六巻『サンカ社会の研究』（解題・沖浦和光）
②沖浦和光『幻の漂泊民・サンカ』（文春文庫、二〇〇四年）

「大君」と「数字」と

その日も例によって日常のことにかまけていた。日常のこととは、仕事の別名である。早く仕上げたい翻訳がある。その作業が、私の目論見からすればだいぶ遅れている。

そこへひとこと、演出家のKさんから通信が届いた。「ぜひごらんください」。『千鳥ケ淵へ

どおりひとことだったのが、利《き》いたのかもしれない。

思うといかにも気が重い。だが「ぜひ……」のワンセンテンスに、心動くものがあった。文字

は「ヤ」の字と聞いただけでも胸焼けしそうなのに。どうせその「ヤ」の親戚筋だろう。そう

行きましたか』という朗読劇へのお誘いである。連日「ヤスクニ」論議に囲まれて、これ以上

「ドラマティック・リーディング」というものにはじめて接した。八十頁ほどの詩を、八人の女優が入れかわりたちかわり空《そら》で朗誦するのだ。場面や主題の変化に応じて隊列の組み方が変わり人数にも出入りはあるが、総じて動きは少なく八人がほとんど出ずっぱり。舞台の下手に座ったこれも女性が一人、ときに笛を吹き、たまに太鼓を鳴らす。そのほかに音響といえば雨の音、海の音。それに照明の多少の変化が加わるぐらいで、そっけないような舞台だ。ここでの大黒柱は、あくまでもことばにある。舞台ごしらえが簡素なぶん、選びぬかれたことばが、じかに客席に飛んでくる。

「千鳥ケ淵戦没者霊苑」の存在も知らぬ者はまず、ここの小ぢんまりした地下室の壺に「三十二万一千六百三十二体の　かつて人間だった骨」が押しこめられていることを知らされる。骨は北から南まで、戦域別に六室に分けられている。それは「『大君のために』強盗の戦争に出かけ／撃たれ　千切れ　飢え　病み／一片の骨となった」人々だという。

「いずれも氏名の判明しないもの」ときけば、とっさに無名戦士ということばが思い浮かぶ。だがたちまち論破されてしまう。「名がなければ／一枚の赤紙で狩られることもなかったろう」と。そしてさらに、こう続く。「大君にとって　国にとって／生きている間はなにがなんでも

必要で／骨になったら　名も求められない」。無名、などと、もう軽々しくは言うまい。

それにしても幕開き早々、「大君」が繰り返し現れる。異様、と思う間もなく、幼い日に刷りこまれ、今も記憶にある軍歌の一節が甦る。「わが大君に召されたる／命栄《は》えある朝ぼらけ／称えて送る一億の／歓呼の声に送られて／いざ征け兵《つわもの》　日本男児」。十五年戦争の間、「大君」は民草の意識の端々にまで影を落としていたのである。

こうして、舞台の上のことばと私の中のことばが呼応しはじめる。「千鳥ケ淵」の声が激しく、静かに、深く、ひろく、働きかけてくる。

「陸軍特別攻撃隊第五十一振武隊の／光山文博さん／あなたの骨はどこですか（略）／朝鮮慶昌南道に生まれた　あなたの／本名は何といったろう／あなたの骨が　この地下で／『天皇陛下御下賜の陶壺』に入れられていたら／あなたの歯がみする怨みが／ぞおっと聞こえてくる千鳥ケ淵」

「光山さん」は本名を絶たれたまま、あろうことか、彼を骨にした当の大君の「御下賜の陶壺」に入れられている！

まだある。墓苑内には大きな石の碑があり、天皇の歌が刻まれている。「くにのためいのちささげしひとびとの／ことをおもへばむねせまりくる」。天皇とはむろん昭和天皇、大君その人である。それ以外、「天皇の軍隊によって殺されたアジア・太平洋地域の非業の死者たちを悼む碑は今なおありませんでした」。この詩の原作者・石川逸子《いしかわいつこ》は、二十一世紀の最初の夏に、そう記している。

れっきとした国立墓地として昭和三十四年三月に誕生。ちなみに天皇の歌を書きつけた文字は、同じ一族につながる秩父宮妃殿下の手になるものの由。

朗読の底本『石川逸子詩集 千鳥ケ淵へ行きましたか』(花神社)の初版は一九八六年三月に刊行されている。それからこっち、私はこんな詩集があるのも知らなければ、「霊苑」に足を向けたこともない。この朗読劇もすでに七年続けてきたとか。いますべりこんだばかりの遅刻者の冷や汗は、まだ止まらない。

朗読を耳に呼びさましながら、『詩集』で全編をたどりなおす。舞台では七十分ばかりで朗読し終える詩に、おびただしい量の数字が盛られているのに改めておどろく。

「三十二万一千六百三十二体の骨が埋もれていた　地域の／呆れる　広さ」

「『大君のために』日本軍が殺し／餓死させた　アジア・太平洋地域のひとびと／推定千八百八十二万人／(人口三十一人に一人の割合で殺した)」

「(民間人は東京大空襲だけで十万人／沖縄で十五万人……皇軍に斬られたものもいる／広島で十四万人長崎で七万人……昭和二十年十二月までで／その他で二十万人／推定総数六十六万人)」

「(強制連行で／中国人　七千人／朝鮮人　不正確で五万人)」

「(広島で　朝鮮人約三万人／長崎で　朝鮮人一万人〜二万人)」

「中国人の死者は　軍人、ゲリラ、一般市民で／実に一千万人／朝鮮人　ごく少なめにみて二十万人／台湾人　不明」

「百万人　ハポンに殺されたフィリピン人の数だ」

「シンガポール・マレーシア人は五千人虐殺　数千人処刑／ベトナム人　餓死者が二百万人」
「殺されたビルマ人は　不正確で五万人（略）／ビルマとタイを結ぶ泰緬鉄道の工事に　枕木の数ほどのロームシャ／の死」

そしてガダルカナル。「その島で　二万三千の　日本兵が死んだ」。人々はそこで壺をこね、椰子の葉をふいた小屋に住んで、芋をつくりマンゴーの実をしゃぶって、ゆったりと暮らしていたというのに。これには、「なぜ　そこへ攻めていったろう／二万三千の白骨たち　よ」の二行が続く。

長い長い数字の行列の一部だ。数字はすなわち、「名がありながら名のなくなった」骨たちの固有名詞に代えて、詩人が書きこまずにはいられなかったものにちがいない。

小作農出身であれ学半ばであれ、兵士たちは「大君のおんために」異国の畑を荒らし、異国の畑で死なねばならなかった。だが大君は生き残った。死へ駆り立てた将軍も帰ってきた。彼らは天寿をまっとうし、「ベッドの上で　医師と家族に看とられて」死んだ。

詩人は〈彼〉に向けて書いた。「二度と還らない人たちのために／せめて　一片のうたではなく／僧となって彼らの後世を弔いつつ／隠れ住んでほしかった　あなたには」

〈彼〉はこれを聞きとったかどうか。もはや自身に確かめるすべもない。だが今も、〈彼〉に召された側に連なる人々なら、この訴えの響きを丸ごと掬いとれるはずだ。やがてわき起こるはずの、皇孫誕生のさんざめきがいかに周囲にたちこめようと。

歴史を凝視した詩人の目は、アジアの現在をも余さず見届けている。

「ガダルカナルでは　日本車が走りまわり／ホテルには日本料理店まであるそうです／日本にくるフィリピーナは一万人余／日本の男たちの下半身へのサーヴィスが仕事です／緑眩かったマレーシアの稲田には　巨大なヒタチの電子工場／白銀を滑走する日本の若者たちは　一日二千五百ウォン（八百円）で／韓国の娘たちが縫った　涙の滲むスキー用手袋を　なにげなく嵌め／私たちはさかんにバナナを食べています／空中散布の農薬に内臓を侵されながら／一日四十ペソ（五百四十円）で　ミンダナオの男たちが孜孜として／作らされているバナナです」

　そのすぐ先に「（白骨たちはコトリともしません）」と丸括弧つきで書かれている。私たちは死者の視線をも忘れるわけにはいかないのだ。

　とまれこれが、戦後のアジアに日本人がつくりだした〈日常〉である。〈過去〉をないがしろにしたまま つくりだした〈現実〉とはこういうものだ、と思い知らされる。しかも、少なからずこうした状況の「受益者」として生きる身であれば、私の〈日常〉とは無縁、と言いきることはできない。

　「ごらんください」という招きのことばは、知るべきほどのことは知れ、という端的な呼びかけだったのか。今は、そんなふうに感じとれる。

（二〇〇一年八月二十二日記）

月の裏側

九月十一日の〈あの事件〉以来、さまざまな動と反動が層をなし、膨大な言説が渦巻きはじめた。〈あれ〉をどう受け止めればいいのか。あまりの思いがけなさ、事柄の重大さに圧倒されてどうも自分の足もとが定まらない。

自国で惨事を招いた米国の反応は、総じてわかりやすい。「テロ」への驚き、恐れ、屈辱、そして「法と正義」を盾にした報復へ、とほぼ一本道である。その勢いに気押されるように、日本政府も「テロ撲滅全面支持」を打ち出している。とはいえこちらは、憲法との兼ね合いを無視できない。米国のいう「ならずもの国家」との距離感の違いもある。支持、支援といってもおのずから限度がある。だが米国のために「旗」をみせなければ、という勇み肌も見過ごしがたい。この期に及んで「後方支援」だの、後方の定義は、などといいだすのは平和ぼけもいいところ、という声も高まる。うっかりすると何もかも既成事実になぎ倒されて、とんでもないところまで流されかねない。

事件から一カ月余。この辺で未整理は未整理なりに同時代の鼓動をわが鼓動としてどう受けとめるか、自ら考える基盤をつくっておきたい。

ニューヨークに住む画家Kさんが十月五日付で日本の友人に書き送ってきた手紙には、こうあった。

——ワールドトレードセンターはこのアパートから南に三キロばかりのところにあり、朝な夕なに見上げていたビルがあとかたもなく崩れてしまったのはなんともいえない気持ちです。

——事件から二週間ほどはここにも煙が入ってきました。その煙も今まで嗅いだことのないニオイでした。それは六千人以上の火葬場になってしまった叫びのニオイか、ともかく忘れられないニオイでした。

——今こちらでは星条旗が悲しげにいたるところに立っています。平和なニューヨークに戻るのはいつの日のことかニャーと三ビキのねこに話しかけています。

たとえネコでも目の前にいれば、戦争や平和のことを話題にせざるをえない。そんな重苦しさが行間から立ちのぼる。

その一方で米軍の対アフガニスタン・タリバン武力攻撃は今日で九日目に入った（十月十五日現在）。昼夜をおかぬ空爆ぶりの一端をテレビ画面で見たが、文字どおり雨あられの爆弾投下だった。今回の「テロ」によって近現代史上、初めて米国本土が「敵」の直接攻撃を受け、蹂躙された。それだけに米国の衝撃と憤怒は底深いものがある。だが、それにしても——。

米国に敵視された側は、わずか一カ月足らずで本国に押し入られ、ハイテク兵器による炎と破壊にさらされている。米軍はアフガン上空の制空権を確保したという。だが当の敵陣営からは迎撃機の影すら見えない。対空砲火の音もたえて聞こえてこない。だれにも邪魔されず空を往来し狙いすまして攻撃できる優位さを制空権というなら、米軍は当初からそれをにぎっていたのではないか。

空爆を受けたアフガン被爆地がテレビに映ると、あっけなく土にもどった人の住み家が瓦礫となって散らばっている。世紀の摩天楼《スカイスクレーパー》の劇的なまでの廃墟に比べると、いかにもみすぼらしい。そこにいったい、破壊すべき何があったのだろう。

それにまだ、あのテロ容疑者の罪状を証拠だてる明快な説明も聞いた覚えがない。異議申し立ての声をあげる間も、いや、息つく暇も与えないといった空からの猛爆がつづく。同時に被爆地帯には同じ米国の支援物資の黄色い袋があたり一面をおおっている。「不滅の自由」と呼ばれる殺戮作戦と、無辜《むこ》の民衆を殺す気はないのだという「善意」を同時に見せつけられて、人ははたして何を感じるだろう。米国「十字軍」のほうは、そんなことを想像する段階はとっくに過ぎている。彼らは決まりどおりその両方をふりそそぎ、用事がすめばさっさと帰っていく。


事件直後の九月十五日、ジャーナリストの原寿雄氏が新聞紙上にこんなことを書いていた。「テレビを見ながらさまざまの思いに駆られた。まず、真珠湾、日本軍の特攻、ヒロシマ、そしてベトナム戦争の米軍北爆である」

いずれも戦争とはいえ、よその国に押し入り、多数の民間人の殺戮をほしいままにした実例である。

まだまだある。日本軍は中国大陸を銃剣と砲火で犯した。日本の「皇軍」はそれに抵抗する中国人を「匪賊《ひぞく》」と呼び、悪らつなテロリストとして処分した。日本人が忘れるわけにはいかない歴史的事実である。

他方、「東京大空襲」では米軍の無差別爆撃によって十万の都民が一夜で命を失った。そのほかにもナガサキ、オキナワ、オオサカと米軍の破壊力によって日本本土にうがたれた致命的な刻印はいまも消えてはいない。

またベトナム戦争で米国は敵対勢力を「ベトコン」（ベトナム共産主義者）と呼び、北の共産主義者であれ南の「民族解放戦線」のメンバーであれ区別なく死に至らしめた。その上ベトナム本土の自然と人間は「枯葉作戦」の洗礼まで受けた。このときの米国には、共産主義の悪を退治し、自由と民主主義を守るという大義名分があった。

思えば、米国に本土を侵された歴史と記憶をもつ国民は少なくないのである。

原氏は、こうも続けていた。

「70年、タイのウタバオ基地で取材した米軍乗組員たちは、迎撃の危険性が全くない高高度からの爆撃を日課として、陽気な毎日を過ごしていた。『絶対安全な戦争』の存在に深いショックを受けた」

「絶対安全な戦争」。徹頭徹尾、制空権を手中にしているいまのアフガン空爆とどこが違うというのか。「過剰報復」ということばが、いやでも浮かんでくる。

「絶対安全な戦争」は改めて私に、「贅沢な戦争」と呼ばれた出来事を思い起こさせた。

一九八二年六月、イスラエル軍は北の隣国・レバノンに侵攻した。イスラエルの目的はレバノン領からイスラエル北部ガリラヤ地方をおびやかす「パレスチナ・ゲリラ」を掃討し、国境線から四十キロ以北の安全を確保することにあった。イスラエルの兵力規模、兵器の質量とその破壊力は中東一を誇る。対してレバノンに拠点を置くＰＬＯ（パレスチナ解放機構）の軍事力は、シリアあるいはヨルダン軍の一個師団にも及ばない。

イスラエルが名づけた「ガリラヤ平和作戦」の戦火は、あっというまにベイルートまでひろがった。そしてその直後の九月、とんでもない事態が生じた。ベイルート南部のサブラ、シャティーラ両難民キャンプで一千人とも三千人ともいわれるパレスチナ人が殺害されたのである。キャンプにかくれているゲリラを狩り出すためというのが表向きの理由だったが老人、女性、子どもを問わぬ事実上の無差別虐殺だった。

イスラエルは、じっさいに手を下したのはレバノンのキリスト教右派の民兵であると発表したが、この地域はイスラエル軍の制圧下にあり、イスラエルの道義的責任を問う声が世界中にわき起こった。そのときのイスラエルの国防相は現在の首相、アリエル・シャロンその人だった。

思い出したのはこのことである。

この戦いの結果は、はじめからわかっていた。国全体が戦場になるのではないし、国民全体が戦うわけでもない。どっちみち自国に砲弾は飛んでこない。死の不安を感じるむきがあるとすれば、戦闘現場に送りこまれる要員だけだ。残りは観客席にすわってポップコーンを食べていればいい。自国のこの戦いを批判したイスラエルの作家が「贅沢な戦争」と呼んだ所以だ。

だが日本軍は中国の抗日勢を破りえたか。米国はベトナムで勝利しただろうか。イスラエルはパレスチナ人の抵抗を根絶できただろうか。どれもが目的を果たせなかったとすればなぜなのか。ここはひとつ深く考えてみる必要がある。

そういえば今回、米国からテロの首謀者と決めつけられた人物は「パレスチナに平和がみなぎるまで米国に平和はない」と宣言している。

一九四八年のイスラエル建国から五十年余、昨秋以来の血の衝突からでも一年余、パレスチナの地で続くユダヤ人とアラブ人の抗争の背景には、四次にわたる中東戦争や「贅沢な戦争」をはじめとして、反目と流血の歴史がつまっている。

米国の大がかりな軍事援助を手に、武器らしい武器ももたぬパレスチナ・アラブ人を蹴散らすユダヤ人の姿をみれば理不尽とも無慈悲とも映る。だがそれほどの亀裂の種をまいたのはだれか。またユダヤ人が西暦七〇年にローマ帝国によってこの地を追われ、世界中に四散し、ざっと二千年もの歳月を経て「帰還」せざるをえなかったのはなぜか。せめて「アウシュヴィッツ」に象徴される第二次大戦中のユダヤ人の深刻な体験ぐらいは想起しておきたい。大局的にみれば、ヨーロッパ・キリスト教社会がユダヤ文化・社会に加えた過酷な迫害の連続が、ついにはイスラエル国家の成立をうながしたという道筋である。その点を見落とすと、またぞろ欧米に根深く息づく反ユダヤ主義のうねりに呑みこまれかねない。

こうして二十世紀最大の被害者集団にみえたユダヤ人がパレスチナに根づくにつれ、先住民パレスチナ・アラブ人を追いやり、圧迫する加害者に転じていく。だからパレスチナ人はいう。ホロコーストの結果、ユダヤ人がパレスチナに彼ら自身の国家をつくり、それによって生活を根こそぎにされたわれわれこそが究極の被害者なのだ、と。そこでパレスチナ人は、パレスチナの地の返還を迫る。難民化した人々の郷土への帰還を求める。

ここから一つの土地をめぐる二つの民族の、のっぴきならぬ争いが始まる。パレスチナ人にパレスチナの土地の一部を返し、それによってパレスチナ人の国家を建設させ、和平を実現しようとする試みは、くり返しなされてきた。だが結果はさぐり合い、歩み寄り、離反、衝突の連続だった。どうすれば相互不信を氷解させることができるのか。その先にどんな和平を築くのか。何度も同じ問いが出され、さまざまな答えが用意され、しかも和解への行く手はいぜん不透明さにみちている。その間に、一方がゲリラ的「自爆テロ」を仕掛ければ、他方は正規軍による「暗殺」で応じるといった、むき出しの戦いが続く。その過程で自らの主張、希望を圧殺される側に自然、強い怨恨が残る。怨恨はさらに、イスラエルと緊密な関係にある超大国、米国にも向かわずにはいない。

パレスチナのそんな歴史的構図に、私たち日本人はどれだけ目を向けてきただろう。『アンネの日記』を読み、「アウシュヴィッツ」と聞いて、ユダヤ人の悲惨な運命に涙する日本人は少なくない。ヨーロッパのユダヤ人の悲劇を語って平和と正義の源泉にしようとする光景もまま見うける。だがもう一歩踏みこんで、「では、生きのびたユダヤ人は今どこで、何をしているのか」と問う人がどれだけいることか。舞台が欧米・キリスト教文化圏からパレスチナというアラブ・イスラム諸国に囲まれた第三世界の一角に移ると、とたんに「遠い国のわかりにくい出来事」として急速に関心を失ってしまう。

「ユダヤ人の国イスラエルは、私たち日本人にすれば、なんといっても月のように遠い国なのです」。かつて（九二年）私は、イスラエル占領地のガザでパレスチナ人の人権を守るために活動するパレスチナ人弁護士に、そう話したことがある。彼はそれを聞くと即座に答えた。「じゃあ、この占領地やそこに住む私たちのことは、さしずめ『月の裏側』（the other side of the moon）の話なのでしょうね」。月まではまだしも目がとどく。だがその裏側となったら視野にも入ってこない、といった意味合いだろう。

ちなみに彼の身分証明書の国籍欄には「無国籍」（nationless）と記してあった。これはむろん、彼一人のことではない。亡国の悲惨さを味わいつくし、わずか半世紀ほど前に国を再興した民族が、自らの国力を発動して先住の人々を無国籍状態においているのである。

圧倒的な靴底に踏みつけにされているという実感をもつ人々が、あの九月十一日、パレスチナの地でおずおずと歓声をあげ、Vサインをかかげてみせた。よろめいた巨人とその仲間たちはこれを見逃さなかった。これまでの経緯にはさしたる関心もみせなかった者たちが一斉に憤激した。他人の不幸に手をたたくとはなんたる無知蒙昧、無神経というわけだ。

だが今回の事件の「首謀者」は、弱小の民の無念さを熟知していた。パレスチナ人についてだけではない。西欧型近代化の波にのれず、貧と病と自然災害、争乱の淵に打ち捨てられた人々の境遇、心情に通じていた。彼はけっして開けてはならぬパンドラの箱を無残に開けてみせた。その事実は否定しようもない。しかしそれによって、またもう一つの「月の裏側」を私たちにつきつけた。それもまた、まぎれもない事実である。これによって私たちの前に突如、アフガニスタンという国と人々が生身の姿を現したのだ。こんなことでもなければ、私たちが金輪際、正面から向き合いそうもなかった存在が。

カラコルム山脈の西方、ヒンズークシ山系の「白きたおやかな峰」、七〇年代末から八〇年代末にかけてのソ連の侵攻と撤収、新世紀の初頭を騒がせた「イスラム原理主義者」たちによる巨大石仏像の破壊といった切れ切れの情報以外に、この「世界最貧国」の一つについて、私たちは何を知っていただろう。知ろうとしたといえるだろう。

それだけに、こんなことが起こるはるか前から、そのアフガニスタンに入り込み、そこの人々に丹念に接し続けていた日本人もいたと知ると、少しほっとする。たとえば中村哲さんという一九四六年福岡生まれのお医者さんだ。このところ彼が書いた本をあちこちひっくり返しては拾い読みしている。『ペシャワールにて　癩《らい》そしてアフガン難民』『医は国境を越えて』(以上、石風社)、『アフガニスタンの診療所から』(筑摩書房)の三冊である。

七八年、ヒンズークシ登山隊の一員として訪れたのがこの地との最初の出会いだというから、シュヴァイツァーのような「聖者」のおもむきはない。だが彼の場合、それを契機に数多のハンセン病患者をはじめ貧弱な医療環境にあえぐ人々を診つづけてきたのだから、いちいちの発言の厚味が違う。

「私たちにとっての『国際協力』とは、決して一方的に何かをしてあげることではなく、人びとと『ともに生きる』ことであり、それをとおして人間と自らをも問うものであります」

中村医師はおのれの基本姿勢をそう書きつけている。アフガン空爆が始まった直後、一時帰国しての講演会で中村さんは、カブール市内で飢餓の恐れがある人々にナンを配る活動を始めた、と述べた。また国会では参考人として自衛隊派遣は有害無実。医官派遣についても、あまり役立たないのではないか。言葉がわからず何が悲しいのか、何に怒っているのかわからなければ成り立たない、と言いきった。さらにテレビ・インタビューでは、米軍の食糧投下について「トラックで運べばいいんです。あそこではそのほうが早い」と言った。現地の人間の状況と地形を知り抜いた人のことばだけに、どれも腹にひびく。

とまれ「九月十一日」は、私を一瞬あぜんとさせ、むごいとうならせ、やがては「アフガニスタン」にまで引っぱってきた。むろんここでの「アフガニスタン」は、多くの「月の裏側」を束ねた集合名詞でもある。

人が人の生き方をしかと見とどけ、その訴えを聞きとろうとしなければ、いかに「文明」の名で装ってみても傲慢と怠惰、無知とひとりよがりにおちいる。人間同士の忍耐をこめたやりとりから相互認識と和平・和解への道が始まる。加害者はむろん、被害者にしても問答無用を前提とした手法・選択は、いかにも粗雑で危うい。

かつて一九二九年の大恐慌のさなか、米国を代表するジャーナリスト、ウォルター・リップマンは、これは人間の直面する最後の危機ではない、として次のように述べた。「世界はともかくも生きのびていくであろうし、さらなる危機も訪れてこよう。だが一喜一憂することなく、冷静に思索を重ね、はるかなる過去とはるかなる未来に目を向ける人間がいるかぎり、世界の将来に希望をつなぐことが出来るのである」（注1）

いまはそのように考えて中村さんの本に向かう。しばらく手がつかなかったイスラエル史の翻訳にもとりかかることにする。

（二〇〇一年十月十五日記）

（注1）ロナルド・スティール『現代史の目撃者　リップマンとアメリカの世紀』（上）（ティビーエス・ブリタニカ、浅野輔訳、一九八二年刊）

呼称の問題

「米同時多発テロ」という言い方が、すっかり定着したようにみえる。なにしろあの九月十一日以後、毎日のようにだれかが口にしていることばだ。そうなればわれもわれもとこの呼称に飛びついて怪しまなくなるのもむりからぬことか。そう思いかけていたところへ、ピリッと辛い山椒の実のような切れ味をもつコラムが現れた（注1）。

〈日本のマスコミでは……翌日から「米同時多発テロ」（The Simultaneous Terrorist Attacks in the United States）と呼称した。多分アメリカ報道のそのままの翻訳だろう〉

といった問題提起である。

コトは米国本土の心臓部で起こった。ましてあれだけの衝撃的な事件である。一瞬、米国人の驚愕と憤激がなまのまま飛びこんできてもおかしくはない。だがこの事件がはらむじつに多様な意味合いを考えると、ただただ彼らのことばをオウム返しにしているだけでいいものだろうか、という疑念もわいてくる。

現に、「直接的暴力だけでなく構造的暴力が存在している政治社会では、政治手段としてのテロリズムへの誘因が存在しがちである」という指摘もある（注2）。米大統領にならって「直接的暴力」をテロと難ずるだけでは、もう一つの現実である「構造的暴力が存在している政治社会」を見落とすことになるのではないか。

前記コラムの筆者、「亮」氏は、つづけて言う。

〈だがイスラーム世界では、友人の専門家に聴くかぎり、「テロ」という言葉は使用せず、

〝ニューヨーク事件〟〝九・一一事件〟と呼んでいるようだ〉

便宜上、口にしているつもりが、いつかことばの由来や冷静な判断を置き忘れて、それを唱える声の大きな勢力の尻馬にのっている、ということはままある。たとえばベトナム戦争のさなかに米国がふりまいた「ベトコン」という呼称だ。本来はベトナム共産主義者の意味だが、米国の政治・軍事介入に抵抗して自国の独立を目ざす非共産主義の民族主義者までがこの名称でひとくくりにされ、自由と正義に反する輩として扱われた。そうした事情に気づくまで、私たち日本人もなんと気軽にベトコン、ベトコンと連呼したことか。私たちの周囲にはびこる蔑称や差別語の類にも、多くこれと同様なことがいえそうな気がする。

それにまた、同じ事件や紛争でも、ものの見方、受けとり方の相違で呼称がまるで違ってしまうことも少なくない。いま九・一一事件と並行して、「自爆テロ」で改めて世界の耳目を集めるパレスチナに例をとってみる。

一つは一九四八年のイスラエル国家の成立を契機に起きたイスラエル対アラブ五カ国の戦争である。イスラエルからすれば、生まれたばかりの国が大敵を撃破して「イスラエルの地」に根をおろした輝かしい「独立戦争」となる。対して、足並みそろわず敗退したアラブ側、及び自らの生活の場を追い立てられたパレスチナ人は、これを「パレスチナ戦争」と呼ぶ。一方の「独立」は他方の「破局」だったのである。これを中立的表現では、第一次中東戦争という。

二つ目の例は一九六七年六月の第三次中東戦争である。このアラブ諸国とイスラエルの全面戦争はイスラエルの圧倒的な勝利と占領地の拡大に終わった。イスラエルの支配地はわずか六日間の戦いで、四倍以上にひろがった。イスラエルは意気揚々、これを「六日戦争」というが、アラブ側は「六月戦争」と即物的だ。

七三年十月の第四次中東戦争でアラブ側はイスラエルへの奇襲に成功、一時は「無敵イスラエル」の神話を葬った、とまで喧伝《けんでん》した。イスラエル側も反撃に転じ、互角の戦いにもちこんだが、自らに深い傷を残した。開戦日の十月六日はユダヤ暦の「贖罪の日《ヨム・キプール》」でユダヤ人の断食と祈りの日に当たっていた。またイスラム世界にすればこの年の十月は「断食月《ラマダン》」であった。したがってイスラエルはこの戦いを「ヨム・キプール戦争」、アラブ側は「ラマダン戦争」と呼ぶ。

戦争の呼称の相違はさらにアラブ、イスラエル双方の「テロ」の概念のへだたりにも及ぶ。パレスチナ人による「自爆テロ」とは、あくまでもイスラエル側の言い方だ。パレスチナ側にすれば「イスラエルの占領こそテロであり、それと戦うパレスチナ人の自爆攻撃はテロではない」となる（注3）。

どう見ても早稲田からみれば早慶戦、慶応側に行けば慶早戦といった、たわいない話ではない。たかが呼称とは侮れない、それぞれの歴史や文化、はては生死の様相がはりついているからである。だとすれば、対立する両者に目をこらし、両側のことばに耳をすまさなければならないはずだ。だが例によって先進国側の発言なり報道なりが優勢で、第三世界系のそれはかすみがちになる。前者はやがて、私たちの中に是非善悪の価値観をもはぐくんでいく。

そこであの山椒大のコラム子は言う。

〈この新しい時代は、覇権国家が、弱小国を支配、服従させて良しとする時代ではない。異文化、異文明の人々が、相手の存在を認めながら、対等な関係の中で、いかに共存してゆくべ

きか、その道を模索し見出してゆく努力をなさねばならない時代なのだ〉
こうして彼は、「排除」ではなく「協調」の大切さを説くのである。

マスメディアによる大局の事実報道なしに私たちが日々、合理的な判断を下すことはむずかしい。だがそれを鵜呑みにすれば、一条の光とともに多大な無知と無関心の闇を呑みこむことにもなりかねない。

「頒価一〇〇円」、掌に入りそうな小冊子の片隅から発せられた、小さからぬ警告である。

（二〇〇一年十二月十一日記）

（注1）月刊『機』二〇〇一年十一月号掲載「出版随想」（藤原書店刊）
（注2）世界大百科事典「テロリズム」の項（平凡社、一九八八年）
（注3）パレスチナ自治政府のアブ・ミデン法相発言（二〇〇一年十二月十一日付『毎日新聞』）

2002

平成14年

場外漂流

その日、日本がチュニジアと戦うのは知っていた。例のサッカーW杯の話である。一週間前の対ロシア戦前夜と同様、世の中全体が期待と予感に目をうるませ、熱っぽくなっている（気配が濃い）。あんまり愉快じゃない。どだい一辺倒は性に合わない。

午前中はコーヒーと新聞、それに高村薫の『晴子情歌』を読んだりして過ごす。午後からは入院中の母を見舞う。さて夜まで引きこもってひと仕事と行くか。知り合いの、物堅い会社の部長氏から、午後は自宅で日本の「歴史的一戦」をテレビ観戦するために仕事場を早引けするという話も聞いている。こういう時は島流し同然に、一切のサッカー情報から隔離されるのも悪くない……。

そんなことを考えながら歩いているうちに、どこでどう魔がさしたか、なじみのそば屋「長寿庵」に入りこんでいた。午後四時少し前だ。店内では当然のように日本－チュニジア戦が、神棚脇のテレビに映し出されている。0－0という小さな文字に素早く目を走らせ、瓶ビールを一本注文する。先客は初老の女性が一人、悠揚迫らずドンブリものにしがみついている。頭上のテレビなど眼中にない。あっぱれなほどの超俗ぶり。少々の反省をビールとオカキにまぜて、ぐいと飲みこむ。

ボールが両陣営のゴール近くまで行っては、はじき返され、日本－チュニジア間を何度も往復する。双方の攻も防も超一流となれば、この種の反復運動ぐらいは耐えねばならぬ、とビールのピッチを落とす。先客が去って、なぜかまた同じタイプの女性客が現れる。この人もむだのない動作でおかめそばを食べ終わると、そそくさと出て行く。見るとわが目の前にはビールもつまみもない。店内もガランとなっている。

調理場をあずかる長男も配達役の次男も、配膳担当の母君までが、ひとかたまりになって奥のテレビに見入っている。おやじさんはどこに消えたか姿がみえない。長寿庵勢と客席の私（一人）との間に完全に住み分けが生じた。これじゃ、うっかり注文もできない。

前半は0－0。ハーフタイムを見すまして、もりそばを一丁たのむ。子細らしく店内備品のスポーツ紙に目を通して後半にそなえる。一辺倒嫌いが聞いてあきれる、といった内心の声は、もう影も形もない。

そして2－0。ニッポンは勝った。「やった」とおばさんの声。私同様、さしてサッカーにくわしいとは思えない。ふだんは細くて小柄でつつましい人。その人の声音が心なしかはしゃいで聞こえる。こちらは思ったほどの感動はないが、負けてたら心が騒いでたろう、とは思う。「お勘定」とどなる。いそいそと出てきておばさんが言った。「よかったですね、勝って」。軽くうなずく。「ありがとうございます」という、彼女のいつものあいさつは、そのあと私が店を去るときまで自然、延期されたのだった。

その夜、友人から電話があった。昼間、友人は渋谷で映画を見ようと思い立った。多少、アマノジャクの気もある友人は、世間がサッカー一色なら映画館ではさぞかし閑古鳥が……と頃合いを見はからって出かけた。お目あての映画は『ノー・マンズ・ランド』。

「ボスニアとセルビアの中間地帯〈ノー・マンズ・ランド〉に取り残された、敵対する兵士二人の一触即発の駆け引きをユーモラスに描き、戦争の愚かさを浮き彫りにする」と評判の高い作品である。

ところが彼は渋谷に着いてみて天を仰いだ。駅前のハチ公前広場に始まってその先、人間が移動する空間を埋めつくした人の波と塊にニッチもサッチもいかない。「無人地帯《ノー・マンズ・ランド》」どころか人間の大津波を前にすごすご引き返さざるをえなかった。「これは想像を超えていた。近ごろときたら、まったく何が起こるかわからない」、と彼はぼやいた。

天邪鬼はこうして一つ賢くなるのか、それともヘソ曲り度が増すだけのことなのか。

何が起こるかわからない、というこのセリフ、これまたサッカーの渦の襲来とともに、いちはやく私たちの周辺にあふれだしていた。その典型例が、前回の覇者フランスが一次リーグで敗れ去った直後のものだ。司令塔ジダンが、名文句を吐いた。「これがサッカーだ。これが真実だ」。すると瞬時にこれを受けて、「よみうり寸評」（六月十二日付『読売』夕刊）が「ただ一つ確かなことは、確かなものは何もないということだ」という「ラテンの名言」を引いてみせた。この水際立ったことばの連係プレーには、うなった。

翌六月十三日、『スポーツニッポン』をのぞくと、今度は論理と激情と祈りのまじった熱血記事に思わず目がいった。前日のアルゼンチンの一次リーグ敗退についてのコラムである。なにしろ出だしからして「かくも残酷で、衝撃的で、痛ましい敗北があっただろうか」という身も世もあらぬ筆致なのだ。意外性の極致と鉢合わせしたらしい。

「これまで、W杯は国情不安の国に対して、他の国に見せない優しい顔を見せることが多かった。サッカーに勝ったところで、政治や経済が好転するはずもない。それでも、W杯での勝利は、確実に打ちひしがれた人々につかの間の夢を与えることができる。サッカーの神が、せめて自分にできることがあるならば、とちょっとした依怙贔屓《えこひいき》をしていたのがこれまでのW杯だった」

神の愛だの恩寵《おんちょう》だのといった手ぬるい表現はやめて「依怙贔屓」なんて内臓をひっつかむような言い方をとっさに選び取ったところがすごい。パンとサーカスに沸く群衆に投げかけるべき言葉を知り抜いたものの業《わざ》と感じ入る。が、ここで頭をたれるのは、まだ早い。次の一節を御覧あれ。

「いま、アルゼンチンの経済状態は壊滅的な状況にある。遠く南半球から、多くの人が日本に祈りを送っていた。それゆえ私は、今回の優勝国はアルゼンチンになるのではないかと考えていた。現実に疲れ、いまサッカーで追い打ちを受けた心境はいかばかりか。これほど痛ましい敗北を私は知らない」

冒頭のセンテンスがここで一つ完結する。多くの人が祈りを送っていた。それゆえこの国は優勝すると思っていた――いまどき、祈りがすべて、なんて大慈悲をこめた文章にはお目にかかったことがない。

Pity is akin to love. 可哀は可愛。そんな大昔耳にしたことばまでが甦る。とまれ、このひとかたならぬ感情量の噴出は、金子達仁という筆者名とともに強く印象に残った。

というわけで、世界のサッカーが現れたと思ったら、いっきに細胞の深部まで攻めこまれ、「ゴーール」を決められていた。が、これは私のごとき脆弱《ぜいじゃく》な変節漢だけではなかったようだ。おかげで、六月十六日日曜日の『毎日新聞』をみていて、思わずニンマリしたというかホッとしたというか……。

この日のコラム「時代の風」の筆者は山内昌之・東大教授である。山内氏は歴史学者、イスラム学者として中東・中央アジアをはじめとする国際情勢分析から日本の政治・外交をめぐる批判・提言にいたるまで毎回、存分に筆を揮っている。そういう人のエッセイのタイトルが、「W杯チケット問題にみる日本」ときた。

むろん眼目は、W杯チケット販売をめぐる不祥事と国際サッカー連盟に対する日本組織委員会の対応の鈍さを指摘することであり、同時にそれは瀋陽総領事館事件ともつながる外交力・政治力の「宿痾《しゅくあ》」である、と診断することにある。だがその山内氏も書き出しでは各国選手の「旺盛な敢闘精神」にふれ、そこに「一番学ぶべき点」を見出している。加えてこれは「国際関係における外交ゲームや民事紛争のあり方を考える点でも示唆を与えてくれる」と続ける。「サッカーに素人の立場」といいながらも、なかなかの肩の入れようだ。

つづいて書評欄へ。英文学者・富山太佳夫氏の『新英和大辞典 第六版』についての一文を、無心に読みだす。まず、これは二十年に一回しか新版が出ない。「さしずめ辞書の世界の大吟醸」と酒好きの方らしい愛着ぶりがしめされる。

「たしかにこの辞典は、英語を読んでいて分からない単語にでくわしたときに引いてみると、結構役に立つ。しかし私自身はそういう利用のしかたをしたことはあまりない。大体英語の文章を読んでいるときは忙しいのである。こんなデカい本とつきあっている暇はない。となると、『大英和』の出番はどうしても風呂上りとか、寝る前とかになってしまうのだが、そういう時間帯に開く『大英和』はまさしく絶品である」

惚れぼれするような口上だ。でもチクンと胸が痛む。なにせ当方は、いちいち辞書を引くのに忙しくて英語を読む間もない、という手合いなのだから。

その一方で「例えばdeadを引いてみると、いや実にいろいろな死に方があるもので、仰天してしまう」とある。他方では、「訳語を読むことによって日本語も豊かになる。これで一万八千円（税別）は信じがたいほど安いと言うべきだろう」ともある。絶品の絶品たるユエンだろう。学問の香りとはこんなものか、と陶然としかかる。と、そこへ思いもかけない一文が現れる――

「ワールドカップのこともこの一冊でそれなりに楽しめる」

おお、またしても「サの字」のお出ましである。

「FIFAの説明もあるし、PeléやBeckenbauerやMaradonaも載っている。人名辞典、百科辞典もかねているのだ」。大物はさすが目配りがこまかい。けっしてツボをはずさない。だが土壇場でもうひとつ驚き入ったのは、次のワンセンテンスである。

「もちろんオフサイドの説明もあるし、offside joke とはいわゆる下ネタであることもわかる」

啓蒙的情熱とサービス精神の同時発露か。富山先生、いよいよもって、ただのネズミじゃあない。

つまりはこうやってサッカーに、時流に、ニュースに漂いつづける身であることを思い知る。ならばせめて、「両辺倒」程度の平衡感覚を見失わずに、人民の海を泳ぎきりたいと夢見ている。

（二〇〇二年六月十七日記）

ヤエさんの話

このところ二十三、四歳年かさの女性と逢瀬を重ねている。この御方、春のころには少々体を損ね、二カ月の入院生活を経たものの、夏から秋にかけては復調ぶりが著しい。私と会っていても談論はつねに風発、食欲またすこぶる盛ん、加えて昼食に三時間ほどかけながらのよもやま話ともなれば次々あふれ出てくる。たとえば、こんなふうに。

〈あの大木の繁った、ほの暗い坂を下ったところにお寺があったでしょ、与楽寺《よらくじ》。そのすぐ前に元軍医のお医者様が住んでらした。実に無欲恬淡な方で、奥さんが看護婦がわりに一人いらっしゃるきり。奥さんはもう髪がうすくなられて頭のてっぺんに小さなまげを結ってらしたけど、とても品のいいかわいらしい方だった。わたしがおくすりをもらいに行くと、やさしくもたせてくださった。先生はご近所に住む芥川龍之介のかかりつけのお医者様でもあったのよ。その先生がちょっと離れたわが家にもみえて、「おミツさぁーん、元気かぁ」と言いながら、入ってこられたものよ〉

おミツさんは、この人の姉で、当時胸を病んで自宅で臥《ふ》していた。彼女は「私と違ってずいぶんと器量がよかった」が、十九歳で世を去っている。

当時、語り手が住んでいたのは東京・田端。JR山手線最北端の田端駅と、一つ南西よりの駒込駅にはさまれた、山手線の内側一帯が在所であった。このあたり、大正の初め頃まではその名のとおり田園地帯で、この人の実家も元をただせば農家である。東京市内に送り出す近郊農業のホウレンソウづくりに励み、財をなした。その田畑を見下ろす高台には芥川、室生犀星といった文人墨客やら陶芸家の板谷波山《いたやはざん》をはじめとする芸術家連やらが居をかまえていた。後年、田端文士村と呼ばれる所以である。

板谷波山といえば、この人、こんな話をしてくれる。

〈奥さんがおたまさんといって、とても威勢のいい方だった。若き日の波山先生といっしょにレンガを運んじゃあ、焼き物の窯《かま》を築いたのよ。そのくらいだからご主人が作品についてあれこれ考えあぐんでいらっしゃると大声で叱咤《しった》なさる。その声が周囲にひびいたというわ〉

いずれも大正の半ば以降ぐらいの話のようだ。とすれば語り手は十歳を少し出た程度。ふだん噂を聞いていて、家のある低地から坂の上の窯のある家の脇を通った折など、ふとそんな声も耳にとめた気がしたのかもしれない。後の文化勲章受章者をめぐる落語の長屋ばなしめいたエピソードをきくと、波山先生がいっそ親しげな人物にみえてくる。

そこでこちらが口をはさむ。

その波山さんの長男・菊男氏は、奇しくも私の高校時代の国語の先生でした。父親譲りの端正な容姿、加えてこれまた飄々たる超俗の士として終生、悪童を相手に『徒然草』などを講じられたもんです。一方で茶目っ気が強く「この文章は百点満点で五万点」など独特の文学鑑賞(?)で教室をわかせた。かと思うと黒板に王朝風のしどけない女性像などを一息に描いてみせ——もちろん古文解釈の一助として——、並みいる小童《こわっぱ》どもの度胆を抜いたりもしました……。

私の前の人はこんな話をじっと聞いていて、ぽつりという。「あそこ(板谷家)のお子さんは、みなさん花の名前をお持ちのはずよ」

調べてみると菊男氏の弟御は松樹氏という名で、長らく東京工業大学機械工学科の水力工学の教授を務めておられた。「花」ではないが「菊」に「松」、当たらずといえども遠からずとはいえそうだ。

私より二十三、四年上、つまりはこの女性、ただいま九十歳の真っ盛りを迎えているということになる。生まれたのは明治もどん詰まりの四十五年、西暦に換算すれば一九一二年、彼《か》のタイタニック号沈没の年にあたる。この人が結婚した昭和九(一九三四)年には、まだこの社会に「御一新」以前の身分意識が強く根を張っていた。お定まりの嫁・姑関係だけではない。

百姓系の家から学者系の家に嫁いだこの人は、これまた漢学者の家の出の姑から何かと軽んじられ、疎んじられたようだ。それが「ヤエ、ヤエ（注1）」と姑がこの人に信を置くようになったのは、姑が七十を過ぎてガンの病を得てからだった。

「食べられない。どうやったって便が出ない。肛門からかき出すようにしても容易じゃない。秘結《ひけつ》という症状になるのよ」

とヤエさんは話す。姑のおチョウさんが入院していたのは三階で、当時はエレベーターなどない。看病で階段を何度も上り下りしているうちに、ヤエさんは流産までしてしまった。「律義、忠実、小まめ」のかぎりをつくし、ヤエさんはやっとおチョウさんから一丁前の人間扱いを受けるようになったという。

聞きようによっては鼻の曲るような差別臭に彩られた話だ。だが目の前で人が苦しんでいるとだれであれ、経緯は何であれ放っておけなくなる。そういう「抜けたところ」があるせいか、ヤエさんはこのおチョウさんを皮切りに親類縁者から隣人、知人まで数多の病床に身軽にはべり、その最期を看取ってきた。半面、短軀で小太り、弾むような健康体が看板のヤエさんが、人に面倒をみてもらったことはめったにない。そのまれな例は、戦後も間なしの一九四五年十月、満州・奉天（現・中国東北部の瀋陽）で長女を出産したときだ。

〈あのときはソ連の赤軍がソ満国境を越えて奉天にも駐留していた混乱期。夜は電気もこず、あたりは真っ暗闇だった。その中であの子を生んだのよ。ところがヘソの緒が首にからんでか、赤ん坊は出てきてもウンともスンともいわないの。そばに付いていてくれたTさんの奥さんがとっさにヘソの緒を切って、あの子を逆さに吊るしたの。そうしといて手近のヤカンの水を赤

ん坊にかけたのよ。そうしたらあの子が泣いたんだ。ギャーッてね。あの子はそれで生きたのよ〉

ヤエさんの夫はそのとき、大勢の男たちといっしょにソ連当局に呼び出され長いこと帰ってきていなかった。やがて生まれたばかりの女の子に命名することとなり、不在の父親に代わって十歳の長男がその役を担った。長男はただひたすら明るさを願って（だろう）、「太陽の陽」をとり陽子と名づけた。ヤエさんはいま、この「陽子」のもとに身を寄せて、その陽射《ひざ》しの中で老後のときを送っている。

このヤエさんに暑さ寒さのあいさつをしても、「何でもないわ」とケロリとしているから、張り合いがないことおびただしい。が、それにはそれの理由がある。

戦後、夫を病で失い、二児を遺されたかつての「奥様」は、とにもかくにも日々の生計《たずき》に追いまくられることになった。つい最近のヤエさんの詠草にも「なりふりも省みず来しすぎゆきし子らにかまけて過去となりゆく」というのがある。他家の「お手伝いさん」に行く。保険の外交員として足を棒にする。社員食堂の調理場での労働もあった。敗戦直後の満州ではソ連兵の衣服の洗たくを引き受けて酷寒の中を小走りに届けたこともある。彼女の労働現場は摂氏四十度から零下二十度ぐらいまでの幅の中にあった。「だから、たいていの暑さ寒さは、もうこたえないの」となる。

その不死身のヤエさんがこの春、外出中に転倒、その場から救急病院にかつぎこまれた。

「短歌の会を終え、オムライスを食べて帰ろうと横断歩道をわたっていると、ちょうど逢魔《おうま》が時でもあって足もとがおぼつかなくなったんだね」

ここでヤエさんは骨折した左手首と新たに見つかった良性の脳腫瘍について二つの手術を受けた。全身麻酔は必須だった。さすがにそれが身にこたえたのか、彼女は術後しばらく言語障害に襲われた。見舞っても「ああ」とか「うう」とかいう声しか出ないのである。それがやがて、「わかる?」ときくと、うなずくようになった。とある日、私の顔をみて「ケンイチロウ!」と大声を出したのだ。これを境にヤエさんは復活への道をたどり始めた。

ヤエさんは退院後、火曜日と土曜日の昼間、近くの介護老人福祉施設のデイサービスセンターで送り迎えつきの老人方のつどいに加わり、「つつがなく悠々と」過ごしている。彼女は近頃、ここでの体験をこんなふうに書き送ってきてくれた。

——昨日火曜日から敬老週間に入りまして八十歳以上の方々には昼食に略式の松花堂食事が各々運ばれて、室内には上座の頭上に女子職員方による手づくりの紙の大輪の紅花をかざり祝意をあらわし、帰りには私共へお土産の花輪を下さるなど、施設の方々の優しい好意を見せて賑やかにすごして来ました。

——この日のレクリエーションは約一時間、カラオケ、独唱、ハーモニカ吹奏など。〆めくくりは三百六十五歩のマーチを総員で合唱し三時のお茶にゼリーをひとついただきかいさんでした。

——この場所には百二歳の書道の先生が万歳の声に囲まれて皆さまに涙ぐましい声をはりあげたのが印象的でした。重度障害者で何も反応のない方も来駕なさる場所で軽度の私にはとてもよい経験でした。

周囲の状況および周囲と自分との関係をしっかり見てとって書いている。おまけにまた、

盆まつり太鼓の音の賑やかさ老人達の列に分け入りたのしみ分かつ

という、少し前につくった「腰折れ歌」まで付けてある。

この同じ人が入院中に「アルツハイマー痴呆」と診断されたなどとは、ちょっと信じがたい。もうひとつ、読む力のほうも、そうそう落ちてはいないようだ。その証拠に、私が送った安岡章太郎著『果てもない道中記』という文庫本で上下二冊、各四百頁強の長大なエッセーにも、たじろぐ気配はない。ただし「視力が落ちたことはいなめませんので万々御諒承下さいませ。122ページまではくまなくたしかに読ませて頂きました」といったあんばいではある。

それでも前記『――道中記』の主題をなす『大菩薩峠』について、彼女はこんな感想をもらしている。

――剣の家に生まれた机龍之助の人となりは私の小学校に行く頃に映画で大河内伝次郎、入江たか子のコンビで日活映画作品で呼び声またたかく、大震災の復興も目ざましく、映画もトーキに入る前の宣伝も賑やかでした。年輪も行かぬ子供でした私どもには親のかん視がひかり、林長二郎（注2）の写真も知らずでした。

この人はまた、当文章教室の文集、作品集についても韋編三絶《いへんさんぜつ》。そのたびに、あの方のものは心に残る、だの、この方はお気の毒に亡くなったのね、だの、折にふれて感想をもらすから、なかなかもって油断がならない。ちなみに私の書いたものについては、「何やらむずかしげで、なかなか理解しにくいわね」とことばをにごすことが多い。

そんなある日、ヤエさんを震撼させる出来事が起こった。突如、目に激しい不調を感じたのである。
遠のきし読書に執し急性の血膜炎症状に心うろとう目がイノチ、と思っていただけに、ヤエさんのうろたえは、ひととおりではなかった。彼女の身の震えは、すぐさま私にも伝染した。ところが間もなく、
眼科医の見立てよろしく週日を経て全快のお声いただくとなって、とりあえず暗雲は去った。

ヤエさんと会っていると、老人といっても心身の衰弱、すなわち老いに向かってひた走るばかりではない、と思えてくる。老いの形も人の数だけあるようだ。私のせまい見聞でも土俵際の危機を徳俵でこらえ逆に中央に寄りもどす、といった図があれこれ思い浮かぶ。こういう人と接しているかぎり、七十代を前にしたぐらいで、うかうか老残に甘んじるわけにはいかないという気になる。この人とおしゃべりしたあとは、ちょっとした精神の新陳代謝を感じるぐらいのものだ。
とつおいつ考えながら、またまたヤエさんとの出会いに、いそいそと出かけるのである。

(二〇〇二年九月十七日記)

(注1) ヤエ＝千本八重。筆者の母。
(注2) 後の長谷川一夫(俳優)。

2003

平成15年

「よろしいもの」へ

正月に新聞で、対談とか座談会とかいうものを読み散らした。こちらの緊張感が欠けているせいか、発言者の油が切れかかっているからか、目がさめるようなのが出てこない。たとえば六十代の女性作家と七十代の元大学教授が「重苦しい空気」「大変な時代」をどう乗り切るかといった「会話」をかわす（注1）。

クダンの先生がいう。「これからの時代、決まった路線で、型通りにはいかん。変なことがおきて、面白いと思えるかどうか。それが境目みたいなかんじやね」

作家はこう応じる。「（若い人は）一人で何もしないでいることができないのね。……昔の日本人って割合、じっとしてたでしょ？　……じっとしていられる強さは、きっと我々の中にあったと思うのね」

エッセンスがこれだ。いずれも既視感がつきまとって、さっそうとした息吹がない。

かと思うと「現代不惑考」と銘打ち、「四十歳これでいいの…かな」という思わせぶりな見出しつきの座談会がある（注2）。出席者は、もうじき四十歳になる作家、昨年四十歳になった女性キャスターと評論家、つまりは、いまを盛りの人々だ。だが話の中身は、どうもいまひとつピリッとしない。

ものごころついた一九七〇年代の世相回顧がまず一本の柱。小学校一年生のときのアポロ11号月面着陸と翌年の大阪万博の影響は大きい。学校では二十一世紀の絵をよく書かされた。長嶋茂雄の最後の首位打者と、大鵬の最後の優勝に間に合った世代……といった話題が延々続く。

もう一つは「アタック№1」やら「仮面ライダー」やらのテレビ番組にひたったお話。あげく「オタク第一世代」「アニメ第一世代」「オーディション世代」とやたら自己規定にいそがしい。中学校の同窓会なみのノリで、とても活字にして世間に供するようなシロモノではない。「これでいいのかな」という感慨もわかぬ。

と、いささかくさくさしていたところで出くわしたのが吉行あぐり、新藤兼人ご両人の対談である（二〇〇三年一月六日付『朝日新聞』夕刊）。

吉行さんは現役の美容師で九十五歳。いわずとしれた淳之介（故人）と理恵という二人の芥川賞作家と長女の俳優・和子の母親だ。対する新藤さんは昨秋、文化勲章を受けた映画監督で、この夏には最新作「ふくろう」を公開予定とか。九十歳にして現在進行形の日々を送る。ついでに申せば私のごく身近にも卒寿の媼《おうな》がいるせいか「キュウジュウ」と聞いただけで色めきたつところがある。

そんなこんなで読みだした、新聞ほぼ一面大の長尺ものだったが、そのやりとりの弾みぐあい、それぞれのつぶやきにこもる真実味に、ほとほと舌を巻いたのである。お二方の生き方にあやかって、ここはゆるり、再読味読をこころみたい。

新藤　最近、年上の方とはお話していなくて。
吉行　街を歩いていても、私が一番年寄りだろうと思ってますよ。
新藤　私の師匠の溝口健二監督は五十八歳、小津安二郎監督は六十歳で亡くなった。溝口先生なんか、当時、おじいさんのように見えたものですが、僕はそれから三十年も長生きし、九十歳になってしまった。

現状をめぐるさりげない紹介と自己認識。これで、すっと話に溶けこめる。

吉行　散歩がお好きだそうですね。今朝も？
新藤　近くの公園で。でも、そんなに楽しくはない。医者にいわれて、仕方なくやっている。
吉行　私も最初は歩数計をもって一生懸命歩いたけれど、それはつまらない。今は花を見ながら、ぶらぶらと。
新藤　僕のは不愉快な散歩なんです。
吉行　いずれ楽しみをお見つけになりますよ。まだお若いから。

新藤さんの「仕方なく」「不愉快な」が生きている。そう時間は残っちゃいない。自分から望んですることだけをしていたい。でも望んだことをするには、まず体が動かなければ。で、医者の指示に従う。必要悪としての散歩。そしてもろもろの必要悪との闘い。とてもよくわかる。それにしても吉行さんの「まだお若いから」には、うなる。

つづけて吉行さん。〈九十一歳になって初めて外国に行きました。長女と。メキシコ、ネパール、中国、イタリアなんかへ。ネパールでは、有名な占い師にみてもらった。「あなたは九十七歳まで生きる」ですって。あと一年と半。うれしいわ〉。なんとも、アッラマー、である。この年齢での外国初体験。脈絡はなさそうだがそれぞれの国を楽しんだ様子。その証拠に占い師の予言ひとつまでも大切にしている。「あと一年と半。うれしいわ」なんて名セリフ、そんじょそこらのドラマじゃ、けっしてお目にかかれない。

一人暮らしについて。

吉行　奥様の乙羽信子さんが亡くなられて、お一人なのですね。

新藤　ああ、一人暮らしは自由ですが、みじめでもある。孤独です。

吉行　私は娘二人と同じマンションですが、別の階。娘をそばに置いて「ああして、こうして」というのは嫌なんです。

新藤　お三人が独立されている。三権分立。それがいい。一緒にいると「コーヒーいかが」といわれれば、飲みたくなくても「ああ、飲む」などといって、かえって不愉快になる。

孤独、みじめ、そして三権分立。そうした批評語が、きちんと成り立っている。だから「孤独」イコール「みじめ」とはならない。「三権分立」という即興表現も、すっくと立っている。吉行さんは自らの仕事を「一種の道楽」と呼び、「やめさせていただけない」と語る。現在お客は七人、昔からの人で七十歳以上だけ、と言いきるところに、彼女の拠《よ》って立つ場がうかがえる。

新藤さんが「僕は野良猫に興味がある」と言いだす。

〈夕食の時、魚を少し残しておいて野良猫にやる。あの世界にも序列があって、年寄り猫と若い猫がはちあわせすると、若い方が年寄りが食事を終えるまで待っていますね〉

〈野良猫は飼われているわけじゃなく、独立している。僕たちは長いこと独立プロダクションで映画を作っていましてね、同志だなという感じ。たとえば、いつも来る猫に触ろうとすると、ひっかくのです。もらうものはもらう、ひっかくものはひっかく。僕らもそうなんですよ〉

知性と野性が火花を散らす。特に最後の数行は、こうして書き取っていると、おのずと力がわいてくる。文化勲章もこれにはたじたじではなかろうか。

やがて二人は「ぼんやり」論議へ。

新藤　僕は一人なので、夕食後は自由なんです。一時間ほど、ぼんやり、何かを思っていることもある。父母のこと、仕事のこと、ほかの人がいると、これができません。「どうしました」と邪魔が入る。一人暮らしの楽しみは、ぼんやりじゃありませんか。

吉行　文章を書かれる方だから、ぼんやりがとくに有効でしょうね。

新藤　お寂しいでしょ、といわれるが、本当はあんまり寂しくないんですよ。

孤独を感じることはあっても寂しくない。これがむりなく一人の人間の中におさまっている。「自立」を成り立たせる要件の一つだろう。存在していること自体がぼんやりとしかねない年格好で、ぼんやりの効用が、ただちにピンとくる吉行さんの感受性も、ただものじゃない。

そのあとはこう続く——。

吉行　本当に自由です。といっても、あなたは大事な仕事があるからで、私は抜けているからですが。

新藤　あなたのほうが自然体です。僕はいっぱいよろいを身にまとい、ほころびているのにもかかわらず駆け引きの中に生きている。

吉行　私は美容室の中しか知らないんです。

映画監督は映画監督であるかぎり、人に立ちまじって生きざるをえない。たえず処世の顔と衣装をとっかえひっかえしなければならない。人を高ぶらせ、時にはたぶらかしもする。「ぼんやり」は、じつは、こんな日常の中に見出す、一瞬の晴朗さかもしれない。新藤さんは、そのつかのまを巧まずわがものにしている。

一方の吉行さんは、限られた世界しか知らない、という現実直視の姿勢をどこまでもくずさない。それが、こんな発言につながる。

吉行　……私、聴くことが上手らしいんです。お客様はよくお話をしてくださり、私も一生懸命聴いています。これも料金のうちと思って。……私のところでお話をなさっても、どこへも漏れない、ともいわれる。私は伺ったお話を人に伝える興味がない。

新藤 それは大事なこと。健康法でもある。

吉行さんは、底知れぬ天水桶みたいな人だ。人のことばをまるごと溜めこんでいく。その中から、呑み込みたいものをゆっくり呑み込んできたのではないか。人語をあまねく滋養分として取りこんでいるとすれば、それは、一点にとどまりながら広大な世界と交信することに通じるのではあるまいか。

両者が語る母親像がまた印象的だ。

新藤 ……母は女性が認められない時代に嫁に来て、末っ子の私まで、四人を産んだ。台所仕事をして、田んぼに出て、夕食の支度にまた帰る。それは偉大なんだけど、本人は当たり前と思っていた。

吉行 ……私の母もまったくそうでした。使っている人が大勢いましてね。あれをちゃんと統《とう》帥《すい》していたんだからすごかった。

新藤 僕はいま、一人暮らしなので、お手伝いさんに食事を作ってもらっている。見ていると、食事を手早くつくり、私が食べ終わると片づけ、明日の朝食の準備をしてさっさと帰っていく。その技術はすごい。

吉行 それはその人の職業ですから。

新藤 僕はいつか「台所」という映画をつくりたいと思っています。

母についての素描は、どちらも仕事に結びついている。仕事の手をゆるめず、わが身を支え、他者への目配りを怠らなかった人たちの姿である。技術が自らをたすけ、周囲を生かす、といってもいい。話がお手伝いさんに及べば、吉行さんが「その人の職業」と定義し、新藤さんは「台所《プラン》」の発想にふれる。深いところで、ことばと行為が響き合っている。

いずれも家に仏壇や神棚はない、という。そのうえで新藤さんは考える。

〈(死んだ父母のことを)思い出すと、何か感じたり、喜んだり、寂しくなったりする。ということは、(死んだ人が)その瞬間だけ生きている。そういう形で人間は続いていくんじゃないか〉

〈私が死ぬと、私を知った人の心に残りますから、私の父母の思い出も交じったものが次代に伝わっていく。……宗教というものがあるなら、そういう形じゃないだろうか〉

吉行さんは吉行さんで、かつて「氷の溶けるように死にたい」と書いたことがある。それを読んで感動したという新藤さんに、「きっと百ぐらいまで生きてたら、そうなれますよ」と答える。いかめしい一神教からみれば、いかにもあわあわしい宗教観にも映りかねない。だがここは、独立独歩をつづけてきた人間のごく自然な言い分として、ありのまま受けとろう。

そして最後に、「楽しかった。またお会いしたいですね」と吉行さん。「そうですね、もう十年ぐらいして」とは新藤さん。「十年後ね、うん、よろしい」という吉行さんの締めのひとことが身にしみる。

九十代うんぬんは、もうどうでもいい。読み終えて「うん、よろしい」と思えたのだから。

こうなったら「よろしいもの」を「よろしい」と感じとる五感だけは研ぎ澄ましておきたい。

（二〇〇三年正月記）

（注1）森毅（京大名誉教授）、富岡多恵子（作家）対談（二〇〇三年一月一日付『朝日新聞』）
（注2）重松清（作家）、長野智子（キャスター）、宮崎哲弥（評論家）座談会（同年一月六日付同紙）

街の灯

このところ新聞は、イラクをめぐる緊迫した情勢を伝えるのにいそがしい。事態は、米英にスペインなどを加えた勢力がイラクを撃つのはもはや時間の問題、というところまできた。

社会面に目を移すと、またもやその場に釘付けになった。東京・銀座の「近藤書店」本店が四月十五日に閉店する、というのだ。おい、そりゃないだろうというのがとっさの反応だった。

創業一八八三（明治十六）年。私の知っている本店は一九四四年から銀座四丁目の服部時計店の西側はす向かい、晴海通りに面してあった。一、二階には七万点近い書籍、雑誌を取りそろえ、「通好みの本をそろえた銀座の老舗」として知られてきた。

――ビル一階に入居していた大手証券会社の支店がリストラ等の一環で先月閉店し、賃貸収入が見込めなくなったため、書籍の売り上げだけでは本店を維持できなくなった。

とその記事にはある（注1）。

「文化財から消費財に変質した書籍と銀座ブランドで売ることが難しい時代になった」という七十五歳の同店会長の談話も添えられている。太いため息がにじむ。

仕事の本拠地が長らく銀座にあったから、この書店にはずいぶんお世話になった。といっても新刊本屋だから割引ひとつしてもらったわけではない。それに出たばかりの本を並べれば、どこも一見大差はないはずだ。それでもここの本棚をみれば、本をよく知っているか本が好きな人間が置いてるな、とおのずから感じとれる配合、配置の妙があった。

文学、人文・社会科学、どの分野でも真新しいものだけでなく、ちょっと時間がたった本もぬかりなく並んでいる。目先の欲望を刺激し、話題受けすることを狙った本も、むろん置いてある。だが人の心を引きとめ、ものを考えさせるような本もちゃんと温存させていた。全体としての印象はやはり、消費財より文化財優先といった趣である。当方は暇があればそこに入りびたり、その文化財に触れ、右から左に買いこんでは、仕事で干からびがちな頭になんとか滋養分を摂取しようとした。

コンドウはまた、私の勤務先の社屋の一角にも売店を出していたから、仕事の合間の社内散歩がてらここに立ち寄り、その限られた本棚からめぼしいものを拾い出しては年に数十万円、払い続けた。

こうなるともう、たんなる本屋というよりは知的栄養源のひとつである。これとの絆を失うことは、血管の一部が断ち切られるようなものだ。

ただ、前兆はあった。近藤書店ビルの三階に入居していた系列の「イエナ洋書店」(一九五〇年創業)が昨年一月、店を閉じたのだ。

近藤書店同様、ここにも六〇年代の初頭からさんざん出入りした。一ドル三百六十円時代の洋書といえば、安月給の身にはけたはずれに高価なシロモノである。四万円にも満たぬ月収で一冊四、五千円の本を複数冊買えばどうなるか。家庭争議は必至である。だがそれ以上にジョン・ガンサー（注2）、エドガー・スノー（注3）、アレグザンダー・ワース（注4）、ウィリアム・シャイラー（注5）といった、当時熱中して読んだ著者の名前が次々、浮かんでくる。この店で最後に買ったのは、閉店一カ月ほど前に求めた、米大リーグのかつての四割打者テッド・ウィリアムズの伝記だったか。

イエナ、コンドウと次々、街の灯（シティーライト）が吹き消されていく。本屋らしい本屋は、もう銀座にはなくなる。それはつまり、そうした存在を必要とし、支えてきた人間がいなくなった、ということでもあろう。先の新聞記事はそんな変化をも書きこんでいる。

――今夏には、雑誌や漫画を扱う大量販売スタイルの大規模チェーン書店が初めて銀座にオープンする。

舞台は一変したのだ、と思うしかない。

「知は力なり」だの"SCIENTIA EST POTENTIA"だのという文字を白抜きで浮き立たせた薄緑色のコンドウの包装紙は、もう間もなく反古《ほご》にされる。その何軒かおいて隣に銀座進出を果たした、黄色い看板に黒々とカタカナで人名を書きこんだキャピキャピ薬局では、客の呼びこみに余念がない。

そこでなんとか思いなおしてみる。こうなったら自ら灯火をともし、コンドウなりイエナなりで買いこんでは積み上げてあった本を丹念にひもといていけばいいではないか、……。

その数日後、わが町の小さな洋食屋がひっそり店を閉じた。こちらは一行のニュースにもならない。

「レストランアイガー」。これまた私がこの町に越して来て二十年来、通った店である。かつては中小工場が軒をつらねていたが近年、住宅地に変貌をとげた東京北部の一角にあった。三十人も入ればいっぱい、という小ぢんまりした店だったが、独自の味を誇っていた。スパゲッティよし、カレーよし、肉も魚もけっこう、野菜サラダも生きがいいとあって、ずいぶんと客がついているようにみえた。

だがその日、店先のドアにはられた閉店の「御挨拶」には、こう書かれていた。「……当地にて良心的かつおいしい料理を作り地域の皆様に召しあがって頂く事を一途に専念して参りましたが現下の経済状況を乗り切ることが出来ません」

またもう一つ、ライフスタイルの一部をそぎ落とされたような痛みに襲われた。

その脇に弁護士の「お知らせ」がはられていて、「店舗内に立ち入ったり、施設内の什器備品等を搬出することは禁止させていただきます」とある。この無機質な文字の羅列は、もはや、生者について語ることばではない。

店内を取り仕切るのは四十代半ばとおぼしき男性の店長と、三十代半ばぐらいの女性の二人で、じつに小まめに動いていた。彼らが「いらっしゃいませ」「ありがとうございます」と声をはりあげるたびに、裏方の調理場からもそれに呼応する声があがったものだ。

私が行くのは二週間に三度ほどで、決まって昼食時だった。定番はキノコ入りのスパゲッティに大根おろしをのせたもの、サラダバーで自由にあしらう天こ盛りの野菜サラダ、それに食後のコーヒーが二杯。そのための資金千二百六十円ナリをにぎりしめて自転車を走らせる。それも食べるだけが目的ではない。みっちり新聞に目を通し、本をよみ、メモを書き散らす。私にとって電車が移動書斎なら、ここはちょっと贅沢な真昼の書斎だった。

アイガーといえば、もとはスイスの中部にそびえる三千九百七十メートルの名峰である。一九二〇年代に名登山家・槇有恒氏（注6）がその東山稜を初踏破したことで日本人にもなじみの深い山だ。また、二十五年前に麓のグリンデルワルトから黒光りするこの山の北壁を目のあたりにした記憶も鮮やかに残っている。「アイガー」には、そんな心の寄せ方もあった。

確かに、アイガーがなくなっても、すぐ近くに立派なファミレスSがある。これはこれで、くるくるよく働く若い男女が活発に切り盛りしている（かにみえる）。だが先のような事情で、そっちがだめならこっちがあるさ、と平行移動すればすむ問題ではない。書生感覚がしみついた者には食堂と書斎の機能を同時に満喫できる場所はいかにも心地よかった。憩いつつ次の動きに向けて呼吸を整えるところ、といってもいい。

とはいえ、イエナはいうに及ばず、コンドウもアイガーも刻一刻「昨日の世界」に組み込まれつつある。目の前の灯を見失い、わずかな快楽をもぎとられ、街をむしばむ闇の気配の中で、老生はうつらうつら考える。いよいよ自ら、迫り来るたそがれを待ってはじめて飛び立つといわれる「ミネルヴァのふくろう」をめざすほかあるまい、と。

（二〇〇三年三月十八日記）

付記　一日遅れの新聞をながめていたら、ミニシアター・BOX東中野が四月二十五日で閉館とのこと。ここはナチス戦犯裁判の記録「スペシャリスト」、パレスチナ問題を扱った「プロミス」、ベラルーシのチェルノブイリ原発被災地を舞台にした「ナージャの村」など、衝撃力のある作品を数多く上映してきた。やはり「苦しい台所事情」うんぬんとあった。

（注1）二〇〇三年三月十四日付『読売新聞』夕刊。
（注2）John Gunther　米国のジャーナリスト。『ヨーロッパの内幕』など一連の内幕物で有名。
（注3）Edgar Snow　米国の新聞記者。毛沢東の中国革命をめぐるルポルタージュ『中国の赤い星』は代表作。
（注4）Alexander Werth　ロシア生まれの英国人新聞記者。主著に第二次大戦中のソ連を描いた『戦うソヴェト・ロシア』がある。
（注5）William Shirer　米CBSベルリン特派員時代の経験をもとに書いた『第三帝国の興亡』は今もロングセラー。
（注6）一九五六年、日本登山隊がヒマラヤの八千メートル峰マナスルの初登頂に成功したときの隊長でもある。

灰色の領域

「アウシュヴィッツ」とか「ホロコースト」とかという言葉を聞いて、とりあえず何を思い浮かべるだろう。ナチス、六百万人のユダヤ人虐殺、アドルフ・ヒトラー、もう少しひろげてアンネ・フランクあたりまでたどりつくかもしれない。映画でいえば『シンドラーのリスト』、『戦場のピアニスト』といったところか。

こうした連想から一つの共通項が浮かび上がる。加害者であるナチス・ドイツと、その被害者であるユダヤ人という二項対立の構図である。加害者はあくまでも残酷で猛々しく、被害者はもどかしいほど無力で従順なまま死に追いやられていく、といった表層的なとらえ方の系譜といってもいい。

そんな紋切り型の理解に小さからぬ衝撃を与えてくれたのがアメリカ映画『灰の記憶』("Grey Zone" 二〇〇一年)である。この作品の背景は第二次世界大戦中の一九四四年、ソ連のポーランド進攻が迫り、ドイツの敗色が濃くなったさなかのアウシュヴィッツ。主人公はこの絶滅収容所で働いていた「特別労務班《ゾンダーコマンド》」のユダヤ人たちである。

彼らの「特別任務」は、ここに狩り集められた同胞であるユダヤ人の毛髪を刈り取り、シャワー室とあざむいてガス室に送り込み、死後は金歯を抜き取り、あげく焼却炉で死体を焼くことであった。彼らはその代償に食事などの特別待遇と四カ月の延命を手にした。

いかに生きるための究極の選択とはいえ、文字どおり逃げ場を失った同胞を食いものにするも同然の所業である。「ゾンダーコマンドがになわされた恐るべき任務は、自らの人格の自己放棄と想像を絶する絶望感に伴われてはじめて遂行し得た」という説明を読むといかにもさもあろうと思う。しかもこう記したミクロシュ・ニスリ医師自身、ユダヤ人でありながら、妻子の命と引き換えにドイツ人医師J・メンゲレのもとで収容所内での人体実験に手を貸していた、というのだ。ここでは地獄までが果てしない入れ子細工になっているかにみえる。

こうしてこの映画は、絶滅収容所を支配するドイツ人と抹殺されるユダヤ人の間の「灰色《グレイ》の領域《ゾーン》」にうごめく、被害者兼加害者ともいうべき人々の群れに光を当てていく。

ガス殺され、赤裸にされた死体を処理する焼却炉は二十四時間、稼働状態にある。コマンドたちは、その貪欲な炎を絶やさぬために薪でもくべるように続々と同胞の死体を投げこむ。汗みずくの「労働」が生む荒々しい息づかいと無造作に放り出される死体の生なましさは、目を伏せたくなるほどおぞましい。

また、ぎゅう詰めのユダヤ人を「処理」し終えて、ガランとしたガス室の床、壁、天井を屈強の男たちが水洗いする場面にも胸をつかれる。そういえば加害者側のナチス親衛隊（SS）の元将校は、こんなふうに語っていた。

「たしか三フィートぐらい血と排泄物がたまっていたかもしれん。こんな汚いもの、だれも掃除なんかしたがらなかった。ユダヤ人ですら銃殺されるほうがましだと思ってた」（注1）

私は話の発展もそこそこに、画面にうつるコマンドたちやニスリ医師の表情や行動をながめては、かつて読んだことのある文章の断片をあれこれ思い起こしていた――

アウシュヴィッツでの殺戮を人類史上、ユニークなものにしているものは何か。

それは何よりも、最も安上がりで不経済なことは何一つせず、最も労少なくして大量の人間を殺すシステムづくりにあった。無人島や砂漠を選んで膨大な費用をかけた事前実験をするなどもってのほか。科学でとっくにわかっている薬物で、しかも微量ですむ薬物を使う（注2）。それは「一貫した流れ作業の工場」で、むだ一つ出さない「システム」のもとで行う。工業的システム分析というべきものだ（注3）。

そこへまた、こんな説明が加わる。「ホロコーストは結局、勤勉で創意にあふれ仕事に熱中するほんの数人の生産技術者がおこなうことになる。……数人のドイツ人管理者が各殺人工場を切り盛りする。それに数千人のウクライナ人とリトアニア人が『警備』をつとめ、戦地に駆り出されたドイツ人の穴埋め役を果たした。数千人にのぼるユダヤ人の『生産労働者』は、むりやり効率をあげ専門技術を高めるよう求められた。そしてもちろんポーランド人は、死の産業にたいして全工程を完全なものにする、最適な『調和のとれた』環境を提供する役回りだった」(注4)

これに類する表現としては、「近代的マスプロ工業が、人間を垂直に歩く動物から一キログラムの灰にしてしまう事業に動員された」というエドガー・スノーのことばもある(注5)。

ここから、ドイツ人を頂点とする強制収容所のピラミッド体制が即座に見えてくる。すなわち加害者ドイツ人と、スラブ人、ユダヤ人と層をなす被害者たちの群れと、事態を座視することによって加害者に身を寄せた傍観者ポーランド人から成るピラミッドが、である。三者もれなくかみ合ったホロコーストの成り立ちが、スクリーンの場面と一体になっていやでも実感される。

こう言いかえてみてもいい。多様な被害者から始まって傍観者までが、否応なく加害者側に組み込まれ、最底辺の被害者を押しつぶす役割を負わされている。しかもその多様な被害者や傍観者自身、加害者の都合でいつなんどき、最底辺の被害者、つまりは死者の側に立たされるかわからないのだ、と。

加害者側からはほど遠いかにみえる、この危うい存在。「アウシュヴィッツ」も「ナチス」

もめでたく消え失せたが、現代を生きる私たちは、姿かたちこそ違え、いつしかそんな存在になり始めているのではないか。そのせいか「グレイ・ゾーン」という概念が妙に身近に感じられる。

加害、被害の二項対立の奥にある、この領域に踏みこむことなしに、二十世紀に大きな刻印をのこした強制収容所的状況の理解、ひいては現代の重層的な差別・被差別の把握に近づくことはできないのではないか。

ホロコースト関係の映画が珍しく、ふだん忘れがちな視点を刺激してくれたのであった。

（二〇〇三年六月二十六日記）

（注1）記録映画『ショアー』に登場するフランツ・ズホメルの発言。アモス・オズ『贅沢な戦争』（晶文社）に所収。

（注2）その結果、ドイツの科学者はツィクロンB一キログラム当たりの致死量約四百人、三十分足らずで二千人殺せることを研究・実験によって確認した。

（注3）ちなみに「システム分析」のほかにもう一つ。「アウシュヴィッツ」を虐殺史上ユニークなものにしているのは、ユダヤ人絶滅の論理と哲学の正しさを確信し、信奉し、それを生かすために機械になりきっていた人たちの存在だとされる。『贅沢な戦争』Ⅳ章「ホロコーストの考察」。

（注4）V・E・フランクル『夜と霧　ドイツ強制収容所の体験記録』（みすず書房）

（注5）「出版社の序」から。

「ホロコースト」を生きのびた子どもたち

この夏、二冊の本が送られてきた。一つはイスラエルの作家ウーリー・オルレブが書いた『走れ、走って逃げろ』（岩波書店）であり、もう一つはハンガリーの作家ケルテース・イムレの自伝的小説『運命ではなく』（国書刊行会）である。前書の訳者・母袋夏生《もたいなつう》さんは現代ヘブライ文学翻訳者、後書を訳した岩崎悦子さんはハンガリー文学研究者。どちらも私の仕事上の友人だ。

二つの本には共通項がある。主人公がいずれもユダヤ人の少年で、ともにホロコースト（ナチス・ドイツによるユダヤ人虐殺）のうねりに翻弄されながら生きのびた、という過去をもつ。

またホロコーストか、といわれそうなほど、これについては繰り返し巻き返し語られてきた。アウシュヴィッツの生存者が強制収容所生活を描いた作品としてはV・E・フランクルの『夜と霧』、エリ・ヴィーゼルの『夜』、プリーモ・レーヴィの『アウシュヴィッツは終わらない』などがなじみ深い。さらにアムステルダムの隠れ家に一家ともども二十五カ月ものあいだ身をひそめ、あげく密告により強制収容所に連行され、十五歳で命を失ったアンネ・フランクの日記については、知らない者もいないほどだ。

では改めて、この目の前の二冊から読みとるべきものは何か。そんなことを考えながら、ぼつぼつ頁をめくっていった。まず『走れ、……』から。

少年の名はスルリック。一九四二年夏、彼が住むポーランド・ワルシャワのユダヤ人居住区《ゲットー》では、住民が狩り集められて絶滅収容所に運ばれる「移送」が始まっていた。その混乱の中でスルリックは父母、きょうだいに次々はぐれ、衣食住の支えを失った。農夫の荷車にもぐりこんで町から逃れてからのスルリックは森から森へ、農村から農村へとわたり歩く放浪生活をつづける。やがて仲間をも見失った。

八歳。自分の住所も言えなかったような子ども一匹である。ドイツ兵にでも見つかればたちまち収容所送りだ。少年は朝露をなめ、雨水を飲み、森のベリー類やキノコを食べ、パチンコで鳥を射落とし、ガラスのかけらをナイフ代わりに使い、苔《こけ》の生え方を見て迷わず森を歩く術を学び、さらには農家で働くときにはいわれた以上の仕事をこなし、生きる道を一つまた一つと切りひらいていく。

知恵と意志のほかに、少年には天性の武器があった。なにしろ「足が長くてすばしこかった」。生きのびるための盗みや危機からの脱出に、これがどれほど役に立ったことか。そのうえ「神様がめったには与えてくださらない」ような笑顔の持ち主だった。ポーランド人の農夫をはじめ警官やドイツ兵、はてはナチの国家秘密警察《ゲシュタポ》の士官までが彼の笑みに魅せられ、生かしつづけてくれたのだった。

スルリックはある日、畑道でドイツ兵の姿を見かけ、かたわらのジャガイモ畑に飛びこむ。そこで彼は腹ばいになっている、やつれ果てた先客のユダヤ人に出くわす。ずっと以前にゲットーで生き別れになった父親だった。父は少年の耳にささやく。

「おまえは生き残らなくちゃいけない。どうしても、だ。キリスト教徒としてどうふるまったらいいかを教えてくれる人を見つけて、十字の切り方やお祈りを覚えるんだ。……いつも、貧しい人たちのところに行くんだよ。貧しい人たちのほうが助けてくれる。……いちばん大事なことだが……自分の名前を捨てろ、記憶から消すんだ」

生存のたった一つの条件は、それまでの自分を自分でなくする、ということだった。スルリックは以後、ユレク・スタニャクというポーランド名を名乗り、父のことばを守って生きることに徹する。だが彼が失ったのは記憶だけではなかった。

少年は、農家で手伝いをしているときに脱穀機の歯車に手を巻きこまれた。町の病院にかつぎこまれたが、「ユダヤ人は治療しない」という医者の一言で壊疽《えそ》になり、右腕を切断したのである。

だが彼はその後ずっと、義手をつくるのを拒んだ。すぐさま片手でなんでもこなす業《わざ》を身につけたからだ。同時に彼の中に残ったのは、「だが、ぜんぶ忘れても、自分がユダヤ人だということは決して忘れちゃいかんぞ」という父の一言だった。父はその直後、ドイツ兵の前に自ら姿をさらして銃撃を受け、そのすきにスルリックは森に逃げこんだのだった。

戦後わかったのは母と兄はゲットー内で射殺されたこと、姉はロシアに逃れたことなどだった。彼はポーランドのウッチの孤児収容施設に入れられ、一から読み書きを学び大学に進んだ。その後、イスラエルに移住。ユレクは名をヨラムと変え、数学教師になった。この話をそのヨラム・フリードマンから聞きとってまとめたウーリー・オルレブは、「(ヨラムは）教育者として数学も教えているといったほうがいい」と書いている。

ホロコーストの時代にさしこむ一条の光ともいうべき物語である。私たちはここから、生きるに必要な——あるいは生きるに値する——一切のものを剝ぎとられた一人の少年が、新たに自分なりの人生を築きあげていく過程をつぶさに見てとることができる。生きのびるための可能性をすべて生かしきった者の記録をして、さらには最悪の窮地に追いこまれた者の、どこか明るさをただよわす再生の軌跡として、もっと丹念に読まれていいような気がする。

ケルテース・イムレが昨二〇〇二年のノーベル文学賞受賞者だと聞いて、とっさに思い浮かぶ人が何人いるだろう。同じ年の小柴昌俊、田中耕一両氏のダブル受賞が華やかだっただけに、このハンガリー初の同賞受賞者までは十分に目が届かなかったのかもしれない。

ケルテースはあのアンネ・フランクと同じ一九二九年、ブダペストに生まれた。このユダヤ人の少年少女はともにナチズムの奔流に巻きこまれ、少女はベルゲン＝ベルゼンの強制収容所内で病死したが少年は生きのびて、かつて少女が夢見た作家になったのである。

この小説の主人公ケヴェシュ・ジェルジュは十四歳、背後には一九四四年春ごろから一年半ほどの出来事がある。

話は父親が労働キャンプに行く前日から始まる。といっても、送り出す血縁や親類縁者たちに、この先彼を待ち受けるものが苛酷な奴隷労働である、といった予感はほとんどない。（ちなみに父親はその後、オーストリアのマウトハウゼン収容所で死んでいる）

その数カ月後、少年は工場に勤労奉仕に行く途中、バスからおろされ、そのまま警官や憲兵の手にリレーされていく。そのうちドイツでの労働に応募してまずアウシュヴィッツへ。そこからドイツのブーヘンヴァルトを経てツァイツの強制収容所に入れられ、囚人として働かされる。やがて病にたおれてブーヘンヴァルトに送り返され、幸い病棟に入れられ、そこで「解放」をむかえる。

少年はは じめ強制収容所の存在も知らなかった。収容所に入れられてからも、とくに「地獄」のような辛酸をなめるわけでもない。それは、彼が収容された場所が絶滅収容所ではなく、あくまでも労働キャンプであったこと。また一九四四年になって「労働力不足がひどくなったために、ドイツ政府が、囚人の勝手気ままな殺戮を一時的に中止し、生活環境を大幅に改善し、抹殺すべき囚人の平均寿命を延長するよう決定した」(注1)という事情もあったのかもしれない。いずれにせよ成熟した作家が、何もかもが終わった時点から振り返って事情を整理・分析・説明するのではなく、どこまでも十四歳から十五歳にいたる少年として感じ、観察し、考えを深めていくという手法がつらぬかれている。そうした少年の日常的な眼差しで非日常の最たるものを凝視する現実描写はきわめて率直で、実感に富む。

たとえば、アウシュヴィッツの駅で主人公たちが初めて出会う囚人たちの場面はこうだ。

「彼らの顔つきもまったく信用できそうになかった。外に突き出た耳、鉤鼻、くぼんだ、ずるそうに光った小さな目。実際、どこから見たってユダヤ人のようだった」

念のために言っておく。こう感じたのは反ユダヤ主義者でもなんでもない。他ならぬユダヤ人の少年なのだ。ユダヤ人に対するキリスト教社会の型通りの偏見が、同じユダヤ人の中にもそっくりそのまま根をはっていることに息をのむ。こうした表現がユダヤ人たちを傷つけ、読者を反発させ激怒させるだろう、と出版社がためらい、この作品が長らく日の目を見なかったというのも、いかにもありそうな話だ。

虐待や虐殺についての目撃談がないかわりに、少年はある「匂い」についてこう語る。

「やや甘く、いくらかねばっこく、その中にほんのわずかもうおなじみの化学薬品の匂いもまじっていた。ひょっとして、さっき食べたパンを戻してしまうんじゃないかと心配した」。包いの元は「煙突」である。彼ははじめは革工場だと教えられ、やがてそれが死体焼却炉の煙突であることを知っていく。

「煙突は時に、そこにないみたいに影も形も感じられなかったけど、みんなも気づいたように、すべては風向き次第だった」

少年がアウシュヴィッツで過ごしたのは、わずか三日間である。その短時間で「地獄」を見るとか見たとかいうほうが、ずっといかがわしいだろう。風向き次第ではまた、少年の耳に「憩いをもたらす陽気な音楽」が聞こえてきたりもした。彼は、「煙突のそばにだって、苦悩と苦悩の間には、幸福に似た何かがあった」とありのままを記す。

じじつ、少年が志願した労働収容所は絶滅収容所とは違って「生活は楽で、環境も食糧も比べものにならない」と聞かされてもいたのだった。

一方でまた、こうした独自な感覚や事実認識の仕方があるから少年は戦後、帰国してからよく耳にする、人々の〈きた〉という言葉に違和感をおぼえる。十月十五日（注2）が〈きた〉、矢十字党（注3）が〈きた〉、ドナウ河畔（注4）が〈きた〉、そして解放が〈きた〉、といった言い方に。

少年は反発する。「ただ向こうから〈きた〉だけではなく、僕たちも進んでいったんだ」。もし前もってどんな運命になるかがわかっていたら、僕たちにできるのは、せいぜい時が決めたとおり過ぎていくことをながめていることぐらいしかなくなってしまう。

「もしすべてが運命でしかないなら、自由などありえない」というわけだ。

それぞれの人の時間が「何か新しいことをもたらすことができたかもしれないということをよく考えてほしいんです。実際には何ももたらさなかったわけですけど。当然。でも別のことだって起きたかもしれないんだ」と少年は大人たちに訴える。「だれだって、それぞれの段階を進めるだけ進んだんだ」

人はただただ状況に流されるだけではなく、どこかで選びとり加担しているのだ、という抗議であり、主張でもあろう。そこにこそ、『運命ではないこと』という原題の真意がひそんでいるように思える。

ケルテースの故国ハンガリーは第二次大戦後、ソ連の支配下におかれて社会主義体制となり、小スターリンと呼ばれたラーコシ政権による恐怖政治がしかれる。この体制に対する民衆の蜂起が一九五六年のハンガリー動乱だった。だがこれはソ連軍に鎮圧され、八八年までソ連の後押しでできたカーダール第一書記の時代がつづく。

ケルテースは、この動乱後の一見ソフトな独裁体制に人々が順応していく姿を、かつての収容所での光景と重ね合わせ、この作品の執筆にとりかかったといわれる。その点について彼は、「強制収容所の存在は、ナチズムに特有なものではなく、全体主義が支配する社会のどこにでも起こりうると考えている」と訳者の岩崎氏は指摘している。

私たちが時代の潮の目で、いたずらに〈きた〉をくり返しているかぎり、どんなおぞましい地点に連れ去られようと文句のいいようがない。そういえばケルテースの文学賞受賞の理由は「人間が社会的圧力にますます服従している時代にあって、個人として生き、考え続ける可能性を追求した」ことにあるという。

もう一度、つぶやいてみる。「運命ではなく」……。

（二〇〇三年十月六日記）

（注1）プリーモ・レーヴィ『アウシュヴィッツは終わらない』序（竹山博英訳、朝日新聞社）

（注2）一九四四年、矢十字党が政権についた日＝岩崎訳注。以下同。

（注3）ハンガリーのナチ党。一九三八年結党。翌年から次第に勢力を伸ばしていった。

（注4）矢十字党が政権についていた後、ブダペストで捕まったユダヤ人は凍ったドナウ河に投げこまれた。

悼む

東京の近郊農民サワダモエモンは一兵卒として日露戦争に従軍し、戦死した。軍規により、モエモン一等兵は上等兵に昇進した。近くの牧場から嫁して間もない十九歳のミネは、未亡人となった。ミネはやがてモエモンの縁戚筋にあたる農民サワダジサブロウと再婚、その後六十年余をともに暮すことになった。

ミネとジサブロウとの間には二男二女が生まれたが、長男シゲノスケは日中戦争から太平洋戦争にかけて長らく軍隊にとられ、大戦末期、フィリピン・ミンドロ島で戦病死した。

シゲノスケは戦後、白木の箱に入った一個の石ころと化し、「戦死公報」の紙きれとともに、彼を召した国家の手で送り返されてきた。階級は軍曹から曹長に進級していた。彼の死の詳細を遺族に会って伝えたのは、当時の彼の部下で、復員後、作家として名をなしたオオカショウヘイであった。彼はその後、『野火』『レイテ戦記』などを通して戦争の事実や意味合いを延々、問いつづけていく。

会社員だったシゲノスケの未亡人ユキは、夫の出征時に宿していた女子一人をかかえて薬剤師として生き抜き、八十歳を超えたいま、静穏な日々を送っている。

日露戦争はむろん、太平洋戦争の記憶もはるか忘却の霧のかなたというご時世である。戦死だ、戦争未亡人だなんて語彙も、若者とは無縁になりつつある。と、きのうまでは、そう思いこんでいた。だが突如、戦場同然の外国の「戦闘地区」で、二人の日本人外交官がテロリストとおぼしき者に殺害されるという事件が出来《しゅったい》した。たちまち、身ごもった妻一名を含む未亡人が生まれ、何人かの子らが遺児となった。

その姿を前にして、モエモン上等兵、ミネからシゲノスケ曹長とユキにいたるサワダの人々の生死の軌跡が一瞬のうちによみがえった。日本人が戦火にさらされて死ぬという事態が絶えて久しかっただけに、衝撃も一入《ひとしお》だった。

もとよりモエモン、シゲノスケの死と二人の外交官の死の間には分厚い歳月のへだたりがある。もはや前二者の喪失を、だれもことさら悲劇呼ばわりはしない。それにまたモエモンにしてもシゲノスケにしても、その他大勢の英霊の一人にすぎない。近親以外に知る者とておらず、いまさら世に悼まれるいわれもない。わかりきったことだ。

だがそれにしても、あまりにも開きがありすぎる。昔と今、無名の民と高官候補生という決定的な懸隔を重々、認めたとしても、その思いは消えない。文民二人の葬儀に顕官たちが競って駆けつけ、彼らが「志半ば」にたおれたことをくやみ、「遺志をついでやるべきことをやる」と決意をのべる。有能の士を失った損失は何ものにもかえがたい、と口々に言う。

しかしこのあと、「有為の人材」を、戦争は終わったはずなのにいたるところ戦場ともいうべきところに送りこみ、犠牲者が三人、五人、……N人と増えていったら、この場をひたすら盛りたてた者たちは、そのとき何と言うのだろう。

最初の二人の犠牲者には個々の名を呼び上げ、心から悼んでみせた。だが死者が増えるごとに、その他大勢の山は確実にふくれあがっていく。あげくN番目の悲劇に見舞われた者の家族が身をよじって訴えてみても、世間は鼻も引っかけまい。

それに、いったん戦闘ともなれば、被害者だけでとどまるわけにはいかない。正当防衛であろうがあるまいが加害者、つまりは殺す側に立つ可能性が出てくる。周辺の無辜の民を巻きこむことも大いにありうる。そのとき顕官たちは、いや私は、あなたは、だれをどう悼めばいいのか。そうなったら、N番目の死を迎えるかもしれぬ、未来のモエモンやシゲノスケに涙するだけですまないのは確かである。


外交官の死亡報道から一週間後、こんどはアフガニスタンで米軍機が九人の子供を機銃掃射で殺害したというニュースが流れた。米国が見こんだ「テロ容疑者」の掃討現場で彼らを巻きぞえにした、ということのようだ。「子供たちはボール遊びをしていただけだ」という目撃者の談話が載っている。

数日後、一枚の新聞写真に目がとまった。荒涼としたアフガニスタンの大地に複数の小さな土まんじゅうが築かれ、それを見守るように数人の男たちがぱらぱらと立ちつくしていた。死んだ子供たちの名前はおろか一人ひとりの年齢、性別も知らされていない。おそらくそれを知ってどうなるというものでもないだろう。だがそうやってまた一つ、世界の最貧国に生きる人々に関心を寄せる契機を失う。またしても彼らの生死の重量についてろくに思いいたらず、「ありがちなこと」で片づけてしまいそうだ。

　アフガニスタンといえば昨二〇〇二年七月、南部ウルズガン州で地元の結婚式の一団を米軍機が攻撃し、住民四十八人が死亡したという事件があった。現地米軍幹部は、「戦争は緻密な芸術ではない」とうそぶいた。これには、したたか胸をつかれた。

　ところが最近、そんなことに、「胸をつかれた」自分はいかにもアマかった、と思い知らされる一文に接した。

　「ペンタゴン（米国防総省＝筆者注）の戦略はハイテク戦争の空爆をほしいままに行使し、殺傷される市民の犠牲を物品かなにかのように『付随的損傷』と呼んではばからない」（注1）

　これは二〇〇一年十一月十五日、例の「九・一一テロ」の直後に引き起こされたアフガン戦争のさなかに、いちはやく書かれていた記事の一部である。

　大規模戦闘作戦を発案・実行する側は善玉であり、これに敵視された陣営はすなわち悪、そしてその近辺に暮らす者たちは「付随的」存在。そのように世界を仕切ることに疑いをもたぬ大国の指導者と、友情と信頼で結ばれたらどうなるか。主然《あるじ》とした大国とともに、歴史的に恨みもつらみももちようのない他者を行きがけの駄賃なみにあつかえば、「従者」のこうむるであろう損耗は付随的でおさまるはずがない。

二人の外交官の横死が付随的損失でないならば、モエモン上等兵やシゲノスケ曹長の死も同様であり、アフガニスタンの子供たちの死もまた、もののついでの出来事などではありえないのである。もしもそうした認識ができないとすれば、その種の人は、歴史認識を欠いて「今」しか理解できず、日本人という「身内」の生死以外には五感が働かない、さもしい生き物ということになろう。

八月六日／テニアン時間午前九時十五分十七秒／広島に原子爆弾《リトルボーイ》投下／このニュースが／マンハッタン計画《プロジェクト》を生んだ／アインシュタインに届いた時／彼は／ひとこと呻いただけであるという／Oh, weh!

詩人であり、畏友でもある小松弘愛氏の「アインシュタインの声」と題する作品の一節である（注2）。「ヴェー」とはドイツ語で苦痛と悲しみのうめきを表す。ナチス・ドイツの迫害を逃れたユダヤ人物理学者の、加害者としての痛みもあらわなだけに、いっそう深みに触れるものがある。

詩はこう続く。

そして／死ぬ／五か月前の遺言のような言葉／——今度生まれ変わったら、科学者や教師にはな／らないで、ブリキ職人か行商人になりたい。

「今」を超え、「身内」の垣を脱し、有名無名に惑わされず、人の生き死にとじかに向き合う——私たちはもうそろそろ、そうした現実感覚と想像力をもっていいのではないか。詩編に再現されたアインシュタインのつぶやきを反芻《はんすう》していると、ついそんな思いにとらわれる。

（二〇〇三年十二月十五日記）

（注1）藤村信『新しいヨーロッパ 古いアメリカ』（岩波書店、二〇〇三年）所収の「やれ退けどんどん」から。
（注2）小松弘愛『詩集 銃剣は茄子の支えになって』（花神社、二〇〇三年）所収。
補遺 「サワダモエモン」は澤田茂右門。ミネは美禰、筆者の母方の祖母。ジサプロウは次三郎、同祖父。シゲノスケは茂之助。筆者の母の弟。ユキは幸。オオオカショウヘイは大岡昇平。

2004
平成16年

「丈夫為志、窮当益堅老当益壮」

「十代ないし二十代前半のころ、大津太郎は、自分が長くても三十歳以後は生きていないであろう、と思っていた」

大西巨人の掌編小説「墓を発《あば》く」（注1）は、こんな書き出しで始まる。

「神々に愛せらるる者は夭折す」とか「長生きすれば恥多し」といった成句も「いくらかロマンティックな陰影を伴って」、彼の頭の中にあった。だが何よりもそれは、「大津の十代ないし二十代前半の時代と十五年戦争の時代とがおよそ併行していたからであったろう」という説明がつづく。

　にもかかわらず大津は、戦争はおろか敗戦後も長らく死をまぬがれて六十代にいたる。彼は戦後間もなく西海地方の一角に一坪の墓地を買い、父母の骨壺を埋めた。そして二十余年後の夏、その骨壺を掘り出し、東都の家に持ち帰ろうと思い立つ。

　大津夫妻は土堀の仕事のために公共職業安定所を通して労務者を一人雇う。炎天下の穴掘り作業は「相当な難事であるにちがいなかった」が、高年労務者――大津よりもはるかに年上

（六十代半ば見当）――は、なかなか元気であった。太郎の「それにしても、あなたは、お元気ですねぇ」という言葉に対して、彼はこう語ったという。

――自分は六人同胞《きょうだい》の末っ子であり、今年六十七歳である。当節の若い連中は、こんな墓掘りなんかを嫌って、およそ引き受けない。（略）……自分もまだぴんぴんしているけれども、今年九十六歳の長兄には、とても及ばない。（略）……この長兄には、今年四つの娘がいて、長兄は、その娘を甚だ可愛がっている。長兄の五人目の細君（その娘の母親）は、今年まだ四十一歳である。……

これにつづいて、

大津は『「今年九十六歳」の「長兄」に「今年四つの娘」があるなら、その娘は「長兄」が九十二歳のときに三十七歳の「五人目の細君」に生ませたのだなぁ。』と考えて、たいそう感動した。

という一節がある。

三、四年前にはなにげなく読みすごしていたこんな件《くだり》が、近頃ではいたく目にしみる。わが身がこの「高年労務者」の年齢を超え、半歩たりと彼の「長兄」に近寄ったせいか。

そうなると、同じ本に収められた「老いてますますさかん」と題する別の一篇にも自然、気持ちが引き寄せられることになる。その冒頭近くに、『大東閨語《だいとうけいご》』という化政度《かせい》（一八〇四―一八三〇）に成立した本の「十九　妓王《ぎおう》」の章の記述として、次のような文章が引いてあった。

平相国《ヘイショウコク》、晩《トシオ》イテ妓王《ギワウ》ヲ寵《チョウ》ス。御《ギョ》スル毎《ゴト》ニ未ダ嘗《カツ》テ之ヲ飽婬《ハウイン》セシメザルコトナシ。妓王、ソノ雄壮ヲ嘆美ス。相国、傲然《ガウゼン》ト㞗《キウ》ヲ跳《オド》ラセテ曰《イハ》ク、大丈夫ノ㞗《キウ》タル、窮《キュウ》シテハ益々《マスマス》堅ク、老イテハ益々壮《サカン》ナルベシ、ト。

なんとも威勢がいい。響きもいい。心躍るようなエロチシズムではないか。とはいえ、多少の解説は必要かもしれない。

「平相国」は平清盛《たいらのきよもり》。「妓王」は『平家物語』あるいは『源平盛衰記』に現れる白拍子（舞姫。遊女）妓王（祇王）。また「御スル毎ニ……飽婬セシメザルコトナシ」は、そのたびに十二分の性的満足を与えた、の意。はては「尿《キウ》」は男根のこと、にいたるまで、じつに行き届いた注釈がついている。

「老いてますますさかん」とは、やはり、世俗的にはもっぱら性能力の表現として存在したのか、と一瞬、感心しかかる。と、著者は『日本国語大辞典』などに引いて読む者の猪突をやんわりたしなめてくれる。すなわち同辞典は、

「老いてますます壮《さかん》なるべし」を「(『後漢書《ごかんじょ》—馬援伝《ばえん》』の『丈夫ノ志タル、窮シテハ当ニ益々堅カルベク、老イテハ当ニ益々壮ナルベシ。』による) 年老いても衰えることなく、意気は若者をしのぐほど盛んでなければならない。」と解説します。

とのこと。そこへまた、「明らかに、元来その成語は、人間のセックス関係・性能力を（ただ単に、あるいは、ただ主《おも》に）論辯したのではなく、人間の『志』一般の有るべき様相を教示したのです」と一筆加わるから、老来ますます心身壮健、という語本来の意義が、いやでもしみ通る。その上でさらに、「老いてますますさかん」が「実際しばしばセックス関係・性能力の壮健を大きく内含《ないがん》することも、また疑いないでしょう」と念を押すことも忘れない。

このように掌編小説ひとつとっても、論理展開に丹念過ぎるほどの丹念さを怠らないのが大

西巨人という作家に欠かせぬ流儀なのだが、ここに不思議なユーモアの気が漂ってきて、読むものをまた一段と話の深みに誘いこんでゆくのである。

たとえば、こういうふうに。先の「墓を発く」で高年労務者の話に感動した主人公大津太郎はそれから十余年後、おりおり「老い」の弱気を自覚するようになる。

そんな時大津は、葛飾北斎の「七十五歳までの自分の仕事は習作である。」という言葉とか蓮如が八十歳を過ぎて子供を二人も作ったこととかゲーテ晩年の生き方・仕事ぶりとかに思いを馳せ、なかんずくあの「長兄」の上に想いを馳せて、みずからを鞭撻する。

群を抜く宗教家、芸術家とならべて「なかんずくあの『長兄』の上に……」とするところに、私はこの作家の真骨頂をひときわ感じとるのだ。そしてこの一編は、

……『人は、しかくクリエーティヴ・パワーを持続して長生きしなければならない（あるいは、人は、長生きするなら、しかくクリエーティヴ・パワーを持続しなければならない）』。……。

の数行をもって閉じられるのである。

彼大西巨人は一九七〇年代の末ごろ、第二次大戦後まもなく書き始めた長編小説『神聖喜劇』を四半世紀かけて完成させた。これは、絶対服従を旨とする大日本帝国陸軍の中で最下層の二等兵・東堂太郎が超人的記憶力を楯にして上官と闘う長大・烈々の物語で、戦後文学の最高峰の一つにかぞえられる。そしてまたこのほど、六年をかけて仕上げた九年ぶりの長編作品『深淵』（上・下、光文社）が出版された。こちらの主人公は、『神聖喜劇』とはおよそ対照的に、

十二年間の記憶喪失を経験した男だ。ここにも冤罪、差別、歴史偽造の罪、といった現代社会のありように深くかかわる主題がひしめいている。

どちらの本にも、いったん読み出したらとまらなくなる、といった抗しがたい吸引力があるが、いまはその点に深入りはすまい。ただひとつ、これらの作品を読む前と読んだ後とでは、読者であるあなたは確実に変わっているはずだ、とだけ申し上げておく。

『深淵』下巻の最終頁には「一九九七年二月七日　起筆／二〇〇三年十月三十日　擱筆」と記されている。この一見、無機質にもみえる短い文字のつらなりをみていると、先述の「老いてますますさかん」などをめぐる一連の言説が次々思い浮かんでくる。そのどれもが、この作家にとっては、たんなるスローガンではありえない。その一つひとつが彼の創作態度、ひいては生きる上での覚悟といったものに直結しているのだ、と思い知らされる。

「俗情と結託することなく、面白くもあり、値打ちのある小説を書きたい。まあ、人間は強いもんじゃないから難しいこともあるが、それでも困難を排して書きつづけることが私の起点であり、終点でしょうな」とさばさば言ってのける、彼自身の声も聞こえてくる（注2）。

一九一九年生まれの八十四歳。彼はある短編作品の中に登場する人物に託して、こう述べたことがある。

……それにしても、彼は、「何事か卓越して意義のある仕事を為すべき人間」として、生き長らえたはずである。しかるに、彼の時間は、残り少ない。それを思い、これを考えて、大津は、特に昨今ひたすら「時光ノ太《ハナハ》ダ速ヤカナルコトヲ恐怖《クフ》」（道元）するのである（注3）。

雑念まみれの日々を右往左往する凡骨にとって、いたく胸にこたえる章句ではある。せめて「クフ」の二文字は握りしめていたい。

（二〇〇四年三月十八日記）

（注1）大西巨人『二十一世紀前夜祭』（光文社、二〇〇〇年）所収。
（注2）二〇〇四年三月九日付『読売新聞』夕刊文化欄。
（注3）前掲書所収「死との関係」。

二十年後、三十三年後、そしていま ——イスラエルの声を聞きとる——

何年か前にイスラエル映画をみたとき、なるほどそういうことか、と改めて感じいったことがある。

一人の若者が恋人と熱い愛を交わした直後、車に飛び乗るようにして戦場に向かう。一、二時間も走ると、この国の東北端に連なるゴラン高原（注1）に着く。すでにシリアとの間に戦車戦の死闘が展開されている。そこは一九七三年の第四次中東戦争での最前線なのだった。兵士の戦う場所と憩うところがこれほど接近していることに衝撃を覚えたのである。

それがどうだ。いま目の前にある文章にはこう記されている。「私は前線でこの文を書いている。前線とは、エルサレム郊外の自宅近くにあるショッピングセンターの喫茶店で、ということである」

二〇〇二年四月の記述だ。数カ月前まではにぎわっていたこの喫茶店に、客は彼一人しかいない。近くを数人の買い物客が急ぎ足で通り過ぎる。近寄ってきただれもが殺人者かもしれない。国家対国家の戦争が通常生み出す戦場を飛びこえ、テロはかつての銃後を「前線」に一変させたのだ。

イスラエル側からは当然のように「報復」がさけばれる。あげく、イスラエル人、パレスチナ人双方の目的は「敵からの明日の報復を最小限に抑えながら、昨日の殺人に復讐すること」という事態が日常化される。「死を生きながら」(DEATH AS A WAY OF LIFE)としか呼びようのない現実とは、まさにそういうものをさすのだろう。

この言葉をそのまま表題とする本が現れた(注2)。著者はイスラエルの作家ディヴィッド・グロスマン。中身は、一九九三年から二〇〇三年の十年間に、主として米英仏独伊およびイスラエルの新聞雑誌に寄稿した折々の詳細なイスラエル報告であり、一イスラエル知識人の深い内省の軌跡でもある。

一九五四年、エルサレム生まれのグロスマンは七九年にヘブライ大学を卒業。初の長編小説『子羊の微笑』(八三年)がベストセラーになり、その後の小説や児童書とともに世界的に知られる作家となった。そのほかに代表的なルポルタージュとして『ヨルダン川西岸』(九二年)(注3)、『ユダヤ国家のパレスチナ人』(九七年)(注4)なども著している。それぞれパレスチナ難民、イスラエル占領地のパレスチナ人とユダヤ人、あるいは現在のイスラエルで「二級市民」視されるアラブ系の人々の姿を克明に追った作品である。

彼は対抗勢力から「平和運動屋《ピースニク》」と揶揄をまじえて呼ばれながらも、その姿勢を一貫して崩さずにきた。イスラエル人とパレスチナ人はこのパレスチナの地で、イスラエルとパレスチナという二つの主権国家をつくる以外に生きる道はない、と判断しているからだ。

それにしてもこの十年という歳月だけをとっても、イスラエル人とパレスチナ人は、なんと途方もない歴史の変動に揺さぶられたことか。一言でいえば希望から絶望までの振幅をもつ同時代の激浪に、である。思い起こしてもみよう。九三年九月十三日といえばパレスチナ暫定自治合意、いわゆるオスロ合意が成立し、イスラエル人とパレスチナ人が「歴史的和解」を遂げたはずの日だった。イスラエル人は、戦勝者として支配しつづけてきた占領地についてパレスチナ人に自治権を分け与えることに同意した。パレスチナ人も、やがては占領地全域に自治が拡大することを期してイスラエルに歩み寄った。彼らは同時に占領者に対する暴力行為《テロリズム》の放棄をも約束した。

だが十年後のいま、周囲をおおうものは、この合意が事実上崩壊した、という国際的認識である。とりわけ二〇〇〇年九月に起こったパレスチナ人の二度目のインティファーダ（民衆蜂起）以後、延々とくり返されるパレスチナ側の「自爆テロ」とイスラエル側の「報復」は、とどまるところを知らない。グロスマンはこの状態を、

――パレスチナ側は「占領が完全に終わるまでは」暴力行為はやめるつもりはないと語る。イスラエル側も「暴力が完全に停止されるまでは」交渉すら始めないと宣言する。

と要約する。

では両者にそうした阿鼻《あび》から抜け出そうとする意思はないのか、努力はないのか、といえば、

それは違う。パレスチナという一つの土地をめぐる二つの民族の争いが生じて以後、山をなす和平への希求、実践が重ねられてきた。いや、中東戦争と呼ばれる四度の正面きった戦いよりもひんぱんに、表裏にわたる和平への試みはくり返されてきた、とさえいえる。だが時にそこにさし込んだかに見えた光も、いまはまるで見当たらない。

――どこにも希望がないので、イスラエル人とパレスチナ人はこれまでやってきたことをくり返すだけになる。たがいの血を流しあうのである。

――双方とも勇者の平和を推進するより〈おまえがわたしを殺したから、わたしがおまえを殺す〉といった血なまぐさいバランスシートの原則で、こちらの死をあちらの死で均衡させることに忙しい。

グロスマンは無気力、さらには退廃と名づけたくなるようなこうした現状を直視した末に言う。

――双方ともこれまで百年近く、たがいに血を流し続けてきた。（中略）それでもパレスチナ人はイスラエルを破壊することができず、イスラエルは力ずくで占領地域の足元をかためることができない。

――いま目を大きく開いてみれば、二つの民族が忌まわしい対立に向かって歩んでいることはわかるはずなのに、おそらく憎悪と恐怖のために、目が見えなくなってしまっている。

結論は「いまやこの忌まわしい運命を防げるのはすばやい国際的介入だけ」となる。それにつづく「パレスチナあるいはイスラエル国民の友人を自認する人なら、誰も傍観していてはならない」という一節にも切羽詰まった響きがある。

とはいえ、これはあくまでも現実政治面での実際的な提言である。これによって彼グロスマンが問題の解決を国際場裏の顕官たちに預けてしまった、ということではない。彼はその一方で、パレスチナ人との抗争についてイスラエル社会がみずから語る「いつわりの物語」を次のようにあばいてみせるのだ。

――第三次中東戦争でイスラエルが大勝した一九六七年六月から（第二次）インティファーダが始まった二〇〇〇年九月までの三十三年間にわたり、イスラエルがヨルダン川西岸とガザ地区に加えてきた抑圧と占領と侮辱の歴史が、魔法の杖の一振りで消えうせたかのようだ。この長い抑圧の年月も、過去二年間のパレスチナ人のぞっとするような犯罪で「帳消しになった」と、いまでは多くのイスラエル人が感じている。現在の窮状のすべての責任はパレスチナ人にあると考えてほっとしているのである。

この筋書きにしたがえば、「二〇〇〇年九月にパレスチナ人は突如として、何の原因もなく自然発生的に爆発し、溶岩と灰を噴出し、中東地域のすべてを火災を巻き込んだ」ことになる。

グロスマンはここから「パレスチナ人を罰するだけでなく、自分たちがいま落ちている罠から自力で抜け出したいと思うなら目を覚ますべきだ」とイスラエル人同胞に迫る。同時に、三十五年間の占領によってイスラエルがパレスチナ人に与えた「巨大な苦悩」を認めつつも、耐え難い現状をもたらしたパレスチナ人の自爆テロについての「責任」も見過ごさない。自爆テロは「いかなる視点から見ても非人間的な要素を投げ入れた」と容赦なく断罪する。彼は「目もくらむような狂気」の一例として、テロリストの母親の述懐を紹介する。

――（彼女は）たのしそうに嘆く。いまや息子は天国にいけるのさ。息子がこのようにして死んだことの唯一の嘆きは「二十人のイスラエル人を道づれにせず殺された」ことなのである。

だがこれだけ異常さにひたされると、人はやがて異常を異常として感じとれなくなる。グロスマンはそれについて「イスラエル人にはおぞましいことが起きている。それはおぞましい出来事に慣れてきたことである」と書きつける。テロ事件、テロの負傷者や死者の光景、状況を伝える陳腐な表現、その一つひとつに「あまりにも慣れてしまったので……感情の表現までが常套句のように思えるほど」だという。

慣れが人々に内省を恐れさせ、「双方ともある種の麻痺した感情とともに」悪夢の中にうずくまる、というわけだ。そうした状況下で、彼は一つの「スキャンダル」を重視する。

二〇〇三年九月、イスラエル空軍のパイロット二十七人がパレスチナ市民に被害を与えるような「除去作戦」には今後参加しないという声明を発表したのである。

これはもともと、テロリストの指導者たちを殺害するための作戦だ。これまでイスラエル空軍は、テロリストに「照準を定めた殺害」を加え、一般市民への被害は極力与えないようにしてきた。それでもすでに無辜のパレスチナ人が数十名殺害されている、とパイロットたちは言う。

――軍が標的にしているのは、死に値する殺人者である。しかし地球上で最も人口が密集している地域の住宅地付近に一トン爆弾を投下せよとイスラエル国家がパイロットに命じるとき、じつはテロ組織と同じ戦術を採用していることになる。

つまりは、「国家がテロ組織のように行動することは許されない」という論理である。しかも今回は「その勇敢さと功績で伝説になってきたパイロット」が何人も加わっての拒否声明だ。

だが「この問題で深刻に懸念されるのは、パイロットの声に実際に耳を傾けたイスラエル人がこれまでほとんどないこと」だとか。

イスラエルの名のもとに何が行われているのか、イスラエル人は知りたくもないし、理解したくもない。パイロットたちには「裏切り者」という非難も集まる。民主主義の原則を裏切ったせいか。自身の政治的見解により任務を損ねたからか。グロスマンはそれらの重大さを決して無視はしない。だが次のように書くとき、彼の触覚は的確にイスラエル社会の病巣をとらえているように思える。

――パイロットが何かを裏切ったとすれば、現実を現実として認めることを拒むイスラエル人の合意を、国家の集合的な盲目状態を裏切ったのである。

思えば八七年に、グロスマンが第三次中東戦争でイスラエルに占領されたヨルダン川西岸地区の二十年後を取材して歩いたときにも、同じ動機がはたらいていた。彼はそこで「自分が知りたくない現実」とあえて向き合おうとした。そうしなければ、占領の現状と慣れ合って、「いかがわしい同盟」を結びかねないと考えたからだ。

そのときもグロスマンの発想と試みはイスラエルの公式的な態度からは遠く、私たちの固定観念にありそうなタカ派然としたイスラエル人の主張からも離れていた。そしていままた彼は、シャロン首相を押したて、あくまでパレスチナ人と対決しようとするイスラエル人の多数派に向けて冷静に、執拗に「困難な妥協」をうながそうとしている。「何かを変えずにやり過ごす一日ごとに、イスラエル人は破滅の淵へと一歩ずつ進んでいると考えるからである」。

グロスマンの発言は、それでも、この地にきわどく確保されている「表現の自由」ゆえに、私たちの手もとまで歪みなく届く。むろん、ことここに立ち至った現代史の深刻な亀裂を一挙にいやす特効薬など、彼我ともにあろうはずもない。だが少なくとも、考えることばだけは共有することができる。いまはただ、修羅のさなかから伝わる人間の声により鋭敏でありたいと心するばかりである。

（二〇〇四年六月二十一日記）

（注1）イスラエルは第三次中東戦争でシリア領ゴラン高原を占領、さらに八一年にはこれを事実上併合した。
（注2）D・グロスマン『死を生きながら　イスラエル　1993－2003』（二木麻里訳、みすず書房　二〇〇四年）
（注3）同右『ヨルダン川西岸　アラブ人とユダヤ人』（千本健一郎訳、晶文社）
（注4）同右『ユダヤ国家のパレスチナ人』（同右）

水上さんと文章教室

作家の水上勉《みずかみつとむ》さんが私たちの文章教室に見えたのは、一九九五年四月七日のことであった。「作家と共に考える」という公開講座で、「人はなぜ文章を書くのか」というテーマで水上さんに縦横に語っていただこうという企てだった。作家生活四十年を超える水上さんの思索と体験をふまえての話だ。
このとき水上さんは七十六歳。ざっと百人の聴き手を前に、進行役をつとめた筆者の問いに対して言葉を選び、また時には心をこじあけるようにして、得がたい答えの数々を披瀝してくださった。氏の突然の訃《ふ》に接して、あの日の水上さんの発言の精髄《エッセンス》をたどりなおし、その文章表現に熱と力を与えていたものを改めて凝視してみたい。

――まずは書くことへの出発点から。

私は若狭の大工の子なんです。小さいときに囲炉裏端でやけどして、いまも眉毛の上に傷がありますが、大工はよく火をたかないといけない。たえず木っ端《ぱ》やかんなくずが出るから。気がつくとその火のまわりで村の衆が話をしとる。マンキチのおっつぁん、トウベイのじさま、キュウスケのじさまたちが借金のことやとか、死んだらお前の近くの墓には入りとないとか、夜ばいのことやとか、自分の悪いこともポロリと出したりしてね。そんな学校もあまり行かんような人の会話にも含蓄ちゅうものがあった。そのなかに話し上手と聞き上手がいて話ができあがっていく。そういうことが、ものを書く以前の一番底の記憶としてありますね。私は旧制中学しか出てないせいか、学校教育ではのうて、こうした労働現場とつながったところからことばの根をいただいたような気がします。

――それがなぜ、書く方向に向かうのか。

洋服の行商をしとったんですよ。それがある日、松本清張さんの『点と線』読んで、これならおれもやれると思うた。それで書いたのが『霧と影』。だから洋服売るようなものでしたね。文章も純毛は長持ちするぞと思うたのと、化繊をだまして売るのはしんどいなあ、というところがあった。

当時は推理小説ブームだったので、人殺しすりゃいいんだ、と自分に言い聞かせてその方法を考えるという陰惨な生活です。でも体力的にあまり重い荷物も持てないし、小説書くほうが楽だった。それにたくさん書けば、おのずから自分の書いたものに教えられることもある。

――自分のものに教えられる?

文章を書けばおのずと、世の中に対する自分の姿勢を問われることになる。これなら大丈夫だ、あれじゃ通用せん、ちゅうことを仕事を通して友人に教えられる。おもしろいと言われるとうれしいし、あかんと言われればクシュンとする。その重なりですわ。

――「文章の師」について。

宇野浩二先生です。しゃべるように書くという方法を顕著に固持した作家です。先生は、名品といわれた小説「蔵の中」の書き出しを「そして私は質屋に行かうと思ひ立ちました」とされた。「そして」という接続詞から始めたのです。漱石さんの文学なんかでも、「智に働けば角が立つ。情に棹《さお》させば流される」みたいな名文ではじまる。名文だけど、いよいよ始まるぞ、というぶったい文章になる。カミシモを着だすような音がするよね。ところが「そして」なんていうと、マンキチのじさまがそこにおって、つい身近な話でもしとるような気になる。あーあ、小説はこういうふうに書きゃあいいんかと思うた。なるほど一番恥ずかしいことをごく自然に出せばいいんだと、そういうことですね。なぜあの鼻たれおなごにラブレター書いてふられたか。その気持ちをちゃんと話せたらマンキチのじさまになれる。書けたら文学にだってなりうる。言いえて妙、書きえて妙、しゃべって妙、というものを文章に正直に出す、ということでしょうね。

――代表作の一つ『飢餓海峡』について、これに副題をつければ「私の戦後史」だ、といっておられるのでおどろいた。個の生き方と社会の歴史が渾然と溶け合っているからです。

ともすれば人間は床《とこ》の間の柱になりたいもんやけど、大方は床《ゆか》の下に隠れとるたくさんの床柱《ゆかばしら》で、それが一番下で建物を支えとんのや。あの床柱を表現するのが人生の目的じゃないか。トコ柱の話はいっぱいあるよ。でも節だらけのユカ柱でええやんか。この「ユカ柱の追求」が私に『金閣炎上』や『兵卒の鬃《たてがみ》』を書かせたんです。

『金閣炎上』は、金閣を焼いた修行僧の男が私と同じ若狭の村の出で、私が九つで奉公に行った寺の先代住職が金閣寺の住職だったという巡り合わせですね。あの若い僧は犯罪人でしょ。しかも結果的には、お寺で犯罪人を養成しとったわけでしょ。それは小僧の育て方がおかしかったんですよ、和尚さん、と言ってやりたい。それであの若い僧の墓に供え物したいと思うた。

『兵卒の鬃』にしても、旧陸軍でいつまでたっても最下級の兵のままあしらわれた輜重輸卒《しちょうゆそつ》の体験をもとに書いた。天皇さんの馬の世話をする係ですよ。来る日も来る日も馬のお尻の掃除です。外に出れば馬は水をのむので小休止、大休止があるけど、そのために水をはこんでやる兵に休みはない。「シチョウユソツが兵隊ならば蝶やトンボも鳥のうち」なんて囃子《はやし》ことばまであった。恨み骨髄だね。それはもう話せば二千枚になる。

――恨み骨髄は、ものを書く強い動機になりますか。

遺恨千年というけど、人間は十年もたてば敵《かたき》の顔さえ忘れるもんかとも思うし、自分の暦の色分けが間違ってた、と悟らされることもある。ただ忘れちゃいかんこと、忘れられないことがある。人が自分に言うていったことばとか、そのときの顔つきとか耳の裏とかフクラハギとか……。人生の恨み、遺恨とは、そういうものの積み重ねですよ。

そうした具体的なものの連鎖。それを記録するということですね。歴史はおのずから、みなさんにもそれぞれ顔や姿をかえてしのび寄ってるはずですよ。文章表現なんか考えるなら、それを見のがさないように。それを落とさないように。しかも文章には省略という発想も必要だ。というわけだから、文章世界というのはしんどい。こわいよ。

ただ、こんなことがある。「飢餓海峡」を週刊誌に連載させてもらうとき、三行だけできとった。「海峡は荒れていた」から始めて中ほどの「海峡は凪いでいた」、それと最後の「海峡に日は落ちた」。これだけ。それで（四百字詰原稿用紙）千五百枚ですよ。六十万字田植えしたんやね。

――田植え？

原稿用紙は田んぼみたいなもんや。こちらは一字一字埋めとんのや、植えとんのや。囲炉裏端の子は、マンキチのじさまになって六十万字をついやす話をしてみたかった。だからユカ柱に気をつけんならんと思うたんです。で、中学しか出てない子がなぜ六十万字もの小説を書いたのか、とたずねられても、そんなこと答えられない。ただ書いてしまったんだよ。文章は自分から出るものです。人から出るものじゃない。

―水上さんは豊かな人生体験を多彩な文章に昇華された。そこで体験をいい文章に転化する力、知恵、方法についてうかがいたい。

そんなこと、ぼたもちのようには買えんよ。でも皆さんは文章をやろうっちゅうことで苦を平等に味わい始めた。文章を考えようなんて苦界《くがい》を自分で作ったんだから、しんどいよ。覚悟はいいか、ですよ。

私の場合、洋服で言えば化繊製品もぎょうさんつくったなあ。人によう着てもらえんようなものを。恥ずかしいなあ。何もかも化繊だとは言いとうもないけど。

ともかくみなさん、もう苦が始まったんだから、今晩からしゃべるように書くちゅうことですね。むかし宇野浩二先生のところに林芙美子が小説書けないのでどう書けばいいのかと聞きにきた。そのとき宇野さんは「林さん、しゃべるように書けばいいんですよ」といった。いま、それを思い出す。しゃべりすぎてもいかん。いいことをちゃんとスリムな形で話したら、人は自然、すわって聞こうとしますよ。

それと、何でもない数珠を作るつもりで始めたらどうでしょう。クルミの数珠玉なんか、一つひとつ色も形も違う。だからどこから作ってもいい。そうやって人生のあらゆるこまを、事件を、感情を書いていく。そういう自由な世界でもあるんだ、文章書くいうのは。人間なら数珠を一つ持てると思うから、そういうものを生み出すんだ。そんなのは自分で作るんだから、自分で磨きをかけるんだから、私に教えてほしいというもんじゃなかろう。

コオロギよ、秋が来てお前はなぜそれだけ歌をうたうのか、と聞かれたら、コオロギは、私はおなごを呼んでるんです、と答えるでしょうね。

そのあと「みなさんにお会いできてよかった。どうぞ息災で」とひとことあって、作家の言葉は終わっている。

この日からやがて九年半になる。九月八日、水上さんは信州の仕事場で卒然として逝った。大家然とした倨傲とは程遠く、年老いた六部の「気のよわり」からもかけ離れたまま。おのれの求める表現のありようを目指して、ついに足を止めえぬ旅人でありつづけた。

久方ぶりにテープを聴きなおし、謦咳《けいがい》に接する。そこによみがえる作家・水上勉の声は、あくまでも生気に満ちている。それだけに、水上氏の死によって突如、足下にうがたれた淵の深さが胸にせまる。

（二〇〇四年九月十五日記）

＊　　＊

そして彼らは、リズムになった　――映画『ベルリン・フィルと子どもたち』寸感――

目の前に二百五十人の子供たちがいる。八歳から二十歳前半までと年齢の幅はひろい。他人の体に触れるのを嫌がり物事を冷笑的に見ようとするマルティン、両親の離婚に傷つき投げやりになっているマリー、祖国ナイジェリアの内戦で両親を失ったオラインカ……。

二十五カ国からベルリンに集まった難民の子が中心である。屈折した成育歴から自らに自信が持てず、クラシック音楽にも興味のない彼らに、世界最高のオーケストラ演奏でダンスをやらせよう。そんな企画がもちあがった。

発起人はサー・サイモン・ラトル、二〇〇二年にベルリン・フィルハーモニー管弦楽団（以下ＢＰＯ）の芸術監督兼常任首席指揮者になった人物だ。彼は、音楽を通して子供らがもつ可能性を伸ばす手助けをしたいと、楽団の新たな活動として教育プログラムを発足させ、その一環に、「ダンス・プロジェクト」を組みこんだ。初回の課題曲に選ばれたのは、ストラヴィンスキーのバレエ音楽「春の祭典」だった。

子供たちはほとんどがダンスの未経験者。彼らを指導するのは、英国で「ソーシャル・アーティスト」の肩書きをもつロイストン・マルドゥームである。彼は欧州では高名な振付師で、二十年にわたって、年齢や能力、文化的背景の異なる人々が一緒に踊るという、ダンス・プロジェクト的集団の訓練にもあたってきた。

六週間という短期間に規律や鍛錬などとは縁遠いところで生きてきた子供たちが、大人がもくろむようなことを実現できるものかどうか。そんな疑問に頭を悩ませる前に、二人の映画監督はまず彼らにカメラを向け、音楽・舞踊のリハーサル場面、指揮者・振付師・子供らの動きと表情とことばを丹念に追っていく。

ドキュメンタリー映画『ベルリン・フィルと子どもたち』の筋立てをざっと描けば、こんなふうになる。

話はダンスのレッスンの場面とＢＰＯのリハーサル光景を交互に映し出しながら進んでいく。はじめのうち、子供らの反応や動きは、あくまでも鈍い。キョロキョロ、ワイワイ、ニヤニヤ。こんなダサい曲、ついてけないよ。そういわれても体が動かない。人の体にくっつくなんて、ぞっとする。そんな彼らに振付のマルドゥームが呼びかける。

「とにかく集中するんだ。静かに。人のいうことをよく聞くんだ。勝手に動くんじゃない。いい加減にやってたら人を怪我させることにもなる」

踊りの経験がない人間にとって一番難しいのは集中することだ、ということを彼は知り抜いている。舞台では約四十分、ひとこともしゃべらずに踊ることを求められるからだ。今の若者にとって、これほどの難題はない。だが、だからこそ彼は、それをレッスンの起点にする。マルドゥームの口調はゆっくりだが言葉は明快で、断固とした響きがある。自負と責任感がにじむ。

マルドゥームは一九四三年、ロンドンの下町生まれ。両親の不和もあって早くから独立独歩の暮らしを始めた。英国ロイヤル・バレエ団に魅了されダンスの道を志したが、本格的なレッスンを受けたのは二十二歳という遅ればせのスタートだった。紛争中のクロアチアやボスニアでダンス・プロジェクトに関わり、九五年にはエチオピアで当時追放されていたストリートチルドレンが出演するバレエ曲の舞台を成功させている。

「私はソーシャル・ワーカーではないし、セラピストでもない。私はレッスン場で、子供たちや大人たち、困難なことを習得しようとする人々や世界の優れたダンサーたちと、興奮し、失望し、怒り、喜びの感情を共にする。私はただそういった人々とともにすばらしい舞台を創りあげることに生きがいを感じているのだ」

彼は子供たち一人ひとりの目をのぞきこむようにして説くべきことを説き、また時には彼ら以上に軽やかに、しなやかに身を翻してみせる。「アートはコミュニケーションだ」という彼の持論が、じんわりと、あるいは激しく、若者たちの膚《はだ》にしみこんでいく。

他方、サイモン・ラトルは一九五五年、英国のリヴァプール生まれ。幼い日のクリスマスに両親からドラム・セットを贈られ、以来、音楽にのめりこむ。「新年になる前にもう、ドラムの皮を破ってしまったほど叩きまくった」

労働者・中産階級の男の子が音楽家になりたいなんて、という当時の風潮の中でひたすらわが道を目指す。十九歳のとき指揮者のコンテストに優勝し、プロの音楽家人生へ。新世紀のはじめBPOが彼に芸術監督就任を求めてきたとき、彼らはこう言った。

「BPOを十九世紀や二十世紀から進化していない古いオーケストラではなく、二十一世紀の新しいオーケストラにしたい」

ラトルにすれば、ダンス・プロジェクトをはじめとする教育プログラムも、その実践の一つだった。彼はリハーサルでBPOの名うての奏者たちに容赦なくダメを出し、あるべき音色なりリズムなりを引き出そうとする。「もっと地の底から響き始め、大地を断ち割るような音色を！」と叱咤したりして。

「他者とどう付き合うか、共同作業をどう行うか、感情をどう表現するかなどを教えるのに芸術を用いるんだ。特に十代はいろいろな感情が内面から湧き出てきているのに、それをどう表現したらいいかわからず破裂しそうになっているだろう、『魂のにきび』っていったらいいかな。芸術は……何かを癒すだけでなく、ほかのものを学ぶ手助けにもなるんだ」

やがてダンスと音楽のすり合わせが始まる。子供たちはBPOの稽古場に出かけ、初めて「春の祭典」の生演奏に触れる。「世界的に有名なボス」、サイモン・ラトルにもじかに接した。振付師マルドゥームは語る。

「演奏が始まると子供たちは集中し、静かになり、『どこが自分の踊るパート?』と聴き入っていることがはっきりわかった。この雰囲気が、アートが起こる瞬間なのだ」

そのあと、指揮者もまた、ダンスを仕上げた子供たちのリハーサルを目のあたりにする。ラトルは見終わってひとこと、マルドゥームにささやく。「ぶっ飛んだよ《ファビュラス》」

一方は、はじめチャランポランにやっていたが、途中から「やればできる」と目の色を変えだした子供たち。もう一方は、「人々にBPOの音楽は自分たちの音楽だ、自分たちに必要なものだと思ってほしい」と創意をこらす演奏家たち。両者が合体して共同作業の成果を披露したのは二〇〇三年一月二十八日、場所はベルリン郊外のベルリン・アリーナだった。二千五百人の観客は舞台を包む強烈なリズムのうねりに酔った。ロイストン・マルドゥームはそのときのことを、次のように分析してみせる。

「舞台に上がった子供たちは静かでとても集中しており、音楽が静まると子供たちも止まり、音楽が始まると音に反応するように踊り続けた。彼らは今やアーティストになった。彼らは踊り手なのだ。彼らはアーティストのように考え、踊った。それはすぐにわかった。彼らは自分の人生という旅に出たのだ」

振付師は子供らを調教し、挑発し、潜在力を引き出していった。音楽家は「自分たちの演奏や個性や愛で子供たちがどうしたいかに反応し」ようとした。子供たちも、ついにはこれに呼応しようとした。呼応せずにはいられないような高い技量と情熱と魅力が、大人たちの側に備わっていたからだ。

子供大人を問わず、それぞれの役割に応じたリズム感が全体をおおい、同時にそれぞれのプレーの連係効果が一つの目標に向かう推進力をいちだんと高めた。そして彼らは、リズムになった。

"RHYTHM IS IT!"(「リズムこそすべて」)という原題のもつ荒々しいほどの活力が、改めて五官を揺さぶる。

(二〇〇四年十二月二十日記)

2005

平成17年

秋霜烈日の光景

三月の声を聞いたとたん、分厚い凍土をたち割るようにして三つの「事件」が目の前に現れた。一つはハンセン病問題検証会議の最終報告書、二つ目は盧武鉉・韓国大統領の日本に対する「真の自己反省」要求、そして第三は東京高裁による「横浜事件」再審支持決定である。

どれも概要はすでに伝えられているから、その点は簡略にすませたい。ここではおのれの日常感覚がどのように揺さぶられたかを、一個の覚え書きとして記しておきたい。

まず「最終報告書」について。

ハンセン病はかつて「業病」と信じられ、「国辱」とみなす風潮さえあったといわれる。それが一九〇七年の「らい予防法」の制定を促す。この法律の眼目は、患者の「隔離」にあった。これによって多くの人々のあいだに差別と偏見がひろがったという。「政府が法律までつくって隔離するほどだから、強い伝染力をもった恐ろしい病気なのだろう」という受け止め方だ。

その後、らい予防法は何度か「改正」されるが(一九三一、五三年)、「絶対隔離」規定が残されたためにハンセン病患者への差別は根をはり続けた。行政、あるいは「国策」の恐ろしさである。

医学の面でも闇は深い。一九四七年、日本でも新薬プロミンによる治療が始まった。これは劇的効果をみせた。一方でこの病気が伝染力の弱いことは専門医のあいだで、とうに知られてもいた。にもかかわらず故・光田健輔氏らをはじめとする専門医は五一年段階でも国会の証言で「手錠をはめてでも」患者を収容すべしとする「強制隔離の信念」を主張し続けていた。折しもこの時期、光田氏は「救らい事業への貢献」を認められ朝日新聞社社会奉仕賞(五〇年)、文化勲章(五一年)などを受賞している。

こうした専門医のあり方をめぐって「報告書」は、「療養所を従来どおり維持し、自分たちの地位を守りたかったからだ」と批判している。同じ問題について、九八年から二〇〇一年にかけて熊本地裁でのハンセン病国家賠償訴訟にかかわった八尋光秀・弁護士の次の説明は、さらに事態をはっきりさせてくれる。

『隔離』というのは、患者さんを療養所に隔離するということだけでなく、日本の医療全体のなかからハンセン病に関する専門的な知識を隔離し、社会全体からも切り離すということでした。(中略)ハンセン病医療が一般医学界から隔離されていて差別的な発言も是正されることなく、それを当然とみなす空気があったのです」(注1)

「行政と医学という、この国の二つの最強の連合軍」によって患者たちが「踏みつぶされ、もてあそばれた」(注2)といわれる所以である。

この項の最後に、権威や権力とはおよそ対極に立つ人々とハンセン病患者のつながりを物語る、ある報告を紹介しておきたい。

筆者は民俗学者・柳田國男門下の後藤興善。後藤はかつて播磨を中心に生活するサンカと接し、彼らが世に捨てられた癩患者を仲間に迎え入れる、という話を聞き取っている。

「山窩《さんか》は救われない癩患者を哀れみ、重症の者をも彼らのセブリ（仮小屋、または天幕＝筆者注）の中に置き、よくいたわってやるという。漂泊者たる山窩と共に癩病患者が国中を歩きまわっているという事実は誠に戦慄すべきことである。（中略）骨肉を分けた血縁者からも、社会からも捨てられて、頼るべき何ものをも失って了《しま》った哀れな天刑者にとっては、山窩こそ温情の救世主なのである」（注3）

後藤はまた、親しくなったサンカの一人、ケンタ君とのやりとりから、

「ありゃうつるもんやありへんぜ」「あゝいう可哀そうなもんに善根を施すと、きっとえゝ報いがあります。そら妙だっせ」

といったことばをも引き出している。

もっと知られていい話だろう（注4）。

三月一日の盧武鉉大統領の演説に先立つ十日ほど前のこと。文章教室で紹介された作文の一つに一九一九年、ソウル近郊で起きた提岩里《チョアムニ》事件に触れたものがあった（注5）。

三・一独立運動がらみで、朝鮮人がこの地方の警官駐在所を襲い、日本人巡査一人を殺したことに対する日本憲兵隊による報復虐殺である。四月十五日、憲兵隊は訓示があるといって村の主だった者三十人余を教会堂に集めて監禁し、これに火を放ち、逃げ出てきた人は機関銃で射撃し、二十八人を殺害したというのである（注6）。

作文の筆者は十五年ほど前に現場を訪れてその話を聞き、「どうしてこんなことも知らなかったのか、と戸惑いながら懸命に考え、感想を述べようとした」と書いている。「どうしてこんなことも……」という件《くだり》に違和感をいだいた人もいた。「私たちが生まれるはるか以前の出来事ですよ」という心の動きだ。

加害者の末裔にすれば正直すぎるほど正直な反応といえるかもしれない。だが独立を犯されていた民の記憶が百年やそこらで消え去らなくとも、これまた不思議はないだろう。さらにいえば、歴史的な事実を知り、記憶し、考え抜くべきは加害者の側であろう。そうした感覚がこの筆者に「どうしてこんなことも……」と書かせたのではないか。

そして十日後、盧大統領は「過去の真実を解明し、心から謝罪し、反省し、賠償するものがあれば賠償し、和解する」ことが「過去清算の普遍的な方式」であり、日本にはそうした努力が足りない、と述べた。

日本ではあげて「韓流」ブーム。すでに両国で「未来志向」の関係構築も確認されている。そこへ大統領演説が水をかけた、ということか。日本では大新聞でさえ、社説で「戸惑い」を表した。だがそれほど驚くことなのだろうか。日本では過去になりつつあること、過去にしようとしていることが、韓国ではいまなお、消化しきれない問題として生きつづけている。思えば両者は互いに陰と陽ほど開きのある歴史を刻んできたのだ。そのくらいの落差はあって当然。またそう心得て付き合うほうが、彼の国とは、より熟した関係が築けるような気がする。

付け加えておきたいことがある。三・一「暴動」に対して、日本政府による朝鮮支配の最高機関・朝鮮総督府は同じ一九一九年、一つの制令を公布した。「朝鮮総督府大正八年制令」である（注7）。

「政治ノ変革ヲ目的トシテ多数共同シ安寧秩序ヲ妨害シ又ハ妨害ヲセムトシタル者ハ一〇年以下ノ懲役又ハ禁錮ニ処ス云々」

これはその後、長く朝鮮の人々の解放運動を弾圧するために悪用されたという。さらにこれが、「治安維持法の先駆」（注8）だと知ったら、もう他人事ではすまない。朝鮮の人々に向けられた官憲の刃《やいば》は、そのまま日本の民草を押しつぶす凶器にもなったのだから。

治安維持法。一九二五年に公布され二八年、四一年と「改正」されたこの法律が四五年十月に廃止されるまで、どれだけ言論・思想の自由を圧迫したかはいうまでもない。この法律が猛威をふるった名高い事例の一つに「横浜事件」がある。新聞の用語解説には――

戦時中の一九四二年、雑誌『改造』に載った政治評論家・細川嘉六氏の論文「世界史の動向と日本」が共産主義の宣伝だとして、警視庁が細川氏を治安維持法違反容疑で逮捕。これを皮切りに神奈川県警特高課が改造社や中央公論社などの出版人ら約六十人を逮捕。四人が獄死し、約三十人が有罪判決を受けた。

とある（三月十日付『毎日』夕刊）。

元被告は八六年七月以来、九四年七月、九八年八月と三度にわたり有罪の汚名をそそぐために再審請求をくり返した。その間に元被告は全員死亡、その後は遺族らが裁判のやり直しを求めつづけた。第三次請求でやっと横浜地裁が再審開始を決定（二〇〇三年四月）、つづいてこの三月十日、東京高裁も検察側の抗告をしりぞけ、この再審決定を支持したのである。

元被告たちに共通していたのは「当然の無罪要求」であり、「たとえおそきに失したとしても誤った裁判はただされなければならないし、おかされた個人の名誉は回復されなければならない」（注9）という意識だった。

とはいえ彼らはいずれも、「非国民は殺してもいい」という警察・検察の発想や拷問にあって自白を強いられたのだ。個々に官憲の非を打つ言葉には火を吐くような趣がある。そのなかの一人、故・畑中繁雄・元『中央公論』編集長は、こう書いたことがある。「再審の結果、われわれの無罪が立証されたら、四十余年前、われわれを計画的に犯罪におとしいれた彼らの犯罪行為が、逆に立証される論理となるだろう」（注10）。「彼ら」とは、「戦時下の言論大弾圧のステップストーンたらしめる陰謀に主役をつとめたであろう内務官僚や司法官僚」（注11）をさす。それはまた、同じ畑中氏が横浜事件の裁判について喝破した、「犯人が被害者を裁いた」という評言ともつながる。

以下に、今回の高裁決定とは直接、関係のないことを書きつけておく。

では、戦時下に威力を発揮した治安維持法は四五年八月十五日の戦時の終結とともに消えてなくなったか。それによって獄につながれた人は、ただちに解き放たれたのだろうか、ということだ。

それがそうでない証拠に、同法違反で東京豊多摩拘置所に収監されていた哲学者・三木清はそのまま留め置かれ、戦後一カ月以上もたった九月二十六日に獄死している。また八月十五日、同様に獄中にあった歴史家・羽仁五郎はその日一日待ちに待ったが、だれ一人「かけつけてきて鍵をはずしてくれなかった」と証言している（注12）。彼がじっさいに獄を出たのは「九月なんにちだったかな」という状態だった（注13）。

言論・思想の自由について国民のほうも、よほど鈍感だったことを示す実例だ。こちらもくり返し肝に銘じておいたほうがよさそうだ。

＊　＊　＊

三つの出来事はその根をたどれば、二十世紀初頭から中葉前にまで行きつく。遠い時代の出来事にも見える。だがどれも、古色蒼然とか過去の亡霊といった、ありきたりな表現で片付けるには、あまりに苛烈な要素をはらんでいる。それほどまで私たちの同時代史にしつこくまわりついてくるものがある。

時が経てば、放っておいても春の光は無心にさしこんでくる。だが歴史にひそむ闇を照らす知性の明るさは、たんに季節の移ろいとともにやってくるものではない。人の知ろうとする力、考えを深めようとする力が作動しなければ、手に入れることはおろか、近づくことすらおぼつかない……。

早春の束の間、秋霜烈日の光景について多少とも思いをめぐらしてみた。


（二〇〇五年三月十五日記）

（注1）日本弁護士連合会編『ハンセン病・いま、私たちに問われているもの』所収（クリエイツかもがわ、二〇〇一年）
（注2）光石忠敬・弁護士の発言（同右所収）
（注3）後藤興善『又鬼と山窩』（書物展望社、一九四〇年。批評社から八九年復刊）

（注4）『三角寛サンカ選集』第十一巻「解題」（千本記）参照（現代書館、二〇〇五年）
（注5）武田敏子「伝言」（二〇〇五年二月）
（注6）山辺健太郎『日本統治下の朝鮮』（岩波新書、一九七一年）
（注7）同右。
（注8）同右。
（注9）海老原光義（元『中央公論』編集部員）「横浜事件―いかにしてねつ造されたか」（岩波ブックレット78『横浜事件―言論弾圧の構図』所収、一九七八年）
（注10）畑中繁雄「再審裁判を請求して」（同右）
（注11）同右。
（注12）鶴見俊輔 対談、編集『語りつぐ戦後史（上）』所収（講談社文庫一九七五年）
（注13）同右。

英霊雑感

い、あの神社には、国のために一身を投げ出した戦死者、すなわち「殉国の英霊」が祭られているという。その数は約二百五十万人。そこでは、明治維新時の戊辰戦争での官軍の戦死者から「大東亜戦争」（アジア・太平洋戦争）で戦死や戦病死した軍人・軍属らまでが、「神」として遇されているのだ。

私にも身近な英霊が二人いる。一人は日露戦争で戦死したサワダ・モエモン上等兵、もう一人は第二次大戦中、フィリピン戦線で倒れたサワダ・シゲノスケ軍曹である。

モエモン上等兵の死後、十九歳の妻ミネは東京近在の農家にひとり置き去りにされた。ミネは間もなく遠縁の農民、サワダ・ジサブロウと結婚した。ジサブロウとミネの間には、その後、二男二女が生まれる。次女がヤエ（筆者の母）、その弟の長男がシゲノスケ（同叔父）である。

シゲノスケは大学を出て間なしに、日中戦争の拡大とともに兵役にとられ、中国大陸を転戦した。やがていったん除隊となり結婚。束の間、会社員生活を経験したが昭和十九年六月、再度召集され、南方に赴いた。後には妻ユキと生後六十日の女の子が残された。戦後、ユキのもとに、まず国から夫の「戦死公報」と石ころの入った「骨箱」が届けられ、数年後、戦地ミンドロ島でシゲノスケの部下であった、当時の新進流行作家オオオカ・ショウヘイが現れて、サワダ軍曹の「マラリアによる戦病死」を伝えたのだった。

ユキは現在八十五歳。薬剤師の免状を手に一人娘を独力で育てあげた。その娘もいまや六十一歳で子や孫に囲まれ、健やかでいる。

となれば、ミネもユキも夫を戦地で失って後、まだしも恵まれた部類の生き方ができたというべきかもしれない。だがそれぞれ、否応なく夫を奪われた衝撃の深さについては、結果論からでは言いつくせぬものがあったはずだ。いくら歯がみしてもしたりない無念の思い、といったものが。

＊　＊　＊

近頃、この国の首相があの神社に参っては中国などアジアの国々の神経を逆なでしている。

彼は口を開けば「日本が軍事大国になるため参拝しているのではない」といい、「A級戦犯のために参拝しているのではなく、多くの戦没者に敬意を表している」という。特攻隊の遺書に涙する首相にすれば、参拝は「信条から発する」行為であり、つまるところは「心の問題」ということらしい。

議論はいつもここまでだ。日本軍の軍靴に踏みにじられ、砲火に巻きこまれた他国の民にすれば、その一切を命じたものたちをも併せて祭ってある社《やしろ》にぬかずく指導者の開き直りを認めよ、と言われているようなものではないか。

首相なる人は「信条」や「心」といった、主観的要素が熱烈ならば、同じ場所に安置された戦争犯罪人の犯罪と責任は消えてなくなる、とでも考えているのだろうか。人はいかにのどの渇きを覚えても、毒の入った水を飲むだろうか。「私は毒を飲む気はない。水がほしいのだ」。そんな呪文めいたことばを唱えさえすれば、毒は都合よく水と分離するものだろうか。

お国のために散った英霊を悼む。彼らの献身ぶりを忘れない。どちらも、それ自体は大切なことだ。だが、ことばが美しすぎる。カッコよすぎる。これでは、戦死者たちの、のっぴきならぬ死の瞬間の様相が抜け落ちてしまう。

例えば歴史家の故黒羽《くろは》清隆は日中戦争を白兵戦を主とした戦いであるとし、兵士の死に方の多い順に①頭部貫通銃創、②胸部貫通銃創、③腹部貫通銃創をあげているという。①は鉄かぶとをかぶっていても、百メートル以内では防具として役に立たないという事例。②では、左側を撃たれれば大方は死ぬ。③は腸の切断、膀胱の破裂などで、もっとも苦しむ傷となった――という分析である（注1）。

この黒羽について、同じ歴史家の鹿野《かの》政直が「死に方を提示することで、戦争の美学に対して戦争の実学の概念をうちたてた人間」と評する所以である（注2）。

だが、戦場の露と消えた兵士にあるものは、被害者という側面ばかりではない。「東洋平和」、あるいは「東洋永遠の平和」といった大義名分のもとに戦場に投げこまれた彼らは、いつか「僕の一番の楽しみは（「土匪」の）討伐だね」と言いだす加害者に変わっていく（注3）。そしてまた、「土民」から食料やら労働力やら、はては性までも「徴発」し、「日本人と生まれた幸福」を感じたりする存在でもあったのだ（注4）。

こうして被害、加害両面を担い、死地に追いこまれていったことを見落とすと、英霊の無残な境涯の全体像をとらえそこなうような気がする。事実、生き残った元兵士もこう記している。「恐ろしいことだが、兵士は一度残虐行為がもたらす愉楽を覚えてしまうと、もう病みつきになり何度でもやりたくなってくるのだ。殺人だけではない、略奪然り、放火然り、強姦然りである。／そして、こういうことをいくらやっても、大日本帝国という後ろ盾がある以上、兵士はちっとも怖くないのである。罪の意識など全然感じる必要はないのである。／それどころか、日本が戦争に負けて大日本帝国が崩壊しても、戦後何十年たっても、帝国時代に兵士としてやったことはなんら反省する必要はないのである。日本人として善良な市民とはそういうものなのだ」（注5）

戦場で朽ちた兵士の話は、巡りめぐって、いつか「善良な市民」、つまり私たちの話に変じている。英雄的兵士もおぞましい兵士も、こぞって「銃後」の社会が送り出したものである以上、兵・民の一体化は避けられぬ帰結というものかもしれない。

だとすれば同様に、参拝問題も一首相の屁理屈やそれをもとにした愚行というだけではすまなくなってくる。この人を首相に押し上げたのはほかならぬ私たちなのだから。しかも、この首相が率いる内閣への支持率は再び上昇傾向にあるというではないか。首相にあびせる批判がわれわれ多数の身にそのままハネ返る、という悲喜劇が日々、進行しているわけだ。

思えばこの国の民は昭和三十年代の前半、大東亜戦争開戦時の閣僚で戦後A級戦犯の容疑を受けた、「昭和の巨魁《きょかい》」を首相の座につけた実績を持つ。折から「もはや戦後ではない」という官製の謳い文句が、巷に出回っていた……。

＊　＊　＊

ところで、あの神社脇の「わが国最古の軍事博物館」では「私たちは忘れない！　感謝と祈りと誇りを」という五十分のドキュメント映画を常時、上映している。「東京裁判で歪められた歴史の真実に迫る」という触れこみだ。この博物館の使命は「わが国の自存自衛のため……尊い命をささげられた英霊の、御遺徳を顕彰し、英霊が歩まれた近代史の真実を明らかにする」こと、とある。

首相の「かゆいところ」を補って余りある美々しい言辞にみえる。首相の思い入れと相まって、当の英霊の居心地やいかに。改めて、「老日本兵」を自認する詩人・井上俊夫のことばに目をこらしてみたい。井上はみずから、「中支」戦線で捕虜を殺してきている。

「……おれがもし戦死者なら／異国の密林や曠野で野晒《のざら》しになっている方が／よっぽどいい／誰にもかえりみられず／そのまま土になってしまう方が／はるかにましだ。」

『『国のため命ささげしひとびとの／ことをおもえばむねせまりくる』／といった昭和天皇の

下手糞でいいかげんな和歌が／秩父宮妃殿下染筆の石碑となって／麗々しくかかげてある／千鳥ケ淵戦没者墓苑などに／絶対に収容されたくない。」（注6）

かつての戦友の詩を、この墓苑のすぐ隣に眠る霊たちは、どのように聞くだろうか。

私とこの社に祭られた人々との具体的なつながりは、二百五十万分の二という、かそけき縁《えにし》にすぎない。それでも敗戦時には満十歳に少々足りないながら、いっぱしの軍国少年気取りでいた。お国のために死ぬことに全身であこがれていた。事と次第では〈九段〉へ直行、ということもないではなかっただろう。英霊は、とても他人事ではないのだ。右のようなやんごとなき筋の歌などに出会うと、つい昔どこかでかじったドイツ語の一節が浮かんでくる。

「王はなぜ災厄をもたらした後に平和を築くのか。災厄の前にではなく」（傍点筆者）、"Warum der Koenig macht nach dem Schaden Frieden, und nicht vor dem Schaden?" ――

いまさら「後」とは言語道断。首相も私たちも最低限、「前」を守りきろうと腐心することが先決だろう。

（二〇〇五年六月七日記）

（注1）鹿野政直『兵士であること―動員と従軍の精神史』（朝日新聞社、二〇〇五年）
（注2）前掲書。
（注3）同右。
（注4）同右。
（注5）井上俊夫『初めて人を殺す―老日本兵の戦争論』（岩波現代文庫、二〇〇五年）

（注6）前掲書。

ひと夏の顚末

九月二十日から、また大学の講義が始まる。聞くほうも気が重かろうが、話す側もあまり意気があがらない。夏休み明けの一種の欲求不満が古稀を目の前にしてまでつきまとうとは、思ってもみなかった。

そういえば、同じようないやな感じは休みのすぐ直前にもあった。四月から七月までの前期のレポートを採点していたときのことだ。四クラス分で総数八百二十八編。ゆうに段ボール一箱分はある。これをざっと一週間でこなす。いまさら肉体労働としての野蛮さを言いたてる気はない。ただ読んでいて、どうにも違和感がつのるのだ。

「ホロコースト（第二次大戦中のナチス・ドイツによるユダヤ人大虐殺）について考えたことを論述せよ」というのが、全体に共通な課題だ。学生たちは一週間かけて仕上げる。分量は八百字程度。何を参照してもいい。だれと相談するも可。ただ最終的には、できるだけ自分の頭、自分のことばで考えぬいたことを書いてほしい、と言っておいた。

ところが、できあがったものをみると、「ホロコーストはなかったのではないか」という趣旨の答案が、かなりある。この種のレポートは数年前からちらほら現れだしたが、ここへきてメッキリ増えた、というのが実感だ（注1）。

もちろんこちらも、「ホロコースト否定論」がネオナチの動きと結びついて欧米に出回っていること、またそれが近年、インターネット情報として日本にもひろがりつつあることは承知している。たとえばこんなふうに——

○(強制収容所の)ガス室で死んだ人の死体解剖記録が存在しない。
○焼却処分したはずの数多くの死体の灰が発見されていない。
○収容所の遺体の死因は「発疹チフス」等の伝染病によるもので「毒ガス」によって殺害されたと断定された遺体は、一体も確認されていない。
○ユダヤ人迫害はあったにしても大量虐殺までしていたとはかぎらない……。

いずれも事実をもとに批判・反論され、決着のついたものばかりである。だがいわゆる「修正派」の、歴史を歪曲しようとする試みには根強いものがある。時の経過とともに被害・加害の両当事者が消えていき、六百万人ものユダヤ人らが組織的に抹殺されたなんて信じられない、といった集団的な記憶の「風化」現象にも拍車がかかる。

授業にもほとんど出ず、自分なりに事実の記録にあたる時間もないまま、レポートの締切りが迫る。インターネットにとびつく。そこに待ち受けているのが修正派の発信する情報だ。それを簡単に信じこみ、反射的に引きうつす。歴史の改ざんというもおろかな初歩的逸脱や、曲解が始まる。コトは、どうやらこのように進行しているかにみえる。

そこでこちらとしても、レポートの課題を出すと同時に「否定論」への警告は発しておく。たとえば、アウシュヴィッツから生還したイタリア系ユダヤ人化学者・作家プリーモ・レーヴィの著作(注2)から次のような一節を引いて。

「この戦争がどんな形で終わろうと、われわれはすでにおまえたちに勝利している。おまえたちの誰ひとり生きて証言することはできないだろうし、たとえ誰かが生き残って語ったとしても、世界は信じないだろう。（中略）われわれはおまえたち諸とも証拠を全滅させるから、確かなことは何も分からなくなるだろう。たとえ何か証拠が残ったとしても、おまえたちの誰かが生き残ったとしても、おまえたちの言うことはあまりに途方もないので信じられない、と人びとは言うだろう。（中略）彼らが信じるのはわれわれ、すべてを否定するつもりのわれわれであって、おまえたちではないのだ」

レーヴィら「囚人」は戦争中に強制収容所でナチス親衛隊員から、こう吹きこまれていたという。

だがそうしたこちらのメッセージも学生たちには十分、浸透しなかったようだ。おのれの未熟な授業ぶりにホゾをかむ一方で、ぬれ雑巾で顔をふかれたような後味の悪さが、どうしても残る。

前哨戦が終わって休みに入る。乱読が始まる。会社の先輩で途中から大学の教員に転身したPさんが、かつてこんなことを言っていた。「教師というものは、たいした業績などなくても、夏、冬、春と長い休暇があるせいか、本だけはやたらに読んでる」

「本だけは……」のところぐらいはあやかりたいと思うが、それもなかなかおぼつかない。そんな貧弱な読書体験のなかから、とりあえず印象に残った本を三冊あげておこう。

①髙山文彦『火花―北条民雄の生涯』（角川文庫、二〇〇三年）

②同　右『水平記―松本治一郎と部落解放運動の一〇〇年』（新潮社、二〇〇五年）

著者は一九五八年、宮崎県生まれ。法政大学で探検部員として山野を探索し、学生組織の執行委員もつとめた。そのころ大学の学生会館に寝泊りしていて手にしたのが北条民雄という作家の代表作「いのちの初夜」であった。一九三〇年代のハンセン病患者の絶望的境遇から書かれた生と死の葛藤に吸い寄せられた、と高山氏は言う。

病に肉体を侵され、社会の偏見と差別に痛めつけられつつ、北条はいかにして小説家への道を切り開いていったか。また彼の才能と作品を世に送り出すために、当時の花形作家・川端康成がいかに力をつくしたか。北条の生の軌跡もさることながら、彼と伴走する川端の編集者としての熱意と力量が、また鮮やかに浮かび上がる。

北条は「いのちの初夜」の中で同病の人々についてこう書いている。「人間ではありませんよ。生命です。生命そのもの、いのちそのものなんです。（中略）あの人たちの『人間』はもう死んで亡びてしまったんです。ただ、生命だけが、ぴくぴくと生きているのです」

高山氏はここから「じつに単純で冷厳な生命肯定の大いなる讃歌」を読みとり、わずか二十三歳でこの世を去った「天才作家」の足どりを丹念に、しかも興味深くたどっていく。

②のおわりで同じ著者・高山氏はこう記している。「松本治一郎の伝記を書こうと思いいたったのは、神田神保町の古書店で一冊の本に出会ったのがきっかけである。『松本治一郎伝』（解放出版）と背表紙にあった」。さらに続けて「こんな人物がいたのかと思った。一般のたいていの人は松本治一郎の名前を知らないだろう。一九五八年生まれの私も知らなかったのだ」とも正直に述べている。

松本は一八八七年、福岡の被差別部落に生まれた。戦前には全国水平社の委員長をつとめ、戦後は参院副議長にまでなったが生涯、被差別の民の解放を目ざして闘った。ここでも髙山氏は、山をなす資料に目を通し、可能なかぎり関係者に会って、松本の生きた社会的風土とそれにまつわる人間群像を克明に彫り上げた。

松本は若い水平社の同人に「生き抜け、その日のために」と書き残している。著者は松本のこのことばに次のような北条民雄の文章を重ねて、そこに二人ながらの「真理」を見出そうとする。「人間は、なんにも出来ない状態に置かれてさえも、ただ生きているという事実だけで貴いものだ」

③森正蔵『あるジャーナリストの敗戦日記　1945～1946』（ゆまに書房、二〇〇五年）

森は一九〇〇年滋賀県生まれの毎日新聞記者である。三五年から四〇年までソ連特派員。第二次大戦中から終戦までは論説委員。その後、社会部長など要職を歴任しつつ敗戦から復興の道をたどる日本の同時代史を紙面に反映させていく。この本は彼が遺した日記を公刊したものだ。

戦時下の言論を担当したものとして、自らの戦争責任をめぐる彼なりの考察もきちんと書かれている。だが彼は戦後も筆を折らず、「文章報国を生涯の事業と志し」、それによって「国家に対する過去の責任を償」おうとする。その態度をいま言あげするのはやさしい。だが時代による流され方も含めて、事実を事実として書きつけていった森の率直さを凝視することが先決だろう。危機にさいしてのジャーナリストの器量というものについて思いめぐらすためにも。

尻軽の徒は、映画館をも徘徊する。のぞいてみた映画の題名だけあげておく。＊『マイ・ファーザー』（米）。＊『輝ける青春』（伊）。＊『ヒトラー　～最期の12日間～』。＊『ライフ・イズ・ミラクル』（仏、セルビア＝モンテネグロ）。

容赦なく時が過ぎる。超大型ハリケーン「カトリーナ」が米国深南部ルイジアナを直撃。かの国の一角に突如、アフリカ難民があふれ出たように、被災者には圧倒的に黒人の姿が目立つ。新刊本屋の棚から新書版の本（注3）をなにげなく手にしてあっけにとられた。こんな記述があったからだ。

――一九五七年六月、ルイジアナ州キャメロン郡を「オードリー」という名のハリケーンが襲った。災害社会学者らの調査では白人の死者は二百十五人で白人人口の四パーセント、黒人は百九十人で黒人人口の三十三パーセント、人口比では黒人の死者・行方不明者の割合は白人の八倍以上になる。

――人種による被害格差の原因は①黒人の多くは海岸近くの低湿な沼沢地に住んでいた。②避難するための自動車がない。あるいは避難のために必要な手持ちの現金がなく、ほとんどの黒人は動かなかった。③教育程度の低さゆえに、災害警報の意味がわからなかった、などであった。

いま、ニューオーリンズなどから届くニュースとの酷似ぶりに目をみはる。

念のために、もう少し古い本をひらいてみる。「内幕もの」で有名なジョン・ガンサーの名著の一つとされる「アメリカの内幕」（鹿島研究所出版会訳・刊、一九六五年）だ。するとその

「終楽章《フィナーレ》」に、こうある。

「アメリカのすべての問題のうち、陣痛のような、また癌のような、また緊迫するような重大な問題は、黒人問題である。これは現代の政治的、社会的条件の下では、大いに改善することはできるけれども、解決することの不可能な問題である」

一九六〇年代。米国では黒人をはじめとする少数グループが教育、貧困、住居、選挙、司法などの分野での差別に抗議し、白人と同等の権利保障を求める公民運動が高揚期をむかえた。その結果、六四年、連邦議会は「南北戦争以来最も強力な公民権法を制定した」（注4）というのに。

「カトリーナ」の急襲は、米国の制度の奥深く潜む病巣をいっきにさらけ出した感がある。

そしてしんがりは「地すべり的」だの「大雪崩」だのといった紋切り型の形容詞付きでもたらされた、わが日本国の選挙結果である。「与党圧勝」とはすなわち、「ユーセイ」一本槍で他を押し流した土砂災害的政治勢力がトキの声をあげている図でもあろう。ただ土木工学じみた語彙が似合うからといって、これは決して不可抗力による自然現象などではない。ほかでもない、この国の選挙民の多数が自ら呼びこんだ政治状況なのだ。少なくともさし当たっては、与党に何もかもお任せ、という「自由な手」を与えた。そうとられても抗弁のしようがないだろう。

それが民意だ、というなら、民意を表明したものは、民意を託したものたちから多少の不都合なあしらいを受けても泣き言は言わないことだ。最低、そのくらいの意地を張って与党の親玉だの子分だののやり口と対峙したい。

そんなやせ我慢など無用。いつでも力のあるものに寄りそって、パイの切れっ端なりとありつきたいと思うのなら……。そのときは『堕落論』（坂口安吾）や『絶望の精神史』（金子光晴）といった書に接して、つくづくおのれの顔を映してみるのも一興だろう。

出だしが出だしだったせいか、快活さとはついにほど遠いまま。切れぎれの思いを述べたてて、ひとまず顚末記の幕としたい。

（二〇〇五年九月十三日記）

（注1）全体のなかの正確な割合や内容については、時を改めて点検・分析する。
（注2）P・レーヴィ『溺れるものと救われるもの』（竹山博英訳、朝日新聞社、二〇〇〇年）
（注3）広瀬弘忠『人はなぜ逃げおくれるのか』（集英社新書、二〇〇五年）
（注4）斉藤真他監修『アメリカを知る事典』（平凡社、一九九四年）

境界のあわいで

この秋、私は古稀の一線を越えた。還暦では赤いちゃんちゃんこだの頭巾だのを身につけて好々爺ぶりを発揮したりする例が少なくない。そのせいか、枯木にしてもまだ愛嬌なり彩りなりが感じられる。だが古稀の二文字にはいささか荒寥感がただよう。いかに六十、七十はハナ垂れ小僧という時代になっても、「古来稀《まれ》」ともなると、わが身も含めて友軍の手薄さが身近に予感されるからだ。

そうはいっても凡々の日を送る身、国境をまたいだくらいで周辺の光景が激変するわけはない。それに、本や新聞などに包囲されての毎日はドキドキやワクワクとはほど遠いが、そうくすみっぱなしでもない。

そこへ一通の便りだ。つい先日、高校の同期会の折に撮ってもらったスナップ写真が入っている。同封のメッセージに、七十二人の参加で古稀の集いとしては盛会だったが、これがピークになるかもしれない。「これからはお互い命がけでお会いしましょう」とあって、ちょっとうめいた。

その直後、別の友人の勧めにしたがって、なにげなく『私は誰になっていくの? アルツハイマー病者からみた世界』(注1)という本を手にした。するとそこには、認知症(痴呆症)をもつ人自身による詳細で切実な生活記録が書かれていて、いたく胸をつかれることになった。

著者はクリスティーン・ボーデン。オーストラリアの科学行政や政策面にかかわってきた上級行政官で、また三人の若い娘をもつシングルマザーとして息せききった日々に明け暮れていた、という人だ。

一九九五年五月、そのクリスティーンにアルツハイマー病の初期という診断が下され、六カ月後に診た、別の神経医のセカンドオピニオンも同じで、診断は確定した。四十六歳だった。

彼女が目にした資料には、予想される生存年数は最初に症状がはっきり現れてから六年から八年、と記されていた。

頻繁な偏頭痛の原因を調べるための検査で、脳細胞の緩慢な消失が発見されたのだった。偏頭痛が起こった引き金として彼女は、「首相・内閣省の第一次官補（省の上位から二番目の地位）として仕事をうまくこなしていくことや、一九九三年初めに離婚したことによる心の傷と家計の圧迫」をあげている。労働時間は週七、八十時間、「ふくれあがった書類のカバンを持って家へ帰るのが毎晩」という事情も重なった。

「冗談でしょう。アルツハイマー病になるには若すぎるわ！」と一蹴しようとした。じじつ身体はどことといって悪いところがあるようにはみえない。が、問題は頭の内部にあった。頭のなか全体に霧がかかっていて何をするにも大変な努力とコントロールがいる。そこに居るだけでも「まるで爪を立てて絶壁に張りついているように感じる」

こうしてクリスティーンは仕事場を去り、「痴呆を生きる旅」に乗り出すのだ。とはいえ、「とにかく私は、仕事や娘に注いだと同じ力をもって、このアルツハイマー病に立ち向かおうと心に決めた」だけあって、気丈さはケタはずれだ。

クリスティーンは痴呆症の人々の悲しみ、不安、恐怖、希望といった主題を、当事者の立場から世間に訴え始める。だがその話を聞いた人たちは、あなたは痴呆症ではない、と口々に言う。痴呆症といえばだれもわからなくなったり、話せなくなったりする状態だ、という思いこみがあるからだ。

だがそれは、痴呆後期の症状に対する固定観念にあてはまらないだけのこと。「正常」と痴呆の二つの世界を知るものとしてクリスティーンは「今、私ができないことはたくさんありますが、できることもたくさんあります」と言いつつ、常識の「ウソ」を食い破ろうとする。

病は好転と暗転をくり返し、「まるでジェットコースターにのっているような」変化をみせる。だが大方の日常は「のんびりするだけでも」感じる疲労、「ざるのような」記憶力、一瞬あって次の瞬間にはなくなる思考力、それに「陣痛が頭にくるような」偏頭痛の波状攻撃にさらされている。そういうときは「話すこと、読むこと、書くこと、数を数えること、そのすべてがぐちゃぐちゃ」と言われれば、やはりたじろぐ。

しかし、だからまた、「そんな変化に身をまかせて、明晰な思考とエネルギーが時おり勝手に爆発するのを最大限に活用する」ことにもなる。時間の処理感覚がないので過去も未来もなく、「その日をつかむ」人ののっぴきならぬ集中力に圧倒される。その力がまた、一つひとつの考えに全神経を動員させ、すばやくそれを紙に書くかパソコンに打ちこませる。そのあと通読して筋道だった文章にしていくのだという。

かと思うと突如、ソルジェニーツィンの『収容所群島』が出てきて読み手を面くらわせたりもする。話の流れや登場人物がだれなのかを追うことに疲れ、読むことを断念した、という友人の話だ。だがインターネット仲間が彼に声をかける。「あきらめずに『収容所群島』を手にとってほしい。ソルジェニーツィンはわれわれがこの痴呆症という強制収容所で（その日その日を）生き延びる励ましになるはずだ……そして勝手に流し読みすればいいんだ、と思うこと」と。時をえた、しかるべき一言が効果を発揮するいい例だ。さらに、この発信者自身もまた痴呆症をもつ社会学の元教授であるときくと、コトの深刻さが改めて身に迫る。

彼女は残された力をふりしぼって、九七年にこの本を書き上げた。このときもまた、本当に痴呆症をもつ本人が書いたものか、という疑問の声があがる。専門家のなかにも彼女の痴呆症という診断は誤診ではないかと疑うものがいたというから、なまなかな話ではない。

それほど驚きにみちた書を送り出したクリスティーンが二〇〇四年には第二の書『私は私になっていく 痴呆とダンスを』（注2）を出したのだから、これはもう快挙としかいいようがない。「いったんやり始めたら終わるまでやめられず、頭はそのことで一杯になってしまうのが彼女の症状の一つである」という訳者の解説があるが、それにしてもタフだ。

それだけではない。著者名が前著のクリスティーン・ボーデンからクリスティーン・ブライデンに変わっている。一冊目を書き上げた翌年、結婚したのである！

相手のポール・ブライデンは元オーストラリアの外交官。趣味はヨット、音楽鑑賞、バイクに旅行。孤独感にさいなまれたクリスティーンが結婚相談所に登録しておいたのだ。「こんなふうに衝動に突き動かされて行動するのはまったく私らしくなかったけれど、もしかしたらそれこそが痴呆の兆候だったのかもしれない」

ポールの父はアルツハイマー病で亡くなっていた。二人には、この相談所は「老犬の館」であり、ともに年老いた迷子の犬のようで、もらわれる先を探しているみたいだ、と言い合ったりするユーモアの感覚があった。

ポールはクリスティーンが人生をフルに楽しむ決意がある人だと感じる。「アルツハイマーについての私のイメージが変わりました」。そして彼女の「脳、考え、心、性格、知識と恋に落ちたのです」という。「皮肉にもその部分こそが徐々に衰えていくのです」と見抜いていながら。それにもまた、凡夫は舌を巻かずにはいられない。

こうして二人は痴呆の旅をつづける「ケアパートナー」になる。しかもそこで生き残るために痴呆による障害と闘うのではなく、「痴呆とダンスすることで適応」しようとするのだ。「パートナーのどちらかが主導権を握ったり、二人が離れてみたり、リードを交替したり」という手法で。とはいえ痴呆のダンスは容易ではない。この症状は多くの点で「本人とその家族がスティグマ（烙印）のために孤立してしまう社会の病気だ。それは楽しいものではない」

烙印とは、あの人たちは能力のない人、地域社会の一員になる資格のない人、というレッテル貼りをさす。「正常」者には、いかにも重く、苦いことばだ。

では、それでもなおポールがケアパートナーでいられるのはなぜか。彼は妻の長所をみることが大事だ、と強調する。「彼女にはもともといろいろ能力がありました。普通の人は三つのボールを同時にあやつることができるとすれば、彼女の場合は六つのボールをあやつることができました。三つを失ってもまだ三つ残っているのです……」


ここで思い出すのはローマの賢人キケローがあげてみせた老年を惨めにする四凶である。すなわち公的活動からの引退、肉体の衰え、快楽を奪われること、死に近いこと、である。彼はそれぞれについて克服の秘訣を雄弁に説き明かしたが、クリスティーンとポールは彼らなりのやり方で老いと同等、同質の容赦ない圧迫感を日々乗り越えようとしている（注3）。

古稀への越境を果たしたとたんに、今後待ち受けるものの一端を直視させられた衝撃を、できれば無にしたくない。ならば、やがて付き合わなければならぬはずの意識の境目なり生死の分かれ目なりにどう対処するか。またしてもキケローのことばが思い浮かぶ。「人生における老年は芝居における終幕のようなもの。そこでへとへとになることは避けなければならない、とりわけ十分に味わい尽くした後では」。さらに彼は、「日々何かを学び加えつつ老いていくことこそ快楽、という先人のことばをも引いている。

クリスティーン夫妻は今まさに、自らの必要性と創造性に応じてこうした考え方を実践している。ここは遅ればせながら、二千年前の先達の知恵と南半球に生きる現代人の言動をいっきに心に焼きつけておくことにするか。とりあえずは能天気暮らしの埋合せに。いやそれ以上に、越境第一段階のささやかな営為として。

（二〇〇五年十二月六日記）

（注1）原題は「死ぬとき、私はだれになっているのだろう」。訳書は二〇〇三年、クリエイツかもがわ、訳者・桧垣陽子。
（注2）訳書は二〇〇四年刊。版元は同右。訳者・馬籠久美子、桧垣陽子。
（注3）キケロー『老年について』（岩波文庫、中務哲郎訳）

2006

平成18年

白バラ―ミュンヘン―パレスチナ

この春、心に残った二つの映画をもとに多少の感想を記しておきたい。一つはドイツ映画『白バラの祈り―ゾフィー・ショル、最期の日々』(二〇〇五年)、もう一つはアメリカ映画『ミュンヘン』(同)だ。ちなみに「心に残った」とは、改めて現代史を考え直す契機になった、というほどの意味である。

まず前者から。ゾフィーは二十一歳、ミュンヘン大学で哲学と生物学を学んでいる。同じ大学の医学生で三歳年上の兄ハンスとその仲間とともにヒトラー打倒運動を進めて逮捕され、短時日の尋問・裁判を経て処刑された。映画は表題どおり、彼女の言動を中心に進んでいく。

ヒトラー体制下のドイツ国民に「自由」を呼びかけた、「白バラ」運動の紅一点ともなれば、戦後、時代が一転して、ゾフィーが暴力や抑圧に立ち向かう市民的勇気の象徴とされても不思議はない。それはユダヤ人の一少女アンネ・フランクが六百万人にものぼるホロコースト犠牲者のシンボルあつかいされるのと似ている。

マルク・ローテムント監督は、だが、ゾフィーをいたずらに英雄にはまつりあげず、彼女の知性と勇気を浮かび上がらせようとする。端的に、ことばの力と闘いによって。

たとえば秘密警察《ゲシュタポ》の取調官ロベルト・モーアは四日間の尋問のなかで国家社会主義《ナチズム》の意義、指導者原理、ドイツの名誉などを説き、ゾフィーに呼びかける。「なぜ若いのに誤った信念のために危険を冒す？　なぜ恵まれているのに我々のように考えない？　……信念を捨てれば助けてやる」

ゾフィーは答える。「見当違いです。私はもう一度、すっかり同じことを繰り返すでしょう。考え方のまちがっているのは私ではなく、あなたのほうなのですから」

彼女はこの時期、スターリングラードでドイツ軍が壊滅的敗退を喫したこと、占領地ポーランドでナチスによるユダヤ人大虐殺がおこなわれていることなどをあげて反駁する。その土台には兄ハンスら、東部戦線の帰還兵から伝えられた体験、見聞、事実認識がある。

直ちに起訴、裁判へ。だがそれも午前九時から午後二時まで、わずか五時間の一方的な裁きだった。ここでもまた、ナチズムの教義を盾に、反論・弁護を認めず被告人を断罪する、たった一人の判事ローラント・フライスラー裁判長と、それを冷静に聞きとり、「やがてあなたがこの（被告）席に立つことになる」と静かに言うゾフィーとの対比が際立つ。

こうして一九四三年二月二十二日、民族裁判所はショル兄弟らに「反逆準備及び敵側幇助《ほうじょ》のかどで死刑及び公民権剝奪」の判決を下す。「手斧による斬首刑」が即日、執行された。

なお、戦後四十年たった一九八五年一月、ドイツ連邦議会の全党一致の声明書は、この法廷について次のように指摘している。「（それは）憲法にかなう司法裁判所ではなく、国家社会主義独裁制を強要するために使われたテロの道具だった」

「白バラ」からざっと三十年後の一九七二年九月、「奇跡の経済復興」をなしとげた西ドイツは、同じこのミュンヘンでオリンピックを開催する。その選手村でパレスチナ・ゲリラ「黒い九月」がイスラエル選手団を襲い、十一人を惨殺するという事件が起きた。スティーヴン・スピルバーグ監督の『ミュンヘン』はそれにまつわる復讐譚《たん》を主題にした作品である。

その後すぐさまイスラエル政府は報復を決意し、「神の怒り作戦」に乗り出す。命を受けたイスラエルの秘密情報機関「モサド」は暗殺チームを組織し、パレスチナ側の首謀者たち十一人を次々抹殺していく。追う者と追われる者はヨーロッパ全域から中東へと目まぐるしく移動しつつ、「活劇」を演じ続ける。この映画を見る目も、ともすればそこに吸い寄せられる。だがそうした映画的語り口をうのみにするだけでは、コトの本質は一向につかめないだろう。

コトの本質とは何か。パレスチナ側の「テロ」とその後のイスラエル側の「報復」という流血の連鎖の根底には、「パレスチナ問題」が横たわっている。つまり、そこにはパレスチナという一つの土地をめぐって、ユダヤ人とアラブ人、二つの民族が占有権を争うという、二十世紀前半にまでさかのぼれる根深い対立が埋めこまれている、ということだ。

一方に、ナチス敗北後に始まったユダヤ人たちのイスラエル建国にかかわる精力的な営為がある。他方には、それにともなってパレスチナの地を追われていったパレスチナ・アラブ人の怨念やら抵抗の激化という現象がある。栄光と破局。まさに天地の差だ。そこから、溺れる者同士が一枚の板をはさんで生死を争う無間《むげん》地獄さながらの構図が定着していく。

あるいは、こう言いかえてもいい。ナチスやホロコーストは一面で、ゾフィーらの輝かしい抵抗やアンネ・フランクら無辜の民の救いなき死をもたらした。だが別の面からみればそれは、二千年来、流亡の民として世界各地で差別され迫害を受けてきたユダヤ民族が、パレスチナの地では先住の民に対して「加害者」に転じるという、とてつもない歴史の皮肉を生むことにもなった――と。パレスチナ人が「ホロコーストの究極の被害者は自分たちだ」と主張する所以だ。

そうこう考えれば、『白バラ』にも『ミュンヘン』にも、今につながる現代史が脈打っていることが胸に落ちる。さらには、いま目の前で進行中の、パレスチナ分離策を推進しようとするイスラエルとそれに反発するパレスチナ側・イスラム原理主義組織「ハマス」主導の新政権との角突き合いにも、これと地続きの歴史の鼓動が受け継がれている。そんな実感もわいてくる。

その意味ではスピルバーグの「パンとサーカス」風手法も、ある種の歴史的眺望をうながす効用はある。

（二〇〇六年三月三十一日付『朝日』）

ひるがえって、身近にある昨今の新聞をひらくと、こんな記事にぶつかる。

――安倍晋三官房長官は昨年暮れから、ある映画を周囲に薦めている。『ALWAYS 三丁目の夕日』。東京タワーが完成した一九五八年の東京の庶民生活を描いたヒット作だ。

この年、安倍氏は四歳。時の首相は祖父の故岸信介氏。国論を二分した安保改定が二年後、という時期にあたる。日本人が貧しさをかかえつつ、米国流の豊かさを求めて悪戦苦闘していた時代への郷愁、というものか。これを見れば私も、目がうるみそうだ。だがそれ以上に自己愛、自己憐憫、はてはジコチューといったものへの、おびえにも近い気持ちがある。「白バラ・ミュンヘン・パレスチナ」につらなる歴史感覚に、より敏感であろうとする意識もはたらく。この映画をほめそやす声に違和感が消えないのは、たぶんそのせいだろう。

（二〇〇六年四月四日記）

参考文献

『白バラ』関係

①H・フィンケ『ゾフィー21歳 ヒトラーに抗した白いバラ』（若林ひとみ訳、草風館）

②C・ペトリ『白バラ抵抗運動の記録 処刑される学生たち』（関楠生訳、未来社）

『ミュンヘン』関係

①M・バー＝ゾウハー＆E・ハーバー『ミュンヘン』（横山啓明訳、ハヤカワ文庫）

②A・J・クライン『ミュンヘン』（富永和子訳、角川文庫）

「パレスチナ」関係

①E・W・サイード『オスロからイラクへ 戦争とプロパガンダ 二〇〇〇―二〇〇三』（中野真紀子訳、みすず書房）

③D・グロスマン『死を生きながら 一九九三―二〇〇三』（二木麻里訳、みすず書房）

映画とサッカーの効用 ―アフリカへの接近―

……フツがツチの支配を覆して権力をにぎった。それを機に、フツ至上主義者はツチの高官や住民、さらにはフツ穏健派の大量虐殺に手を染め、三カ月の間に概算百万からの死骸の山を築いていった。人口八百万ほどのところで。一九九四年四月、アフリカの中央部ルワンダ国で起こった惨劇である。

ツチ、フツがこの国をほぼ二分する部族名、くらいの知識はあった。だがいつ、何ゆえに、どのようにこの事件が起こったのか、までは知るよしもないままに過ぎていた。

ならばこの春、『ホテル・ルワンダ』という映画（南アフリカ、英、伊）を一本見ただけでその経緯なり構造なりがつかめたか、といえば、そんなことはない。ただ、この事実をもとにした劇映画に接して、これだけの大事《おおごと》に対する、日本とアフリカとの隔たり以上の、無知と無関心に起因する隔絶感ともいうべきものを思い知らされた。それが衝撃だった。それで精一杯だった。

第一、加害者のフツ集団と被害者のツチ集団にしても、人相風体だけでは、どちらがどちらやら区別がつかない。聞けば両者は同じ言語を話し、同一の宗教を信じ、互いに婚姻を重ね、長らく混住し、小さな首長社会で同じ社会的・政治的文化を分け合った、と、いうではないか（注1）。

歴史をさかのぼると、十九世紀末にドイツが、長らく農耕と牧畜を支えてきたこの肥沃な大地の間接統治に乗りだしている。ドイツの力を得て、ツチはフツをおさえつづけた。第一次大戦後、国際連盟はこの国をベルギーに「戦利品」として与えた。ベルギーはルワンダの分裂を図り、国民をフツ族（八十五パーセント）、ツチ族（十四パーセント）、それに穴居人のトゥワ族（いわゆるピグミー。一パーセント）に分類してIDカードまで発行する。ここから人種差別思想が浸透していった（注2）。

一九五九年、この四国の一・四倍の国に「フツ革命」が起こってフツが実権を握り、ツチの王族は周辺国へ亡命する。六二年独立。このあたりからフツの対ツチ虐殺が目立ち始め、六四年には英国の哲学者バートランド・ラッセルもルワンダ状況について「ナチスによるユダヤ人の抹殺以来、我々が目撃するもっとも恐ろしく組織的な虐殺」と述べているほどだ（注3）。当時、核兵器廃絶運動の先頭に立っていたラッセル卿の視線は、さすがこの世界奥地の異変にまで届いていたことになる。

フツ、ツチ双方の反目、憎悪の根は、このようにいかにも深い。西欧植民地主義の残滓もからむ。武器はマチェーテ（山刀）、マス（釘を埋め込んだ棍棒）、自動小銃、手榴弾などなど手当たりしだいだ。大虐殺のむごさを後世に残すため九〇年代後半まで、殺戮現場となった一部の教会は虐殺当時のまま放置されていたという（注4）。

では、少なくとも九四年の時点で国連は何をしていたのか。

現地の国連軍指揮官でカナダ人のロメオ・ダレール少将は大虐殺の三カ月前、フツ民兵の上層部から来たるべき事件の正確な青写真を入手していた。彼は国連平和維持活動の責任者コフィ・アナン（現・国連事務総長）あてにFAXでそれを送り、武器集積場の摘発にも意欲をみせた。だがアナンの副官からの答えは「やめておこう。（国連）ルワンダ支援団の任務を超える」というものだった。その後副官は「責任は私にある」と言ったが、「だからといって何が起こっているかをアナン氏が知らなかったわけではない」とも付け加えた（注5）。

＊　　＊

それにしても同じルワンダ人の生死を分けるツチとフツの違いはどこにあるのか。『ニューヨーカー』の記者でもあるゴーレイヴィッチによると——

「フツ族はずんぐりして丸顔、肌が黒く、鼻が平らで唇が厚く、顎が四角いとされる。ツチ族は痩せ型で顔が長く、さほど色黒でなく、鼻が細く、唇が薄く、顎が尖っている。だが自然に例外はいくらでもある」（注6）

また、毎日新聞記者の藤原章生は、八十歳をこえるまで生き延びたフツの一人、「ガブリエル老」とのインタビューで「ツチとフツの違い？　そりゃ、神様だけが知っている謎ですよ」ということばを引き出している。そしてこの老人が、「殺し合い。それは風のようにやってくる。雪のようには来ない」とつぶやいたことも耳にとめている（注7）。雪のように時間をかけてゆっくり舞い降りてくることはない。一陣の風のようにやってきて、あっという間に去っていく、と言いたかったのだろう——という推量を加えつつ。

これがつまりは、「仲間」と「ゴキブリ」を分別する「根拠」というものか。人種主義《レイシズム》のいかがわしさ、度し難さの一端がおのずと浮かび上がる。

＊　　＊

そして梅雨空がひろがるころ、ドイツでワールドカップ（W杯）の幕が開いた。折から、それをめぐる地球規模の関心の高まりがうらやましい、とあのアナン事務総長が各国の主要紙に論説を寄せた（注8）。サッカーように満天下注視のもと、国連が「人権」という競技で各国の競り合う舞台になってほしい、というのである。

彼の母国ガーナは今回がW杯初出場。アナンはこれを「名誉の架け橋」だという。アンゴラのように長年、内戦にあえいだ国にとっては「国家再生の大きな踏み台にもなろう」とつづける。さらに「内戦で分裂状態にあるコートジボワールのような国」にとっては「国家再生の希望」だ、といずれも「国家の誇り」とのかかわりを強調する。

アフリカ・シフトはアナン発言だけではない。わが文章教室でもMさんが、十三年前、ボランティアとしてアンゴラに滞在し、内戦で傷ついた子供たちの物乞い姿に接したことがある、という文章を発表した（注9）。

こうなれば、日本チームはどうなる、という関心とは別に、ついアフリカの動きにも目がいくことになる。気がつくとガーナがチェコを破っている。コートジボワールはオランダ、アルゼンチンに敗れたが、アンゴラはメキシコを相手に「史上最高」のプレーを展開、引き分けにもちこんだ。トーゴは韓国、スイスに敗退したあと、間もなく旧宗主国フランスとぶつかる。ふだんとはだいぶ違う感覚のうごめきだ。このぐらいのことは、なんとか長もちさせよう。

一つのボールを蹴り合ってゴールをめざす争いでは、同一・共通のルール以外に勝ち負けを律する基準はない。だからでもあろう、アナン氏はいう。「W杯は才能とチームワークがあれば、どの国のチームにも本戦出場できる機会が与えられている」

だがMさんが続けて書いていた次の一節には、それ以上に切実な要素がある。「銃を持って警戒にあたる兵士も、ほとんどが中学生くらいの子供であった。サッカーをしたくてもできずに兵士にとられた若者も少なくなかったはずだ」

それでもアンゴラは、からくも世界のピッチにたどりつくことができた。だが、ルワンダの名はまだ見当たらない。平和の時を奪われている国や地域は、いぜんこの場の歓声から締め出されたままだ。

こうしていま二つの言葉を並べると、アナン氏の公正重視の姿勢もさることながら、Mさんの「不在者」への眼差しに、より心が傾く。そのうえで、未知の場所の未知の人々に向けて想像力をはたらかせたい。

（二〇〇六年六月十九日記）

（注1）フィリップ・ゴーレイヴィッチ『ジェノサイドの丘―ルワンダ虐殺の隠された真実』上（柳下毅一郎訳、WAVE出版、二〇〇三年）
（注2）同右
（注3）同右
（注4）同右
（注5）同右
（注6）同右
（注7）藤原章生『絵はがきにされた少年』（集英社、二〇〇五年）
（注8）コフィ・アナン「W杯開幕　人々の熱気　国連も夢見る」（二〇〇六年六月十日付『朝日新聞』）
（注9）味田村太郎「平和な時間」（二〇〇六年六月十日提出）

ウリの死、デイヴィッドの生

八月十三日午前二時四十分、エルサレム近郊の自宅の呼び鈴が鳴った。訪問客はインターホンを通じて、軍の者だと名のった。二階で休んでいた五十二歳のデイヴィッドは玄関に向かいながら「ああ、ついに来たか」と思った。いま、イスラエル人がこの時刻にたたき起こされるとしたら、とくに説明の要はなかった。

はたしてウリの戦死の知らせだった。ウリは十二日、イスラエル国境とはほんの目と鼻の距離にあるレバノン南部の小村で軍事作戦中、ヒズボラの対戦車ミサイルの直撃を受け、三人の兵士とともに命を失った。二十歳。次の誕生日を二週間後にひかえていた。また十二日といえば、国連安全保障理事会の決議にもとづき、レバノンでのイスラエルとヒズボラの停戦が発効する二日前のことだ。

父のデイヴィッド・グロスマンはイスラエルの代表的な作家で、平和運動家としても名高い。イスラエル人とパレスチナ人は同じパレスチナの地で、それぞれの主権国家をつくって共存する以外に道はない、という考え方を一貫して推し進めてきた。それはたとえばウリがまだ一歳のころに書かれた、イスラエルの占領地(現在はパレスチナ自治区)ヨルダン川西岸のパレスチナ人たちをめぐるルポルタージュ『黄色い風』(注1)にも色濃く現れている。

デイヴィッドは今回のイスラエル・ヒズボラの戦闘では最初の一カ月近くはイスラエルの攻撃を支持していたが、八月十日にいたって態度を一変させた。ウリの死の二日前だ。その日、彼は自国の地上戦拡大策に反対し、交渉による解決を政府に迫ったのだ。そのための記者会見には、彼と並ぶイスラエル文学界の重鎮アモス・オズ（注2）とA・B・イェホシュア（注3）が同席した。

デイヴィッドはこの場で、「この場合の力の行使は中東および全世界のイスラエルに対する憎しみの炎を煽るだけでなく次の戦争をもたらし、中東地域全体を全面戦争に巻きこむだろう」と述べた。ここで攻撃を拡大すればレバノンのシニョーラ政権の崩壊を招き、イスラエルが破滅させようとしているイスラム教シーア派組織ヒズボラを力づけることになろう、というのである。オズもこれを受けて、『悪の枢軸』を破り、『新しい中東』を創り上げ、レバノンの顔を一新させようと考えるのは妄想というものだろう」と発言した。

彼らのそれまでの沈黙は多数派国民の感情の反映でもあった。すなわち七月十二日にヒズボラがイスラエル北部に越境侵入、兵士八名を殺害し二名を拉致したことに対する報復としてイスラエル軍の攻撃を容認していたのだ。だが政府のレバノンでの作戦拡大決定をみてグロスマンらは、イスラエルはすでに「自衛権を使いはたした」と言いきり、「ヒズボラはわれわれをレバノンのどろ沼に引きずりこみたいのだ」と警告した。「力で動かないことによって、はるかに力を蓄える」というやり方を提唱したのである。

ヒズボラ（神の党）はもともと、パレスチナ・ゲリラの北からの浸透を恐れたイスラエルがレバノン南部を占領下においた一九八〇年代初頭、レバノンの反占領組織としてつくられたものだ。以来、グロスマンはイスラエルの同占領地からの撤退を強く説き続けた。

「ヒズボラがわたしたちより公正であるからとか、道徳的にみて優れた敵であるからではない。……イスラエルは国際的に定められた国境まで下がり、占領状態を終結させ、どの敵にもイスラエルを攻撃する権利をあたえないことが肝要なのである。それによってヒズボラに対してはるかに固い決意を示し、倫理的にも優位に立つことができる」（注4）

さらに「わたしたちの内側で燃える……傲慢の炎に、若い兵士たちの命を注ぐことをやめよう」（注5）と呼びかけ、「負けても、それで死にはしないのだ」（注6）と、あくまで「生」を重視した。

二〇〇〇年五月、イスラエル軍は十八年におよぶ占領を経てレバノンから撤退した。これによってヒズボラはイスラエルに対する武力抵抗の理由を失った。ところが今年六月末、イスラエル南のガザ地区でイスラム原理主義組織ハマス（献身）によるイスラエル兵拉致事件が起こった。背後には交渉を排除し、一方的にパレスチナ分離策を推進しようとするイスラエルとそれに反発するハマスとの根深い対立がある。この事件を機にイスラエルがガザへの報復攻撃を重ねるうち、ハマスの対イスラエル攻勢に呼応する形で北のレバノンでヒズボラが火の手をあげたのである。

思えば一九八二年のイスラエルのレバノン侵攻から二〇〇〇年にかけて、また八〇年代終わりの第一次インティファーダ（パレスチナ人の民衆蜂起）以後というもの、デイヴィッドは妻のミハルとともに数多くの反戦集会やデモに加わってきた。それぞれの場に息子のヨナタン、ウリの姿もあった。

家族や友人たちの話では、ウリも父親と同じようにアラブ人とユダヤ人は共存の道を探るべきだと考えていた。だがこれまた父同様、ナチスが支配するヨーロッパからの難民の一族ゆえにシオニズム思想（注7）への傾倒には揺るぎないものがあり、兵役も当然の義務とみなしていた。ウリは機甲部隊に属し、戦車長になった。そのウリについて父デイヴィッドはこう追悼する。

「君は君の大隊内では左翼だったが、それでもそれゆえに敬意を表された。君には君のものの見方があり、それでいて軍務は何ひとつおろそかにしなかったからだ」

デイヴィッドはまた、こうも言った。

「私はいま、君が死んだ戦争についてあれこれ言う気はない。ただ私たち一統はすでにこの戦いに敗れた。イスラエル国家はこれから自らを見つめなおすはずだ」

ウリはエルサレムの実験学校に学ぶ身で、十一月に軍務を離れしだい世界旅行に出て演劇研究を進めるつもりだった、といわれる。

一方、兄ヨナタンは二十四歳。弟が入隊する一週間前に兵役を終え、ウリが戦死したときは南米コロンビアを旅行していた。

彼は、弟は「自殺的任務」に送りこまれたのだ、とイスラエル政府への怒りを隠さない。事の経緯はこうだ。今回の停戦決議が国連安保理を通過したのが八月十一日。それが効力を発するまでの二日間にレバノン内でのヒズボラに対するイスラエルの優位を最大限確保するために投入された兵力の一部——それがウリの部隊だった。それかあらぬか、ウリが戦死した当日、イスラエル軍はそれまでの一カ月余にわたる戦闘で最悪の、二十四人の犠牲者を出した。

ただ、ヒズボラはどんなに攻撃能力が高いといってもレバノンの正規軍ではない。つまりはイスラエルを敵視するイラン、シリアの支援を受けた民兵組織である。対するイスラエル国防軍は中東一の軍事力を誇る精鋭軍団だ。ヒズボラがいかにレバノンのシーア派住民の「海」の中で巧妙なゲリラ戦を演じようと、両者の被害規模は桁違いである。

八月十四日のＡＦＰ電ではレバノン側の死者一千百八十五人（うちヒズボラ戦闘員六十一）、負傷者三千七百人。他方、イスラエル側は死者百六十人（うち軍人百十九）負傷者八百九十人以上、となっている。インフラその他の物質的損害の差は、改めていうまでもない。

それにまたウリの死の悲惨さは、双方にみられる他の多くの名もない戦闘員、非戦闘員の死の無残さと何ら変わるところはない。いや、もっと孤独な、救いのない死もいくらだってありうる。当然ながらこうした点は肝に銘じておいたほうがよさそうだ。

だが、あるいは、それゆえにというべきか、人々を死にいたらしめる戦火はどの方向からでもやってくる、という事実も忘れたくない。善玉・悪玉、良い戦争・悪い戦争といった図式的なとらえ方は、戦争そのもののもつ非情さにたいしてまったく通用するはずもない。あげく、どこからでも飛んで来かねない——あるいは飛ばしかねない——流れ弾に当たっても文句はいえないのである。


イスラエルに、こんなブラック・ユーモアじみた話がある。若いカップルの将来設計について の発言。「結婚して、三人子どもをもつ。二人じゃなくて三人。そうしたら一人死んでも、二人残るから」（注8）。これを聞いて、いかにこの国の人々が死と紙一重で生き慣れているからといってこうまでとは、とデイヴィッドは深い嘆息をもらした。そしてその彼自身、このたびはしなくも、その種の境涯に突き落とされたと思えば、現実の容赦なさに改めて息をのむ。

だがそれに続けて彼デイヴィッドは一つの希望を書きつけていた。生きていくことを望むなら、残された唯一の道は和平だといい、こう結んでいたのだ。「それでもイスラエル人と穏健なパレスチナ人はたがいに助けあってこの平和の道を進んでいる。……若いカップルが子どもを三人、あるいはもっと欲しがるような人生、それは子どもたちを育てるのが喜びだから、といえるような人生へ向けて」（注9）

それに加えて、末娘ルティのたくましい楽観主義的態度もある。ウリの死を聞いてひとしきり涙した妹は言ったものだ。「でも私たちは生きるのよね。私たちは前と同じように生きて進むの。いつものように笑ったり、合唱団で歌ったり、ギターを習ったりするんだわ」

その底には、「死を生きながら」も、他者と自らを共に生かす方策を求め続けるデイヴィッドの意思が息づいているようにおもえる。

（二〇〇六年九月十一日記、米国の「同時多発テロ」から五年目の朝）

＊右の文章は主に、米『ニューヨーク・タイムズ』、米『ロサンゼルス・タイムズ』、英『オブザーバー』、英『サンデー・タイムズ』、イスラエル『ハアレツ』など各紙電子版をもとにして書かれた。

＊この稿を書くにあたって、「ウリの死」をめぐる思索と情報両面で力を貸してくださったヘブライ文学研究者・母袋夏生氏に深く感謝申し上げる。

（注1）邦訳『ヨルダン川西岸　アラブ人とユダヤ人』（千本健一郎訳、晶文社）

（注2）一九三九年、エルサレム生まれ。邦訳に『イスラエルに生きる人々』『贅沢な戦争』

（各千本訳、晶文社）など。
（注3）オズと同世代の作家。初の邦訳書『エルサレムの秋』（母袋夏生訳、河出書房新社）
（注4）D・グロスマン『死を生きながら　イスラエル 1993-2003』（二木麻里訳、みすず書房）
（注5）同右
（注6）同右
（注7）パレスチナにユダヤ人国家を建設しようという運動。十九世紀末に起り、一九四八年イスラエル国家が実現した。
（注8）『死を生きながら』
（注9）同右

2007

平成19年

予告

私たちの第一子がこの春、誕生する。わが文章教室、二十有余年の期間に生徒諸兄姉が書きためた作品の中から、あえて世の批評にさらしたいというものを募って仕上げた一冊の本が、新春三月に日の目を見ようとしているのである。著者はわが教室の現役及び卒業生の生徒さんたちで、四十数名にのぼる。収録された作品は八十を超える。

私たちの文章教室では、これまで日常活動の一環として不定期刊・雑誌形式の文集『一ぷらす一〇〇〇』を8号までと、各期の終了時に出す冊子『作品集』59号までを、それぞれ紡ぎ出してきた（二〇〇七年一月現在）。これはこれで、大きくいえば私たちの歴史の記録には違いない。だが今回はそこからもう一歩飛躍して、初の単行本を世に送り出そうというのである。

契機は二〇〇五年春に開かれた教室の二十周年パーティーにあった。新旧の参加者たちから、せっかく持続したエネルギーを何か具体的な形にできないか、という声が起こり、しだいに力を得ていったのだった。

だが右から左に、これまで書かれた文章を「全記録」としてまとめようとすれば、あまりにもかさが張りすぎる。その後、甲論乙駁《こうろんおつばく》を経て、寄稿希望者を求め、寄せられた作品をテーマ別に分類し、見出しも必要とあれば、一冊の本にふさわしいものに改めて編集することになった。

編集委員の役目は五人の有志が引き受けた。三十代から六十代までの女性三人、男性二人の、変化に富んだ顔ぶれである。知性、感受性、人生経験の差異がほどよくまじり合っていて、あるときは悠々と、別のときは軽快に、またあるときは毅然とした姿勢で仕事を進めてきた。出版元は、広い分野にわたって活発な自費出版を手がける文芸社である。

一年余りにわたる準備期間、出版社とのこまごました交渉、大勢の筆者との煩雑なゲラのやりとりなどを経て、やっと年が改まるあたりで目鼻がついてきたという次第だ。

さてそこで、問題は中身である。

その前に私の立場を説明しておこう。この企画はもともと生徒さん、元生徒さんのあいだで芽ばえたもの。だからみなさんの自主性を尊重するのが筋、とできるだけ距離をおくつもりでいた。だが「千本文章教室編」と銘を打つことになると、まるで傍観者というわけにはいかない。どころか、そうなれば教室の主宰者として何よりみなさんの名を大切にしたいと思うようになる。おまけに自分の名をも惜しもうとする。そこから、最終稿にいたるまでできるだけゲラに目を通そう、という御節介ぶりがせり出してきた。

だが調子にのると、先に述べた「自主性尊重」の原則をないがしろにしかねない。真摯に協力してなお諸兄諸姉の自発性を犯さず。そのさじ加減がむずかしい。それでもいま、ゲラを通読しての感想程度は述べてもバチは当たるまい。

ひとことで言っておどろいた。ふだん、私がしかつめらしく朱を入れている原稿とは思えないほど生きた表情をたたえた作品が多いのだ。当方、いつもは文章の臨床医然としてみなさんの作文に接している。どこがどう冗長か、どこにどんな言葉が足りないか、さらには全体の構成はおかしくないか、といった観点から表現上の継ぎはぎ細工をほどこしている。

ところがいま、そうした制約を取っ払って虚心に読むと、それぞれが自由闊達な表現を駆使して自分の言うべきことを言いきっている。これには目を見はる。それぞれの生きる基盤から発せられた言葉は、マスメディア流の常套表現や発想とは一味も二味も違う。読みながら筆者とともに、本気になって額に八の字を寄せたり、夜の夜中にゲラを前にたった一人で大笑いする、といったことも稀ではなかった。

かつてこの教室では、書くことと同時に読むことの重要性を強調するために、各期最後の授業はまるごと、ブックガイドにあてていた時期がある。そのころは私たちに縁の深い近現代史の本から思想やら人間にまつわる本まで――いわゆる人文科学、社会科学、文学系統の読みごたえのありそうな一般書――を推薦し、これらを読むことで考える力、書く力を養ってはいかが、と挑発していたのである。

そこから実際に宮武外骨（注1）の本に触れ、プリーモ・レーヴィ（注2）を読んで衝撃を受け、「イディッシュ（注3）」関係の本を漁りだし、『チボー家の人々』（注4）から『神聖喜劇』（注5）、はては『昭和陸軍の研究』（注6）まで読破する人たちが現れたのだから、私にすればとんだヒョウタンからコマ。「普通の人々」の知的底力をいやというほど思い知らされた。

話は横道にそれたが、要はそうした途方もない個性をもつ顔ぶれが筆者群の中にさりげなく立ちまじっている、ということだ。とすれば熟読・味読に値するもの少なからずあり、と言っても必ずしも大仰な物言いにはならないだろう。

というわけで、記念パーティーに端を発したものではあっても、これは祝宴の引出物とか、仲間同士である到達点を確かめ合う風情のものでは、決してありえない。私たちはいま、教室の内外に散らばって生きている。志半ばにして倒れた方々もいる。だがそれでもわれらの文章共和国の一員である（あるいは、あった）ことに変わりはないからだ。原稿用紙と相対して楽しんだり四苦八苦したりする過程は、だれかれなくおそろしいほど平等なのである。そしてまた、物事を伝えるうえで、こびず、おごらず、てらいなくの姿勢を堅持しようとする点も。

私が教壇に立っているのも、たまたまジャーナリズムという「言葉の市」で長らく禄を食《は》んできたという過去が多少ものをいっているだけのこと。わが共和国ではせいぜいが「ひょっこりひょうたん島」の大統領ドン・ガバチョ並の役回りだろう。力量が落ちてトラヒゲだ、チャッピだ、ダンディーだと言った人々の支持、共感がうすれれば即刻退場の運命にある。まことに風通しがいい。


（二〇〇七年一月二日記）

（注1）明治・大正・昭和をまたいで活躍したジャーナリスト・風俗史家。大阪で『滑稽新聞』などを発刊して政府を批判・風刺し、筆禍をくり返す。東大法学部に明治新聞雑誌文庫を創設。著者に『筆禍史』『賭博史』など。（一八六七―一九五五）
（注2）イタリアの化学者・作家。一九一九年トリーノ生まれ。四四年から四五年までアウシュヴィッ

ツ収容所に流刑。イタリア現代文学を代表する作家の一人。八七年自死。主著『アウシュヴィッツは終わらない』など。

（注3）ドイツ語、スラブ語、ヘブライ語がまじった言語。主にロシア・東欧系のユダヤ人が使った。彼らの多くはホロコーストの犠牲者となった。

（注4）フランスのノーベル賞作家マルタン・デュ・ガールの大河小説。

（注5）作家・大西巨人が二十五年余を費やして書き上げた日本軍隊批判の長編小説。

（注6）保阪正康著。二冊セット本。一九九九年朝日新聞社刊。現在は朝日文庫上・下に所収。

それぞれの九十代

「春一番」（注1）とは、まるで変哲も工夫もない表題にみえる。ましてや、この風が吹き過ぎると「これで春だな、と私も子供っぽい気分で嬉しくなる」という書き出しでは、当たり前すぎてあまりぞっとしない。だが、すぐあとに続く文章で、思わず目が点になる。

――私は戦時中、中国北部の山西省で三年間軍務に就いた。この土地の春一番というのは、すさまじい黄塵《こうじん》に見舞われる。駐屯地の民家の中にとじこめられてしまう。（中略）ただ、この時は山に住む敵兵も、やはり黄塵にとじこめられているのである。

一方は日本の「皇軍」であり、他方は中国共産党率いる八路軍。激戦を重ねる両軍が自然の猛威を前に、しおらしく矛《ほこ》をおさめてうずくまる、という構図がすごい。おかしみすら漂う。

山西省は黄土地帯で、ここらはもともと黄砂が降り積もってできた地層、とか。——住民は黄土の崖をくりぬいて住んでいる。穴居生活だが、黄塵くらいにはビクともしない。黄土の民の生活力はみごとだった。

ここまでくるともう、冒頭のうつらうつら感は吹き飛んでいる。こんな途方もない風土や人々を相手どって戦《いくさ》を仕掛けたとは！　また、こんな事実を今ごろになって驚いているわが身のウカツさにもあきれる。

筆者は伊藤桂一。一九六二年、戦場での日々の死と兵士の友情を描いた「螢の河」で直木賞を受賞。以来、営々と戦場の実状と兵士の生理と心理を記録しつづけてきた。それが以下のような伊藤評にもなる。「氏の戦争小説は、戦闘場面や戦争批判のために書かれるのではない。まぎれもなく、同じ戦場で苦労を強いられた仲間たち、それもむなしく死んで行った戦友への鎮魂のおもいがこめられている。作者がかねがね戦争文学といわず戦場小説のことばを使う理由もそこにあろう」（注2）。

「春一番」に話をもどす。

彼は北辺の山西省を経て二度目の軍務を揚子江上流の南岸「江南」地域で過ごす。ここは「どこも、水辺には百花咲き乱れ鳥声湧き、（中略）この世の華やかな楽園に思われた」という。そして「山西省のいかにも原初的な風景と違って、かりに戦死するとしても、花花の薫りや鳥の声に包まれて、ともかく、いい死に方ができるのではないかと思えた」と続く。

敵と対峙して砂に埋もれても、一瞬かぐわしい花に囲まれても、死の影は兵士たちに取りついて離れない。「戦場小説家」の筆は、いずれの状況をもきっちり掬いとっている。

では記憶の中にある山と砂漠の北辺の眺めをとるか、江南の美景を選ぶのか。

——ふしぎなことだが、私は、山と砂漠しかなかった黄土地帯を選びたいと思う。北方黄砂の世界が、浄土に近いように思えるからである。

これにはことし満九十歳になり、戦中世代への「私なりの鎮魂の思いも深まった」という事情が働いているようだ。

ちなみに山西省で伊藤が所属した師団は昭和十八年にニューギニアにわたり、ほとんどが玉砕しているという。彼はその前々年にいったん日本に帰還し、二度目の勤務が揚子江岸だったので生きのびたのだった。「ともかく生き残ってきたからには、なんとしても、生きぬいて、生き残ってきた者の責任をはたさなければならない」。その覚悟が、「底辺の兵士たちの生きた記録を、実感ゆたかに遺」そうとする姿勢を生んだ。

とはいえ、伊藤が四十五歳で直木賞を受けた時、彼及び彼の家庭は最悪の状態だった。「妹は心臓病で死にかけてい、母親はその介護で疲れ果て、私もまた勤め仕事と小説勉強とで、過労のため全身神経痛に悩み、一家全滅だな、と、自分では思っていました。全滅なら全滅で仕方はない、とあきらめている時に、受賞の知らせが来ました」（注3）

そしていま、「春一番」の末尾近くに、彼はこう記す。

——七十歳になった時、（中略）「七十代は黄金の時代」と書いた。勉強したことが、もっともよい形で充実するのが七十代だと信じたからである。

八十歳になった時には「人生は八十代にはじまる」と書いた。そこでは「八十にして語る言葉には、もっとも真率《しんそつ》な思いがこめられていると、自身の真情を述べた」

では、九十歳に達したいまは。
――別に声を大にしては何もいうことはない。訥訥《とつとつ》として語っていても、人は耳を傾けてくれるのである。

「将校商売、下士官道楽、お国のためは兵隊ばかり」と言われた時代の、兵隊の視線とことばを集め続けてきた人にふさわしい発言がつらなる。

変哲も工夫もなげにみえたノレンの奥に、千六百字強で戦場の一端を印象づける練達の書き手がひかえていたのである。

＊

昨年はモーツァルト生誕二五〇年。日本でも世界各国でもやたら演奏会が開かれ、莫大な聴き手がつめかけた。というのに、彼はそのどれにも行かず、テレビでも一度もみなかった。マスコミが熱心に発信するものや人だかりがするものに近来とみに関心が薄れたからだ……。

彼とは音楽評論家の吉田秀和。この人のコラム・音楽展望「モーツァルトが語る世界」（注4）は、こんなふうに始まる。いまの世の批評を生業とする者の発言としては、いかにも人を食っている。その先の文章にも同様なメロディーが感じられる。

――私は近来新聞を詳しく読めなくなり、テレビもほとんど見ない。新聞はくれれば手に取りざっと眺めはする。すると、そこには新しいことが載ってないわけではない。だが結局は同じことの繰り返しだと思ってしまう。

――とどのつまり世の中は常に問題だらけ。人間は精妙な生物で素晴らしいことを考えたり成し遂げたりする一方、恐ろしく愚かで野蛮なことをせずにはいられない。（中略）だから人間社会には予測不可能なことが始終頻繁に起きる。だが起きてみると、何も新しいことはないと誰にもわかる。

音楽もモーツァルトも、まるで現れない。駆け出しの音楽評論家の原稿だったらボツにされそうだ。そう心配しかけたところで、ぼつぼつ風向きが変わる。

――人間はいつだってもう少し幸せに生きたい。そのためにもっと良い世の中であってほしいと思って生きている。（中略）モーツァルトの時代も同じだろう。彼ももっと良い世の中に生きたいと望み、不正を嫌というほど体験し、それを憎んで生きていた。

ここで吉田はその一例として《フィガロの結婚》をあげる。やっと話が軌道にのってきたようだ。ま、それはいい。それよりも「別の傑作、《コジ・ファン・トゥッテ》」をとりあげて、すてきな指摘をしてみせる。

――（ここでは）「貞節な女性、操を守って生きる女性なんてフェニックスと同じで、皆話に聞いていても実際に会ったことなんてありはしない」というせりふを平気で口にし、その通りかどうか験《ため》してみようといった不届き至極な話が主題になっている。

吉田先生は御歳《おんとし》九十三歳、昨秋の文化勲章受章者のお一人である。そうしたお方が、かような解釈をシレッと披露する。鮮やかな不良っぷり！　と感心するのは、まだ早い。これは次のような一節につながるのだから。

――どこかの大臣が袋だたきにあったのよりももっととんでもない発言、思想であるが、その実験の結果は「果たして女はみんなそうなっちゃった」というのだから、ひどい話である。

「ひどい話」、「不届き至極な話」と言いながら、いけしゃあしゃあと語りきってしまうあたりが玄妙の境地というものか。これに比べたら「袋だたきにあったどこかの大臣」なんぞ、青二才の表六玉《ひょうろくだま》がせいぜいだろう。

しかし吉田は一級の教養人である。下世話なことばを発したあとは、品位ある表現で口直しすることも忘れない。

——人間は愚かで、とかく理に反することをする。私たちは毎日それを知らされる。モーツァルトはそういう人間と世界を土台に、天使が微笑み、泣き、歌うような音楽を書いたのだった。

今さらモーツァルト熱にじかに触れずとも、世の中のありようから当の音楽までツボをおさえた診断を下す。あげく、人を楽しませながらおのれの言説に説得力をもたせてしまう。六十年来かかげてきた評論活動の看板は、まだまだすたれていない。

＊

二月十八日は、この媼の九十五回目の誕生日だった。二人で二時間あまりかけて昼食を共にした。この人は食堂で和食のメニューをみても、「もったいない」を連発して、なかなか心が定まらない。そのかわり、いったん注文したものは、一つひとつゆっくり平らげていって味噌汁一滴、お新香のひと切れも残さない。

その間、人の話も聞き、みずからもあれこれ話し、残りの時間はしっかり食べ物を口に運ぶ。それなりにリズムがある。いったん立ち上がれば、杖をついての歩きっぷりは、意外なほど軽快だ。長いこと一家の生計《たつき》をになって働きぬいた体は、あくまでも重心が低く、骨太にできている。さすがに耳は遠くなったから、お互いやりとりには、かなり大声を出すことになる。

――九十五歳ってどんな感じですか。

媼　九十から今までは、なんだかポカンとしてたみたい。五に近くなると、自分のこと、反省ばっかりしちゃう。一日、五回ぐらい、いろんなこと反省するわ。

――反省ってどんな？

媼　何事でも相手がいるでしょ。その人がもっといいところをもってるんだ、と思って接するの。そうすると相手もそういう風に迎えてくれるわね。お互いの個性を磨き合うと、けんかにならず和合しあっていける。これがいいことだね。人の陰口をきくのは全然やっちゃいけない。自分はどうだろうか、と気がつくほうが利口だね。

――悩みはありますか？

媼　死期がいつ来るかわからない、という恐れより、自分の過去はどうだったかという反省ばかり。その最大のものはヒロミチ（次男）をハシカで死なせたこと。私の病気についての知識が足りなかったせいじゃないか、と悔やまれるのよ。

そういえば、この人が近ごろつくった短歌にこういうのがある。

三人の幼な子つれて引揚《かえり》たりともに六十年生きて来しなり
三人の子らの成長見守りつつ今やすらかに日々をたのしむ

この人は戦後、十歳の腕白坊主と生後七、八カ月の女児を連れて満州（現・中国東北部）から引き揚げてきた。それがなぜ「三人」なのか。媼は答える。

「だって、死んだ子を仲間はずれにしちゃ、かわいそうだから入れたの」

そういえば、この人は、着の身着のままの上に背負ったリュックサックの隅に、「博道善童子」と書かれた、亡き子の小ぶりの位牌を忍ばせてきたのだった。

敗戦後の混乱のさなかに病死した夫については、「私にはもったいない人だと尊敬してたから、悪い思い出なんかないの」と、こちらはさっぱりしている。

六十代で、今の自身と同じ九十代の実母を介護しているときに、短歌をよむことを覚えた。それがいまこの媼（注5）を大きく支えている。「夜半、歌をひねって何だかんだ考えてると、まわりの何もかもが遠ざかって、森の中に一人ですわってるような気がすることがあるよ」

最近の一首。

忍耐に努力に奉仕つとめたり一切衆生はればれの日

平々凡々、といえばそのとおりかもしれない。だが、裏も表もない。少なくとも自前の力を出しきった者の充足感なり自負なりは伝わる。

一人の民の寸描として、つけ加えておきたい。

（二〇〇七年三月十二日記）

（注1）二〇〇七年三月二日付『東京新聞』夕刊

（注2）『螢の河・源流へ』所収解説・大河内昭爾（講談社文芸文庫）

（注3）同書所収「著者から読者へ」
（注4）二〇〇七年二月二十一日付『朝日新聞』夕刊
（注5）千本八重。筆者の母。

志半ば？――二人の場合――

作家の小田実がガンで倒れたのを知ったのは五月二日のことだ。この日の『東京新聞』夕刊の文化欄に瀬戸内寂聴が書いていたのだ。月一回、瀬戸内が載せる「あしたの夢」という大ぶりのコラムの一角にこう記されていた。

――体調の悪い中、フィリピンで起きている民衆の弾圧を告発する民衆法廷の判事の一人としてオランダに行き、トルコにも回ったりしていた小田さんが、がんの宣告を受けたという。

――あわてて電話すると小田さんはいった。

「もう手遅れと医者はいうんや、もっと生きたいよう、死にとうないわ。寂聴さん、元気になるお経あげてや」

なんと明るい、そして切実な言葉だろう。私はこの部分をひきちぎるようにしてその日のメモの頁にはりつけた。

そんな行為にかられたのには理由がある。

昨年末に出た小田の書き下ろし長編小説『終らない旅』（新潮社）を、ものを考えるうえで近ごろ一番の収穫だ、とかぶりつき同然に読んでいたからである。中身は、大阪大空襲に始まり日本の敗戦、ベトナム戦争、九・一一テロなどを背景に日本人、非日本人（主として米国人）がこれらをどう受けとめ、乗りこえてきたかを主題にした現代史考察である。戦争と平和をめぐる現代人の感受性なり理解のありように多角的に光をあてる企てともいえる。

ここでは、そこから心に残った要素を二つだけあげておきたい。

一つは日本人の男性主人公の大阪大空襲の体験に発するエピソードだ。彼は一九四五年三月十三日から十四日にかけての夜間空襲、ついで六月十五日の昼間空襲、最後は敗戦前日の八月十四日、天皇の終戦勅語放送の二十時間ほど前の大空襲に遭った。彼は、とくに最後の空襲によって死んだ人は、いったい何のために殺されたのか、という疑問にとりつかれ、後年それを調べる過程で一つの事実と出会った。

戦後十三年経って彼は米国に留学する。ある日、思いたって大学の図書館に行き、当時の新聞、『ニューヨーク・タイムズ』のマイクロフィルムをみる。そのころ、日本には米軍の空襲に対して立ち向かう武器として、戦闘機も高射砲もろくにない。民衆は、むろん丸腰だ。彼は同紙の日曜版の中から黒煙と白煙が地上の都市を覆う写真に行き当たる。

だが彼にとって衝撃だったのは高々度からの一方的殺戮と破壊の光景と記事だけではなかった。「その記事が、プロ野球と株価と社交欄の記事と、百貨店のバーゲン、婦人の下着、帽子、靴、家具、食器の広告といっしょに出ていることに……もっと衝撃を受けたと言ってもいいかもしれない」

第二次大戦後十三年、「その時」の記憶をこうした形で追体験する持続力。さらに戦後六十有余年を経て自らの作品の中に織りこむ粘着力。考えるべきことは考え続け、追及すべきことは追及することを忘れない。それがあるから彼――主人公＝著者自身――の反戦・反暴力の思想と行動は弱まりようがないのだ、と知らされる。

もう一つの要素は第二次大戦の性格にかかわることだ。米英を中心とする連合国はドイツのナチズム、イタリアのファシズム、日本の軍国主義に対して戦った。民主主義と自由を守るために。もしあの戦争が行われず、連合国側が勝利していなければ世界はどうなっていたか。そう考えれば「正義の戦争」はありうる、という論法もいまだに根強くある。

なまじの反戦・平和主義では太刀打ちできない。だから登場人物たちもああだ、こうだと議論を重ねる。著者も「しんどい」というほどに。ただ、しんどくはあるが晦渋ではない。第一、ひからびた「神学論争」なんかではない。なんといっても私やあなたが平和に生きる道を丹念に探ろうという試みなのだから。こんな重大な問いかけがほとんど放置されてきたのだ。私たちは、そのことすら忘れかけている。それだけに議論の鮮度は、むしろ高いといえる。論議がどんな筋道をたどり、そこからどんな「解」が浮かんでくるかについてはあえて触れまい。まだ読まぬ人々のためにとっておこう。

小田は、このほかにも昨秋、短編小説『玉砕』（岩波書店）を出して、日本兵による自爆攻撃の「崇高にしておぞましい死」を凝視した。彼はその「あとがき」にこう書いた。「兵士が狂っていたなら、愚かであったなら、戦争自体がさらに大きな規模で狂っていたし、愚かだった。戦争という狂気と愚行が兵士たちを巻き込み、彼らをさらに狂わせ、愚かにした」。小田は死んだ兵士を安直に「英霊」などと美化したりはしない。ただし、いったん戦争となれば、狂気と愚行に走るのは銃後も同じだ。読む者としてはそのことを肝に銘じておきたい。

というわけで、小田自身の「終らない旅」はまだまだ続いていくかに見えた。それに七十四歳といえば、いまどき格好の円熟の季節である。そこへ「手遅れ」といい、「末期―またはそれに近い」という病がとりついた。彼は、いつもやれるだけのことはやってきた、と現在完了形で言いきれる人の一人だろう。だが、であればこそ、今後ひとことでも多く発言し、一字でもよけいに書きつづけ……、と言いかけて、やはり言いよどんでしまう。

四月二十四日、米ジャーナリスト・作家のデビッド・ハルバースタムの訃報をみて、あぜんとした。米カリフォルニア州サンフランシスコ南のメンロパークで交通事故にあったという。七十三歳。

カリフォルニア大学ジャーナリズム学科の学生が運転する車に同乗中、横合いから衝突され、もう一台の車に玉突きさながらぶつかった。ハルバースタムは即死、その他の人々は軽傷ですんだ由。不運、とつぶやくしかない。しかもニューヨーク在住の彼が西海岸で事故にあったのはカリフォルニア大バークレー校で講演をすませ、往年のフットボール選手を取材に行く途中、というから痛ましさもひとしおだ。

一九五五年、深南部ミシシッピ州の新聞で記者活動をはじめ、公民権運動、人種差別問題などで精力的な取材を重ねた。その後ニューヨーク・タイムズ紙に移り、ベトナム戦争報道で六四年にピュリツァー賞を受賞した。そのとき彼は、どんな記者だったのか。

六二年、同紙特派員としてサイゴンに赴任。当初は「南ベトナムと呼ばれるこの国の実体に疑問を抱かず、米国の努力の妥当性を信じ」ていた。二十九歳。「一日十八時間、週七日間」の取材がつづく。そして六三年秋、「（ベトナムへの米国の）介入は失敗する運命にあり、われわれは歴史の流れにさからっている」という考えにいたる。その報道を政府がめでるはずがない。ケネディ大統領は同紙のサルツバーガー社主をホワイトハウスに迎えてこう切り出す。「あなたの社のサイゴンにいる若い記者をどう思われます？」「なかなかいいと思いますよ」（そのじつ、タイムズ内ではハルバースタム原稿には偏りがありすぎる。中立的というより問題提起がすぎる、という声も強かった）

「ニュース・ソースべったりじゃないか」

「そんなことはありませんよ」

「彼をパリかローマへ移すつもりは？」

「まったくありませんね」

会見後直ちに社主はハルバースタムに休暇予定取消しの電報をうつ。『タイムズ』は大統領に対して弱腰だと思われたくなかったのだ。「大統領とベトナム報道との間に一線が引かれたのである」

これは七九年にハルバースタムが著した"The Powers That Be"（邦訳名『メディアの権力』）に出てくる一場面だ。

ちなみに、この本は米国の主要マスメディアがいかにして「一流」の座を獲得したかを描いた克明なルポルタージュである。

フリーになってからの彼の著作はどれも軽く六、七百頁はあろうかという重量級のものが多い。この本の場合取材時間だけでも五年あまり、数百人に及ぶインタビューと膨大な資料調査をもとに記者、編集者、経営者、歴代大統領の人間像と仕事ぶりが、即物的なほどことこまかに語られる。

インタビューといっても一人平均一時間半から二時間、それも六、七回会った例もあるという念の入れようだ。「インタビューとは奇妙なものだ」とハルバースタム自身がいう。「この種のジャーナリズムでは、まず最も神経をすりへらすものだが、結果としては一番、精彩を放つ貴重な部分になる。それも情報を得るというせまい職業的意味あいだけではなく、もっとひろく人間的な意味でだ」

この熱意はちょっと息苦しいところもあるが、救いは先ほどのケネディーサルツバーガーのやりとりにみられるような、ときに機智とユーモアをさしはさむ場面転換の妙である。

こんな例もある。一九五四年、ハリウッドのセックス・シンボル、マリリン・モンローは、この時代を象徴する偉大な野球選手ジョー・ディマジオと結婚する。ディマジオが新聞社主催のイベントに招かれたため、新婚旅行の先は日本となった。そこで日本への途中、米軍の高官から韓国駐留兵士の慰問をたのまれた。朝鮮戦争は前年に停戦協定が結ばれたがまだ駐留米兵がいたのだ。ディマジオはモンローとの同行を断り、モンローは一人で慰問の旅にたった。

——屋外に設けられたにわか仕立ての会場には十万もの兵士が集まり、彼女の歌に熱狂した。韓国から戻ったモンローは息せききってディマジオに報告した。「ジョー、あんなすごい歓声、あなたも聞いたことないと思うわ」「いや、俺はある」ジョー・ディマジオはそう答え

た。（『ザ・フィフティーズ』金子宣子訳、新潮社）
ディマジオは長らくニューヨーク・ヤンキースを代表する大打者、名外野手で、ファンの大歓声はいやというほど浴びてきた。引退して数年後とはいいながらモンローのこのひとことはディマジオの自尊心をいたく傷つけたはずだ。それがこれだけのやりとりに集約されていると思えば辛辣なユーモアと緊張感がないまぜになって伝わってくる。

彼はまた近いところでは、二〇〇二年の『ファイアハウス』で二〇〇一年九月十一日の「同時多発テロ」に出動したニューヨークの消防士たちを取りあげた。さらにこの秋には朝鮮戦争に関する本を出す予定だった。

こうして現代史の生きた断面に迫ろうと努力してきた表現者がまた一人、職業的活動のさなかに倒れたのである。なにしろ、「彼の体には怠けものの骨が一本もない」と評された男だ。もうこのへんでよかろう、といった淡白さからはほど遠い。二十冊を超す著作にも誇りと努力の跡が目いっぱい詰まっているはずだ。そんなこんなでハルバースタムは最後の瞬間まで取材現場に向けて車を走らせていたのだろう。一方の小田も病室に原稿用紙や校正ゲラをもちこんで、まだまだ仕事を手放す気配はない。

どうやらこの両者の軌跡には、「心残り」とか「志半ば」とかいう言葉ほどそぐわないものはないように思われる。

（二〇〇七年六月十二日記）

「がばい」の正体

当分はがばい話で噎《む》せかえり

甲子園の高校野球が終わってすぐ、こんな川柳が『朝日新聞』「声」欄の一角に載った。予想外中の予想外、佐賀北高が優勝して、その地の方言「がばい」が巷にあふれかえったのだ。決勝戦翌日の新聞はすごかった。『朝日』は「佐賀北優勝　普通の高校生たちの快挙」と題する社説をかかげた。それ以外では「特待制度無縁―『がばい』公立校」(『毎日』)、「〃がばい野球〃がミラクル完結」(『東京中日スポーツ』)の大見出し、はては「ひとコマTV」なる漫画の「がばいがばい／がば過ぎる」という吹き出しふうのせりふ(『毎日』)などなど、まさに「噎せかえ」るような、がばい熱の横行ぶりだった。

では、がばいとは、どういう意味か。手近なところでこの文集の編集長Tさんにきいてみた。彼女は四十代、江戸っ子の働く女性だ。「がんばれってことかしら。そういえば意味なんて深く考えなかった。うっかりしてた。すみません」

いや、謝ることはない。佐賀には縁遠い人にすれば、こんなところだろう。彼女はそれでも『佐賀のがばいばあちゃん』という本が大売れで、そのことばだけは、とうに耳にしていた。著者はお笑いタレントの島田洋七である。

これだけ騒ぐのだから、どこかに語意の解説はないかとあちこちさがす。ところがなかなか見つからない。実例が先に目に入った。「佐賀、広陵両校ともよくやった。それにしても、佐賀北はがばいなあ」。島田の談話だ。ほんの数行の小さな解説も出てきた。一つは「佐賀弁で『とても』とか『すごい』という意味」（『東スポ』）。もう一つには「佐賀弁の『がばい』は『とても』という意味」とあった（『朝日』）。

なんとなく、感じはわかってきた。が、たんに「とても」という副詞なのか、それとも「すごい」という形容詞でもあるのか。私の中で「トリビアル《瑣末》な疑問」がふくらむ。ここは佐賀に根を下ろした佐賀人にたずねるのが手っとり早そうだ。

まず佐賀県庁の危機管理・広報課で得た答え。「もともとは、すごく、とか、とてもという副詞。でも『がばい大きか』というふうに、すごいときにも使う」

すごい、なら形容詞。でも「がばい大きか」では、「大きか」という形容詞にかかっているから副詞でしょう。釈然としませんね、とねばると『佐賀弁一万語』（注）という本を紹介してくれた。そこには

がばい　副　甚だ、沢山、really。

と出ている。なんとも明快。これに従えば元祖「がばいばあちゃん」に始まって、「がばい野球」「がばい公立校」といった用法はすべて成り立たなくなる。

だったら佐賀人は、こうした「がばい」の濫用に違和感を覚えないのか。異議をとなえないのか。同県武雄市の市役所にきいてみた。ここは昨年夏、『佐賀のがばいばあちゃん』のテレビ撮影用「メーン・ロケ地」になって以来、オープンセットもこれあり、観光客がバスで乗り

つける名所に一変した。以下はその秘書広報課の話である。

——たしかに使い方として、正式な日本語としては正しくないし、私どもも通常こうは使わない。でも語感が先行してるうちに、がばいは佐賀、が定着してきた。ここまでくるとことばが一人歩きを始めて「今さらどがんしようもなかろうもん」というところですね。

佐賀といっても都会ではピンとこない。まして武雄なんて知らないのが普通。となれば「いろんなイベントかけて土地の名をあげる」ことが第一。この際、形容詞だ副詞だなんてやかましいことは言わんで力を合わせよう、ということらしい。

しかし心ある郷土史家は「何でもがばいがばい」現象には渋い顔だ。それより吉野ヶ里遺跡や古伊万里、柿右衛門といった焼物のことなど真剣に考えたらどうか、という思いがある。だがその彼にしても、今さら異をとなえて町おこしの足をひっぱるのも「せからしか」(めんどくさい。うるさいだけだ)と腰がひけている。

今さら、ここまできたら、そしてついには町おこしになびく。この種の現状追認は私たちにあまりにもおなじみの光景だ。それだけに自画像の一端を見るようで痛ましくもあり、ちょっとうんざりもする。

このへんで、がばい旋風の仕掛人である出版社の意見もたたいてみなければなるまい。

——たしかに本来の意味とは多少違う。だが、まったく反対の意味というほど違ってはいない。すごいという感じでインパクトがあったから多くの人が親しみをもってくれた。はじめは多少おかしくとも、だんだん取り違えた形で人々が使い、辞書に載っていくということもある。ことばは変容するもの。それに本のタイトルやオビの文句は正しい日本語から少々ずれている

とわかっていても、一瞬目をひくと思えばあえて目をつぶる。そういうこともある。（徳間書店文庫編集部）

右の作戦にのっとった『佐賀の……』は、二〇〇四年一月の初刷からかぞえてこの八月で五十二刷というのだから余裕のコメントだ。こちらとしてはその商法の鮮やかさを仰ぎ見るほかないのか。そう思いかけたところで、とんでもないシロモノが現れた。とにかく実物をお目にかけよう。

〈がばい〉――佐賀弁で〈すごい〉。野球はがばいスポーツだ。佐賀北はがばい県立高で、がばい初優勝だ。このがばいには〈ミラクル〉の意味合いも強い。〈夏の甲子園〉は実にがばい大会だった。

八月二十三日付『読売』夕刊のコラム「よみうり寸評」書き出しの一節である。これまで地元や出版社にさえみられた違和感へのためらいのかけらもない。何も調べず、疑問ももたず、がばいはすごい、という思いこみが出発点だから、あとは暴れ馬さながら、がばい街道まっしぐら、となるのも不思議はない。ただ、曲りなりにも全国紙のフロントページにのれんを出している者なら、日本語と、とりわけ不案内な地方のことばとは、もう少し心して付き合うべきだろう。

ひるがえって、これを見ても佐賀もん（者）は、にこにこしていられるのか。出版社は「ことばは変容する」とすましていられるのか。私たちは私たちで、痛ましいのうんざりするのと

いたくもなる。

れ、さじを投げ、いってみれば足に靴を合わせず、靴に足を合わせた結果がこのザマだ、とい

言って、したり顔をしていればすむのか。全員が「おもしろそうだ。売れそうだ」熱にうかさ

どうやら、がばいが、がばいだけのこととは思えなくなった。その分、頭から湯気が立って

きそうだ。

最後にちょっとホッとする話。

『毎日』の記者が、逆転本塁打で決勝戦の勝敗を決めた佐賀北高の副島浩史三塁手に聞いた。

「これを佐賀弁でがばいというのか？」

副島は言った。「がばいホームランというか……。がばい、すごか、です」

あわてず力まず、若者は正しい語法に言いかえて答えている。これまで見た大人たちの反応

とは一味違う。沈着な選球眼がこんなところにも生きているようだ。一方、記者も副島のこと

ばをとにもかくにも書きつけた。そのことでひょっとしたら彼は、未知のことばとていねいに

接する大切さを感じとったかもしれない。いまはとりあえず、そんなことを空想してみる。

（二〇〇七年九月三日記）

（注）著者は福山裕（ゆたか）内科小児科医。佐賀県医師会副議長、久留米大学理事などを歴任。本書は一九九五年刊。

震える文字

筆無精を続けていると、いつの間にか「便りのないのはよい便り」とむりやり思いこんで、なおのこと無精を重ねたりする。以前はそれでもよかった。「死んでいなければ今も生きているはずだ」（注1）。友人の消息なんてその程度。互いに放っておいてもまずは息災、そうみてほぼ間違いなかった。だが、そうはなかなかいかなくなる。いやでも寄ってくる年波というものがあるからだ。齢《よわい》七十を越せば後先の人々が突如、死の波にさらわれることも出てくる。それに同じ「こちら側」にいるからといって、やはり胸をつかれる例もあるのだ。

二〇〇六年七月二十四日、月曜日の昼頃、岩崎悦子さんは庭先で草刈りの最中、脳出血で倒れた。横須賀の自宅は四十段の石段をのぼった一番奥にある。「苦しい。助けて！」と何度も言ったはずだ。が、まわりに人はいない。一時間ほどして一軒先の人が二階から彼女の姿を見つけ、救急車を呼んでくれた。

最初は横須賀市立U病院の普通病棟、その後はリハビリ病棟に入り、ＰＴ（理学療法）、ＳＴ（言語療法）、ＯＴ（作業療法）を受ける身になった。しばらくして、左被殻出血で右片麻痺であることを知る。左頭に出血した結果、失語症となる。右手と右足がほとんど動かせない。

「私は二週間ほとんど眠っていたようだ。老人介護の仕事をしている七十四歳の田中松江さんがマッサージをしてくれたというが、まったく記憶がない。一度だけ、大泣きをしたそうだ」と一年後の今年夏、岩崎さんは記している（注2）。

岩崎さんはハンガリー語、ハンガリー文学の研究者。もう二十年来の、私の仕事上の友人である。一九九二年には「東欧自由化」直後のハンガリーをあれこれ案内していただき、当時のゲンツ・アールパード大統領との会見の橋渡しをもしていただいた。そういう友が病に臥し、さんざんな目にあっているのを知ったのがこの晩春、というのだから、友だち甲斐のないことおびただしい。

なんでもその日の夕方には会議があり、翌二十五日は府中の東京外国語大学の試験（岩崎さんはハンガリー語の先生）、そしてその夜は成田の友人宅に泊まり次の日、ハンガリーにたつ予定だった。

複数の大学で講義をもち、外務省研修所でもハンガリー語を教え、その間に翻訳や個人教授をこなす。彼女は、ふだんから目いっぱい仕事をかかえていたが私よりは十歳近く年下だ。二年に三回ぐらい会って雑談するのがほぼ「定例化」していた。倒れるなんててんから勘定に入ってなかった。まことにありふれたウカツさである。

二〇〇七年一月、七沢更生ホームに移る。PTは手足のマッサージ。STは、最初は日づけと曜日を述べ、言語聴覚士が質問して答えるところから始まった。この段階では「イー」「エー」といった音は出せてもことばにはならなかった、と聞いて、今さらながら息をのむ。だがそれも今は普通にしゃべれるまでに回復した。現在は車椅子で市街地をあちこち回る「社会生活訓練」（OT）に励む。

だが慣れぬ身にはおぼつかなさがつきまとう。たとえば逗子駅から衣笠駅への移動。駅間の連絡がまずある。「衣笠駅では駅員が私を待っていた。私を車椅子ごと台車のようなものに乗せて固定し、駅員一人が後ろから階段を一段ごとに降ろしていく。私の顔はいつも正面を向いている。ちょっとこわかった」(注3)

六月中旬からは職能訓練として、かつて自身が手書きで書いたハンガリー作家エステルハージ・ペーテル著『フラバルの本』の翻訳文をノートパソコンに入力し始めた。彼女はこれを手紙のなかで「自分の希望」と呼んでいた。

友人から「何か楽しみを」と短歌を勧められた。震える文字に光がさしこむ瞬間だ。鶴見和子の歌集『回生』(藤原書店)を読み、「七沢リハビリテーション病院」の小見出しで二十首詠っていることを発見する。「彼女が七沢にいたのだ」(注4)の一行には感慨がこもる。「鶴見さんとは一度、天理市でパネリストとして会ったことがある。当時は社会学者であった。九五年、脳出血で左片麻痺になり、その時から、半世紀ぶりに短歌が湧き出したという」(注5)。岩崎さんの記憶が躍動する。

また、柳澤桂子の歌集『萩』(角川書店)について。「格調が高いので、三分の二まで進んだ。柳澤さんも理学博士で、病気のため専門学者をやめて、サイエンスライターになった。『短歌は私を病気の苦しみから救ってくれました』といっている。私はその境地になれない」。岩崎さんは、そう書く。(注6)

四方田犬彦『先生とわたし』(新潮社)にも目をこらしている。東京大学の英語教師・由良君美と弟子たちとの葛藤を多角的な視点で再構成した力作だ。「四方田は、『モロッコ流謫』(新潮社)がよかったので、『先生とわたし』が読みたかった。一言で言えば、教師論である。ハンガリー語教師であった私は、考えさせられた」(注7)

岩崎さんからの最近の手紙には「来年の一月に、『衣笠ろうけん』に入ることが内定しました。……半年はいられるでしょう」とある。腰が落ち着かない心もとなさがにじむ。左手で書かれた文字も震えのとまる兆しはない。だが、書かれたものの中身や精神生活のありようは、ざっと拾いあげてもこんな具合。いかに逆風にさらされようと、考える葦は考えることを止めてはいない。四人部屋、「三メートル×二メートルの私の空間」で。

　他方こちらは、卒寿をとうに過ぎた媼からの手紙である。便箋用紙にして平均三、四頁、なかなかの長編だ。ただ近年、さすがに文字の震えが増してきた。昨今では「自覚の『アルツ《（ママ）》』には閉口いたし気もそぞろに傾きまして……呆けて筆不精になり、御ゆるし願いたし」なんて気弱に書き出したりする。

　かと思うと、「衣服に包まれている所」の大半にかゆみの症状が出て、「筆舌にあらわせぬかゆい、痒い病気にとりつかれた」苦しみを「菌の活躍もやや、落ちつ」いてから書き送ってきたりもする。また、家の中でたよりにする者の姿が見えなくなって泣き声をあげたり。が、それらをひっくるめるようにして「辛抱も多様です」と言いきる力には、わが母ながら、あっぱれとうなってしまう。

　そしていったん心身に平穏がもどれば、「程ほどに気持ちをゆるめて、気の合う友だちと話し合うのも、薬にまさる効果をもたらす事にも気がつきました」とケロリとしている。ほどなく子《ね》年の年女として九十六歳の誕生日を迎えるいま、文末に「母」と記したあと「九十五歳○カ月」と書き足すのが常となりつつある。

　六十を過ぎて自ら老母を介護するかたわら手すさびで始めた短歌づくりが、いまではこの人にまたとない活力を与えているようだ。

○伏し目勝ちに声やわらかく話す人　列んで春の雨を見ている

○北の訛つよき人なり憶《(ママ)》せずに　心ひらきて語りあいたり

○老いの年を忘れて昔ばなしに時過ごす　思い出にひたるこの日いつまで

週三日間の「デイサービス」ではお仲間との懇談、ゲームの時間に笑い合い、「職員方も御理かい下されて」、何かと快適なことが多い様子。「私も文化祭に短歌を出して、会のはなやかに《(ママ)》、一灯をかゝげました」などと鼻をうごめかすこともある。

こちらが近況報告がわりに送る文章のたぐいには、じつによく目を通す。当教室の新旧の生徒さん四十三人が健筆をふるったエッセイ集『わたしたちの文章教室』（注8）を前にしては

——

……次から次へと読み進み、時計の針の動きも忘れ二時間ほどで35ページ「五つのエクボ」まで。……老いの疲れなど「そっちのけ」のていたらく？　お笑い下さる勿《なか》れ。

沖浦和光著『天皇の国・賤民の国』（河出文庫）（注9）の解説用に当方が小文を書いたからとて送れば、「これをひもとくにはあまりにも、内容の重さに圧倒され、たやすくは通読はむずかしく」とまずは無難な反応。それでも「目次をよみすすみ次第に興味をそそられ」たが「軽く扱うわけには参らず、……完了までは、そう簡単には参りません」。とにもかくにも、このテーマでこのあたりまでの肉迫ぶりを見せるのだから、まだまだこの世との縁《えにし》の糸がたやすく

切れるとは思えない。
ちとこそばゆいのは、「呈上　コーヒータイム」と銘打ち、「忙中の閑に召し上がれ」と数千円が同封されていること。七十有余歳にしておふくろ様からお小遣いをもらい受け、町の喫茶室へ走る図は、けだしうらなりの表六玉《ひょうろくだま》そのものであろう。

かくてわが身に届く震え文字の便りは、それぞれに稜々たる気骨をたたえ、こちらの気構えの確かさをも問うてやまぬ威力を秘めている。そうみえてならない。表六玉は、すこやかなだけが取得のおのが手を、じっとながめる……。

（二〇〇七年十二月十一日記）

（注1）ハンガリー民話は、こう終わることが多い。ちなみに、もっともよく使われる冒頭の慣用句の一つは「あったことか、なかったことか」（『ハンガリー民話集』＝岩波文庫）

（注2）岩崎さんの友人たちが発行する隔月刊のミニコミ『レヴェール』二〇〇七年九月号掲載「脳出血から一年」①。「レヴェール」はハンガリー語の「手紙」

（注3〜7）同右二〇〇七年十一月号「脳出血から一年」②

（注8）朝日カルチャーセンター「千本文章教室」編『わたしたちの文章教室』（文芸社、二〇〇七年）

（注9）沖浦和光氏は桃山学院大学名誉教授。比較文化論、社会思想史専攻。本書は天皇制と被差別民という、長らく二大タブー視されてきた領域に歴史と伝統の両面から迫り、日本人の差別意識を腑分けしようとする試み。

2008
平成20年

冤罪談義

ざっと百年前の話から。

一九一一年一月十八日、社会主義者・幸徳秋水ら二十四名に対して、天皇暗殺を計画し国家転覆を図ったとの理由で死刑が宣告された。うち十二名は翌日、無期に減刑。二十四日にはすぐさま死刑執行。ただ一人の女性、管野《かんの》スガだけは二十五日朝の執行となった。いわゆる大逆事件の結末である。

折からどんな時期だったのか。一九〇九年には伊藤博文がハルビン駅頭で朝鮮人・安重根に射殺された。一二年に中華民国が成立し、孫文が臨時大統領に。美濃部達吉と上杉慎吉の間で天皇機関説論争が始まったのもこの年春、七月には明治天皇が死んでいる。

この事件が権力のでっち上げであったことは、今では数多くの資料や証言によって明らかになっている。だが政府はこれを機会に社会主義関連の本を「安寧《あんねい》秩序を紊乱《びんらん》する」ものとして、すべて発禁にした。文部省は社会主義を口にする教師や学生を解職・放校するよう内訓を発した。メディアは一転記事が解禁になるや、「大不忠、大反逆徒」「天地もいれざる大罪人」などと書きたてた。これを見てはじめて知った民衆はただ驚くのみ、というありさまだった。

その十五年ほど前、フランスでは国論を揺るがすドレフュス事件が起こっていた。ユダヤ系軍人アルフレッド・ドレフュスが、ユダヤ人であるがゆえにドイツのスパイ容疑で終身流刑に処せられたのである。これについてはエミール・ゾラを筆頭とする文学者、知識人が立ち上がり、最後にはドレフュスの冤罪が認められた。この事情に通じていた一部の人々は幸徳秋水らの逮捕にひそかに疑惑を感じていたが、それが表面に現れることはなかった。まして情報そのものから遠ざけられていた民衆からの声は、期待すべくもなかった。

そのなかで何らかの反応を示した事例を社会思想史家の沖浦和光・桃山学院大学名誉教授の論考（注1）から拾い上げてみたい。

一人は、どの弁護士も尻込みするところ、あえて「国賊」の弁護を引き受けた平出修《ひらいでしゅう》。ちなみに彼は文芸誌『明星』の同人でもあった。そして彼の親友・石川啄木。石川は陳弁書などの公判資料を入手して『日本無政府主義者陰謀事件経過及び附帯現象』などの記録作成面で平出に協力した。沖浦氏はこれについて、石川が「病苦と貧困の中で、政府の圧政と世の不正義に抗議して丹念に書き残した」ものと述べている。

また大逆事件の真意について訴えた、ただ一人の文学者として徳富蘆花がいる。彼は当時、トルストイの影響のもとにキリスト教人道主義を唱えていた。幸徳らが処刑されて一週間後、蘆花は第一高等学校（現東大教養学部）弁論部に招かれ、「謀叛論」と題して熱弁をふるった。

「彼らは乱臣賊子の名をうけても、ただの賊ではない。志士である。ただの賊でも死刑はいけぬ。まして彼らは……自由平等の新天地を夢み、身を献げて人類の為に尽さんとする志士である。其《その》行為は仮令《たとえ》狂に近いとも、其志は憐むべきではないか。……幸徳君等は政府に謀叛人と見做《みな》されて殺された。諸君。謀叛を恐れてはならぬ。……新しいものは常に謀叛である」

その場を埋めつくした生徒たちは声をのんで聞き入った。そこには後の東大総長・矢内原忠雄もまじっており、「吾人《ごじん》、未だ嘗《かつ》て斯《かく》の如き大雄弁を聞かず」と書き留めている。

もう一人が作家・永井荷風である。当時、彼は外遊体験をもとにした作品『あめりか物語』『ふらんす物語』で文壇に登場、ただちに政府の発禁処分にあっている。大逆事件の八年後に書いた随筆「花火」の中で、偶然にも大逆事件の被告を護送する馬車を目撃した体験を、彼はこう書いたのである。

「明治四十四年慶應義塾に通勤する頃、わたしはその道すがら折々市ヶ谷の通で囚人馬車が五六台も引き続いて日比谷の裁判所の方へ走っていくのを見た。……わたしは文学者たる以上この思想問題について黙していてはならない。小説家ゾラはドレフェース事件について正義を叫んだ為め国外に亡命したではないか。然しわたしは世の文学者と共に何も言わなかった。……何となく良心の苦痛に堪えられぬような気がした。わたしは自ら文学者たる事について甚だしき羞恥を感じた」（注2）

これを境に荷風は「自分の芸術の品位を江戸戯作者のなした程度まで引下げるに如《し》くはないと思案」。以後、時勢を白眼視する姿勢をみせつつ下町の人情・風俗に身を寄せ、反時代的文明批評を続けていく……。

話はいっきに飛ぶ。

一九四九年八月十七日未明、福島市郊外で東北本線の旅客列車が転覆、機関士機関助士ら三名が死亡する事件が発生した。松川事件である。人為的工作による脱線事故と認められ、二十名の人々が列車転覆致死罪容疑で逮捕・起訴された。福島地方裁判所での一審では死刑五名、終身刑五名を含む全員有罪の判決。以後、仙台高裁、最高裁と進み、さらに仙台高裁への差し戻し、再び最高裁へ、と文字通り紆余曲折を経て、全員の容疑が晴れ無罪判決が出るまで十四年の年月を要することになった。

この期間は筆者の学生時代（一九五五―一九六〇）とも一部重なる。平凡なノンポリ学生であった五六年のある日、この裁判批判の先頭にいた作家・広津和郎の文章に接し、強い衝撃をうけた。実証的・合理的論法を駆使してそれまでの有罪判決に根底から批判を加えていたからだ（注3）。

それまで私は、個々の事件について警察、検察、弁護人、裁判官という「その道のプロ」がそれぞれの専門的技量を発揮しあい、積み重ね、妥当な判断を形成していくものと思いこんでいた。それがなんと、広津のような「在野の門外漢」の頭脳が冷静に資料を分析し、その矛盾を指摘し、権威をおびた判定とは逆の結論を引き出したのだ。しかもそれを、その件とは縁遠い第三者にも納得のいく形で提示してみせたのだから、驚きもひとしおだった。

同時に、当時の最高裁長官・田中耕太郎が全国の裁判官に対して「世間の雑音に耳をかすな」と訓示を出していることも知った。

「……現に係属中の事件に関し、裁判の実質に立ち入って当否を云々し、その結果、裁判制度そのもの、あるいは、裁判官の能力や識見について疑惑をいだかせ、ひいては司法に対する国民の信頼に影響を及ぼすおそれがあるような言説を公表していることを、はなはだ遺憾とするものである」

だが結果は広津側の主張が通り、法衣で鎧《よろ》った側の論理は全面敗北となった。ではなぜ公正たるべき裁きの場で、こうした「石が流れて木の葉が沈む」ような現象が起こるのか。そこから権力批判の芽、冤罪への関心といったものが筆者の中でしだいにふくらみをみせていった。

それがまたここへきて、冤罪の二文字がいやににぎやかに飛びかいだした。

富山県の冤罪事件、鹿児島県議選をめぐる公職選挙法違反事件、かと思うと兄を殺害し、その家に放火したとして懲役十八年を求刑された北九州の六十歳の女性が一転、無罪の判決を受けたりもする。こんな話を耳にするたびに、とっくにお蔵入りしていいはずの冤罪をめぐる発言のあれこれが、いやでも甦ってくる（注4）。

――憲法や刑事訴訟法で自白の証拠能力や証明力は非常に制限されているが、現実には自白は証拠の女王ではないだろうか。

――警察や検察庁は悪い奴を取り締まるところで、悪いことをするはずはないという予断、迷信、そういうものが本来の筋道を違えているんじゃないか。

――裁判官には自白をウソとして無罪にするというよりも、むしろ自白を証拠として有罪にするというほうに傾く心理がある。また人権を擁護するよりも司法一家の権威を傷つけまいとする微妙な感覚があるのではないか。

――冤罪事件について世論を盛り上げるのもマスコミだが、逆に冤罪をつくりあげることもやる。その意味でマスコミは鬼でもあれば仏でもある。

これは元裁判官、弁護士、冤罪で自白を強要された体験を持つ評論家らによる考察の一部である。それが不幸にして(!)、いまだ箴言のように生き続けていることにガク然とする。

手もとにこの一月に出たばかりの『冤罪弁護士』(旬報社)という本がある。著者の今村核は一九六二年生まれ、労働事件などもあつかう弁護士である。その冒頭で、冤罪事件に全力をつくした者として、彼はこう書く。「労力は想像以上で、気がつけば『儲からない弁護士』となっており恥ずかしかった」。あるとき担当の高裁の裁判官と裁判所の廊下で出会ったときのこと。しつこく立証活動をする著者に裁判官はいきなり「敬服します。敬服します」と二度お辞儀をして彼をア然とさせた、という。

それにしても、「日本の刑事裁判の有罪率は九九・九%を超えることはあまり知られていない」とはっきり書かれると、改めて胸をつかれる。またぞろ、かつての「箴言」の一つが思い浮かぶ。

――悪い裁判官に当たるよりは、サイコロを握ったほうがましだ。それならシロの確率もあるからだ、とフランスの数学者も『蓋然性の哲学』の中で言っている。

今村は自らの経験から、ごくふつうの暮しをしている人々が冤罪の犠牲にされている、という。その上で「日常生活のとなりには見えない陥穽が口をあけており、無関心は、その陥穽を広げるであろう」と警告している。

傍らの新聞に野坂昭如の「七転び八起き」という連載エッセーがみえる。今回は、イージス艦事故の問題から防衛省の「旧軍体質」を衝《つ》いている。その一節に「またもや露《あらわ》となった組織の問題。この杜撰さ」とある。「組織」に「司法」を代入すれば、そのままこちらの話にもつながる。なんたるブキミさ。

（二〇〇八年三月十一日記）

（注1）沖浦和光『天皇の国・賤民の国』（河出文庫）所収、「大帝の死」
（注2）『永井荷風全集』第十五巻、岩波書店
（注3）広津和郎『松川裁判』上・中・下（中公文庫）
（注4）『朝日ジャーナル』一九七六年五月二十一日号「特集　冤罪を生み出す土壌と構造」座談会（青木英五郎、青地晨、後藤昌次郎）

赤紙と懲罰　――「弱兵」はなぜ召されたか

『松本清張への召集令状』という新書本（注1）を読んでいたら異形の言葉と奇っ怪な話に出会った。それを糸口にたどっていくと徴兵と懲罰をめぐる陰湿な系譜が、いやでも思い起こされた。以下は備忘録の一種として記しておきたい。

昭和十八年十月、彼・松本清張は朝日新聞西部本社広告部意匠係として入社してからまだ間もなかった。三十四歳。そこへ最初の赤紙（召集令状）が舞いこんだ。

久留米歩兵連隊に出向くと入隊兵の受付にいた係の下士官が、松本の「年とった顔」と手もとの資料を見比べて、「おまえ、教練にはよく出たか」と聞いた。あまり出ていない、と言うと「ははあ、おまえはハンドウをまわされたな」とつぶやいて、下士官は憫笑した。「この一言は今でも耳に鮮やかに残っている」と後年、松本は振りかえる。

「ハンドウを回す」というけったいな言葉の意味を彼が知るのは、これまたはるか後日のことのようだ。「反動を回す」については、大砲を撃った場合の砲身の反動からきた言葉で、ものごとが行き過ぎた場合に逆方向にもどすという意味らしい、という解説が冒頭の本の中にある。

松本は新聞社に入社以前は広告部嘱託という身分で広告図案の版下を描いていたが、給料が安いので二、三の印刷所の仕事をひきうけるアルバイトをしていた。その忙しさにかまけて町内の軍事訓練に出る時間がなく、「一度も教練を受けなかった」のだ。

そこから松本清張一流の推理がひろがる。

――これが市役所の兵事係に通知され、兵事係は「懲罰」として私に赤紙を出したものと思う。それには町内の教練係から「時局をわきまえぬ不届者」の意見が市役所へ添付されていたのであろう。

一回目の三カ月間の「教育召集」のあと、松本に二度目の召集令状（臨時召集）がきたのは昭和十九年六月。三十五歳だった。両親と妻子の家族六人をかかえていた。生きて還れまいという心痛も深かった。おまけに「第二乙種」の虚弱兵である。またこのとき召集された者はほとんどが三十歳以下で、三十を越していたのは彼のほか三十五歳のガラス屋と三十四歳の料理店の板前しかいなかった。ともに町内の教練には出ていなかった。

こうして、徴兵制という厳然とそびえ立つかに見える国家制度が、実は町内の教練係や市役所の兵事係といった末端の人間のサジ加減で運用されうるというカラクリの解明に、松本の多大な精力が費やされることになる。

では久留米連隊で衛生兵にまわされた松本二等兵はどうなったか。東京、大阪方面の召集兵とともにニューギニア戦線に送られるところを輸送船が足りなくなって朝鮮残留となった。しかし彼らの一つ前にニューギニアに向かった兵隊は、その輸送船が撃沈されて全員死亡した。

清張は戦後二十六年目の昭和四十六年から翌四十七年にかけて、この調査の成果を長編小説「遠い接近」として結晶させた。作品ではだれが召集令状に自分の名前を書いたのかという疑問に端を発し、執拗な真相究明の末に主人公が自分に「ハンドウを回した男」を突きとめる場面がクライマックスとなっている。

作者はそのとき主人公に「ついに、太陽を捕えた!」と心密かにさけばせている。「正しくは悪魔を捕えたのだが、苦心の末に正体を発見したよろこびは、それくらい大げさな表現であってもいい」と付記しつつ。

もっとあからさまに「懲罰」として軍隊に投じられた例もある。昭和十六年十二月三日、太平洋戦争が始まる五日前に逓信《ていしん》省工務局長に就任した松前重義の場合である。彼はもともと電気工学系の技術者だったが、早くから欧米諸国と日本との技術開発力や工業生産力の差の大きさを指摘し、「万が一にも彼らと戦争状態に入るの愚だけは避けるべきだ」と警告してきた（注2）。

その松前の肝入りで戦時中、「生産力調査の会」が発足した。東条英機内閣の「軍需生産計画」を「実証的・徹底的に批判」するためだった。その一方では「可能でしかも高水準・高生産性が望める」軍需生産計画を新たに推進させようとの意図もあったという。

生産力調査の会の討議結果には悲観的数字が並んだ。たとえば米国からのスクラップ輸入に依存していた鉄鋼はむろん、アルミニウムその他の非鉄金属も石炭も（したがって電力も）、東条内閣のかかげる生産予定の半分ないし三分の一以下の生産しか可能でなく、しかも減産する見通しだ。また科学技術の新開発が立ち遅れているため戦闘機、軍艦、戦車、大砲、各種兵器の質は米英に比べていかにも古い。つまりは東条内閣の計画は「まったく劣悪だ」（注3）と断定したのである。そこから松前の東条内閣打倒への動きが始まり、東条も松前への敵意をつのらせていく。

「ハンドウ回し」は昭和十九年七月十八日にきた。その日、松前は一通の緊急電報を受け取った。普通は赤紙が届くのだが、これは召集電報だった。東条内閣はそれから四日後に倒れる。だとすれば松前がこれを東条の「最後っ屁」と笑い、「東条首相は、退陣のやむなきにいたったことを認めざるをえなくなった直後、いわば復讐の憎悪をこめて私の〝懲罰召集〟を部下に厳命したのであろう」（注4）と推論しても、それほど故なきことではあるまい。

松前の送り先はフィリピン。ここはサイパン陥落後、東条内閣が南方戦線の最後の砦として玉砕覚悟の背水の陣をしいたところ、といわれる。そこへ何の訓練もほどこさぬ四十三歳の二等兵を送ろうというのだ。また、彼が乗せられた輸送船は明治三十九年に英国で建造された老朽船。しかも船倉には炸薬《さくやく》、魚雷、砲弾類が積まれている爆薬船だ。

この種の船は船長ら乗組員をのぞけば、爆薬専門の少数の海軍技術将校とその部下しか乗らないのが常識とされる。それが出航数日前に突然、「陸軍上層部からのたっての要請」があり、松前が所属する工兵部隊の一箇中隊（前田中隊）だけ特別に割りこませてほしいと言ってきた。「またまた東条一派の策謀だな」とかんぐりつつ、「前田中隊には本当に気の毒なことをした」と松前は、巻きぞえを食った兵士への視線も忘れていない（注5）。

だが松前は「不思議なほど運（悪運？）に恵まれ」て生還した。召集解除後、松前は技術院参議官として原爆投下直後の広島に入り、「被爆調査団長」としてこれがたんなる「新型爆弾」ではなく、原子爆弾であると報告する任にあたっている。戦後は東海大学設立にもかかわり、柔道家としては山下泰裕ら後進の指導にあたるなど、振幅の大きな生き方をまっとうした。

東条首相の激怒を買って「懲罰としての指名召集」（注6）にあった者は、ほかにもいる。『毎日新聞』の海軍省担当記者だった新名《しんみょう》丈夫である。

太平洋戦争さなかの昭和十八年二月、ガダルカナル島で日本軍の撤退が始まり、米軍はいっきに攻勢に転じた。五月アッツ玉砕、十一月マキン・タラワ全滅。さらに十九年二月には「日本の真珠湾」と呼ばれた最重要拠点トラック諸島も落ち、日本の敗色は濃くなった。だが国民には「勝った、勝った」と大本営発表の虚偽情報以外、知らされていなかった。

そうした昭和十九年二月二十三日、『毎日新聞』朝刊一面に大見出しがおどった。「勝利か滅亡か、戦局はここまで来た。竹槍では間に合わぬ、飛行機だ、海洋航空機だ」というものだ。「敵が飛行機で攻めて来るのに竹槍をもっては戦い得ない。……必勝の信念だけでは戦争には勝たれない」という趣旨の新名の記事だった。

ところが同じ日の一面トップ記事は東条首相の「非常時宣言」で、「皇国存亡の岐路に立つ」と竹槍精神での一大勇猛心を強調した発言であった。この紙面をみて東条は怒り狂う。部下に向かってあびせた叱声のいくつかが残っている（注7）。

——なぜ（『毎日』を）処分せんのか。軍の作戦をバカにする反戦記事を載せられて捨てておく気か。

——記事の筆者はだれか。反戦思想の持ち主は直ちに退社させろ。

——竹槍作戦は陸軍の根本作戦ではないか。『毎日』を廃刊にしろ。

その結果、これまた「電報召集」で新名は、丸亀連隊に入隊を命ぜられた。彼はそのとき三十七歳。大正十五年、二十歳のときに徴兵検査で強度近視のため兵役免除になっていた。戦争の激化とともに「片っぱしから兵隊にとられていたが、まだ昭和の兵隊が多く取られている段階で、大正の、しかも兵役免除のものに突然一人だけ召集令が下るとは異常」（注8）なことだった。その点を、新名を支持する海軍からねじこまれた陸軍は、つじつま合わせのため大至急、新名と同じような大正の召集免除の者二百五十人を丸亀連隊に取った。

新名は連隊上層部の好意で破格の待遇を受け、三カ月で召集を解除された。その後、海軍に徴用されフィリピンに報道班員として派遣されたが、この大戦を生きのびることができた。だが彼のとばっちりを受けて召集された二百五十人の中年二等兵たちは、やがて硫黄島に送られて死滅した。戦後間もなくそれを知った新名は、「いまも、その人たちのことを思うたびに、たまらない気持ちになる」と言葉少なに触れている（注9）。

そして彼が次のように記したのは、戦後十一年たってからのことであった（注10）。

「竹槍ではまにあわぬ」──私がそれを書いたとき、ほんとうはもうおそかったのだ。もはやどうにもならなくなってから、それを書いたにすぎないのであった。もっと早くから無謀な戦争に警告を発しなければならなかったのである。いな、それよりもまえに軍部の横暴に対して戦わなければならなかったのである。

（二〇〇八年六月十六日記）

（注1）森史朗『松本清張への召集令状』（文春新書、二〇〇八年）
（注2）松前重義『わが人生』（東海大学出版会、一九八〇年）
（注3）同書
（注4）同書
（注5）同書
（注6）新名丈夫「海軍記者の竹槍事件」（文藝春秋刊『完本 太平洋戦争 上』所収）
（注7）前坂俊之『太平洋戦争と新聞』（講談社学術文庫、二〇〇七年）
（注8）新名丈夫『太平洋戦争』（新人物往来社、一九七一年）

（注９）同書
（注10）前掲「海軍記者の竹槍事件」

相撲は遠く……

行きつけのそば屋の一隅には、いつも場所ごとに真新しい番付表が額に入って飾られている。この店の女主《おんなあるじ》、「おばあちゃん」の肩入れと心意気の表れであるらしい。年に六回、例の相撲文字で埋めつくされたこの一枚の書き付けをみると、耳の奥に大川（隅田川）をわたる触れ太鼓の音色が聞こえてくるような気がして、どことなく気持ちがふるいたつ。小さいころから染みこんだ相撲熱が高ぶるのだ。

その点で、「おばあちゃん」と私とは、さりげなく心を通わせているのかもしれない……。ところが今場所になって、そんな心中のざわめきが、とんと消えてしまった。相撲部屋での暴力・致死事件、薬物騒ぎに発する外国人力士の解雇事件などなど、巨人たちの世界のミもフタもない出来事が続発して、声援する気力が失せた、という趣なのだ。

これまで私のなかに長く深く根をおろしていた、巨大な「マレビト」に対する憧れなり畏怖なりがすっかり萎えてしまったといってもいい。十五尺の土俵上で展開される熱戦も館内の声援も満員御礼の垂れ幕も、急に生気を失ったものに見えだした。根太《ねだ》が腐っては母屋はもたんという感覚である。

聞けばロンドンの新聞も、このたびのことでこう報じたという。

「相撲は日本の伝統文化の支柱であり、力士は模範的な存在と見られてきた。だが、傷ついたイメージの回復は容易ではない」（9月8日付『デーリー・テレグラフ』電子版）

場所が始まれば、またその場その場の熱にうかされてコトの本質を忘れがちな身には、なかなかにこたえる寸言だ。こちらもまさか、英京で発せられたひとことになびいたわけではないが、ただひどくさびしいのは間違いない。無邪気に夢を寄せていた大木の中身が、じつはむしばまれて空《うろ》になり果てているのを思い知らされたのだから。

われながら単純すぎる反応だ、とは思う。だが、来し方、私たちがなれ親しんできた相撲の世界には、えもいわれぬ愛嬌というものがあった。人々がこれを語って倦まず、ときにはわがことのように胸をはり、またときには逆にしょげかえるといった功徳があったはず。それが手もとからスルリと逃げた喪失感がたまらない。

——だがこの辺で、嘆き節は打ち切ろう。それよりも、先ほど触れた「功徳」とはどんなものだったのか。思いつくままその一端を書きつらね、同好の士とともにせめてもの憂さ晴らしにかえてみたい。

＊　　＊　　＊

昭和七年一月、相撲界を揺さぶる大騒動が起こった。関脇・天龍三郎を中心に東西幕内、十両力士の大半が結集し、協会に「相撲道改革」の要求をつきつけたのだ。要求書には会計・養老年金・地方巡業・力士共済など諸制度の確立や茶屋、年寄制度の廃止など「旧弊改善」の条文が盛られていた。ただし、この一件の顚末は、とりあえずの主題ではないので省く。

さて、この事件で天龍一派は東京・駒込にあった明治元勲の一人・木戸孝允の屋敷に身を寄せた。その中に巨人力士として相撲史に名を残す、出羽ヶ嶽文治郎も入っていた。この出羽ヶ嶽に私の母方の祖父が時折、近くの銭湯で出会ったというのである。

「そりゃあ、でけぇのでかくねぇのって。出羽が湯船から上ると、いっしょに入《へぇ》ってた湯がごっそりなくなっちまうんだから」

祖父は明治十四年の生まれ。木戸屋敷とは目と鼻の田端村でホウレンソウ栽培など当時の近郊農業を営む農民で、ことさら描写力に長けていたわけではないから、これだけのことを一つ話としてくり返しまき返し聞かせてくれた。こっちもこのひとときを待ち受けては、そのたびに息を凝らして聞き入った。それから三十年ほどして、現役のころの出羽ヶ嶽を目撃したことがあるという老新聞記者に会った。彼はこう言った。

「あれは大きかった。汽車に乗ると三等車の窓が彼の顔で一杯になっちゃうんだ」

窓わくがついたせいか、祖父の話より出羽の大きさがくっきり浮かび上がる。クロウトの説明はさすがにつぼを心得ている、と妙に感心したおぼえがある。

ものの本によると出羽ヶ嶽は身長二百三センチ（六尺七寸）、体重百九十五キロ（五十二貫）と記されている。なおそのころの日本人の平均身長は五尺二、三寸（百五十八〜百六十一センチ）というから、出羽ヶ嶽の巨大さが伝説味をおびるのも不思議はない。

最高位は関脇。全盛期には横綱西ノ海を「長い特別製の小手をふって」ふりとばすほどの膂《りょ》力《りょく》があり、どっちが横綱だ、と館内をわかせたこともある。が、やがて脊椎を痛め三段目まで落ち、一転、見る者の同情を集めたという。

ちなみに彼は山形から上京し、同郷のよしみで青山の精神病院長・斎藤紀一のもとに身を寄せた。ここで養子となり、同じく一足先に養子に入っていた斎藤茂吉と義兄弟の間柄となった。義弟の晩年の土俵ぶりを見た茂吉は、こんな歌を残している。「番付もくだりくだりで弱くなり出羽嶽見に来て黙しけり」

一方で、大男の小さいもの好きか、小鳥を飼うのが大好きで、また手先も器用で、カメラをみごとに操った、という逸話もある。

死後、彼の巨体は解剖に付され、その骨格は今も東大病理学教室に保存されている由（注1）。

たしか昭和三十年代のはなしのことだったと思う。外から帰ったおふくろが、目を丸くして言ったものだ。「きょう、秋葉原で大きなあごの人に会ったわ。あごまでは見えたけど、その先がわからないのよ」

身長百五十センチかつかつのおふくろから見れば、その先は雲の中、であったか。下のほうを見上げると、りっぱな紋付はかま姿だったという。その後、何かの拍子でお相撲さんの写真を見た折、このあごだ、とおふくろは見当をつけた。そこには「大内山平吉《おおうちやま》」と書かれていた。

これも記録によると身長二百二センチ（六尺六寸五分）、体重百五十二キロ（四十貫五百）というから、巨人列伝からははずせない存在だ。「スコップのよう」といわれた手での突っ張り、右四つ、左上手を引き付けての寄り投げ、つまりは「組んでよし、離れてよし」を誇り、巨人力士では最強とする声もある。

あごが伸びる奇病でいったんは三役から幕尻まで下がったが、みごと返り咲く。昭和三十年春、準優勝で大関昇進を果たした。とすれば、おふくろが、かの雄大なあごを見かけたのはこの前後のことと思われる。

この大内山の名を相撲史にとどめるのは、なんといっても同じ年の夏場所千秋楽で栃錦と演じた「死闘」だろう。

「猛突っ張りで攻めたてた大関大内山、必死に応戦する横綱栃錦。すでに前日に優勝を決めていた栃錦ではあったが、すさまじい闘志で二メートル余の巨人大内山を乾坤一擲の左首投げに切って落とした」

「大相撲史上に残る名場面八番勝負」の写真解説（注2）にはそう記されている。

「揚子江の流れに例えられるほど期待された」そうだが、ひざの故障で綱取りまでには至らなかった。

私が男女ノ川《みなのがわ》を見かけたのは、やはり昭和三十年代の始まりだったような気がする。場所は上野駅の中央広場ともいうべきところ。かつては東北線だの信越線、上越線といった幹線が寄り集まって、ミラノ駅の大鉄傘にも似た大天井の下をオノボリさんたちが右に左に行きかっていた。

その人の波から頭三つぐらい飛びぬけた、背広姿の「動くガリバー」が前方から近づいてきたのである。そこはこましゃくれた相撲通。たちまちミナノガワとさとった。はるか前方をにらんだ二つの洞窟のような目と彼が羽織っていたねずみ色のスプリングコートぐらいしか覚えていない。それにもう一つ、初老、という瞬間の印象だけ。

この記憶にもし違いなければ彼、男女ノ川登三は五十の坂を少し越えたぐらいか。れっきとした第三十四代横綱、そのすぐ下が三十五代の、双葉山となるのである。なにしろ六尺三寸七分（百九十三センチ）、三十九貫（百四十六キロ）というこれまた無類の体軀である。明治座の芝居見物で開幕のベルにあわてた婦人が、入り口のカーテンと間違えて、目の前に立っていた男女ノ川の羽織をまくり、尻に激突したという話もある。

前述の出羽ヶ嶽との対戦は、男女ノ川の五勝一敗。「これはまさに象と犀を思わす壮観の対決」という戦評も見られる。また作家・舟橋聖一は、出羽ヶ嶽、男女ノ川らの面上に「大男の憂愁」をうかがうことが出来る、と書いている。つまり彼らは「勝つ時は実に堂々と強いが負ける時は、又、恐ろしい脆弱さを露呈した。立合いの気力に劣り、精神力に欠乏し、すぐ、相手にのまれてしまうのがわかった」、というのである（注3）。

敗戦直前の昭和二十年六月、男女ノ川は角界を去る。さてそのあとの生き方が目まぐるしい。代議士に立候補して落選、私立探偵や金融業、保険外交員など次々手を染めてはどれも失敗。妻子とも別れ、一時は養老院入りして新聞種になったこともある。晩年はタニマチ（ひいき）が経営する東京西郊の料亭の下足番をしていたが昭和四十六年、脳卒中で生涯を閉じた。六十七歳。

だが、これにはおまけがある。横綱時代、花街で美妓をかたわらに杯を重ねたというだけに女性にはずいぶんとモテたらしい。いまもこの世に男女ノ川の子を名乗る者が数名いるとかいないとか。

＊　＊　＊

……いったい私は何が言いたいのか、書きたいのか。要は相撲、あるいは相撲取りと私たちとのつながりである。かつては実像虚像とりまぜて、彼らの姿が巷の人々の中に溶けこんでいた。そして流れ星のようにどこかですれ違ったり、見惚れたり、という原風景があった。

時には見る者と見られる者の間に、「異形」を境に差別し差別される、という危うい関係があったのも事実だろう。だがそれでも、人々は相撲に惹かれ、たむろし、片や相撲は相撲で、霊気なり香気なりをふんだんに、おおらかに、ふりまいてきた。そうでなければ生まれないような親和力が相互にはたらいていた――と私は思っている。それだけに相撲界の「不祥事」を知るにつけ、心が朽ちるような情けなさを禁じえない。

そのくせ、表題の結末を「(遠く)なりにけり」と言いきるか、「ならんとす」と一拍おくかについては、まだ迷いつづけているのである。

(二〇〇八年九月十五日記)

(注1) 出羽ヶ嶽はこのほかにも北杜夫『楡家の人びと』(新潮社)に蔵王山辰次の名で登場する。また色川武大『怪しい来客簿』(文藝春秋)の一篇「サバ折り文ちゃん」では主役で現れる。
(注2)『大相撲力士名鑑』(二〇〇三年、共同通信社)
(注3) 舟橋聖一『相撲記』(講談社文芸文庫)

センセイこわい

　この十月から、「千本文章教室」が二十四年目に入った。むろん、長いだけが能ではない。だが文章表現の術《すべ》を縦横に学ぼうという篤学の人々が続々、現れるのをみると、講義する者としてはたじろぎつつも、改めて身が引き締まる。しかもさまざまな背景をもつ二十代から八十代までが、原稿用紙いっぱいにひろげる内面の世界と向き合うわけだから、いやでもズシリとくる。そんな役回りを延々と続けていられるだけで、とりあえずは幸運というべきかもしれない。

　だがここへきて、はてこれでいいのか、という問いがわが身に兆してきたのである。

　近ごろ、古くからの友人たちに会ったときのこと。現況を語り合ううちに舌がなめらかになったところで、なかの一人から言われた。「お前さんの言動はちょっとセンセイセンセイしてきたぞ」。そして彼は言葉をついだ。

　――人の発言中でも、そうだ、そうなんだ、と話の腰を折る。時には発言を制して威嚇するような調子にもなる。人の話に耳を傾ける前に、まず自分の話をきけ、といった風情がある……。

　根がオッチョコチョイだから、横合いから茶々を入れるぐらいはする。自覚もある。けれど「発言を制する」だの「威嚇」だのと言われたのには、なんともびっくりした。

　――それだけじゃない。言葉だけでは足りないとみえて人の顔をにらみつける。

　おいおい冗談じゃないぜ。人の目を見て言ったり聞いたりするのは自然だろう。そう言いかけて、でもそういえば、という気にもなった。なるほどこれは、おのれの無知や非力をかばうために習性《ならい》となった防御姿勢の一種かもしれない。本人にはそんな気はさらさらないのだが、そうやって結果的に、生徒さんの力を引き出すべきところを逆に萎縮させているのではないか。一言でいえばそうした危うさである。

先方があくまで軽く、明るい口調でしゃべりかけてくるだけに身にこたえた。

こちらは教室での仕事柄、他者に訴える力の強い文章は高く評価する。他方、伝達力や説得力の弱いと思える作品にはそれ相応の批評や分析を加える。ただしいずれも、できるだけ評価の根拠を明らかにしつつ。そのつもりだがそうは響かない、という例はいくらもありうる、ということだ。

そんな緊張感がうすれたらどうなるか。率直さのつもりが粗暴にも映り、親近感の表現が馴れ合い、もたれ合いの強要に変じる可能性だってある。

十年以上も前にこんなことがあった。学生らしい若い男性だった。明治の文学作品だったかの一節を読んでもらっているときに「細君」という文字を見て、彼が「ほそぎみ」と音読したのだ。教室には哄笑がひろがった。私も大笑いした一人だ。

「さいくん」という言葉を知らなくとも別段、不名誉ではない。だが、あえてものを書いたり読んだりしようというからには、暗黙の了解として一定の素養はもち合わせていたい。このとき彼には、それがちょっと不足していた。だがここはみんなで笑いとばし、彼も軽く頭でもかいて、これで一つ学んだ、ぐらいに受け止めてくれたら、と思っていた。

しかし笑われた側は、そうは考えなかった。自分の間違いをみんながあざ笑った。センセイまでもがそれに和した、と受けとった。彼は、「人を見くだすような講師は許せない」と書き残して教室を去った。私のひとりよがりが生んだ取りかえしのつかぬ出来事として、いまも鮮やかに記憶している。

言ってみれば、これも長い年月、センセイなどと呼ばれて人と接しているうちにいつか背負いこんでしまう、まことにありふれた権威的・権力的身ごなしというものかもしれない。自らには独善を招き、他者には威力を及ぼしやすいセンセイというもののありようは、まことにこわい、と言わざるをえない。

有名な落語に「まんじゅうこわい」というのがある。あのなかで「こわい」とは、じつは「大好き」ということで、「こわい、こわい」を連発して他をあざむき、好きな饅頭をせしめて周囲の意地悪連中の鼻をあかそうという計略。ここでは主人公が、金と力はないかわりに持ち前の機知や想像力を発揮してみせるのだから、「こわい」にも活力がある。愛嬌がある。笑いも生まれる。

ところが、おのれの座にあぐらをかき生徒の心中に鈍感なセンセイは、こうした気働きとはおよそ無縁である。こわいとなったら、ひたすらこわいのである。これでは目には目、歯には歯を、にも似て、相手の仏頂面しか呼びこめまい……。

友人の一片の感想からそのあたりまで思いつめたところで後日、やはりその場に居合わせた別の友人からのハガキが舞いこんだ。そこには、こう書かれていた。

――ヘブライの格言に「私は師から多くを学んだが、わが同胞からさらに多くを、わが弟子たちからはいっそう多くを学んだ」というのがあるそうだ。気分を変えて、粘っこく続けてごらん。

（二〇〇八年十二月八日記）

2009

平成21年

イスラエルからの声

二〇〇八年十二月末から約三週間つづいたイスラエルのガザ侵攻。ガザを支配するイスラム原理主義組織ハマスが隣接するイスラエル領内にロケット弾を打ち込み、イスラエル住民の生命・財産を脅かすことへの報復、というのが、イスラエル側の大義名分だ。

だがガザは四十年間イスラエルの占領下におかれて社会・経済活動の自由を奪われ、〇五年にイスラエル軍が撤退したとはいえ南北を封鎖され、「巨大な監獄」とされてきた歴史がある。

一方に占領への憤激があれば、他方にはこれを圧殺しようとする国家意志がはたらく。形の上でイスラエルがガザを去っても事実上の占領が終わらぬかぎり、両者の対立はいつ火を吹いてもおかしくない状態にある。

それにしてもこのたびの攻撃はケタはずれだった。武装勢力の拠点はパレスチナ人居住区と分かちがたく結びついている。ハマス兵士と住民が混在するような場所柄なら、市民が武力衝突の巻き添えにならないと考えるほうがおかしいくらいのものだ。しかも中東一の軍事力を誇るイスラエル軍がそこへ爆撃機、戦闘機、戦車、火砲など大量の最新兵器をもちこみ、少なからぬ地上軍まで動員したのである。

ハマス兵士を含むパレスチナ人の死傷者が日々、山をなす光景には息をのむほかなかった。開戦二週間後に出された国連安全保障理事会の即時停戦決議も、両者を動かすにはいたらなかった。

一月に入ると、米国のオバマ新大統領就任に時を合わせるようにイスラエル、ハマスともに「一方的停戦」を宣言、戦火は止んだ。千三百人を超すガザの死者のうち多くは民間人で四割が女性、子どもだった。

戦いのさなか、私にとってなんとももどかしかったのは、イスラエルから自国の度はずれの猛攻に対する異議申し立てらしきものが、さっぱり聞こえてこなかったことだ。イスラエルの世論調査ではユダヤ系国民の九割以上が攻撃を支持、という断片的情報が耳朶をかすめた程度だ。

もともとイスラエルは周辺のアラブ諸国家に対する恐怖感が強い。「アラブは何回でも負けられるが、イスラエルは一回負けたらおしまいだ」と思う危機意識である。それを背景にイスラエルはいま、核兵器も含め、中東はおろか世界でも最大・最強レベルの軍隊をもっている、といわれる。だが、けっして軍事独裁国家などではない。

「この国では一人ひとりが首相のようなもの。国の運命と個人の運命とが強くからみ合っていて、肝心な問題を一握りの人間にまかせるわけにはいかないからだ」（イスラエルの作家、アモス・オズ）

そう言われるだけあってここでは思想、言論の自由は基本的に保障されている。それだけに九十パーセントを超す人々がガザ侵攻に賛意を表する、という事態が、なんとも解せなかった。

戦いが終わってしばらくして、私の手もとにもインターネット情報がぽつぽつと集まり始めた。なかでも目を引いたのが著名な作家と精力的にガザ取材を続けてきた新聞記者という、イスラエル人同士の公開書簡による論争だ。前者はA・B・イェホシュア。オズ、デイヴィッド・グロスマンと並んで国際的にも名の通ったイスラエル文学界の重鎮。イスラエルの和平推進のためにも積極的に発言を重ねてきた。

他方、後者はリベラルな『ハアレツ』紙のギデオン・レヴィ記者。彼は「ガザの戦争でイスラエルは全くの失敗に終わった」と論じ、「イスラエルのイメージが損なわれたことが……勝利の歓声が止むころには多くの人にも知られよう」などと書いた。

イェホシュアはレヴィへの「書簡」の中で、たとえばこんなふうに問うた。

――ハマスはなぜイスラエルのガザ撤退後もイスラエルに向けてロケット攻撃をするのか。彼らは検問所を開けさせたいのだ、と君は言うが、それは逆効果にしかならない。それに、わが国を抹殺したいと公言している相手に検問所を開放することが正しいことだと信じているのか。ガザの人々は自分たちの土地からイスラエルの占領軍を追い払ったのだからロケット弾発射は控えるべきだ。

――殺された人間の数の比較もおかしい。たとえば君は、こちらの子どもが三人殺されたのに対して、向こうの子どもを百五十人殺したという。だがその論法でいくと、もし向こうがこちらの子どもを百人殺せば、こちらも向こうの子を百人殺してもいいことになる。つまり君が問題にしているのは殺戮そのものではなく、数だということになる。

――わが方が目ざしているのはハマスの指導者にこの無意味で邪悪な攻撃を止めさせること、その一点につきる。不幸にして子どもたちが殺されるのは、ハマスが戦闘員と市民を意図的に混在させているからにすぎない。(〇九年一月十六日付『ハアレツ』インターネット)

これに対してレヴィ記者は、次のように応じる。

――あなたはイスラエル社会をおおう不幸な波の餌食になっていて、ものが見えず、感じとれず、洗脳されている。だからイスラエルがかかわったなかでももっとも残酷な戦争を正当化し、そうすることで「ガザの占領は終わった」というペテンに満足しきっている。

――われわれは二年間ガザを包囲して、パレスチナ人の生活を押しつぶした。ガザの占領はまったく新しい形のもので、入植地のかわりに壁をつくるやり方だ。看守は内側ではなく外から見張っているのだ。また戦車や火砲や飛行機をこんな人口密集地で使ったら、当然、子どもだって殺される。

――だがこの戦いでわれわれがあれだけの破壊力を用いたのに、パレスチナ人はまだ動揺しているようにはみえない。彼らは力では押えきれない。この数週間で彼らも世界も明らかに別の何かを手にした。それは、イスラエルは良心のとがめを知らない、危険で暴力的な国だ、という考え方だ。あなたは、こんな評判の立つ国に住みたいと思いますか。(〇九年一月十八日付『ハアレツ』)

議論は必ずしも嚙み合ってはいない。が、この国の知識人を自負する者同士が自身の言葉を駆使してわたり合う公開論争ともなれば、かなりな手応えを覚える。圧倒的多数意見が支配し、ほとんど対話不能が報じられる合間からもれ聞えてくるような声だけに、大事に聞きとっておきたい。

なお、レヴィ記者の記事がもとになってか、『ハアレツ』紙の購読をやめる読者が続出しているとも伝えられる。

イェホシュアについても一言ふれておく。

彼は二〇〇八年春、イスラエルの建国六十周年にあたって一つの問題提起をおこなった。つまり、現代の政治的難問──たとえば南アフリカの人種隔離政策《アパルトヘイト》、東西ドイツの分割、ソ連の崩壊などが次々解決されるなかで、なぜアラブ-イスラエル抗争だけが一世紀余りも生き続け、今も犠牲者を出しているのか、と疑問を投げかけたのだ。彼はそこで、二千年前に祖国を去ったユダヤ人が「イスラエルの地《エレツ・イスラエル》」(パレスチナ)を自らの帰るべき地と思い定め、現実に「帰還」を果たし、新しい国家を再興したという「歴史の特異な出来事」に着眼する。イェホシュアは言う。

「帰還という発想は長いこと宗教的で、半ば救世主を夢みるものであり続けた。そして突然、その帰還が現実のものとなった。ユダヤ人自身いまもそのことに驚いているがアラブ人、とりわけパレスチナ人が自らの身にふりかかったことを実存的にも道義的にも理解できずにいるとしても不思議はない」

同時にイェホシュアはユダヤ人の帰還を「ユニークな侵略」と呼び、アラブ人がこれに衝撃を受けて激怒したのも、また今日までそうした行為に正当性を与えまいとするのも理解できる、とまで言い切ったのである。その彼がいま、ギデオン・レヴィに対して先のような問いを発している。「九割の支持」の中身にもさまざまな色合いがあることを認識しておいたほうがよさそうだ。

インターネット情報でもう一つ目を奪われたものがある。これも現代イスラエルを代表する作家で、平和運動家としても名高いD・グロスマンの発言だ。まずは〇八年十二月三十一日付、英『ガーディアン』紙で彼はイスラエル軍に向けて「攻撃を止めよ。発砲を止めよ。自制は無辜のガザ市民に対するわれわれの義務だ」と訴えた。

また〇九年一月二十日付『ハアレツ』(インターネット英語版)では、旧約聖書のエピソードを引いてこう論じた。「イスラエル人とパレスチナ人は、サムソンの物語に出てくる、尾をしばり合わせ、それに火のついた松明をくくりつけられた二匹のキツネのようなもの。こちらが一方的に自由になろうとしてもがいても相手がどこまでもくっついてきて、結局はどちらも焼け死んでしまう。……ガザでの成功はイスラエルが強いことを示したが、正しいことの証明にはなっていない。とにかく話し合うことだ。この最近の流血から引き出せる最重要の結論はこれだ」

ちなみに、〇六年のレバノン戦争で、グロスマンの長男ウリはヒズボラの対戦車ミサイルの直撃を受けて三人の兵士とともに命を失っている。この父親の意見表明も、かそけき大海の一滴にはちがいないが、イスラエルの中に生き続ける平和への意志であることは間違いない。

これだけではない。

一月三日、イスラエルの大都市テルアヴィヴでイスラエル全土から集まった約一万人の人々が反戦デモをおこなった、というインターネット情報もある。平和団体グッシュ・シャロームによるとこれに参加したのは、「平和のための女性連合」「壁に反対するアナーキスト」「オールタナティヴ情報センター」など二十一団体。「選挙戦は子どもの死体の上でするものじゃない」「バラク（国防相）、心配するな――ハーグ（国際刑事裁判所）で会おう！」などのシュプレヒコールがこだましたという。

デモ隊はその後、極右の集団に攻撃を仕掛けられ、小突かれ追い回されたが、それまで両陣営を近づけまいとしていた警官はその場から姿を消した。このため二キロの行進の最後に予定されていた集会は開くことができなかった。そこで朗読されるはずだったグッシュ・シャロームの活動家ウリ・アヴネリの詩が紹介されているので、その一部を引いておく。

〈私たちは／裏切り者だといわれる。／私たちは／イスラエルを破壊する者だといわれる。／私たちは／犯罪者だといわれる。

しかし私たちは言い返そう、／犯罪者とは／この犯罪的で無益な戦争を／始めた者たちだと！

無益な戦争、／なぜなら政府が／百五十万の／ガザ住民に対する／封鎖をやめさえすれば／カッサーム・ロケットを止めることは／できたのだから。〉

こうして始まるこの長い詩は、ハマスのロケット攻撃を受けるスデロト、アシュドッドなどイスラエル南部の町の同胞に目を向けることも忘れてはいない。

〈私たちとてあなた方の苦しみは分かる――／ともに住んでいるわけではなくても、／よく分かっている。／でもこの戦争が／あなたがたの状況を変えはしないということもまた／私たちは知っている。／政治家連中はあなたがたを食いものにしている。／政治家連中はあなたが

たに乗じて／戦争をおこなっている。／あなたがたもわかっているでしょう！〉

少なくともこれだけの人間の言葉が「九割超」の重しのもとで、インターネットの片隅に埋もれていようとは。これも小さからぬ衝撃であった。

二月の総選挙で「九十パーセント以上支持」を裏づけるようにイスラエル国民は右派諸政党に支持を与えた。現在、組閣工作を進める右派リクードのネタニヤフ党首は「イランはイスラエルにとって独立戦争以来、最大の脅威」と強調しているという。ヒズボラ、ハマスそして次はイラン……。イスラエルが生存のために「力の論理」を貫くかぎり、不安増幅の道をどこまでもたどり続けるのではないか。

（二〇〇九年三月十八日記）

映画『嗚呼、満蒙開拓団』――そして、その先

かつて日本の国策で満州（現・中国東北部）や内蒙古に入植した「満蒙開拓団」。二十七万にのぼる開拓民のうち七万人余が日本の敗戦前後、北満の地で命を落としたとされる。生きのびた人々は残留孤児、残留婦人としてそれぞれ中国人の養父母に引きとられ、あるいは現地中国人の妻となって歳月を重ねた。この記録映画のなかでそうした生存者が語る戦中戦後の体験は、一つひとつが身を切るように響く。

一九四五年八月八日、ソ連の参戦とソ満国境侵攻を機に、それまで国境の最前線で農業に励んでいた開拓民は、たちまち家と土地を捨てて逃げまどう難民と化した。

戦争末期、開拓村の働きざかりの壮年男子はすでに軍に召集されていた。逃避行を強いられたのは女、子供、老人を母体とする開拓団員の群れだ。彼らはソ連軍の攻撃と現地中国人の報復のなかで襲撃や殺戮にあい、集団自決を選ぶ。毛布と水とビスケットだけを残して、幼児を草原に置き去りにする。あげく自らも飢えと寒さと発疹チフスに倒れる……。

画面からは、こうした「血だらけの逃避行」を今に語る人々の声が次々現れる。なかでも私の耳を打ったのは終戦時にチチハルの満鉄検車区で働いていたという男性の証言だ。

チチハルの駅頭には、ほとんどリュックひとつで国境付近の開拓地からたどりついた難民たちがひしめいていた。そこで雨露をしのぎ、避難列車を待っていたのだ。「僕は、てっきりその人たちを乗せるために列車を編成したと思っていた。ところがそこに兵隊が銃剣をつけて、それに守られて、家族の人たちが乗るわけです。将校とか高級軍官の家族だと思うんですよ。それが、荷物がすごいんですね。革のトランクを二つ持ったり、布団袋を積みこんだりして、その連中が乗って、その次の列車もたしかそういう連中が乗ったんですね。……それで後から考えてみたら、まず軍の人たちが先に行って、その後に満鉄の人たち、それから満州国政府の人たちが乗って、ハイラルや満州里《マンチュリ》のほうから逃げてきた人たちは結局、一部しか乗れなかったと思うんです」

ここには、あからさまな流血の惨事はない。だが、軍や官吏、満鉄を頂点とする日本の傀儡国家をつくり上げ、危急のときにはその防人《さきもり》役に任じた開拓民をあっさり捨て去る国家意志が、無残なほど現れている。人間の生と死に、歴然と等級がもうけられているのだ。当時、関東軍（旧満州に駐屯した日本軍）の主力は沖縄に送り出されており、同軍の防衛線は南下が進んで縮小されていたが、「軍機密」として開拓民はじめ一般の人には知らされていない。背後にはそうしたこともある。

この映画（監督・羽田澄子）はハルビン市郊外の方正《ほうまさ》地区で生き残った日本人の体験談が軸になっている。方正県に行けば関東軍がいる。軍の補給基地がある。そこまで行けばハルビンにいける。ハルビンに出れば日本に帰れる。そう思って人々はひたすら方正を目ざした。だが関東軍は人々を無視して、とっくに立ち去っていた。そこで人々は飢えと寒さと伝染病で死骸の山を築くことになる。

一九六三年春、食糧危機に見舞われた中国政府は国民に荒地を開墾し自力で食糧を求めるよう命令を発する。中国人と結婚した残留婦人・松田ちゑさんはその土地を耕すうちに続々現れる白骨の山と出会った。四五年秋から翌年にかけて亡くなった日本人たちの遺骨だ。松田さんはその骨を埋葬したい旨、県政府に願い出た。この願いはそこから省政府、中央政府へとわたり、当時の陳毅外相の手を経て周恩来首相のもとに届いた。周は「祖国を見ることなく逝った開拓民たちも日本軍国主義の犠牲者である」として約四千五百人の死者たちを葬る「方正地區日本人公墓」の建立を認めた。高さ三・二メートルの墓石用の花崗岩探しも、碑銘の文字を記す書家も、そのほか墓の建立にかかわる費用一切も、すべて中国側が引き受けた。これが中国ではまだ日本の侵略に対する恨みが消えていない一九六三年、日中国交回復の十年ほど前の出来事と知らされて、思わずうなった。周恩来という政治家の度量について、だ。

周の存在感はそれだけではない。六六年から中国全土をおおった文化大革命のとき、紅衛兵たちがこの日本人公墓を破壊しようとした。だが黒龍江省政府は「これは日本軍の墓ではない。日本の庶民の墓である。彼らに罪はない」と紅衛兵の要求を退けた。

そしていま墓参の途次、ハルビン市方正県人民政府に表敬訪問したかつての難民たち――今は日本に帰国している――に向かって、劉軍常務副県長はこう言うのだ。

「日本が中国を侵略したとき、とても許し難い残虐なことを中国にしました。……これは歴史の事実です。しかし、開拓団は日本兵ではありません。当時の日本の政策がなければ、彼らは中国に来なかったと思います。中国に災難をもたらしたのは、開拓団の人の考えではありませんでした」

周恩来の政治的寛容がここまで連綿と生き続けていることに、改めて舌を巻く。だが私たち日本人は、中国側のこうした発言にすんなり同意していいものだろうか。また国策にだまされた側は、ただ過去の悲劇を嘆き、大陸の大地に死体をさらした物語を語りつくせば事足れり、ということか。戦いすんで日が暮れて、日中間にも平和が回復し、といった時点で旧地を訪れ、かつての苦難をしのび、慰霊塔に向けて手を合わせればすむものなのだろうか。

私はここで数多の犠牲者やかつての難民たちを非難したりおとしめたりする気はさらさらない。彼らは力尽きて死んだ。あるいは生き残って痛切な被害の歴史を精いっぱい語り続けている。ただしかし、平和を祈念するところで話を打ち切ったら彼らも私たちも浮かばれないような気がする。そこから先を一歩でも掘り下げて考えるのは、彼らが命がけで残した平和をいま享受しつつある私たちの当然の役目というものだろう。

さしあたって二つのことに思いをはせておきたい。その一。私たち日本人は入植活動を通じて、結果的にはまるごと中国人に対して加害者になったこと。その事実を自覚的に受け入れること。

一九三六年、広田弘毅内閣は満州移民計画を立案。背景の一つに、二九年の世界恐慌のあおりで生糸の価格が暴落、養蚕によって生活を維持していた農家が困窮に陥った、という事情がある。加えて、増え続ける農村人口を調整しなければならないという要因もあった。以上の農村対策として、満州へ二十年かけて百万戸・五百万人を送り込むという国家プロジェクトが描かれたのだ。

その入植地を確保するために、政府は現地中国人農民が開墾した土地を二束三文で買いたたき、開拓民に割り当てていった。これにより入植者たちは日本では考えられなかった広大な土地を手に入れ、「王道楽土」「五族協和」の国策スローガンのもと自らの「弥栄《いやさか》」のためにクワをふるい、牛馬を動かし、満蒙の地を支配した。一方、自分の土地を追われた現地農民は開拓団員の小作人になってしまった。この事実を無視するか忘れるかして、昨日までの土地の主たちが四五年八月八日以後、突然「犬にも劣るどん底に落ち」たという実感ばかりつのらせるとしたら、これは危うい。目の前の難儀が何故もたらされたのか。自らの加害性に対する省察がないところ、いきおい被害者意識ばかりがはびこり、あっという間に肥大化する。

こうなるともはや、他者の境涯への想像力がはたらく余地はなくなる。行きつくところお人よしの無告の民は、またしても無自覚、無反省な民として「お上」の意のままに操られるだろう。そして同じ悲惨を味わい、嘆き節を奏で……という底なし沼をはい回ることにもなりかねない。

その二。したがって貧しい者、弱い者ほど「お上」からはだまされやすいものだ、と肝に銘じること。だまされる、とは、上からの美辞麗句におどらされ、力ある者の都合が悪くなれば放り出される、というのと同義だ。これはお上の常套手段だ、くらいの用心深さはもちたい。そうして、簡単には上意にまるめこまれない民が増えていったとき、「よるべのない、きのどくな者」を意味する「無告の民」という言葉は、はじめて影がうすくなるのではないか。

そういえば、手もとにある『中学生の満州敗戦日記』（今井和也著、二〇〇八年、岩波ジュニア新書）という本の最後にこう書いてある。

「『満州国』はそこに住む人たちの存在、意思、感情を無視した、ひとりよがりの妄想から生まれた国家だった。血と涙をたっぷり吸いこんだ砂の上に組み立てられた幻想国家がわずか十三年五カ月の寿命に終わったのは、歴史の必然というほかはない。

そして『満州国』の経営に無惨な失敗をした指導者たちの名を、ふたたび、私たちは戦後の日本国経営の指導者の中に見出すことになる」

これと関連して、次のような記述も目をひく。東京からも送り出された満蒙開拓団の一枚の歓送写真を見て、その筆者は仰天した。

「……戦時下企業整理などで店を閉じた商店街の人々を、万歳で送り出しているのは、岸信介商工大臣と、後に岸内閣の外務大臣となる藤山愛一郎東京商工会議所会頭の姿だったからだ」

こう記したのは井出孫六。『終わりなき旅 「中国残留孤児」の歴史と現在』（岩波現代文庫）の著者でもある。

権力者は過去の汚点についてはロをぬぐったまま。それについて証言するのは、いつも汚点に振り回された「民草」ばかり。これが続くかぎり、民の歴史のその先に光がさしてくるとは考えにくい。

この走り書きにも似た「感想文」は、十歳のときやはり「引揚難民」として旧満州・奉天（現瀋陽）から帰国した私の心情が下敷きになっている。日頃は雑事にかまけて「満州」から遠く離れて生きる身の、苦い反省もこめて書き進めた。

（二〇〇九年七月七日記）

参考資料『嗚呼　満蒙開拓団』（EQUIPE de CINEMA No.171）井出孫六・前掲書
方正友好交流の会　会報８号『星火方正―燎原の火は方正から―』

雑記――'09年夏

＊七月十八日

新宿の文章教室、始まる。前期の終了が七月十一日だから一服の間もそこそこに。四月に当方の仏事があって、切羽つまった日程となった。

恒例の千本文章教室『作品集』、最新の69号への反応がぼつぼつ手元に届きだす。今回、私が書いたのは「映画『嗚呼、満蒙開拓団』──そして、その先」というもの。これを読んだ旧開拓団の支援組織・方正《ほうまさ》友好交流の会から連絡あり。会報『星火《せいか》方正《ほうまさ》〜燎原の火は方正から〜』の年末号に転載させてほしいとの申し出がある。その場で快諾する。

数日遅れて、学生時代以来の友人(ジャーナリスト)から寸評が届く。「筒井康隆の文章はエラソウな。千本の文体はそれ以上。(中略)加藤周一や松本清張はエラそうでない」と。どこがどのように、なんて一言もない。単刀直入そのもの。お前もプロのもの書きめかすなら、そのくらいは自分で考えろという含みか。

筒井康隆うんぬんは、たぶん『朝日新聞』の読書欄に連載中の「漂流 本から本へ」あたりをさしているのだろう。筒井のことはあまり関心がないから、こう言われてもあまりピンとこない。それにエラソウなセンセイ以上にエラソウにみせようとするなんて、想像するだにコッケイ味があって、ついウフッとなる。だが加藤、松本を引き合いに出されて真っ向ケサがけにやられると、やはりこたえる。この二人には、かねてから小さからぬ共感をよせているだけに。だがどこか、おっかぶせるような、ちゃちなセンセイ口調がにじんでいる、とPは言いたいのかもしれない。とかく悪臭は、自らは気づかぬもの。心してかかるとしよう。

＊八月九日

何かと戦争の二文字が飛びかう季節だ。歳時記風なあつかいは真っ平だが、日本人に原爆、敗戦が深く刻まれている以上、やむをえまい。それに戦禍の経緯をめぐって知らないこと、知っておくべきことが、まだいくらでもありそうだ。

その一つがこの日から三晩、ＮＨＫスペシャルで放映された「海軍反省会」のドキュメンタリー番組である。主な出演者は太平洋戦争期に海軍軍令部で中佐から大佐、すなわち中堅幹部士官として働いた面々二十人ほど。軍令部はもともと戦史編纂を任務としていたが天皇に直属して軍事機密に参与し、中央統帥機関として国防・用兵に関する事項とかかわった。つまりは、海軍を縦横に動かした中枢部だ。彼らが一九八〇年三月から九一年四月まで、延べ四百時間かけてたたかわせた率直な議論のテープと映像の一部が紹介されたのである。その場の発言は、私にとって驚きの連続だった。

第一回のテーマ「なぜ（海軍）エリートは失敗したか」では、こんな発言が相つぐ。

――（この戦争では）陸軍は暴力犯、海軍は（それを知っていてついていく）知能犯だった。「満州」という大きな石が動き出してからは、（海軍は）流されるほかなかった。

――（四一年の真珠湾攻撃、四二年のミッドウェー作戦について）永野さん（修身・軍令部長）は、山本（五十六・連合艦隊司令長官）がそう言うなら、山本の言うとおりにやらしてみようじゃないか、という指示で、わしらがどういう訳で反対するかなんて全然聞かない。日本の国の運命を決めるような重大な作戦に対して平時の演習でもやるときみたいなこと言うてね。

――なぜ戦うか、戦いはどうなるかをきちっと議論もせず戦争へ戦争へと流されていった。海軍が「流され」っぱなしでは、国民は浮かぶ瀬もない。

第二回は「やましき沈黙」。思っていても言えず、まわりの空気に流されていくのは海軍全体の問題、という意見が大勢。ここでは体当たりの特攻作戦について「百パーセント死ぬという戦術は戦術ではない」という指摘も出た。

この回の終盤で一人チラッと顔が出る九十歳の人物は「特攻隊の戦果を空から確認することを任務としていた」という。特攻機に同行して飛び、その最期を見届ける役割まであったなんて、私は夢にも知らなかった。この人は毎年一人で靖国神社参拝に出かけるとかで、「反省会」の元エリートたちとは明らかに別系統に属していた。

第三回の柱は、「海軍からはなぜA級の絞首刑戦犯を出さなかったのか」。

議論は、敗戦当時の海相・米内光政を先頭に海軍が国際裁判でいかに死刑者を出さぬよう画策したかを克明にたどる。戦争責任を天皇に及ぼさぬよう上はどこまで責任追及を認め、下はどこから及ばぬようにするか、などが明記された海軍の内部資料も写し出される。当時、日本はジュネーブ条約も批准しておらず、捕虜の人権などを考える空気はまったくなかった、との発言も流れる。国際法についての教育もほとんどなかった模様（注1）。

ここで改めて古い西洋の格言めいた言葉が思い出される。「王はなぜ災厄の後に平和をもたらすのか、災厄の前にではなく」。「王」は、いやでも海軍と重なる。「歳時記」などと悠長なことはいっていられない話だ。

＊八月二十九日

文章教室では、この日の「例文研究」として小田実の短編小説「『アボジ』を踏む」（注2）を取り上げる。着眼点、主題の展開の仕方、修辞法などから「いい文章」を書く術を学ぼうという試みである。四百字詰原稿用紙二十三枚という「大長編小説家」の超短編作。一九九七年度の川端康成文学賞受賞作でもある。

著者は在日朝鮮人の女性を「人生の同行者」として選び、その結果、義父母となったアボジ（父）、オモニ（母）との接触をもとに、目の前にひらけた「在日」の世界を活写する。

著者は彼らとの初対面でその人相、風体のせいか、「ヤクジャ」（ヤクザ）に見間違えられる。それにしても、ヤクジャではどうにもシマらないが、オモニはこうしか発音できないのだ。アボジも昔は、かのゲーリー・クーパーに見まごうほどのハンサム青壮年で、その月日は重労働とパチンコと女に色どられていた。元来、気がやさしくて、器用、まめだから行商時代の「女性ファン」がいまもあちこちに散らばっている。一方のオモニは「アボジはベッピンやろ。誰でも寄って来たがるんや」と言い、「わたしらもう年をとったやろ。友だちみたいに仲ようやらんといかんのや」といった名言も吐く。

日本人作家が「在日」の人々にこれほど密着し、おおらかさとユーモアに満ちた作品をものした例を、私はほかに知らない。

そのほかにも第二次世界大戦中と戦後の二度にわたり（戦中はナチスの手で、戦後はソ連の手によって）ブーフェンバルト強制所に入れられたドイツの友人の話。また「南洋群島」（マーシャル諸島）の島民の男の子に残された〈日本〉の刻印。彼は「玉砕」の島に生き続け「ニホンジンノオハカ」という言葉を時々つぶやく。そしてここはその後、米国の核実験場として利用された地域でもある（「『三千軍兵』の墓」）（注3）。

かと思うと、突如テンノウヘイカを南の島にもち込んで住民を蹂躙し、テンノウヘイカが必ずつぐないをしてくださる、と言い残して去った「ニッポンブラザ」（日本人）を今も待ちわびる島びとの表情（「テンノウヘイカよ、走れ」）（注4）。

などなど。三百頁たらずの短編集の中に著者独自の戦後世界への眼差しが強く感じられて、ハッとさせられる。

＊九月十三日

英劇作家のトム・ストッパード原作、というより、蜷川幸雄演出のほうが、はるかに通りがよかろう。渋谷・シアターコクーンで『ユートピアの岸へ』（The Coast of Utopia）を観る。九時間に及ぶ芝居を正午から午後十時までかかって見通した。幕がおりて、たまたま隣り合った中年の男性に「テキもなかなかやりますなあ」と思わず話しかけると、「それでも役者はところどころ休んでますよ。こちら（観客）は休みなしの見っぱなしですから」と、にこやかに切り返された。

時代は一八三三年、日本でいえば天保の大飢饉のころから一八六八年、戊辰戦争開戦と官軍の江戸城入城の年まで。ロシアからフランスはじめヨーロッパを舞台にした革命劇、恋愛劇、人生劇とでもいえばいいか。出発点はロシアのある貴族の家の食卓。団欒の場にも帝政ロシアの重圧感、農奴制に寄生する者たちの居心地の悪さが明滅している。

さあ、そこからはロシアからヨーロッパを股にかけた思想家、文学者、革命家の議論の奔流、女たちとの恋、途方もない結びつきと別離、そしてその背後で音をたてて進む歴史の激流……。こんなことをいくら並べても追っつかぬ人間と歴史のCHANGE、CHANGE、CHANGEが農奴制解体のとば口まで延々つづく。

それにしてもゲルツェン（思想家）、バクーニン（革命家）、ツルゲーネフ（作家）らを軸に、数多のロシア・インテリゲンチアが争って口にする世直しの言葉の山はどうだ。あまりの量感に、耳に残るのはわずかに一つか二つ。

「歴史というのはどんな瞬間にも千の門を叩く。その門番は偶然だ」

「前へ進むこと。楽園の岸に上陸することなどないのだと知ること。それでも前へ進むこと」

女性たちもまた明朗に、厩《うまや》の中での情事の子細などを語り合って倦まない。

演者たちは訓練しつくした果てののびやかさを満喫している。観客は観客で、革命や歴史の知識がなくとも舞台の上の息の長い青春劇を屈託なく凝視していればいい。少なくともここは皇帝《ツァーリ》の検閲や拷問とは無縁の空間なのだから。そうやって、日がな一日がのうのうと過ぎていく。

そして――。あれほどまでに彼らが欲した「革命」は成り、その逸脱が起こり、「社会主義連邦」も崩壊した。ならば「革命」をめぐる一切は過去になりきったのか。だがそういうものでもないらしい。

兆しの一つは、ロシアの教育科学省がノーベル文学賞作家ソルジェニーツィンの代表作『収容所群島』を学校の必読書にした、との報道だ（九月十日付『朝日新聞』）。この作品は、スターリン批判で収容所に送られた自身の経験をもとに書かれたもので旧ソ連では発禁の書だった。一九七三年にパリで刊行。翌年、著者は逮捕され、市民権を奪われて国外追放に。旧ソ連崩壊後、帰国。〇七年には文学上の功績で国家功労賞を贈られ、〇八年夏、八十九歳で死亡。その本までがついに、国家お墨付きの教科書とは。やはり、めでたいという以上に、いかがわしさが先立つ。

するとこんどは、独裁者スターリンをたたえる旧ソ連国歌の一節がモスクワの地下鉄駅を飾る金色の文字となって現れた、というニュースである（九月十七日付『朝日』「窓」欄）。「スターリンは我々を育て、人民への忠誠、労働、偉業へと奮い立たせた」と書いてあるとか。五六年のフルシチョフによるスターリン批判で削られたが、改修された地下鉄駅の天井の梁に甦ったようだ。スターリンについては、第二次大戦でナチスを倒し、ソ連を勝利に導いた指導者、という評価も根強いという。亡霊は死なず、ただ取り憑くのみ、か。

折からスターリン時代のモスクワ裁判と大粛清を描いた一九四〇年代のベストセラー『真昼の暗黒』が日本語でも新訳・復刊された（注5）。「自由」か「平等」か、さらに革命が求める「最高の善」とは何か。一読、そんな問いかけが今さらのように生々しく迫ってくる。

先の長大な芝居は「船出」「難破」「漂着」の三部構成になっていた。私たちが生きる現実は、いまだその第三部にもたどり着いていないのか。

（二〇〇九年九月二十一日記）

（注1）テレビ放映の数日後、以上の経過と背景についての詳細な記録が出版された。戸髙一成［編］『［証言録］海軍反省会』（ＰＨＰ、二〇〇九年）である。

（注2〜4）小田実『「アボジ」を踏む』所収（講談社文芸文庫、二〇〇八年）

（注5）著者はハンガリー系ユダヤ人の英国作家アーサー・ケストラー。訳は中島賢二（岩波文庫、二〇〇九年）

消息数滴

ふだんは雑木林と畑に囲まれた武蔵野の一隅に暮らしている。バスか自転車で二キロ余り離れた駅周辺まで行かなければ新聞やコーヒーにもありつけない。おもてにも出ず電話口でしゃべりもしなければ、一日中、黙りこくっていることになる。それこそ「酒屋へ三里豆腐屋へ二里」といった気分になる。

そんなとき、七十四歳の人間をなんとか生きた現実につなぎとめるのは、古い知己との便りのやりとりである。よそさまから届く消息の一滴一滴が私の内部にしみ入り、衰弱しかけた心身に活を与えてくれる。

「9月30日から10月9日まで、ハンガリーに行ってきました」というハガキを岩崎悦子さんからもらったときには、びっくりした。岩崎さんはハンガリー語、ハンガリー文学の研究者・翻訳者。私とはもう四半世紀近く仕事を通しての友人である。

三年前の夏、岩崎さんは自宅の庭先で草刈の最中、脳出血で倒れた。予定されていた「ハンガリー翻訳家の家」への旅の二日前のことだ。以後、救急車で入院。失語症となり、右手、右足がほとんど動かなくなった。リハビリテーション施設での言語療法、作業療法などを重ね、今は普通にしゃべれるようになり、左手で文字が書けるところまでは回復した。だが、いぜん車椅子生活だ。その彼女が年来の「予定」を実現させたというのである。

ハンガリー側の強い要請と好意があったとはいえ、道中はそんなに楽なものではなかったようだ。岩崎さんの「身体障害者の外国旅行」報告を読むと「トイレ」ということばが、しきりに出てくる。たとえば冒頭部。

——一番大変だったのは、飛行機でトイレに行くことだった。行きは、トイレから四つ前の座席に坐っていた。通路が狭いので杖を使わず、座席を伝わっていくが、大勢が待っているから、トイレの一番近い座席の外側に坐らせてもらった。だが、そこからトイレまで五〇センチであろうか、そこから杖で行くのがむづか《(ママ)》しい。……行きはトイレに五回行き、帰りは三回ですんだ（筆者注・成田―ウィーン間、約十二時間で）。

　旧友の女性Kさんが手を貸してくれた。ハンガリーではこんな記述もある。「私は翻訳をしたり手紙を書いたりするが、三時間おきにトイレに行くので、彼女はその間に買い物に行ったり、街を見たり、食事をつくってくれたりした」

　しかし岩崎さんは出発前、洗たくは自分ですると言いながらしないので、Kさんがしてくれた。また便器を汚したままにしておいたこともあった。Kさんは彼女に厳しく言った。「私は介護者ではない。あなたが行きたいというから一緒に来たのですよ」。また後日、「もし何も言わなければ、どこかで爆発することになるから、きついことを言った」とも。岩崎さんは自分の「気のきかなさ」を詫びた。

　それからは敷居だらけの部屋で、トイレを除き、車椅子を後ろ向きにダッシュさせて、自力で敷居を乗り越える方法も編み出した。仕事面では一日二行しか翻訳できないという日もあった。だが同行した、岩崎訳の戯曲公演でつながりのある「北海道演劇財団」の面々の応援も得て、彼女は旅をまっとうすることができたという。

身体的な緊張感と、よりよい仕事を目ざすひたむきさのなかで、精いっぱい彼女はもがいている。まだまだやりたいことがある。むろん楽な話ではない。だが彼女には私より十歳近く年下という「若さ」もある。次なる「予定」に向けて、あせらず果敢に、舵を切ってもらいたいものだ。

土佐の高知の小松弘愛さんから、おおらかなユーモア含みの詩集が届く。題して『のうがえ電車 続・土佐方言の語彙をめぐって』（花神社）。たとえば「のみのこしかけ」という作品は、

〈「のみのきんたまをよつわりにする」／『高知県方言辞典』に入っている言葉〉

という二行から始まる。〈「蚤の金玉を四つ割にする」／どういうこと？〉という次の二行は、そのまま読み手の「？」だろう。やがて〈答え／「欲ばりで金銭的にきもっ玉の小さいことのたとえ」〉とあって、ホッと息をつく。

一九四五年六月の夜、土佐湾岸本沖カラ艦砲射撃ガアル　タダチニ避難セヨ、という命令が下った（翌日、これは通信ミスによるものとわかる）。人々は奥西川の狭い谷間の集落に逃げた。あてがわれた蚕室のような一間。ここで一行は〈子供の小さな金玉もちぢみあがるほどに／信じ難い数の蚤〉に襲われた。それでも彼らはあわただしい避難に疲れ、やがては（蚤に身をまかせて眠り込んでしまった）

で、再び『高知県方言辞典』へ。「のみのきんたま……」の次の項には「のみのこしかけ」があるんだそうだ。「女性陰部。蚤が腰かけて一服する場所」の意、というから、やはり相当

な迫力だ。小松さんはこれに続けてこんな一節を書きつけている。

〈あの夜／蚤にたかられた同級生のA子ちゃんも／「のみのこしかけ」に／満腹してころころ太った蚤を休ませ／かわいそうなほどに眠りこけていたにちがいない〉

小松さんは当時九歳。一九三四年生まれの彼が国民学校のころ出会った戦争体験の断面を、こうして独自の方言考察に結びつけている。

高知県生まれ。長らく高校の国語の先生だったこのH氏賞詩人が改めて土佐方言に目を向けた動機が変わっている。二〇〇一年の「同時多発テロ」への報復としてアフガニスタンへの空爆が始まったとき、地上で逃げまどう人々はどんな言葉を使っているのだろう、とふと思った。手元の『世界のことば』（『朝日ジャーナル』編・朝日選書）にあたると、この国ではペルシャ語のほかにパシュトゥーン族の使うパシュトー語という言語がある、という。そのあとに、こう記されていた。「パシュトー語の難点の一つは、有力な標準語がないことである。方言が無数にあって、谷ごとに言葉が変わるといわれる」

では「有力な標準語」をもつことになった日本ではそれ以前、列島の北から南に移るにつれて、たとえば「太陽」という言葉を何と言いならわしていたのか。小松さんは『標準語で引く方言小辞典』（倉持保男編・東京堂出版）で「太陽」を探し、岩手の「トダイサマ」から沖縄小浜島の「チンダ」まで十八個の太陽が昇っていたことをつきとめた。ちなみに高知では「ニッテンサマ」が上がっていた。

〈「有力な標準語」をもつことは、日本が近代国家を作りあげてゆくためには必要なことであった。しかし、それは多くの太陽を西の空に沈め、二度と東の空に現れないようにすること

でもあった〉(『のうがええ……』後記)
小松さんが今も書き継いでいる「土佐方言の語彙」をめぐる詩の土台には、こうした思想が根を張っているのだ。そこにあるときはユーモアをこめ、またあるときは悲痛な思いをまじえて一つひとつの詩を織っていく。
土佐方言の語彙といえばざっと数えただけでも一万四千語の由。それだけに、共通語の詩作と併せて「連作のペンを擱くわけにはゆかない」(同前)という著者のひとことが、読む者にずっしりとした共感を与えるのである。

深津真澄さんの『近代日本の分岐点—日露戦争から満州事変前夜まで』(ロゴス)という本が二〇〇九年度の石橋湛山賞を受賞した。といっても、著者も出版社もご存知の方は少ないだろう。本のタイトルも即物的で、ソッケないくらいだ。それにまた「イシバシタンザン」といわれても大方の若い人は面食らうのではないか。

石橋湛山は戦前・戦中を通じて自由主義の論陣を張りつづけた言論人として名高い。戦後は第一次吉田内閣の蔵相などを経て一九五六年、首相の座にもついたが、病をえて在任二カ月で退陣した。彼の名を冠したこの賞は、その年度に発表された論文・著作の中から、湛山の「自由主義・民主主義・国際平和主義」思想の継承・発展に、もっとも貢献したとされる著作に贈られることになっている。

深津さんはもともと政治記者で、『朝日ジャーナル』の副編集長《デスク》時代には、相デスクだった私と数年間、机を並べたこともある。その後、彼は論説委員となり、さらに九五年には定年まで四年ほど残してフリーのジャーナリストに転じた。「右から左に消えていく記事はたくさん書いてまいりましたが、ほかに著作の実績はありません」と本人が言うとおり、これが初著作。それが金的を射止めたのだから周囲の驚きもひとしおだった。だがいったんこの本を読みだすと著者一流の着眼の新鮮さが随所にみられ、正確で明快な表現や論理とともに読む者を引きこむ端正な磁力を感ぜざるをえない。

著者の狙いの一つは、日露戦争以後、満州事変に至る大正デモクラシー期の政治外交に関する通史を読みやすく提示すること。もう一つは、一本調子の通史におちいらぬよう、この時代に特異な足跡を残した四人の政治家と一人のジャーナリストを配し、個人の評伝的エピソードを含めてそれぞれの時代とのかかわりを書こうとしたことだった、という。狙いは当たり、その二要素がうまく化合している。

選ばれたのは、日露戦争後のロシアとの交渉で現実的な外交を進めながら帝国主義的視点を抜け出られなかった小村寿太郎。対華二一カ条の要求では悪役視されたが、後年、対中不干渉に転じた加藤高明。平民宰相として知られるが、じつは大衆不信が強烈で普通選挙には反対だった原敬。日本の中国侵略の遠因をなす張作霖爆破事件で昭和天皇に叱責されたことで有名だが、内外の情勢を見きわめようとするバランス感覚もあったとされる田中義一。それに、こうした権力者に共通してみられる対外膨張政策（植民地政策）を批判して「小日本主義」を唱えつづけた石橋湛山である。

著者の目は、政治的「二大愚挙」といわれた二一カ条とシベリア出兵を生んだ大正期に強く注がれる。それはまた、これら「愚挙をおかした日本に強い違和感をもち、日露戦争後の歴史を取り上げる気持ちになれなかったのであろう」という、司馬遼太郎批判にもつながる。「愚かな行動であればあるほど、後世にどんな悪影響を残したのか、具体的に書き残すことが歴史として重要だろう」、というのがその論拠である。「二大愚挙」が第一次世界大戦に関連している以上、第一次大戦がさまざまな形で日本に影響を与えている事実にもっと目を向けるべきではないか、という問題意識といってもいい。

日清、日露二つの戦争を経て「大国」に躍り出た明治期の日本。軍国主義に鼻面を引きまわされて敗戦の破局に突入していった昭和前期の日本。その谷間にあって、「帝国主義的権益を絶対視する国策」をとるか「国際協調」に進むかを軸に「大正時代の日本は政治、経済、社会の深層部で明暗二つの激流が激しくかみ合っていた」という歴史認識は鮮やかだ。そこにまた、「あの（戦前・戦中の）困難な時代に、どうしてこれほど歴史の流れをよむことができたのか」と思える、石橋の言説の出発点があるという論証の過程（第四章 石橋湛山と「大日本主義の否定」）も、読みごたえのあるところだ。

余分ながら、歴史的「愚挙」に関連して一つ付け加えておきたいことがある。この言葉から連想される米国の歴史学者、バーバラ・W・タックマンの『愚行の世界史』という本（朝日新聞社、一九八七年）についてである。

タックマンは失政を四つのタイプに分ける。①暴政または圧政②過度の野心③無能または堕落④愚行＝「国益に反する政策の追求」である。それにのっとってトロイアの木馬の話、プロテスタントの分離を招いたルネッサンス期の六人の法王の失政、アメリカ革命の種をまいたイギリス議会、そして米国史上最長のベトナム戦争を語っていく。

日本近現代史に現れる「愚挙」とはいささか趣を異にするが、失政の本質を見ようとする向きには興味の尽きぬ知見がちりばめられているはずだ。そんな巨視的な歴史散歩にもいざなう力が、このまことに小粒な出版社から出された本からは感じられるのだ。

（二〇〇九年十二月十五日記）

2010
平成22年

「芋虫」から「再生」へ

……夫は生きて戦地から帰った。だが両手両足はなく、視覚と触覚のほかは五官のすべてを失っていた。待ち受けた妻の目に、その姿は「大きな黄色の芋虫」に映った。あるいは「いとも奇しき、畸形な肉独楽《にくごま》」だった。手足の名残りの四つの肉の突起物を震わせ、「臀部《でんぶ》を中心にして頭と肩とで、本当に独楽と同じに、畳の上をくるくると廻るのであったから」。

江戸川乱歩は短編小説「芋虫」のなかで、いまや「廃兵」となった、かつての戦場の英雄・須永中尉をこう描く。帰還直後、妻がその夫の介抱に涙しているとき、世間は凱旋祝いに浮かれて、「名誉」という言葉を彼ら二人に雨あられとあびせた。そして三年後。妻は生理期に野性的発作を起こして夫にとびかかり、彼の「たった一つの表情器官であるつぶらな両眼」をつぶしてしまう。

これだけ聞いたのでは酸鼻《さんび》の極みといった話に顔をそむけたくなる向きも少なくないだろう。だがそこは「理知的興味」と「耽美的嗜好」で鳴る日本探偵小説の草分け。残酷だの変態だのに堕さない語り口には水際立ったものがある。じじつまた、発表後には左翼から反戦小説として絶賛されてもいるのだ。この原作に触発されてこのほど映画化されたのが『キャタピラー』（若松孝二監督）、そこで妻を演じたのが寺島しのぶさん。寺島さんはその演技で第60回ベルリン国際映画祭の最優秀女優賞を受賞したのだった。

乱歩がこの作品を発表したのは昭和四（一九二九）年、掲載誌は『新青年』である。最初は『改造』のために書かれたが、当時、左翼的評論誌として当局からにらまれていたため発禁を恐れ、内外の探偵小説を紹介していたこちらの雑誌に回されたのだという。一九二九年といえばニューヨーク株式市場発の世界大恐慌が始まった年、日本では小林多喜二の『蟹工船』が発禁にあった時期でもある。また満州事変、日中戦争、太平洋戦争と続く十五年戦争の火ぶたが切られる直前である。だとすればこの一編は、その後激化し、恒常化する戦争の悲惨さを鋭敏に察知したものの奥深いメッセージ、と読めないこともない。

そこで昨今の『キャタピラー』報道をみわたすと、主演の寺島さんがみせる性愛場面に強い関心が集まっているようだ。むろんそれはそれで、この映画の大きな要には違いない。「芋虫」に現れる屈折した性欲表現は、三十代の健康な妻と文字どおり肉塊となった夫が共に生きるうえで避けて通れぬ主題だからだ。だが乱歩の作品ではそうした個所は多く、長短の「……」で表してある。けれども、単純にこれが当局を意識した自己規制とばかりは思えない。それよりはむしろ、読む者の想像力に訴える表現として、計算しつくした分量のリーダー（点線。印刷用語）を効果的な場所にちりばめたようにみえてならない。

さらにいえば、性描写以上に「芋虫」が読者に迫るのは、戦場の勇士が歓呼の声で迎えられた後、妻と二人、草深い地の孤立した家に打ち捨てられたように住まわされ、社会から無視され、忘れ去られていく無残な過程ではないのか。

こうした背景のもとでは、二人にとって新たに生きのびていく道は、まず見当たるまい。自らの都合で「忠烈の士」を仕立て、また自らの都合で生きた屍をつくり、夫婦共々、隣人として受け入れることを拒む共同体。そこに戦前の日本社会をおおう巨大な闇、むごさの一端を垣間見る思いがする。


ベルリン国際映画祭の話題でにぎわうころ、新聞の文芸時評欄で雑誌『文学界』三月号掲載の、「再生」という小説の批評に目がいった。九歳で視覚を、十八歳で聴覚を失った一人の男性の生き方を追った作品だという。作者はあの石原慎太郎だ。石原といえば、「太陽の季節」で登場して以来、つねに時の脚光を浴びなければすまぬといった言動にどうにもなじめず、小説もとんとのぞいたことがない。

だが今回はテーマがテーマだ。主人公は幼いときから右、左としだいに目が見えなくなり、中学三年にいたってこれまた右、左と難聴を覚え、数年後には完全に聞えなくなった、というのである。しかも小説とはいいながら事実に即した話とのこと。

こちらは「芋虫」とは違って、外的な力が彼の健常な感覚を突如、奪ったのではない。原因もわからず、医学的な手立てを講ずることもできぬまま、彼は視界にふたされ、音のない世界に閉ざされたのである。

それでも「盲」だけのときには盲学校にも通い、盲人バレー試合もやった。が、聴覚を失うと「全身に伝わってくる仲間の動きの振動を捉えるだけでは試合になりません」。主人公は盲聾者の状況を「大きな壺の中に蓋をかぶせて閉じこめられた人間の絶対的な隔絶感」という感覚でとらえる。

それから一カ月余のある日、彼が冷蔵庫を手探りして飲み物をさがしていると母が来て、彼の手をとるなり指に爪をたてて点を打つ。「な、に、が、ほ、し、い、の」。彼にはそれがよくわかった。「こ、れ、で、わ、か、る、か」と再び母。彼は「わかるよ」と大声で答えた。そこで母は乱暴なくらい手を振って「よ、し、こ、れ、で、い、こ、う」。この指点字という新手法で彼は外界とのつながりを取り戻した。

欲望に身を焼いた「芋虫」の二人とは違って、彼には強靭な知性があった。探求心があった。また指点字で学校の受講や研究を通訳し、支援してくれるボランティアの友人たちがいた。彼の知的欲求に応じ、人間同士の意思の伝達を助け、社会の中で彼をまっとうに生かそうとする人々がいた。そして彼がその期待に応えるにつれ、その数も増えていった。こうして彼は、盲聾者にとって「唯一生きるための支え」である、「他者とのじかの接触によるコミュニケーション」を手にしていく。

その後彼は、全盲全聾の人間としてこの国で初めて大学院を卒業。「盲聾者に限らず他の障害者も含めて健常者と障害者の間のコミュニケーションに関してあくまで障害者の立場で、健常者にはわかりにくい機微について伝え教える役割」を与えられた。

彼、福島智は日本学術振興会での勤務、金沢大学準教授を経て、現在は東大先端科学技術研究センターの教授をつとめている。ここでは研究所関係の通訳と介助は約束され、つねに二名の指点字通訳が彼を支援する態勢がとられているという。

研究センターへの採用を決めるための教授会セミナーの席で、彼はこう聞かれた。「自分と他の健常者を比べてうらやましいと思ったことはありませんか」

彼は答えた。「それは、ありません。……見える、聞こえるということをうらやましいと思ったら、もう生きてはいけません。盲聾者は、聞こえさえすれば、見えさえすればと思う、そのための『さえ』という助詞さえ使えないんです」

作家・石原はこの二百二十枚の小説の最後を「とにかく、なんとか生きてきてよかった」という主人公の言葉で結んでいる。

石原はまた文末欄外に「多くの部分を脚色引用し」たと断って福島智の学位論文「福島智における視覚・聴覚の喪失と『指点字』を用いたコミュニケーション再構築の過程に関する研究」を掲げ、参考文献に光成沢美の『指先で紡ぐ愛』と生井久美子の『ゆびさきの宇宙』の二著書を挙げている。

小説家としての主題への着眼と挑戦には壮とするものがあるが、けっして作家の一人勝手な想像力で容易に書ききれる中身でないことも思い知らされる。

「とにかく、なんとか生きてきてよかった」と言えた「再生」の主人公と、ついに草むらをうごめくようにして前進し、古井戸に身を投じるほかなかった須永中尉。その対照の鋭さに改めてあぜんとする。つまりは、「不自由な」人間は排除・抹殺して恥じぬ社会がいつか消え去り、障害者の障害を逆に活用して人々の共生を図る関係が生まれつつある、ということか。

しかし、それでもなお、「もう、とうにそんな時代じゃない」、と「芋虫」に向けて手放しでは言いきれないものがありそうだ。

（二〇一〇年三月十五日記）

参考資料　江戸川乱歩『芋虫』（角川ホラー文庫）
石原慎太郎「再生」（文藝春秋）

「片言隻句」録・抄

私たちは日々、さまざまな言葉に囲まれて生きている。そしてその一つひとつが私たちの意識や行動に小さからぬ痕跡を残していく。報告ごとにせよ主張にせよ訴えにせよ、それが記憶されるときには、話の核はたいてい片言隻句の形でとどまる。考えてみると、その集積が私たちの日常を動かしているとさえいえそうだ。というわけでこの三カ月間に、それぞれの意味をはらんで飛びこんできたことばから、いくつかを拾いあげ、記しておきたい。私なりの片言隻句備忘録である。

六月十四日朝。ＴＢＳラジオで作家・澤地久枝が「アフガニスタンで井戸を掘る医者」、中村哲医師の仕事ぶりを紹介している。

中村医師は、はじめハンセン病治療中心の医療協力者としてアフガンに渡った。だが、医療品の絶対的不足にたちまち医療行為の限界を知る。そこでさらにその根本にある、この国の慢性化した水不足を解消するために、彼は地元民らとともに千四百本の井戸を掘り、用水路建設に力を注ぐことになる。その間に二十五年の歳月を費やした。

——アフガンでくり返される「水欠」と洪水は自然災害とばかりはいえない。それ以上に、八〇年代にこの国に軍事介入した旧ソ連、また〇一年九・一一事件以後の米軍侵攻による、相次ぐ国土の蹂躙と荒廃があった。

と中村医師は言う。

〇九年夏、六年五カ月かけて砂漠に貫通させた全長二十五・五キロの「マルワリード」（真珠）用水路について、彼はこう言った。「それは世界で最長の手仕事、手づくりの水路です」

そして「水を確保できればアフガンは再生できる」と言いきる中村医師が澤地に語ったことば——

〈欲深い人も中にはいますけど、一般の、九十九パーセントの素朴なアフガンの庶民は、家族が仲よく、自分の故郷で暮らせること、一緒におれること、三度のご飯に事欠かないこと、これ以上の望みをもつ人は、ごく稀ですよ。

その基本的な欲求が満たされないがために、米軍の傭兵になったり、軍閥の傭兵になったりして、骨肉争うというような状態。これに、皆、嫌気がさしてきている〉（注1）

三〇年生まれ。半世紀の間に心臓の手術を三度受けた澤地は、アフガンの現場には立てない。それでも中村医師（四六年生まれ）の仕事に強く共感する彼女は「一ボランティア」として彼との対談を引き受け、この本（注2）の印税はすべてアフガン復興のために寄付されるという。

平和をつくる、とは、こういうことなのだろう。

同じ日の『朝日新聞』に目を転ずる。「60年安保　半世紀の間に」と題して二人の「論客」がそれぞれの時代観を語っている。

まず評論家・詩人の吉本隆明（二四年生まれ）は――

〈社会にとってあの闘争の意義は、上からの指令があろうがなかろうが行動する、大衆の力を示したことだと思いますね。といって革命を望むわけではない。自分の日々の暮らしから、考える〉

人々から「お上」意識が劇的に遠ざかった分水嶺、というとらえ方か。

また、このところの政治の劣化について。

〈（これが）大衆迎合のせいだとか衆愚政治のせいだとは思いません。なりゆきに従ってしまう面もあるけど、暮らしに密着して確かな判断もする、それが大衆です〉

両方に、暮らしをもとに自ら判断を下す大衆、といったことばが出てくる。ちょっと買いかぶられてるんじゃないか。大衆の一人としては、そう思わぬでもない。

もう一人は政治学者・東大名誉教授の石田雄（二三年生まれ）。

〈60年安保では「市民」が登場したと言われたけれど、当時の私は「国民」も「市民」も厳密には定義していなかったと思います。

単に「労組以外の国民」を「市民」と呼んでいた。そこには在日も沖縄も入っていない。男女差別も部落差別も意識されぬまま、「みんなが平等な存在としての市民」という感覚を抱い

ていた〉

後段の、「そこには……」以下がポイントだ。知識人の先端をもって任ずる人にも見えない存在がだれであったかをあけすけに語る一節として目をひく。そして安保条約の自然成立以降、「政治への長い冷笑時代」が続いた、と石田は見る。その上で、こう言うのだ。

〈ただ近年日本には、そうした消極的な姿勢でいるばかりでは済まされない、と考える人々が出てきました。湯浅誠さんらの反貧困運動や、辺野古、普天間の運動にかかわる人々です〉

「そのことも、民主主義の基盤がそれなりに育ってきた一つの証拠」という締めくくりの発言とともに、石田の現状認識には共有したいものが多分に含まれている。

某月某日。竹内政明『名文どろぼう』（文春新書）を開く。著者は『読売新聞』のコラム「編集手帳」の筆者。通算二千三百本余のコラム執筆を支えてきたのが、長年かけて名文を独自に収集してきた、「竹内ノート」の存在とか。その一端をのぞかせたのが、この「引用だらけの本」だ。

「人の心を打った名文を書くには、名文を盗むことから始めよう」というフテイの精神がニクイ。

〈妻抱かな春昼《しゅんちゅう》の砂利踏みて帰る

――中村草田男（『日本大歳時記』講談社）

家路を急ぐ夫である。「妻を抱きたい。さあ抱くぞ」、性欲も晴朗な詩になることをこの句で知った〉

「結婚と四季」の章の白眉である。

「手紙と名文」の章では、かつて南極昭和基地で越冬生活を送る隊員のものに届いた奥さんからの電文に目がいく。

〈アナタ

——（『朝日新聞』〈標的〉一九七二年一月十七日）〉

この本に引用した名文の中で、「三文字はもっとも短い」由。七二年、南極は地の果て以上だった。七十四歳の一読者として、いま読んでも胸がつまる。

もう一つはずせないのが「官僚と悪役」の章で役人の「しゃくし定規」を笑った件。

戦時中の検閲の話だ。長田秀雄の戯曲「飢渇」の台本が事前に警視庁に提出された。セリフの中に「接吻」とあったのを、警察はその二文字を消して返してきた。

〈検閲前〉奥さん、どうか一度だけ、接吻させてください。

〈検閲後〉奥さん、どうか一度だけ、させて下さい。

——（車谷弘『銀座の柳』、中公文庫）

このセリフをしゃべる俳優は、「とても、これは言えません」と演出家に泣きついたとか。

多言無用の一幕だろう。

五月十六日、日曜日。新宿発かいじ一〇三号で甲府に向かう。五月八日付『毎日新聞』夕刊で「憲兵が見た日中戦争　甲府／手紙424通公開」の記事を読んだからだ。

手紙の発信人は日中戦争の前線で憲兵の任務についていた山梨県龍岡村（現・韮崎《にらさき》市）出身の五味民啓《たみよし》さん（七九年死去）。五味さんが戦地から妻や弟らに出した手紙は、自らは兵隊の規律を取り締まる役目だったために軍の検閲を受けなかったようだ。そのせいか、「新聞記者のついて来る戦場は勝味のある場所です。新聞で伝わるのはほんの一部」など、率直な記述が随所にあるという紹介記事だ。

これに添えられた手紙のコピー写真からも、読みやすい字でこう読みとれる。「支那の大きな地から比べると占領したのはわずかな場所です　ただ敵の重要地を占領したのに過ぎないのです」

五味さんは旧制甲府中（現・甲府一高）に首席で合格したが養父に反発して上京。会社勤めをしながら中国語を学び、会話力にもすぐれていた。三七年九月に召集され、二十四歳で中国へ。四〇年三月まで転戦した。終戦直後、龍岡村村長を二期務め六十六歳で病死したが、家族に戦争のことは一言も語らなかったという。

展示場は甲府市内の住宅街の一角にある「NPO法人　山梨平和ミュージアム」。百平方メートルほどの、二階建のつつましい洋館だ。その二階の片隅にテーブルを二つほど並べ、そこに五味さんの手紙の分厚い綴じこみコピー二冊が、若干の周辺資料とともに置いてある。壁にも上海、南京、南昌、武昌、漢陽、廬山《ろざん》など、五味さんの転戦の足どりを示した地図が目立つ程度。しつらえは質素この上ない。

隣の広間では、間仕切りもなく「南京事件と日中歴史対話」という名の市民参加の勉強会

（三十人ほどか）が開かれている。日本人研究者、中国人留学生をまじえての討論にも熱がこもる。そのせいか、お目当ての手紙のほうは、私が一人占めして目を通すことができた。手紙の束を拾い読みしてみる。

まず「巻頭言」の書き出し。〈小説でもなければ紀行文でもない（中略）……それもこれも今にして思へば戦場の真実の姿ならざるはない〉

これは五味さんが帰還後に書いたもの。太平洋戦争が始まる一年半ほど前の記述だ。そして以下は、その場で書かれた文面である。

三七年、中国軍との激戦を終え、その後、警備についた上海の街で――

〈新聞の連戦連勝の記事や日本軍の強さなどあてにならない強い支那軍だった。砲弾は身近に落ちる雨あられとても嘘としか思うまい〉

〈（上海は）大ていデカダンな享楽と各国人種入り交った混った相変わらずの魔都です。エロとグロとテロ（暴力）と殺人のカクテルです〉（三八年二月）

〈弾丸は全く雨の様に私共の身を掠め私共もそれぞれ最後の決意を以て殆ど銃剣のみで突撃を敢行した〉（三八年十月）

五味さんは戦闘中に右大腿骨部貫通の傷を負い、野戦病院に護送されている。かと思うと一転、次のような観察記もある。

〈私の居る田舎から2里半後方に慰安所と呼ぶ一種内地の遊郭の少し程度の悪い位なものが開設された。戦友等は休日にはワンサと一瞬の快楽にうかれてくる。（中略）その女共はたいてい朝鮮人だ〉（三九年一月）

私が五味さんだったら、たとえ検閲をまぬがれていたとしても、当時「聖戦遂行」を強く吹き込まれていた一日本人として、はたしてこれだけの正気を保てたかどうか。事実を直視する観察眼、異常な空気にたじろがぬまっとうさ、そして明快なことばによる表現力。五味さんの手紙を読んでいると、背景も立場もまるでつながりはないが、外交評論家でジャーナリスト・清沢洌《きよし》の『暗黒日記　1942―1945』（岩波文庫）（注3）にも通じる知性の明るさ、さわやかさを覚える。

（二〇一〇年六月十五日記）

（注1）中村哲・澤地久枝（聞き手）『人は愛するに足り、真心は信ずるに足る―アフガンとの約束』（岩波書店、二〇一〇年）
（注2）同右
（注3）清沢洌（一八九〇―一九四五）が第二次大戦中の日本の政治・外交・社会を記録し、批判した日記。死後『暗黒日記』として出版された（一九五四年）。

「ジョニー」と「キャタピラー」

"Johnny Got His Gun"。直訳すれば「ジョニーは銃を手にとった」。ちょっとイキがった西部劇のタイトルみたいだ。そういえば昭和二十年代の前半だったか、"Annie Get Your Gun"

(『アニーよ銃をとれ』)というハリウッドのミュージカル映画があって、美人女優ベティ・ハットンがカウボーイハットをかぶり、鉄砲だかを手にした看板をみたおぼえがある。

だが「ジョニー……」は、米作家ドルトン・トランボが第二次世界大戦勃発時の一九三九年に発表した作品で、大戦中には国内で発禁処分を受け、戦後になって復刊されたという、「アニー……」とは似ても似つかぬ小説である。

ジョニーはコロラドやカリフォルニアを舞台にパン屋などで働く腰軽な青年。カリーンはじめ何人かのガールフレンドにも囲まれ、無邪気に青春を漂っている二十歳。その彼が第一次世界大戦に召集され、「一九一八年九月のある日で時が停まった」。「どこかでわめき声がし、彼は退避壕に飛び込み、何もかも見えなくなり、彼は時を失った」のである(ちなみに、戦争が終わったのはその二カ月後だった)。

「あの爆発」のあと、どれだけ時間がたったものか。気がつくと、彼は病院らしき場所のベッドの上にいる。両脚、両腕、両眼、両耳、鼻、口、舌がそろってなくなっている。労働や恋や遊びに威力を発揮したものが、すっぽり消えている。どこにいるのかもわからない。しかも死んではいない。ノー、ノー、ノー……。

残された意識だけをたよりにジョニーは考える。そして——両手、両腕をもぎとられれば死ぬというのが通説だ。だが戦場の医師が順を追って切断手術を行う場合は、ちゃんと出血を止める方法がある。だから負傷した人間が出血多量で死ぬことはまずない。だから自分はこうして生きているし、殺せば殺人犯になるから医者は自分を殺すこともできない……ということに気づく。

戦争が終わってすでに二年、いや四年が過ぎているのかもしれない。彼はもてるものを使って自ら発信しようとする。思いついたのが少年のころ仲間と交信しあった無線通信装置だ。そうだ、頭を上下させて枕をたたこう。トントントントン、トン、トン、トントントン。SOS HELPをくり返した。

長い時間かかって、これを「肉塊」の単なる発作ではなく、ある意思表示と受け止める看護師が現れた。さらに時間がたって、男が入ってきた。彼はすばやく観察して、患者の左腕の切断面に何かを刺した。麻酔を注射して彼の「封じ込め」にかかったのだ。

ジョニーは、だが、その後も発信をやめなかった。また長い時が過ぎ、新しい看護師が来た。彼女はナイト・シャツを開け、ジョニーの胸をあらわにした。そしてそこに指先をはわせてきた。まずすべてが直線で、その直線が角度をもっていた。ときに速く、ときにゆっくり、彼女は何度も同じ線を描いた。ついに彼はMの一字をとらえた。以後に続く文字はMERRY CHRISTMASと綴られた。彼は何年かぶりで孤独の世界から抜け出た。彼の「SOS HELP」発信にも「希望と確信」があふれ出した。

やがてその次には、馬鹿でかい一本の指が伸びてきた。彼の指はジョニーのひたいをたたき始めた。WHAT DO YOU WANT（なにがほしいのか）。

ジョニーは頭を打ちつけて答えた。ここから出してくれ。人々に触れられるところに連れていってくれ。オレはなんの迷惑もかけない。わたしをガラス箱に入れ海岸へ、地方博覧会へ、教会の慈善市へ、サーカスへ運んでください。さしずめあなたは、わたしがいればすばらしい商いができる……。

答えは、「君のいっていることは規則に違反する。君はだれか」というものだった。「馬鹿でかい指」は、彼の名前すら知らなかった。が、それにしても、彼の棺のふたを閉じるようなREGULATIONS（規則）とは何なのだろう。著者トランボはこう書きつけている。「彼は未来そのものであり、未来の完璧なる構図であった。彼らは……未来にどこかで起こる戦争を察知していた。その戦いを戦い抜くために、彼らは人間が必要であり、もしもほかの人間が未来をのぞいてしまったならば、戦わなくなってしまうだろうと思ったのだ」。彼らは、「死者は死んでいるべきなのだ」という彼ら流の判決を編み出したのである。

トランボによると一九四五年、彼は沖縄の戦場へこの本のコピーを送った。だが交戦が激化すると絶版となり、その後三版まで重ねたが朝鮮戦争時に再び絶版、また禁書となり、戦後やっと出版の日の目をみた。さらに後年ベトナム戦争が進行する中でハリウッド映画にもなっている。日本では一九七一年夏に二種類の翻訳本が相次いで出され、タイトルはそれぞれ『ジョニーは銃をとった』（斎藤数衛訳・早川書房）、『ジョニーは戦場へ行った』（信太英男訳・角川書店）とされた。

前置きが長くなったが、ここまでくれば今夏公開された日本映画『キャタピラー』を思い起こす向きも多いのではないか。江戸川乱歩の短編小説「芋虫」に触発されて映画化した若松孝二監督の作品で、主演の寺島しのぶさんがその演技で第60回ベルリン国際映画祭の最優秀女優賞をとったことでもなじみがあるかもしれない。

キャタピラーといえば普通、人も物も踏みつぶして進む戦車の無限軌道を思い浮かべがちだがCATERPILLARを辞書で引くと、まず「イモムシ」「毛虫」とあって、「無限軌道」はその次だ。この映画の背景は一九四〇年当時の日中戦争から太平洋戦争末期にかかるころ。農家の次男・黒川久蔵少尉は生きて戦地から帰った。だが両手両足はなく、視覚と触覚のほかは五官のすべてを失っていた。久蔵はあたかもジョニーの「未来そのもの」であり、「未来の完璧な構図」のごとくであった。

だがジョニーと久蔵を分かつものは、あまりにも大きい。一方は名前も国籍も特定されぬ一介の兵士であり、他方は村人からすれば「軍神さま」であり「戦争の英雄」、その妻シゲ子までが「銃後の妻の鑑」ということになる。

では社会の目から隔離されたままの存在としてジョニーが感じる孤絶感に比べて、妻をはじめとする郷党に囲まれた久蔵の気持ちはいささかでも癒されたのだろうか。いま彼にできることは、時に妻が引くリヤカーにのせた籠におさまり、軍帽と将校服に身を飾られて村の畦道を回ること。それは自らの「忠烈」と妻の「貞節」を誇示する行事に他ならない。あとは、シゲ子の言葉を借りれば「……食べること。寝ること……それしかないですものね」。惨、といえば、どこまでも惨に堕しかねない閉ざされた空間だ。だがこの二人の食と性への渇望を、一回一回、必死の営為として描いた若松の洞察と力量はこの映画の大きな収穫だ。

しかし、にもかかわらず胸に迫るのは、久蔵・シゲ子の、ほとんど一卵性ともいうべき、のっぴきならぬ閉塞感だ。世間は彼ら二人をどう称揚したところで、内心はまとめて人身御供とし、自分たち内輪の世界から消し去ろうとしているのだから。

ジョニーは独力でもとの世界にもどるために、生きている感覚や意識を総動員しなければならなかった。数の意識、時の観念を失うまいとしてもがき、「心の命じるままに聖書に書かれた言葉を長い時間をかけて思い出そう」ともした。どれもが、気を確かに保つためのあがきだった。だが彼は最後、REGULATIONSによって棺に蓋をされた。

一方、久蔵の脳裏にも、中国戦線での悪夢――銃剣をつきつける、わが身をはじめとする日本兵と、犯され殺される女たちの姿――がよみがえり出す。それにうなされ、転がり、泣きじゃくる久蔵をみて、シゲ子は静かに唄う。「いもむしごろごろ　軍神さまごろごろ　お米はざっくりこで、ちゅうちゅう　ねずみは　ぴっかりこ……」

ジョニーも久蔵も、そしてシゲ子も、つまりは捨て石にされた人々の群れの中にいる。むろん、「お国のために」という大義つきで。「お国」とは有形無形のREGULATIONSをつくり、操る者たちをさす。だが権力や権力者は一様ではない。権力者に従順に仕える小権力者、またそれにつながる小々権力者から、それにさからわぬ「忠良なる臣民」までが、寄ってたかって権力や権力者を盛りたてる。あげく、どこかで捨て石をつくる側にあやかろうとする。だがこの「臣民意識」が生き続けるかぎり、忠義面《づら》を競う者自身、いつ「お上」から捨て石にされても不思議ではないのである。

（二〇一〇年九月十四日記）

参考資料　①ドルトン・トランボ『ジョニーは戦場へ行った』（角川文庫）、『ジョニーは銃をとった』（早川書房）はともに絶版。

②若松孝二『キャタピラー』（編集・発行　游学社）
③江戸川乱歩『芋虫』（角川ホラー文庫）

大勢のなかの一人旅　――永六輔の場合――

ついこの間まで、転んだといっては胸の骨を折り、「しゃべり芸人」のくせに活舌よろしからず、肝心の話が聞きとれない、といった惨状が続いた。でも本人は屁の河童。そんなことは笑い飛ばすようにして毎週のラジオ番組をこなしていた。が、いくらおもしろい話だって口腔《こうこう》内のモゴモゴ語でやられては、ラジオを聞く側はかなわん。ついに彼も潮どきか、と思っていたらこの御仁、ここへきてめっきり回復の兆しをみせてきた。声は力を増し、舌の回りもほどよく、それに何より毒とユーモアのまじった言葉がかえってきた。なんだ、まだ生きてるじゃないかと一驚、ちょっとうれしくなった。御仁の名は永六輔。放送・芸能界きってのマルチプレーヤーである。

二〇一〇年十一月、タクシー乗車中にタクシー同士の接触事故にあい、全治二週間の負傷と報じられたが寝こんだふうもない。どころか、この衝撃で活舌がよくなったなんてうそぶいている。が、じつは人の勧めで受けたハリ治療が功を奏したようだ。

そんな出来事もこの人にかかると即座に自らの番組に組みこまれてしまう。さっそく東洋医学に理解のある、東大先端科学技術研究センターの女性の先生をつれてきて、西洋医学との対比をまじめに論じてもらった。転んでもただでは起きないのだ。その勢いで、文字どおりの「つんのめる」「転ぶ」が、ある日の番組の大テーマになったりする。この人が立ちくらみや転倒の常習者なのも、じつはパーキンソン症候群のせいなのだ。それを避けるためにいま、歩き方の基本訓練を始めたところ。

――いまは、歩くって何だ、から始めている。それでわかるのは右左と交互に足を出すことのむずかしさ。また、つんのめらないためには顔を上に向けて歩かなければならない。

――医者に言われるとおり、「上を向いて歩こう」を歌いながら、僕はそろりそろりと病院内を歩いている。年とった患者さんでぼくの顔を見知ってる人に出会うと、永六輔がむかし自分が作詞した歌をうたってよろよろ歩いている、と不思議そうな顔をされる。若いお医者さんは、ぼくとこの歌の関係なんてまるでご存じない。

こんなことを永は、まことにクッタクなげに話す。それが、難病を楽しげにしゃべるのはけしからん、というリスナーの「お叱り」を招くこともある。とまれ、彼がパーソナリティーをつとめる『永六輔土曜ワイド』（TBS系ラジオ）はただいま、「パーキンソン病との対決」を主要テーマに掲げている。

その他、昨今の話題について、永の発言がいい味をみせた例をあげておきたい。

その一。東京都による漫画やアニメの性的描写規制の動きをめぐって。

――規制されたら、はいと言うことをきくのも一つの立場。でも小沢昭一さんなんかは、なさるならどうぞなさってください。こちらは知恵をしぼってそれをくぐり抜けてみせますから、という態度。そうやって芸術や芸能は独自の表現を手にしてきた歴史があるんだから当然でしょ。

――第一、ポルノ表現がいけないといったら古典はすべて読めなくなる。学校の教科書に出てくる『源氏物語』だって、海外ではロイヤル・ポルノとして評価されてるんです。『源氏』の現代語訳者の一人、瀬戸内寂聴さんもこの番組でいっていた。『源氏』にはあらゆる性関係が書いてあるからおもしろいんです、と。

その二は、例の市川海老蔵関連のもの。ここではあえて、永がずっと昔に自著に記したものから引いておく。

海老蔵は今回、例の大記者会見で、満天下に「日頃のおごり」を詫びて深々と頭を下げた。順当にいけば歌舞伎界の頂点をなす十三代市川団十郎を襲名することが約束されている人だ。ならば多少のおごりも止むをえまい、なんてウカツ者は次の件を一体どう読むだろう。

江戸期の初代団十郎は「役者　かはらものゆゑ　我は人の数にあらず」と言ったとか。また、「錦着て布団の上の乞食かな」の一句。何代目かの団十郎が素姓を恥じて詠んだものの由。どだい、出発点から覚悟のほどが違うということだろう。永はこんなことを四十年以上も前に書きつけているのである（『芸人　その世界』、岩波現代文庫）。

永が「黒い花びら」（第一回レコード大賞受賞）などの作詞家から撤退したのは一九六七年。シンガーソングライターの登場時期と重なる。それからは小沢昭一、落語家の入船亭扇橋らと俳句づくりを続けている。さあ、そうなると作詞家に後戻りできなくなった。なぜか。「俳句は言葉を削って削ってという世界だから」。そんな彼に、今の作詞は「長すぎる。削って削ってをやってない」と映る。

そういえば哲学者の鶴見俊輔がこんな話をしている（『文学界』新年号、「二〇一一年を生きる君たちへ」）。雑誌『ザ・ニューヨーカー』の著名なコラムニストE・B・ホワイトが大切にしていた作文要綱本のエッセンスは「delete unnecessary words」（不要な言葉を削れ）。この一言に尽きるんですよ、と鶴見は言う。

「削って削って」と「delete」の意想外の符合にはハッとさせられるものがある。ちなみに鶴見の発言は、日本の大学は外国語の取り入れに終始して、日本語の表現をよくする場にはなりえなかった、という文脈の中で出てくる。鶴見はさらに自らの米国留学を振り返り、ハーバード大学に入学したころ必修科目として毎週、七五〇語の作文を書かされた話におよぶ。そして——教師はそれを次の週までに赤を入れて学生に返す。つまり、どの学部でもいかに英語を書くかが学習のベースにあった。この点、外国語習得ばかりを重視した日本の帝国大学とは学問の根底が違う、とまで論じていく。

思わず話がそれた。

さて、いま喜寿の永の口癖は「ラジオは（テレビに比べて）小商《こあきな》い。はやらず、飽きられず、がモットー」。

永は、だが、そう言いながら今も大勢の人と接し、こすり合う。そこでありったけのものを吸収する。得たものは存分に活用し、気前よくばらまく。自分自身の批評のことばもそえて。そうやって彼は業界生活六十年有余、人間稼業七十七年の旅をつづけている……。

当方にまだ、飽きはこない。

（二〇一〇年十二月二十七日記）

2011

平成23年

「粘ってまーす」　——福島からの声——

三月某日『までいのわ』という見慣れぬ名の冊子が届いた。送り主は「福島県相馬郡飯舘《いいたて》村役場産業振興課商工観光係」とある。「ごんぼっぱもち」「凍みもち」など、先人の編み出した「純度の高い食べ物」を口にして新しい村づくりのバネにしようというもくろみらしい。「ないものねだり」ではなく「あるもの探し」で「飯舘流スローライフ」を実現しよう、というメッセージつきだ。

ちなみに「までい」とは、手間暇惜しまず、丁寧に心をこめて、つつましくを意味する方言とか。表紙の、雪の中から顔をみせる黄色い福寿草の写真や編集後記の行間からも、中・高校時代の友人O・Y君はじめ、村人たちの心根が浮かびあがる。わずか四頁の冊子だが、この村の土と手仕事の感触が柔らかに伝わってくる。

数日後の三月十一日、そんな感想を書いたハガキをO君宛に投函。そのまま足をのばし、二キロ先の洋食屋兼喫茶店で遅い昼食。スパゲッティを口に入れたところで全身にググッと衝撃がきた。足もとがうねり、周囲がねじれた。帰宅後ラジオをつけると、一番の激震地は宮城県。

乱れた程度。

三月十二日　朝、近くのコンビニに走るも、おにぎりなし、パンなし。『朝日』も見えない。駅に近いコンビニへ。おにぎりも『朝日』もあった。四十がらみの主人は言う。「ここらは一メートルも掘れば赤土が現れる関東ローム層の台地。地震には強い。（一九二三年の）関東大震災でもほとんど被害はなかった。うちはコンビニの前は酒屋、その前は百姓でここに百年以上住んでいて、おやじやじいさんから、そう聞かされて育った」

あとで念のため吉村昭の『関東大震災』を開くと「東京の家屋倒壊」の項に、同じ北多摩郡の立川村、三鷹村などと並んで、わが清瀬村（現清瀬市）も全壊0、半壊0とあった。

刻々と知る三陸海岸の惨状に、東京電力福島第一原発一号機爆発のニュースが加わって、緊張が高まった。

三月十五日　夕方から福島原発事故の屋内退避圏が半径三十キロまでひろがり、原発の北西約四十キロ地域の飯舘村までがテレビ画面の端っこに登場してくる。

三月十六日　福島市在住で長年、新幹線で新宿の文章教室に通ってみえるＦ・Ｉさんに電話する。奥さんとは初対話。主人は今、水の配給をいただきに行っています。家からなるべく出ないようにしていますが、ライフラインは無事。食べもの、電気すべて大丈夫です。それにここは原発から百キロ圏で安全だと聞いていますから、とのこと。

続いてＯ君と電話で話す。

——現在、屋内退避中。飯舘村も危険区域視されてるのは（村の）南のほうだけでウチのほうは入ってない。それでも十二日の午後から原発の危うさは感じていた。避難する人もすでに入って来ている。灯油、ガソリンが手に入らない。でも十二日夕方から電気は来てる。電話も今日からOK。ま、先細りの成り行きまかせさ。君のハガキ？　着いてないなぁ。

状況は明るいとはいえないが、話し方には力がある。

三月二十一日　午後二時。福島県は、「飯舘村の簡易水道から基準値の三倍を超える1キログラム当たり965ベクレルの放射性ヨウ素が検出された」と発表。

三月二十二日　留守電に福島のF・Iさんの声が入っている。「現在の生活面をいろいろ考えて、とりあえず東京の子どものところに移りました」。私よりお年をめしたFさん夫妻の機敏な行動力に舌をまく。

三月二十四日『毎日』朝刊総合面に「福島・飯舘村　土にヨウ素117万ベクレル」の大見出し。改めて二十三日の文部科学省の発表を見る。「18〜22日に採取した原発から25〜45キロの土壌を調査し、飯舘村（放射性ヨウ素117万ベクレル、放射性セシウム16万3000ベクレル、20日採取）が最も高かった」。さらに「土から出ている放射線量は小さくて体外被爆の危険はないが、周辺の農作物に影響がどう出るのか予測できない数値」という説明もついている。

三月二十五日　O君に二度目の電話。事態は悪化しているようだが、彼の声にかげりは感じられない。

——大丈夫。何がダメってこともない。午前中、君からのハガキが届いた。村内での郵便配達が今日から始まったんだ。午後、村で長崎大学大学院教授の高村昇氏（放射線医療科学。チェルノブイリでの医療活動にも経験豊富との触れ込み）による「原発の健康リスクについて」の講演があった。聴衆は六百人ほどで会場は満杯。一言でいえば三十キロ以遠の人は放射能を長時間浴びなければ心配ない、ということ。放射線の値も許容内だとか。

——だが先日の放射性ヨウ素117万ベクレルにしても、どこでどういう測定をしたのか。村に聞いても県に聞いてもわからない。もし、たまたま風向きや雨の自然条件が重なって一時的に出た値を取り出し、全体のことのように言っているとしたらけしからん。不安がふくらむだけだから。

——それに奇妙に思うことがある。官房長官やテレビの解説者は、みんな名前を出してやっている。ところが東電や経済産業省原子力安全・保安院の説明者は、ろくに名乗りもしないで人前で話している。また、一企業がこれだけのことを引き起こしているのに東電の社長がほとんど顔もみせず、発言もしていない。どういうことなんだ、これは。

——さらに政府は、今日から、原発の二十〜三十キロ圏内住民は、これまでの「屋内退避」から「自主的に避難するのが望ましい」と言いだした。まず家の中に隠れろ。次は、どこへでも好きなところへ行け、と言っているようにも聞こえる。

——それでも水はおととい、自衛隊が大型ホロ付き車十五台で持ってきてくれた。一人一日三リットルで八日分。ガソリンも昨日から入ったし、灯油も届いた。電話も通じるし、周辺はうまくいってる。そんなことで粘ってまーす。

だが、どれだけ粘ればいいのか。三月三十日、やっと記者団の前に姿を見せた東電の勝俣恒久会長は言った。「(原子炉が)最終的に安定するには、かなり時間がかかる。私自身の見解では、数週間というのは厳しい」。そして四月三日、菅政権は「放射能物質が漏れるのを食い止めるには数カ月かかる」と公言した。

つまりは五里霧中、手暗目暗《てぐらまぐら》の類い。「までいのわ」も蹴散らされた。その中でせめて、「粘る」人々の鼓動ぐらいは聞き留めておきたい。


（二〇一一年四月四日記）

原子力発電所と詩人

「福島県沖を震源とする有感地震が多発している。なかでも四月二十三日未明には、東電福島第一原発で稼働中の原子炉五基のうち三基が地震によって緊急自動停止するということがあって、原発周辺住民であるわたしたちの不安を大きくさせている」

これは一九八七年五月発行の『福島県現代詩人会会報』に載った、ある詩人の手になるエッセイの一節だ。そして彼は、こう付け加えた。「わたしたちの文明は、その文明を自己崩壊させかねない〈核〉という疫病神をとりこんでしまった」

その一年ほど前の八六年四月、チェルノブイリ原発事故発生。放射能の暗雲は周囲三十キロも三百キロも「目くそ鼻くそである」ことを実証した。三十キロといえば詩人の居住地と福島第一原発との距離にほぼ相当し、三百キロは同原発と東京の隔たりに当る。「原子力発電所周辺に住んでいることで感じる背筋に刃物を突きつけられているような感覚は理解してもらえるだろうか」と彼が『詩と思想』誌へのエッセイに書きつけたのが九一年六月。そこでは「東京とその近郊に住んでいる人たちが『こわい』とうけとめることができないとしたら、それは、感覚が鈍麻しているか、想像力が貧困だと言ってさしつかえないのではなかろうか」とも書きそえていた。

もう一つ、翌九二年十一月に発表された「みなみ風吹く日」という詩も見過ごせない。「たとえば一九八八年九月／福島第一原子力発電所から北へ二十五キロ／福島県原町市＊栄町／わたしの頭髪や体毛がいっきに抜け落ちた／いちどの洗髪でごはん茶碗ひとつ分もの頭髪が抜け落ちた／むろん／原発操業との有意性が認められることはないだろう」（＊現・南相馬市）

詩人の名は若松丈太郎《じょうたろう》。福島県南相馬市の「緊急時避難準備区域」に奥さんと二人で住む。七十六歳。長らく地元の高校や農工高校の国語の教師だった。日本現代詩人会、日本ペンクラブ各会員でもある。

若松はとくに党派的人間でもなく、告発者タイプであったわけでもない。相馬やその周辺の市町村が生んだ文化人たちの業績を発掘し、後世に残す仕事にもかかわってきた。その一環として埴谷（雄高）・島尾（敏雄）記念文学資料館の調査員もつとめた。

だが七一年の福島第一原発完成後は、その存在こそが地域の文化・歴史を危うくするもの、とこの詩人の目には映った。一つには「原爆と原発の違いは、（核燃料を）一瞬で燃焼させるか、時間をかけて燃焼させるかだけだ」という思いがあった。またもし事故が起きたら、それが生み出すであろう大災害を人はどこまで制御できるのかという疑問もあった。そうなると原発の三十キロ圏内に暮らす者として、それは「つねに意識せざるをえないもの」となった。原発は自然、彼の「生活語」ともなった。

九四年五月、若松は「チェルノブイリ福島県民調査団」に参加。約十五万人の住民が避難した半径三十キロの無人地帯を訪ね、「神隠しされた街」という詩が生まれた。その一部に、こうある。「……(原発中心)半径三十kmゾーンといえば／東京電力福島原子力発電所を中心に据えると／双葉町　大熊町　富岡町(中略)／そしてわたしの住む原町市が含まれる／こちらもあわせて約十五万人／私たちが消えるべき先はどこか／私たちはどこに姿を消せばよいのか」

いま読むと、チェルノブイリとフクシマで群れをなす難民たちの姿が、こわいほど重なる。

若松はまた、同時期のエッセイ「原子力発電所と想像力」でこれらの人々が強いられる「最悪の事態」について、こう記した。それは「自分をいま死に至らしめつつあるものの意味を理解する時間さえ与えられず、一瞬のうちに死なねばならないということでは、ないはず」。あるいは、被曝による障害に苦しみつつ病床で生きつづけることでもないだろう。それは、といって若松が提示したのは――

「父祖たちが何代にもわたって暮らしつづけ、自分もまた生まれてこのかたなじんできた風土、習俗、共同体、家、所有する土地、所有するあらゆるものを、村ぐるみで置き去りにすることを強制され、そのために失職し、たとえば、十年間、あるいは二十年間、(中略)自分のものでありながらそこで生活することはもとより、立ち入ることさえ許されず、強制移住させられた他郷で、収入のみちがないまま不如意をかこち、(中略)このような事態が十万人、あるいは二十万人の身にふりかかってその生活が破壊される」ことだ。

しかもこのとき詩人は、自身の言説にしっかり釘をさしていた。「これはチェルノブイリ事故の現実に即して言うことであって、けっして感傷的な空想ではない」と。これらがざっと十七年前の発言だったことを改めて肝に銘じておきたい。

そしていま、若松の「想像」どおりのことが彼の周辺に日々、起きている。だが彼の表情に予測を的中させた者の笑みはない。「いま私の腸《はらわた》はあらたに煮えくりかえって、収まることがない。なぜならこの事態が天災ではなく、人災であり企業災だからです」

電話口から伝わる若松の声は終始平静だが、勁《つよ》い。

「チェルノブイリをめぐる詩はその土地の人々の気持ちを代弁するつもりで書いたが、さてそれが自分たちの現実のことになると、まだまだ表現しきれていなかった」という無念さがある。緊急時避難準備区域には緊急時に自力で避難できない人は住めないため、重篤な病人や要介護者は市外の病院や施設へ移され、幼児のいる親や妊婦は区域外に自主避難した。耕地に作物を作れない、家畜を飼えない、漁ができない。企業が流出し、工場が閉鎖され、商店が営業できない。多くの病院は閉じられたまま。そんな光景もへばりついているのだ。だから彼はことばを連ねる。

「退避している人、土地を離れ職を失い、病や老いに苦しむ人々が、もっと怒っていいんじゃないか。彼らはもはや難民ではなく棄民にされつつある」

彼の中にはもう一つ、強いこだわりがある。「放射能汚染をはじめ自分たちだけで処理しきれない過重な負の遺産を後代に託すのは不遜というべき行為だ」という自覚である。それを阻止するためにまず、原発をめぐる国民的な議論が起きることを彼は期待する。「これから来る人たちへの責任を考えた生き方を私たちは求められているはずだから」

彼の詩文に私がはじめて接したのは、ついこの五月の初めごろ。それだって今回の「フクシマ騒動」の尻馬にのるようにして、少しはものごとを知ろう、考えるべきことを考えなければ、と耳をすましてみただけのこと。こんな「奇禍」でもなければ、路傍の人同然の「一詩人」の声などに果たして気づくことがあったかどうか。

聞こうとする欲がなければ聞こえない。読もうとする衝動がなければ、通りすぎるだけだ。私たちは何のために読む力をもち、書く技を磨こうとしているのか。今回の若松氏との「奇遇」から、そんなことまで考えることになった。

（二〇一一年六月十九日記）

注　右の文章は、①若松丈太郎著『福島原発難民　南相馬市・一詩人の警告　1971年〜2011年』（コールサック社、二〇一一年五月刊）、②若松氏への電話インタビュー、③五月十四日、朝日カルチャーセンター（新宿）・千本文章教室での「例文研究」講義などをもとにしている。

未来に向ける眼　――夏に見た映画二題――

一九四二年七月十六日、午前四時。ナチス・ドイツ占領下のパリでユダヤ人約一万三千人の一斉検挙が始まった。これだけなら第二次大戦中、ヨーロッパ各地のユダヤ人の身に起こった、ありふれたエピソードの一つで終わりそうだ。

だがこの話には、うかつに見逃せない要素がいくつか含まれている。一つはこの「ユダヤ人狩り」に直接手を下したのがドイツ軍ではなく、フランスの官憲であったこと。つまり大戦開始後の四〇年七月、ドイツに降伏後のフランスを代表していた、ペタン元帥を国家主席とする「南部自由地区」のヴィシー政権であったことだ。

前兆はあった。ペタン政府は「国民革命」を推進して、ユダヤ人や反体制派を排除する政策をとった。四〇～四一年には数々の反ユダヤ立法が成立、ユダヤ人は公職から追放され、大学生や医師などに人数制限が課せられる。また四二年には北部占領地区でユダヤ人の黄色星章着用が義務づけられ、公共の場所や公的な催し物から閉め出されることになった。

さらに四二年一月、ナチスは「ユダヤ人問題の最終的解決」を決定、前年十月にはアウシュヴィッツ＝ビルケナウ強制収容所のガス室が完成、という背景もあった。

こうしたなかでドイツはフランスにユダヤ人の引き渡しを要求。一方のペタンは増えすぎたユダヤ人移民を排除するには渡りに船と考えた。フランス警察の責任者ブスケも警察の権威を認めるのを条件に自らの手でユダヤ人検挙を行うことを承諾。そしてその日、七月十六日、一万三千人のユダヤ人が家を追われ、ヴェル・ディヴ（冬季競輪場）に移送されたのである。

この夏、日本で公開された映画『黄色い星の子供たち』は、この「ヴェル・ディヴ事件」の発端から、囚われた人々が東方の強制収容所に送られ、そのほとんどが帰らなかった軌跡を丹念にたどる。細かくいえば総数一万二千八百八十四人。うち男三千三十一人、女五千八百二人、子ども四千五十一人、そして生存者は二十五人とされる。

見過ごせない要素の第二。この事件が戦後五十年間、公には認められず、九五年になってはじめて当時のジャック・シラク大統領がフランス政府が果たした反ユダヤ政策の役割を明らかにしたことだ。大統領はこの年の七月十六日、事件ゆかりの冬季競輪場があった場所で「時効のない負債」についてこう語った。

「占領軍の犯罪的な狂気じみた行為は、フランス人によって、フランス国家によって後押しされたのです。啓蒙の祖国、人権の祖国、歓待と避難所の国であるフランスは……約束を破って、保護を受ける人を死刑執行人に引き渡しました」

それまで事件はナチス・ドイツのユダヤ人迫害の一つとされていただけに、衝撃は大きかった。

数年後、元ジャーナリストのフランス人女性映画監督ローズ・ボッシュがこの事件の映画化に向けて動きだす。「生存者に会えるという条件であればこの作品を作りたい。なぜなら死ではなく生を語りたいから。過去ではなく未来を語りたいから」と考えて。

生存者はきわめて少ない。彼女が突きとめたものはわずか数人。それを補い、劇映画として史実を再構成するには三年にわたる記録文書や映像の研究・調査を要した。それにたとえ生存者と出会えても簡単に意思が通じ合えたわけではない。たとえばこの映画の主人公となるジョゼフ・ヴァイスマン。事件当時、十一歳。競輪場から中継収容所を経て東方の絶滅収容所に送られる寸前に脱出、ともかく生きのびた。

戦後長らく、ヴァイスマンは何も語りたくないと思っていた。もうユダヤ人でいたくないとも思った。脱出後は毎日、捕まるかもしれないという恐怖があった。その後、両親たちの、収容所での最期の経緯も知った。それに戦後になってもなお、周囲の反ユダヤ主義は消えてはいなかった。「これらのことから私は沈黙を押し通そうと決めたのです」

だが二十年ほど前、彼はある会合で、保健相や欧州議会議長などをつとめたユダヤ系フランス人政治家シモーヌ・ヴェイユ＊（一九二七〜）と出会い、こう直言されたという。（＊同姓同名のフランスの女性思想家＝一九〇九〜四三＝とは別人）

「あなたは間違っています。あなたが失った人々に対して、生き残ることができなかった人々に対して、やり遂げなければならない記憶の義務があるのです」

以後、ヴァイスマンは少しずつ沈黙を破り始める。現代の子どもたちに伝えることがある、と理解したからだ。彼はいう。

「明日の物語を描くのは彼らです。この作品に価値があるとすれば、そのためです」

大統領という上からの自己批判のことばが、一人の映像作家に過去の消え去りかけた歴史事象を現在の生きた問題として受けとめさせ、一つの創造に駆り立てる。そしてその芸術家の意欲が深刻な歴史の体験者の協力をも引き出していく。その結果、百二十五分の映像全体から、かつての加害者と被害者が共に過去の現実を見すえ、「明日の物語」を紡ごうとする営為がズシンと伝わってくる。

彼らがおのおのの場で「記憶の義務」と向き合おうとするアンサンブルの迫力、というものか。

ここで舞台はいっきに中東パレスチナのイスラエルとガザへ。イスラエルは第二次大戦後の四八年に誕生したユダヤ人国家だ。前記『黄色い星……』の時代を生き抜いたユダヤ人が先住者アラブ人（パレスチナ人）との流血の戦いを経てこのパレスチナの地に建設した。対するガザはイスラエルとは地続きのパレスチナ自治区。現在は「テロ封じ込め」のためイスラエルに事実上、封鎖されている。イスラエル建国とそれに引き続く数次の戦争でイスラエルにじりじり追い詰められたアラブ人がひしめく。

時代も先の映画から一変して二〇〇八年暮れごろ。イスラエルがイスラム原理主義組織ハマスの「テロ」への報復として始めたガザ攻撃が激しさを増している。両者の敵対状況が深まる時期だ。

主人公はガザに生まれて四カ月半の男の子ムハンマド。この幼児は重度の免疫不全症で骨髄移植をしなければ、あと一年も生きられない——アメリカ・イスラエル映画『いのちの子ども』の幕開けである。

ムハンマドの命を緊急に救える医療施設はイスラエルの大都市テルアビブ近郊の病院しかない。そこはパレスチナ自治区からの患者も受け入れる博愛精神を実践する場であり、手術を担当するイスラエル人小児科医ラズ・ソメフ医師も国境や民族の壁にこだわらない度量と技量の持ち主だ。

彼はムハンマドの手術を決意すると、友人でテレビ・ジャーナリストのシュロミー・エルダールに相談し、ニュース番組を通じて手術費五万五千ドルの寄付をつのる呼びかけに乗りだす。そしてエルダール自身がそのままこのドキュメンタリー・フィルムの監督にあたる。エルダールのカメラは費用集めの段階からこの赤ん坊の家族関係、社会状況の現代的断面にいたるまで根気よく追い続ける。

ムハンマドの母ラーイダ・アブー＝ムスタファーははじめ、この映画を作ることに乗り気ではなかったという。自分たちがイスラエルの政治宣伝に利用されるのを恐れたからだ。

だが目の前には、敵味方を超えて、たったいま危機に面している幼い命を助けようとする医師がいる。治療費の全額提供を申し出る人物も現れた。彼は戦争で息子を失ったイスラエルのユダヤ人で、匿名を条件に募金に応じたのだった。

手術への条件はととのっていく。だがコトはそうなめらかには進まない。ムハンマドの母とエルダール監督の間にある紛争当事者同士の溝が突如、現れたりするのだ。

監督にはジャーナリストとして、この作品をイスラエル政府のプロパガンダにすまいとする取材姿勢がある。だが母親のラーイダにすれば、自分たち親子を敵対するユダヤ人に助けを求める「裏切り者」とみる、同じアラブ人の視線も感ぜずにはいられない。しかも二人のアラビア語での会話が、それぞれが聖地とするエルサレムのことに及ぶと、どちらも「エルサレムは自分たちのもの」という立場を譲ることができない。

ラーイダはまた、イスラエル人の善意への期待、おのれの中に生き続けるアラブ人としての深い一体感《アイデンティティ》、さらには母として抱く子へのいとおしさ——そうした二重三重のジレンマから、こう言わずにはいられない。

「イスラエルの砲爆撃でアラブ人住民が虫けらのように殺される現実のなかで、なぜ、『生命が尊い』と言えるのですか。聖地エルサレムを奪い返すためなら、今あなたたちが必死に救おうとしているこの息子が『殉教者』になってもいい」

イスラエル側からみれば「殉教者」とは「自爆テロ」の別名に他ならない。ならば「何のためにムハンマドの命を救おうとしているのか」。エルダールは母親の言葉に失望し、動揺する。彼ら全員を飲みこんでいる矛盾に満ちたパレスチナの状況がいやでも浮かび上がってくる瞬間だ。

そうしたなかで、骨髄移植は成功した。ソメフ医師はムハンマドの顔を見てつぶやく。「いつか僕の息子と遊ばせたい」。その後、ムハンマドは母親にうながされて、ソメフ医師にヘブライ語で「トダー」（ありがとう）と言えるまでになった。

また母ラーイダはこの映画の試写を見てエルダールに言った。「この子はあなたの子も同然よ」

小さな光が点りかけたかにみえる。だがここパレスチナでは、状況は絶えず動いている。

ソメフ医師はやがてガザ紛争の煽りで、軍医として流血の地に駆り出される。テレビの生番組を司会するエルダール監督のもとには、イッズッディーン・アブル＝アイシュ医師から飛び入りの電話が入る。彼はソメフの同僚で、イスラエルの病院で働くアラブ人産科医としてイスラエル人にも広く知られている。彼のガザの自宅がイスラエル軍戦車の砲撃を受け、娘と姪が亡くなった、と現場の惨状をヘブライ語で訴えてきたのだ。信頼と不信、生と死が入りまじる現実の伝え手として、エルダールはいぜん、自らの持ち場を離れてはいない。

そしてしばらくするとラーイダは女の子を産み、「ララド」（若い芽、未来の芽）と名づけたという。

（二〇一一年九月十四日記）

参考資料

1　映画『黄色い星の子供たち』パンフレット所収論文・渡辺和行「ヴェル・ディヴ事件とフランス」、その他インタビューなど（編集・東宝ステラ）

2　映画『いのちの子ども』パンフレット（発行・スターサンズ）

2012

平成24年

〈時〉よ！

「時間と健康を大切にお過ごしのほどを」

近ごろ、気がつくと手紙の結びをこんな風に書いている。「時間と」が入ると、ちょっと押しつけがましい感がなくもないが、今の自分にとってはかけがえのないものに思えて、ついポロリと出てしまうのだ。

一昨年の十一月、心臓に不整脈が生じたのが発端だった。どうにも胸が痛い。救急入院、クスリ療法と続いたが治まらない、結局、両足の付け根から心臓に管《カテーテル》を入れて「心房粗動」なるものの根を電気で焼き切るまでに半年ほどかかった。

これが終わったら体がふらつき、よろめき、つんのめる、といった症状が始まった。神経内科というところで「ウイルス性脊髄症（ＨＡＭ）の疑い」と診断された。放置しておけば排尿障害が起こり、足に力が入らなくなり、歩けなくなる恐れもあるとのことで、薬物療法で治しましょう、と入院を命じられた。昨年十月半ばのことだ。

だがウイルスの感染経路はわからない。発症する割合は南国の家系に多いとかで父系、母系の先祖の出身地まで聞かれたが、これもまるで心当たりがない。とまれ、薬物投与は慎重にせねばならず、最低三カ月から半年の入院は避けられない、と宣告された。一九八五年十月から二十六年間続いてきたわが文章教室もあえなく無期閉鎖に追いこまれた。

教室の面々には、思いがけぬ空白を前に始めは当惑もあったようだ。が、一拍おくと、これで毎週の「宿題」に縛られずにすむ、と恵比須顔に転じた向きも少なくなかった。それはそうだろう。教室のほとんどはプロの物書きでもない、普通の社会人だ。書くことはあくまで、日常のこまごました本業や人間接触をこなしながらの片手間作業である。そうなったらハガキ一枚書くのもめんどうだ、となりかねない。それを乗り超えて、「何をしてても作文のことが気になる」状態と闘い続けてきたのだ。これでしばし自由三昧の境地にひたれる、と思っても不思議はない。

だがこちらも、病気の先行きを案じてショボンとばかりしていたわけではない。これほど長期、世の中から隔離されて病床にひっくり返っていられるなんて、なんというラッキーな隠棲、ととらえたからだ。一九六一年初頭に働き始めてから、自分のものとしてこんなにまとまった時間を手にしたことはない。ならばみっちり本でも読んで、などと密かにほくそ笑んだりもした。

しかし、こんなもくろみは、もろくも崩れた。「HAMの疑い」から「疑い」を消し、症状はHAMと確認して治療にかかる、というのが医師側の心づもりだった。血液検査ではたしかに陽性反応、だがもう一つの、入院後におこなった脊髄液の検査結果が陰性と出た。これではHAMとはいえない。予定していた薬物投与もできない。というより必要ないことになる。身体的違和感は相変わらずだが医学的には手のほどこしようがないらしい。そこで、しばらく様子を見ましょう、と事態は急転。一週間ほどで病院から釈放された。

重病の「疑い」が晴れてシャバにかえれたのだから、めでたいはずだ。だが不快な自覚症状は、張りついたまま。また降ってわいた幸運（?）の〈時〉をひっさらわれたような意識も残る。そこへごく短期ながら左耳が突然、聞こえなくなるという「突発性難聴疑い」なんて発作が起こったりした。これも「疑い」のままで消え去ったが、医者の姿は遠ざかっても心身のざわめきのほうは居すわった。

本を読んでも、映画や芝居を見ても、スッキリ頭に入ってこない。ただ外へ出て行ってまでする仕事はないからその分、気ままでいられる。ぶらぶら過ごすうちに、二十代のとき山で大怪我をして歩行困難を来していた両足の痛みが引いてきた。まるで五十年来の刑が解けたように立つ、歩くという動作がおっくうでなくなった。図にのって毎晩、寝る前にラジオ体操まがいの運動も始めた。すると凍土のように凝り固まっていた体がメリメリ、バリバリ、ポキポキ、音を立ててほぐれだしたのである。

こうしてあれこれの「疑い」に翻弄されて、大量の時間をやみくもに費やした。昨今、日々の成果といえば、体力訓練が生み出すささやかな身体的自由ぐらいのものだ。それでも周囲から得難い介護の手がのびてきて、食卓に圧倒的な量の野菜が並ぶようになった。自転車を有力な武器として畑道を走る生活も甦った。自転車に乗ると、よろけもつんのめりも感じない、と言うと、医者は首をかしげているが。

そんな折、文章教室再開の話があった。前記のような次第で内面生活はやせ細ったままだったが、恐れ気もなくお受けした。人々のひたむきな向学心に触れて、こちらも残り火をかきたてみよう、と虫のいい思いを抱いたからだ。

四月十四日の土曜日から、わが教室の二十七年目が始まった。これまでと大きく違うのは毎週あった授業が一週おきになったことだ。これで教える側も教えられる側も、もっと世間を見回したり、ものを読んだり考えたりするゆとりができる。宿題の作文が二週に一度、八百字というのも書き手、評者の双方にとって適度な刺激材料だろう。

思えば二十六年前、後先もろくに考えず、講義は週一回と決め、遮二無二そのペースを守ってきた。そんな無謀な企てにも、たいした息切れもせず走りつづけてきた生徒のみなさんの意欲と活力には舌を巻く。でもこのへんで全員が熟慮の季節に入っていくのも悪くないんじゃないか。そして山里も山腹も頂上も満遍なく視野に入れ、千変万化する人間や世の中の光景をとくと観察し、写しとる……。

そんなことをトロトロ考えるうちに六回を一期《ワン・クール》とする最初の区切りがきた。これはこれでアッという間、というのが実感だ。ここは上手に息をついで、この先の〈時〉の足どりになんとか伍していきたい。

諸姉諸兄よ、くれぐれも時間と健康をいとおしまれんことを。

（二〇一二年六月二十三日記）

試金石

七月十四日のわが文章教室は、開講早々、軽いどよめきに包まれた。新入生の一人に、十六歳で高校一年生の男子生徒がまじっていたからだ。彼を取り囲む二十人程の生徒さんはあらかたが女性で、年恰好は四十代から六十代が主力、さらには七十代から先の男女も健在、といった顔ぶれである。その場でごく自然に拍手が起こった。

――若いうちから書くことの大事さに気づいて勉強するなんてすばらしい。

――私もそのくらいからこの教室に入ってればよかった。うらやましい。

拍手にはそんな声もまじっていた。

人生のどこで、どんな人に出会うかで、一人の人間がたどる道は天と地ほどにも違ってくる。とくに「教室」のように、教える・教えられるの関係は、知識や技芸の授受だけではなく、人格的な何ものかまでがまぎれこんでくるから油断がならない。

教える側にすれば、これまで社会人や学生とともに考え、論じ、より高い価値を求めて磨き合ってきた以上に、気を引き締めてかかる必要がありそうだ。講義の主題や展開、講評のあり方についても、より基本に即した表現なり発想なりを取りこまねばなるまい。というわけで、生徒さんにすれば希望に満ちた新しい一滴が、私には、わが身に向けて投じられた手強い一石にも見えた。

だが考えてみれば試練の石は、これまでの教室の二十六年間にも四方八方から飛んできた。それは鋭い質問であったり、評者を圧倒するような生き方や主張、さらには表現力ゆたかな文章であったりした。お蔭で、こちらもずいぶん鍛えられた。

たとえば、こんな文章だ。

〈……高校時代、「核時代を生きる人間の想像力」という大江健三郎の文を読んで、人間には「想像力」という武器があるのだと覚醒させられたことがある。でも想像力だけではだめなようだ。ぶん殴られなければ「痛み」は感じないのでしょうか?〉

首相官邸周辺の反原発デモと政府の対応のはざまから生まれた一文だ。気合十分である。ちょっとたじろぎつつ、こんな講評で応じる。「『想像力』だけではダメ、は一面の真理です。でもこれによって人間がつながる契機が生まれると思えば、捨てたものでもないでしょう。ただ他方で、いつでもぶん殴れる気構えは用意しておきたいものです」

また次のような作品にも、うなった。

〈……射撃のトップを走る女性選手が、トイレの失敗談で、大笑いしている。脊髄損傷といってもどこに損傷があるかによって異なるが、重度になると、自分の意思で排泄のコントロールができない。カテーテルを使用したり、下剤のお世話になったり、日常生活では、数多くの粗相をしたりしてきたという。それが、同じ障害を持つ者どうしで、悩みを打ち明けながら、お互いに対策を教え合い、トイレの失敗を笑い飛ばすことができた時、そこが彼女達の「始めの一歩」になったそうだ〉

そして、このパラリンピック会場での場面はこう続く。

〈パワーリフティングは、ベンチ台に寝て、バーベルを持ち上げる競技だが、脊髄損傷部位によっては、腕と、肩と胸の一部の筋肉しか使えず、腹筋はもとより、背筋も全く使えない。

それでは、自分は、どこの筋肉を使えるのか、ダンベルや機器を使って、一つ一つ、自分に残されている使える筋肉を探していく。そして、その筋肉を総合的に使って、バーベルを持ち上げ、その重さを競うのだ〉

句点読点の一つひとつから、目ざすスポーツにたどり着こうとする選手の息づかいが聞こえるようだ。

筆者のYさんはこのあと、

〈障害という壁の前に「何もできない」のではなく「何ができるか」を考えるのがそもそものスタート台。そして、それぞれの競技にのめり込むことができたこと自体が彼らにとっては「喜びの時」であるのだろう〉

と書きつけた。個々の選手の内側にまで迫ってこそ生まれる文章だろう。彼女は長らくパワーリフティングの国際審判員をつとめてきた。これによってまた、勝敗だけに目をこらすのが審判ではない、とあらためて知らされた。

さらにSさんの場合。八十歳の由だが、自分が思い定めた目標にはどこまでも突進する。このほど彼女が文章教室歴二十年の間に書きためたエッセイが自費出版された。題して『自由三昧』。ありそうで、そうザラにはない、しゃれたタイトルだ。

Sさんの行動範囲は、じつに多面多岐にわたる。日本画系の絵を描くことに長け、絵画教室の先生でもある。俳句をひねり、吟行を楽しむ。歌舞伎見物も怠らない。熱烈な巨人ファンで東京ドームの「エキサイトシート」の常連だ。だがここにいたるまでは多くの難関を経てきた。前半生ではまさに身を粉にして、夫とともに事業を築いた。数十年にわたるお姑さんとの葛藤も並大抵ではなかった。家の中に病弱な人々をかかえてもいた。それらをすべて引き受け、乗り切った者のほがらかさ、すがすがしさが、彼女の後半生を彩っている。こうして自力でかちとった時間をおおらかにつかい、あふれんばかりの題材を文章に織りこむ。「自由三昧」はピッタリなのである。

ただ率直に申して、彼女の文章は必ずしも結構がととのっているとは言いがたい。話があっちに行き、こっちにゆれ、筋を追うのに骨が折れることもままある。誤字、脱字、当て字も少なくない。だが当人は、そんなことはお構いなし。独自の動き方を通して手にした経験、感じたこと、考えたことを想のわくまま、ひらめくまま書き進めていく。

そしていつか筆者の中にある熱い生の塊が読む者の胸に飛びこんできたりする。そんなとき読者は、Sさんと人の世の喜怒哀楽を存分に共有するのである。

出版記念会での彼女の第一声は「先生、次の本のときもよろしく」であった。心はもう新しい地平に飛んでいる。

書く行為と併せて、読む力を掘りさげようとする面々もいる。講義の合間に、こちらが口走る書名を聞き捨てにせず、後でしっかり読みこむ、という流儀である。

あげく、還暦前後の「主婦」たちから近現代史の研究者・保阪正康の『昭和陸軍の研究』を読破した、異色・反骨の風俗史家、宮武外骨の『滑稽新聞』を熟読した、などと報告されると、やはり舌を巻く。また、学生時代に読みそびれていたから、とマルタン・デュ・ガールの『チボー家の人々』全十三巻（新書版）を「おもしろく読み通した」なんて涼しい顔で言われると、これはこれで、たくましい知性の一端に触れる思いがする。

こうした新旧の試金石に、今後、どこまでしゃんと立ち向かえるか。喜寿を目前にした弱法《よろぼう》師《し》、ここは知恵と力のしぼりどころだ。

（二〇一二年九月二十二日記）

老師三態

この夏から、わが文章教室に十六歳で高校一年の男子受講生が加わった。これでこの場には、十代から八十代まで各年代の生徒さんがすべてそろったことになる。なかなかのサラダボウルぶりだ。とかくするうちに、この秋、わが身は喜寿とやらを通過した。この二文字、四海穏やかな老いの輝きを感じさせる表現だが、こちらはそんなイメージとは程遠い。右往左往の人間稼業から足が抜けずにいる。

そうした暮れの一日、少しは気持ちをゆったりもってみるか、とひっくりかえって、おのれのティーンエージャーのころに思いをはせた。すぐさま浮かんだのは中学、高校時代の三人の先生の面影である。

その一人は英語の篠崎敏治先生。というより「チータ」の愛称のほうが通りがよかった。『ターザン』映画で縦横に活躍した名脇役である。念のために申せば人類ではなく、チンパンジーの子どもだ。失礼は重々承知ながら、これも東京・下町の腕白中学生どもが思いつきそうな、一種の愛情表現、とご理解願いたい。

その篠崎先生、中学三年生のクラスに姿を現すや、関係代名詞の説明を始められた。それも英語で。

天井の一角をにらんで"Relative pronoun is a pronoun, which……"ときたのには、たまげた。関係代名詞とは代名詞の一種である、とまず言っておいて、それ以下は（いま思えば）関係節で悠々と説明しようというのだから目がまわる。そうやって異言語の「新世界」に導かれた衝撃は忘れがたい。

その後、先生からは高三になって「メアリ・スチュークリ」とかいうヒロインをめぐる恋愛小説の手ほどきを受けた。冬、ストーブも陽光もない北向きの教室で、碩学をうたわれる小柄な先生は、そこらにかけてある生徒のオーバーをひょいと着こんで、抑揚豊かに男女の道行きを教えてくださった。

もう一つ忘れ難いのは、登下校の折、先生の背にはりついていた重たげなリュックサックである。「あの中には辞書がごろごろ入ってるそうだ」。悪童連はそう言い合い、明治十七年生まれのこの「小さな巨人」を仰ぎ見るのだった。

生物の石川光春先生の謦咳《けいがい》に接したのは高二のときだ。かつては旧制一高（現・東京大学教養学部）の教壇にも立たれたご老体。当時の教え子の中には作家の中島敦もいた由。そのころ、講義が脱線して話はゲーテの色彩論にまで及び、居並ぶ俊英どもの畏敬を集めたとか。篠崎先生とは同年の生まれだ。

私たちは気安く「ミッツァン」と呼んでいた。いつも羊羹《ようかん》色の和服、袴に草履履き、なかなか洒脱だった。黒板に書かれた「甲殻類」「軟体動物」といった勢いと風格のある文字や色鮮やかな標本画が記憶に残る。

　ある日の授業中、隣人と話題の映画『第三の男』をめぐっておしゃべりに熱をあげていたら、「君、身にしみて聞きたまえ」と、福禄寿然とした頭をふりたてて一喝された。その瞬間、ぼくは「聞く」ことの大切さを身にしみて知った。

　後年、小耳にはさんだところでは、むかし先生がフランスに留学中、公衆便所の落書きを丹念に記録・収集し、持ち帰られたとのこと。知的探究心の奥深さがうかがわれた。

　高二の秋、恒例の学年遠足はたしか十和田・八幡平方面だった。その一行とは別に東海道の真鶴に出かけた二十人足らずの集団があった。手元不如意で遠くまで行けなかった面々だ。その引率者が英作文の神崎保太郎先生。明治十五年生まれといえば、すでにかなりなお年である。

　当日の先生は、短目のごま塩頭に下駄履き、背広のポケットにキャラメルという飄然たる装いで参加された。当時の真鶴は岩石に縁どられた海岸がひろがるだけ。太公望の風流味も知らぬ小僧っ子どもは、何もすることがない。よし、隣町の熱海まで歩こう、となった。といっても晩秋のくもり空の下、鉛色の海を崖下に見下ろしてひたすら歩き、初島とお宮の松を見て帰ってきただけのことだ。

　その間ざっと三、四時間。神崎先生は小さな駅舎のベンチに黙然とすわっておられた。特徴のある口もとをとがらせ、ミネルヴァのふくろうさながら、哲学的思索の気配をただよわせて。

　神崎先生については、昭和二年生まれの先輩で作家の吉村昭さんも随筆の中でふれている。大東亜戦争開戦直後、日本軍が優勢で、日本人の多くが浮かれているころのこと。「おい、お前たち、今度の戦争をどう思う。いけないよ。うまくいくはずはないんだよ」と神崎さんが低

い声で言った、というのである。(『白い道』、岩波書店)
これについて吉村さんは「横暴な配属将校のいる学校で、神崎先生が、配属将校の耳にでも入ったら手ひどい目に遭うような言葉を口にしたことに快感をいだいた」と書いている。
先生のボソッとしたシニシズムの塩梅がいい。
ちなみに、老師の老は「おいる」「おとろえる」の意にあらず。年とともに徳を増す、ぐらいに解していただきたい。

気がつけば、あのころの先生方のお歳をだいぶ上回ってしまった。それでいて奇妙なのは、往年の青二才は青二才のまま、いっこうに彼我の距離が縮まったようには見えぬことだ。遅まきながらまずは起き上がって、慕わしい先達の背に一歩でも迫ってみるか。

(二〇一二年*月*日記)

〈電気〉に出会った日

作家・水上勉氏の故郷は若狭。それもあの三・一一東日本大地震以後、初の原発再稼働が決まった関西電力大飯原発をかかえる福井県おおい町であった。八年ほど前に亡くなるまで原発の建設や稼働に向けて、氏が声高に抗議や異議を唱えたことはない。だが折あるごとに「原発銀座」の異名をとる福井の現状には心を痛めていた。たとえばこんなふうに——

リアス式海岸で美しい若狭は、かつて天然の水に乏しい貧相な村だった。村人たちは長らく干ばつに泣きながら生きてきた。何より水がほしかった。が、だれもボーリングして井戸など掘ってくれない。岩盤が固い土地で、よほどの機械がないと水は出ない。そこへ「井戸を掘ってやろうか」と出てきたのが関西電力だった。

水上さんはあるとき、百十七万五千キロワットの出力をもつ原発ドームの一つに入る。そこでこう聞かされて「ぎょっとした」という。「京都の繁華街がにぎわう午後七時から九時という、一番電力をつかうころが一時間二百万キロワット。この二つの原子力発電所（当時）で京都府下全域と大阪の一部が動いているのです」。水上さんは「小さな村が大都市のエネルギーをまかなっている現実」を突きつけられたのだ。「文明の最先端を行く『火壺』」を抱いている村の姿を。

彼の関心はまた、原発ドームで働く人々にも向けられていた。自分のいとこやまたいとこが「足して七人も」現場にいるという背景もあった。仕事はドームの汚れを拭くこと。下請け会社での何やかや。炉心部で三時間も仕事していると胸に入れてある万年筆状のものがピピーッと鳴りだす。「放射能がまぶりついた」（放射能にまみれた）という警報だ。全員ドームを走り出て真っ裸になって風呂に入る。「仕事着はすべて高圧機でスルメのように押し巻いて焼き、廃棄物としてこれもセンベイのようにしてドラム缶につめる」。これが原発の低レベル放射能を含む廃棄物だ、と説明を受けた。

水上氏は彼らを「エネルギー文明の『切羽《きりは》』で働く人たち」と呼んだ。切羽はむろん、石炭採掘の過酷な坑内作業になぞらえた言い方だ。石炭の繁栄が終わると、次は原子力へ。「切羽はつねに、人間を粗末にしてきた。チッソの切羽にさらされた人々も同じ運命をたどったといえるが、原発も……、いやわが在所のものが世話になっとるんだから、これ以上、勝手なことは言えますまい……」。水上氏は口ごもった。

水上氏はこのとき六十七歳。またこんな予感めいたことも言っている。「歴史はちゃんと見るべきものを見て、ちゃんと書き残しておかねばならない。振り返らなければ、あしたもない。……一時間に二百万キロワットの電気を浪費する都市は、ひょっとしたら闇なのかもしれない」。そしてこう話を結んだ。

「私は相変わらず原発ドームの村でたじろいています。あのドームは安全だという多数の中の一人なのです。たじろぎながらも言います。若狭の在所を第二のチェルノブイリにしてはならない、と。私はそこに生まれてしまったのです」

これらはどれも水俣病公式確認から三十年、同時にチェルノブイリ原発事故発生直後にも当たる一九八六年五月、水上氏が水俣で行った講演から拾いあげた言葉である。

二〇一一年に出た世界文学全集全三十巻（河出書房新社）で唯一、日本文学として加わったのが『苦海浄土』、著者は石牟礼道子さんだ。一九二七年に彼女が生まれたころ、生地の熊本周辺では「道というものは世の中を開く始まりぞ」と言われていた。自分たちの住むところは田舎と思いこみ、近代化がひたすら輝いてみえた。まず、道。よって「道子」と名づけられたという。

石牟礼さんが子どものころ、チッソが電力会社をつくって電気を引いた。

「電気というものが来れば、石油もいらんし、ナタネ油もいらんし、ランプのホヤを磨かんでもいい。いっぺんにパッと昼のごつなる」
「そんなのが来るなら、うちの山にも電信柱を通してほしいな」
「それなら電信柱の影なりと、うちの田んぼにも映るごつしてくだはりまっせ」
有力者を先頭に地域の声は電気＝近代化に向けて一斉に走りだした。（石牟礼道子・藤原新也『なみだふるはな』河出書房新社、二〇一二）
チッソという「神様」から電気＝発展のおすそ分けにあずかった水俣の民にとって、「会社」は特別の存在だった。「こんごろはどげんしたふうな、水俣ん景気は」とよそ者に聞かれれば、「こんごろ煙突の何本になったばい」と胸をはる。それがまた、家には「会社行き」（チッソの社員）はだれもいないのに会社を自慢する気風を生む。みんなが「工場の甍《いらか》いやはえて／煙はこもる町の空」などと歌って行進する。だから「愛情があるんですよ、水俣工場に。勝手な思い入れで。自己満足ですけれども、ちょっといじらしいですよ」（同書）
石牟礼さんは、そういう人たちと一緒に暮らしてきた。そしてやがてチッソが流した「毒」にまみれ、ともに病んできた。それだけに被害者、加害者を凝視するまなざしは、どこまでも深い。また一方で、一見のどかな前近代の光景を活写する童女のような語り口がある。他方には凄惨な文明の振舞いを描くときの鋼のような文体も。彼女は自らの表現力を使いきって、人間と文明のまっとうなありようを追い求めている。多くの「折れた花」に向けて「死ぬな生きろ」と呼びかけながら。

二人の先達に伍する言葉と行為を今後、私たちはどれだけもてるか。楽しみと懸念がまじる。

追記

1　この作品は『開成悪童連通信』No.33（二〇一二年七月）から転載しました。

2　本文中の水上勉氏の発言は『朝日ジャーナル』一九八六年五月二三日号掲載の講演記事「不知火海、ふるさと若狭、それから…」に依拠しています。

2013

平成25年

〈小さい本〉から――

この四六判百五十頁ほどの小振りな本には、アベノミクスだのクロダノミクスだのと浮き足立っている人々が、もっとどっしり向き合い、考えてみたほうがいい事柄があふれている。『こども東北学』（イースト・プレス、二〇一一年）の著者・山内明美は一九七六年生まれ。一橋大学大学院の博士課程で歴史社会学、日本思想史を専攻している、というといかめしげだが、著者としての基本姿勢は、宮城県三陸沿岸部の村で育った、「百姓のこども」というところにあるようだ。

父は「農民」とか「農夫」みたいな言われかたを嫌った。「百姓はなんでもやらなくちゃいけない。百の姓《かばね》を持っているんだから、俺は百姓でいい」と言っていたそうだ。

自分の足もとを掘るという彼女の流儀らしく自分史あり、身近な人々の生き方あり、地域の盛衰ありと話題はにぎやかだが、その中を一本、近代東北におけるコメの歴史が貫いている。全体、語り口が平易で率直だから、話がどんどん伝わってくる。例えばこんな調子――

稲はもともと熱帯から亜熱帯気候原産の植物だ。だから寒冷地の東北地方でコメをつくるのは技術的にむずかしいことだった。それでも東北に田園風景が広がったのは、「白河以北一山《しらかわいほくひとやま》百文《ひゃくもん》」（注）の汚名返上とばかりの東北のひとびとの努力と、近代における稲作改良技術の進歩があったからだ。その中から戦争中の一九四四年、コシヒカリという有名なコメの品種が食糧増産政策のため改良されてできた。東北地方が、「米どころ」だとみんなあたり前のように思っているけれど、じつはそれは最近のこと。

……なんて言われると、こちらの無知ぶり、能天気ぶりを改めて思い知らされる。

山内の視野はこうして、生地の一角から近代日本の歩みにまでごく自然にひろがる。つまり富国強兵策と国民の養成、食糧増産、近代技術革新などなどへ。とりわけハッとするのは、そこに動員されていった人たちや、戦地での殺戮、兵士と食糧の供給地だった農村のことなど、「ちいさな物語程度にしか語られてこなかった」ものへの細心な目配りだ。ごく身近なところでは、祖父が狐に化かされる話。

彼はよく酒を飲んで氏神様の前で眠っていた。彼を連れてかえるのは母と「わたし」だ。そんなとき村人は「じいちゃん、狐に化かされたなぁ」とささやく。彼らは、何らかの苦しい記憶や体験で「まとも」から外れた人間をも「狐に化かされる」という言葉で「優しく包み込み、しかもそこに「差別的で残酷な響き」をこめることも忘れない。「村のコミュニケーションは、たとえばこんなふうに、優しさと残酷さを巧みにあやつりながら成立してきたのだと思う」。こんな観察は村の表裏をしかと見てきた経験の厚味がないと、おいそれとは生まれてこないだろう。

著者の目が微視的、巨視的場面を軽快に行き来するのは、東北という「田舎」が「まん中」

（＝中央）に合わせて生きるとはどういうことかを、社会の仕組みにそって考えてみようとするからだ。そこで「東北学」は一地域への関心だけを追うのではなく、世界に遍在する〈東北〉について考えをめぐらす作業、ということにもなる。となれば北はアイヌ民族のこと、南は沖縄はじめ日本をとりまく島々、東アジアや南洋群島など植民地のこと、差別・飢饉・貧困の状況、はてはこども、女性や高齢者、障がい者のことどもにまで話はおよばざるをえない。

では、東北の人が「まん中」に合わせるとはどういうことか。山内が一例にあげるのは、こどもたちが土地の言葉を捨てて教科書にある標準語の会得にはげむ情景だ。そこは「（教科書の）基準以外の価値観を評価できていない仕組み」になっている。彼女はその場で疑問をはさむ。「だいいち、ひとの能力って、ひとつの基準で測れるものなのだろうか」

あげく、「近代の叡智が集約されたはずの、まさにその突端で」原子力発電所の爆発が起きた。なぜか。また、原発の立地場所が「なぜ福島だったのか、なぜ東北をはじめとする地方だったのか」。さらに「『まん中』に合わせて、みんなで努力してきたはずなのに、いま、土地も海も放射能で台無しになっている」、それはなぜか、といった矢継ぎ早の疑問符がつづく。

著者は、しかし、山積する大小の問題を上から目線で、あてどもなく投げかけているのではない。「百年後の〈東北〉で暮らすひとびとを想像」し、「闇《くら》がりの荒野」を「生きられる風景」へと変える力を持つ「年若いひとたち」に、まっすぐ差し出しているのである。「わたしたちは（絶望感の末）、あたり前に生きようとする意志さえ、喪失してしまったのだろうか」。この若者への問いかけも、だから、「生きる風景」を共につくろうという誘いと読み取れる。

それに彼女の言う「意志」も、けっして孤立してはいない。たとえばここに、同じく四六判のちょっと分厚い本がある。かつて炭鉱で働いた人々の「絶望」を掘り起こし、彼らの生と死の姿を丹念に聞きとり読みとった長尺のルポルタージュ『むかし原発　いま炭鉱』（中央公論社、二〇一二年）である。

著者はドキュメンタリー映画監督の熊谷博子。熊谷は二〇〇五年、『三池　終わらない炭鉱《やま》の物語』をつくる。だがその後も、画面からはみ出た人間の内面と言葉の陰影をさぐりつづける。彼女は、かつての炭都「三池」の現在に深く分け入り、原発が輝きから破局にいたった背景が炭鉱の残した軌跡と酷似していることに息をのんだ。そこから、原発問題は「むかし」からあった。もしくは、炭鉱問題は「いま」も脈々と息づいている。そして二つは表裏一体――そうした思いをこめて、一見逆説風なこのタイトルにたどりついたようだ。

ここでも煎じ詰めれば、この国をおおう「まん中」至上主義とそれに抗う価値観、生き方との苛烈なこすり合いが主題になっている。その意味で、地底と地上を結ぶ重層的な人間の声と表情を盛り込んだ、この四百頁を超す〈大きい本〉は、はしなくも、あの〈小さい本〉ときっちり気脈を通じあっているかに見える。

人間と文明のまっとうなありようを求める試みは、どうやらこれからが本格的な出番なんじゃないか。

（注）白河は現在の福島県白河。東北の玄関口にあたる。そこから北は土地の価値がないという蔑みの表現。

追記　この作品は『開成悪童連通信』No.36（二〇一三年四月）から転載しました。

「ムシャ」を見る

この夏、こちらの知力、体力を存分に揺さぶるような台湾映画を見た。主題は、近代日本の歴史とも深い因縁をもつ事件である。事件の名は、遠くかすかなものとしか、私の耳に残っていなかった。四時間半を超える上映時間が一気に過ぎ去った。

「霧社」と書いてムシャと読む。台湾中部の山岳地帯にあった山地人の大集落だ。たえず霧がわいているところから、その名があるとか。一八九四〜九五年の日清戦争の結果、台湾は清から「割譲」され日本の植民地になったが、霧社の人たちには日本化を拒む風があり、日本の官憲に敵視されていた。一九三〇年、霧社を拠点とするセデック族を先頭に、山の民は日本人に向けて武装蜂起を引き起こしたが、日本勢の圧倒的な戦力に鎮圧された。その顚末を活写したのが、この大作『セデック・バレ』（セデック語で「真の人」の意）である。

一方には日本領とされ以後三十五年間、日本語教育を受け、労役に就かされ、汚いと蔑まれ、ついに武闘に走る台湾原住民。他方には侵略、人的・自然資源の収奪、アメとムチ政策の使い分け、そして原住民の分断統治。両者の対立・対決は植民地主義生成期の一典型をくっきり示している。これほどむき出しの支配・被支配のかたちをそなえた「抗日蜂起事件」が時間的にも空間的にも私たちのごく身近にありながら、無知・無関心のまま長らく見過ごしてきたことに、まず衝撃を受けた。

もっとも一九六九年生まれの、この映画のウェイ・ダーション（魏徳聖）監督にしても、事情は同じようなものだったらしい。ある時、台北で東部の原住民が国に対して「自分たちの土地を返せ」というデモをしているのに出会って興味をもったのが発端。彼らのことを調べてみようと思ったところで霧社事件に関する漫画を見つける。

そこで、学校の教科書には二、三行しか記述がないのに、事件の背後にはさまざまな事柄があることに驚き、調査を深める。脚本も手がけたウェイ監督はそれから構想十余年、さらに長編デビュー作『海角七号／君想う、国境の南』で台湾映画史上一位の大ヒットを記録、といった実績を重ね二〇一一年、本編の完成にいたったという。

話は一九世紀末、日清戦争の勝利で台湾原住民が暮らす山奥にも日本の統治が押し寄せてくるころから始まる。原住民は山深い自然の中で大地と共存し、周囲の動植物と調和を保ちつつ生きていた。またその一方では、戦った相手の首を狩る「出草《しゅっそう》」といった奇習も残していた。彼らは侵入者から「蕃人」(野蛮人)と呼ばれ、独自の文化・風習を禁じられ、過酷な労働や服従を強いられた。

彼ら原住民にすれば日本官憲による支配は、いかに「文明開化の善政を施す」といわれても、「虎に監視された生活」でしかなかった。二十世紀初頭には山地人のこんな証言もある。

「我々にとって最も耐えがたいことは、日本人巡査が権力を盾に、我々部落の女を性のはけ口に利用したことだった」。そして、こう続く。「強姦と私生児の誕生という問題は、かつて我々の社会にはなかった。また日本人巡査と結婚した女たちも、夫婦ともに白髪がはえるまでという幸福な生活をおくった者はほとんどいなかった。大部分は母も子もともに山地に捨て置かれてしまった」

こうしたことが積もって起きたのが一九三〇年の「霧社事件」だが、台湾原住民側は足並みがそろわず、参加者は十五社中六社の三百人。対する日本側は不意をつかれたとはいえ、ついには一千人の部隊が「反乱」鎮圧にあたった。

事が起こった十月二十七日は折しも霧社小学校、公学校、蕃童教育所の連合運動会の当日だった。原住民方の頭目モーナ・ルダオは前に日本を訪れたことがあり、その強大さ、狡猾さは心得ていた。セデック族滅亡の危機も予感していた。だが彼らにとってこの決起は「セデック・バレ」(真の人)になるために避けられぬ選択だった。

しかし、緒戦でこそ彼らは奇襲により霧社に住む日本人の男女・子どもなど百数十人を殺害し、また熟知した天険の利を生かして日本方を翻弄することができたが、それも長続きはしない。日本総督府がくり出す機関銃、大砲、さらに空爆、毒ガス攻勢には太刀打ちすべくもなかった。

それだけではない。日本方はさらに、蜂起に加わらず親日的立場を守った同じ山の民の「味方蕃」を投入し、「蜂起蕃」征圧の一助としたのだった。

セデック側戦士は次第に敗色が濃くなる。女たちも食糧不足を見越して森に入り、自ら首を吊って次々自決していく。

だがセデックの人々はこれで全滅したわけではない。たとえば残った十四、五歳の少年たちは日本人への復讐心に燃えた。「もう一度、日本人の首をとってから潔く死のう」と。それには幼い子を四人かかえて落ちのびた女性が、強く、こういさめたと後代の記録は伝える。「もし少年たちが、また日本人を殺して、自分たちも死んだら、セデックはほんとうに絶滅してしまう。……お前たちの命が、我々セデックの唯一の希望だ。生きろ、生きろ」

事件から六年後、三十二人の山地青年代表が「内地」(日本)を訪れ、蜂起当時の討伐司令官と並んで写った写真が新聞に載ったという。また十年後には、「山の人」は日本の戦争に行くようになった。「事件で生き残った人の中からも志願して行って、この人はニューギニア。私の弟も玉砕しました」と話す山の女性もいる。支配者はかつての敵をぬかりなくとりこみ、あるいは自らの戦場に駆り立てているのだ。

彼女はまた、こうも言う。「あれは昔のこと、昔悪いことあっても、日本人来たらなつかしがるよ」。一九八九年にこれを聞きとったエッセイストの岸本葉子は、続けてこう記している。「うなずいてはいけないことだ。これもまた、少なくとも、日本人からは、言えないことだ」

「侵略」の種が一つ播かれれば、「学者の定義」がどうあれ、その事実は深く根をおろし、太い幹をなし、生身の人々の生き方をねじ曲げ、屈折した歴史を刻んでいく。「ムシャ」のひとこまを凝視することで、そんなイメージがゆっくりひろがる。

追記　この作品は『開成悪童連通信』No.37(二〇一三年七月)から転載しました。

友、在り

この七月、安岡章太郎の遺著として出た『文士の友情』(新潮社)を手にして、つい小首をかしげた。第一、文士だの文壇だのといったものの影がうすれている。友情なんて情感の発露も、とんと見かけない気がする。かすかな懐旧の情ぐらいはおぼえても、当節の読者にこんな言葉がどれだけ届くものかどうか。一瞬、そうした場違い感を抱いたからだ。

ところがこの本の前半ほどのところに載せられた写真を見て、ちょっと待てよ、という気になった。それは彼安岡章太郎が六十代半ばを過ぎて夫人、令嬢とともにカトリックの洗礼を受けたときのスナップである。受洗のために神父の前で頭をたれる安岡の右肩を、友人の遠藤周作の右手が後ろからおさえている図柄だ。遠藤はその日、安岡の代父、つまりその後、安岡の信仰上の「父」（ゴッドファーザー）になるべき人として立ち会っていたのだった。

私はそこに写しとられた厳粛たるべき儀式の模様にたじろいたのではない。その脇にそえられた安岡の一文、「遠藤周作宛書簡」の一節に、ある衝撃をうけたのだ。それにはこうあった。「小生はまさに老いたる泥棒が岡つ引きに召しとられ、年貢の納めどきとばかりに、お白州でお奉行さまの前に頭を下げてゐるやうです。／とくに貴君の真剣な表情で、ぐつと小生の肩を押さへてゐるところは、『逃れぬ証拠、いまさらジタバタするでない、神妙にいたせ』と言つてゐるやうに思はれます」

ここで私は、両者の友情ののっぴきならぬ深さと厳かな瞬間にも手放さぬ痛烈なユーモアの味わいを一気飲みしたような心地がして、思わず声をたてて笑ってしまったのである。

なにしろこの安岡と遠藤、それに吉行淳之介らには半世紀以上のつき合いがある。その間、何度も喧嘩をしたし、消息の途切れたこともある。「しかし、そんなときでも私は、彼らと文学上の生き別れをしたと考えたことは一度もない。たしかに、われわれの間には、死以外に別離はない」。さきに吉行を失い、一九九六年、遠藤を亡くした安岡は「弔辞 遠藤周作」の中でこう言いきったものだ。

それにしても何が彼らをこうも結びつけたのか。その一つに安岡は病気をあげる。遠藤は肺をやられてフランス留学から帰り、安岡らに合流した。そのとき吉行は同じく結核で清瀬の病院で療養中。安岡自身はそれ以前の軍隊での病気から脊椎カリエスになり、胴に鎧のようなギプス・コルセットを巻きつけていた。安岡は「病気を抜きにして私たちの文学はあり得ないと言っていい」と断ずる。その上で、「勿論、私たちが皆、別個の性格をもっているように、病気とのつき合い方もそれぞれに違っていて、またそこにそれぞれの文学が育っている」と分析している。

だが「お互いに影響を受け合っている」といってもその根っこが並大抵でない。たとえば安岡と遠藤の場合。出会いは昭和二十年秋、同学の三田・慶應義塾でのこと。以来、友人であり得たのは、こちらが「こいつは何なんだ、バカじゃないか」と思えば、向こうも「これはどうしようもない」と「それこそ本心で互いに軽蔑し合ったことがあるからだと思う」と安岡は書く。そこから「からかい合って嘲笑する狐と狸みたいな」つき合いが始まったというのだが、これだけでは言われたほうはそれこそ化かされたようでスッキリしないだろう。

そこで改めて、この二人はなぜ長の友人であり得たのか。考える糸口はある。それもとくに二人の老年期の発言の中に。安岡は「縁あってカトリックに入信した」という言い方をよくした。一方の遠藤は「受洗動機なんて『空があまりに青いから』とでも言っておけばいいんだ」と応じた。上の問いへの答えには案外、こんな言い方が合っているのかもしれない。

安岡は一九九四年七月のある晩、遠藤からの電話で吉行淳之介の死を知った。「『吉行が死んだ、たったいま……。』／遠藤はそこまで言うと堪らず、嗚咽の声になった」。安岡が九六年十月に書いた「弔辞 遠藤周作」の末尾近くに現れる一場面だ。安岡は遠藤を悼みつつ同時に吉行をも悼んでいる。遠藤も甦って吉行の死に涙する……。友情は時、ところをかまわず、おのれの欲する対象にたどりつくもののようだ。むろん文壇なんてモノモノしいものもこの時、てんから彼らの頭にはない。

思えば昭和二十年代後半に集まった彼ら「第三の新人」たちは、「戦争責任の亡霊が、このところ毎日のようにわたしの戸口をたたく」といった戦中派の発言を聞きながら、「卑小でも、些細でも、私にとって心の底まで響いてくる何か」を掘り下げようとしていた。彼らが落第、失恋、病気、背信などにこだわったユエンだろう。それゆえまた、少なからず文学上の揶揄、嘲笑も浴びた。デビュー間もなく行われたある雑誌座談会「新人作家文学を語る」をめぐる評もその一つ。『文士の友情』で安岡が紹介する、当時の東京新聞「大波小波」欄から引くと――

「こんな馬鹿げた座談会もめったにないが、発言者たちのバカでズウズウしい態度をみると、当方は泣いていいか笑っていいかわからない」

けれど、言われた彼らはくじけない。「おい、またバカズーの匿名が出てるぞ」と仲間うちを触れてまわる吉行淳之介の陽気さもまた彼らの身上だったからだ。

というわけで、この本では安岡、遠藤、吉行をはじめ島尾敏雄、庄野潤三、小島信夫といった面々がぶつかり合い、こすり合って、彼ら一流の「セッサタクマ」ぶりを見せてくれる。読み終えると、喧嘩もし、途切れもしたが、「われわれの間には、死以外に別離はない」と振り返った安岡の言葉が、いまの世を凡々と過ごす身にもスッと入ってくる仕掛けだ。

お白州に引きすえる者とすえられる者が、じつはもっとも気脈を通じ合った一味同士というのも、それまでの二人の足どりを知れば知るほど味のある筋立て、というものかもしれない。まこと、友は一日にして成らず、の感が深い。

付記　安岡章太郎は二〇一三年一月二十六日、老衰のため都内自宅で亡くなった。享年九十二歳。洗礼名は「トマ」であった。

＊この作品は『開成悪童連通信』No.38（二〇一三年十月）から転載しました。

2014

平成26年

まど・みちおの言葉力 ——ある〈生〉の印象——

この二月末、詩人のまど・みちおさんが百四歳で亡くなった。「老衰で」と報道されたが、あくまで詩作を手放さなかった人の最期を老衰とは何ごとか。こういう死こそ大往生というべきなのだ、と放送作家の永六輔などはラジオでイカっていた。同感である。

私はといえば一九九三年三月、彼が六十年にわたる詩作活動に対して芸術選奨の文部大臣賞を受けるまで、「ぞうさん／ぞうさん／おはなが　ながいのね」の作詞者ぐらいの認識しかなかった。ところがそれを機に、前年の九二年に出版された『まど・みちお全詩集』（伊藤英治編、理論社）を開いてみて事情が一変した。

この本には、一九三四年から八九年にいたる千二百編ほどの彼の作品が収められている。「ふたあつ、ふたあつ／なんでしょか」で始まり、「おっぱい、ほら、ね、／ふたつでしょ」で終わる「ふたあつ」、「しろやぎさんから　おてがみ　ついた／くろやぎさんたら　よまずにたべた」で知られる「やぎさん　ゆうびん」など、どれもがじつにやさしい、具体的な、生きた言葉で書かれている。中身がまた、大人にも子どもにも読む者の心にスッと入ってくる。

だがそれ以上に目をひかれたのは筆者自身の「あとがきにかえて」である。まるまる七頁が、みずから書いた「戦争協力詩」に対する「お詫びにならぬお詫び」で埋まっている。「協力詩」は全体の中で二編。それも本人は書いたことすら忘れていた。だがそういうものがあることを人から指摘されると、八方手をつくして発見し、この本に載せたという。「臭いものにふた」とは正反対のいさぎよさであり、勇気である。

まどさんの述懐によると、彼は戦前から、人間にかぎらず生き物のいのちは、何ものにも優先して守らなくてはならないと考えていた。戦後も、戦争への反省どころか、ひどく迷惑をかけた近隣諸国に、ろくに詫びもせず償いもしない日本政府のやり方に憤ってきた。だから地元の「核兵器廃絶、軍縮を進める区民の会」をはじめ「アムネスティ・インターナショナル」や「キリスト教海外医療協力会」にも誘われるまま参加している。

〈つまり、一方で戦争協力詩を書いていながら、臆面もなくその反対の精神活動をしているわけです。これは私に戦争協力詩を書いたという意識がまるでなかったからですが、それは同時にすべてのことを本気でなく、上の空でやっている証拠になりますし、またそこには自分には大甘でひとさまにだけ厳しいという腐った心根も丸見えです。そしてとにかく戦争協力詩を書いたという厳然たる事実だけは動かせません〉

事実の前に深く首《こうべ》を垂れる姿勢が胸に迫る。しかも書かれた日付は一九九二年四月九日とある。敗戦後のどさくさや意識の乱れにまぎれて発作的に書かれたものとは、わけが違う。八十の坂をゆうに超えた人間が、つい昨日の行為を振り返り、責任をとるといった気迫十分のメッセージである。自身の歴史を抹殺、改変すまいとする強靭な記録者精神の躍動、ともとれる。

それだけではない。まどさんは、自己の内面に光を当てることで、みずからが生きる時代、歴史に、しっかりとつながろうとしている。そのひたむきさがまた、彼の開かれた言葉にのって、ともに歩きつづける同時代人に新しい風を吹きこんでくるようにも思える。

さらにもう一つ、私がまどさんに詩人として人間として惹かれ、信頼したくなった一作をあげておきたい。同じこの本に収められている散文詩「魚を食べる」である。「私は独り者のせいであるか、一日中で、御飯を食べる時が一番もの淋しい」で始まるこの詩は、克明な自己観察エッセーとでも呼びたくなるようなスタイルになっている。

〈三度の食事は、私の一日の生活に於ける内省的なアクセントになっている。私は商売柄（私はこれでも土方の片割れだが）一日中田圃や野っ原を駆けずり廻って、土に、空気に、太陽にまみれ、凡そ盲滅法な生活をしているけれ共、ただ、三度の御飯だけはゆっくり食べる。御飯の一粒一粒を数えるようにして、しんみりと味わい乍ら食べる。そして、ただじんわりと口を動かしている事は、食べていると言うよりも、むしろ大きい自然と共に、見えない真理と共に、呼吸しているような気さえして、不知不識《しらずしらず》に深い思索の旅へ出たりする事もある。（中略）御飯の度に私は何処かへ忘れていた私を探しあてようとする〉

食べるという生存の出発点に思考の根っこを求めようとするこの人の発想に、何にもまして共感がわく。独りで食べるもの淋しさと面と向き合える人なら、おのれの内省にどこまでも耐えられる人に違いない、と合点がいく。それがまた、先ほどの自己批判の深さをしのばせる。

だがその上で、食膳にのった魚そのものに対する観察と感受性の冴えにも眼をそそがねば、この人の何より大事な美質を見落とすことになるだろう。

〈……何と言っても一番しんみりさせられるのは、口の先から脊鰭《せびれ》、胸鰭、腹鰭、臀鰭、尾鰭にいたるまで完全に具わった丸焼きで、殊にギリシャの古代彫刻のように瞳のない白眼をもった魚の場合である。それらの中には口の周囲や腹のへんに塩がかたまり着いていて、鰭の先はうすく焦げてそり返ったりしているのもあるが、そうした一々がも早その魚の魚としての最後の形なのであって何とも知れず美しく見える。（中略）そしてそこには、「魚を殺すのは可哀そうだ」とか、「そんな可哀そうな事をせずには生きてゆけないのが人間である」とかいう、人間的な倫理感からの淋しさも全然ない理ではないが、所詮は殺す身も又殺される身であり、ともども生者必滅のクロッスを背負った生物であるという境地に於て、和《おだや》かに、魚と自分とが一つになって、食べるのではなくて慰め合ってでもいるような気持ちである〉

だれにも身に覚えがありそうで、しかもどこかでしっかりとフタを閉じて見まいとしている感覚でもあろうか。まどさんのすこぶる息の長い文章が、そうした心の暗部を的確につかみだしてみせる。

「ギリシャの古代彫刻のように瞳のない白眼をもった魚」といった言いまわしに見られる生なましさと静かなユーモア感覚。

「所詮は殺す身も又殺される身」であるという、容赦ない生き物世界のリアリズム。

「魚と自分とが一つになって、食べるのではなくて慰め合ってでもいるような」という、魚との親身な（?）つき合い方。

こうして、食べるという行為の普遍性と、まどさんならではの魚一匹との向き合い方とが、ついには溶け合う……。「ぞうさん」から「食べる記録」まで、今なお生きて人々を引きこんでやまぬ、まど・みちおさんの言葉の力の源泉は、このあたりにあるような気がする。

（二〇一四年三月十九日記）

参考資料　千本健一郎『「いい文章」の書き方』（三笠書房）86頁～93頁

「わだつみ」再見

自分の生き方について考えだせば自然、人がどう生きたか、どう死んだかに目が行く。まして生の行方を思案するさなか、むりやり命を絶たれた者の消息は強く心に残る。私の場合その一例が、塩尻公明・元神戸大学教授が「或る遺書について」で紹介した、一青年の生死であった。彼の名は木村久夫。敗戦当時、陸軍上等兵。昭和二十一年五月二十三日、シンガポール・チャンギ刑務所でB級戦犯として絞首刑に処せられた。二十八歳。

思想家・塩尻はかってこの木村を旧制高知高等学校（現高知大学）で教えたというつながりから、一九四八年に前記の一文を雑誌『新潮』に発表したのだった。私が薄っぺらな文庫本で木村青年について初めて知ったのは学生時代の初期、今から五十年以上前のことだ。塩尻の文章のもとになった木村の遺書そのものは現在、岩波文庫『きけわだつみのこえ―日本戦没学生の手記』の最後尾二十四頁にわたって収められている。ここでは両者の文面から、木村久夫の軌跡をたどってみたい。

略歴には大正七年四月、大阪府生まれ。高知高校を経て昭和十七年四月、京都大学経済学部入学、同年十月入営とある。高校入学当初は両親の不和を気に病んで酒をあおり、講義の選り好みもはげしく、教師たちの人望も芳しくなかった、と塩尻は記す。だが高校二年の夏、「初めて社会科学の書を繙」き、「真に学問の厳粛さを感得し、一つの自覚した人間として出発した」と木村は書く。

その彼がなぜ「学半ばにして」戦犯に問われ、極刑に処せられたのか。昭和十八年、木村は南方派遣軍に加わり日本を出発、約一万の陸海軍人とともにインド洋上の一孤島カーニコバル島に上陸、何度かの激戦を経て敗戦を迎えた。島には英語を話すインド人も少なくなく、木村の好むような本を所有する者もおり、彼は戦闘のあいまなど彼らの本を借り受けては研鑽に励んでいたようだ。

こうして英語に熟達した木村は島民に対する指令、調査、処罰などの場面で軍の通訳として欠かせぬ存在となる。なかでも終戦直前、島でスパイ狩りが行われ多くのインド人が処刑されたとき、その逮捕・取り調べに関わったことが彼を不利な立場に追いこんだ。

また木村は後日、日本軍の将校たちから英軍裁判で事実を述べることを「厳禁」され、「それがため、命令者たる上級将校が懲役、被命者たる私が死刑の判決を下された」という事情もある。これには木村も自ら英文の書面で「事件の真相を暴露して訴えた」。だが「上告のない裁判」が下した判決がくつがえることはなかった。しかし、いざ処刑台に送られることが決まって木村が書きつけたことばが、すごい。

「私は何ら死に値する悪をした事はない。悪を為したのは他の人々である。……江戸の敵を長崎で討たれたのであるが、全世界から見れば彼らも私も同じく日本人である。彼らの責任を私がとって死ぬことは、一見大きな不合理のように見えるが、かかる不合理は過去において日本人がいやというほど他国人に強いて来た事であるから、あえて不服は言い得ないのである。……日本の軍隊のために犠牲になったと思えば死に切れないが、日本国民全体の罪と非難とを一身に浴びて死ぬと思えば腹も立たない」

この明るさ、快活さはどうだ。そのうえ、おのれの生死のさなかにあってアジアの人々の生死のありようにも、ちゃんと目をすえている。私たちは、こうした先人の骨を踏みしだくようにして「平和」や「豊かさ」を謳歌していることを、ときに思い返してみる必要がありはしないか。

それだけではない。先のものと接するようにしてこんな一節も出てくる。

「……私一個の犠牲のごときは忍ばねばならない。苦情をいうなら、敗戦と判っていながらこの戦を起こした軍部に持って行くより仕方がない。しかしまた、更に考えを致せば、満州事変以来の軍部の行動を許して来た全日本国民にその遠い責任があることを知らねばならない」

七十年ほど前に「全国民」に「遠い責任」を呼びかけた木村の声が、にわかに切迫感をおびる。気がつくと私たちの身の回りで、木村の生を中断し、死を強要した戦雲の気配が漂いだしているからだ。そんなとき、自身の生死を左右する判決を明晰に受けとめた木村久夫の批評精神の表れを、私たちは再び、引かれ者の小唄同然に聞き流していいものかどうか……。

そんなこんなをあれこれ考えていたら、鼻っ先に四月二十九日付東京新聞（朝刊）が突きつけられた。一面から六頁にわたる大記事で、木村久夫の「別の遺書」が見つかったとの特報だ。

冒頭の塩尻が紹介した遺書は、木村が獄中で最後まで熟読していた哲学者・田辺元の『哲学通論』の欄外余白に小さな鉛筆の文字で書きこまれていた。今回新たに報じられた「もう一通」の遺書は手製の原稿用紙十一枚に書かれていて、遺族に保管されていたという。これは父親宛てで両親や妹に向けられ、先立つ者としての詫びや彼らの今後の「新しき繁栄」を祈る心情がこまやかに書かれている。

同紙はこの全文を掲載して、第一の遺書と併せ読むことで木村の生と死のひろがりを改めて甦らせようとしているかにみえる。

ここでは「別の遺書」の詳細については、その末尾に新たに置かれていたという辞世の歌二首を引き写すにとどめ、木村久夫の戦争をめぐる生死のエピソードを、いったん閉じることにする。

風も凪ぎ雨も止みたり爽やかに朝日を浴びて明日は出でなむ
心なき風な吹きこそ沈みたるこころの塵の立つぞ悲しき

そしてこのあとに一行、「処刑半時間前擱筆す」とある。「朝日」と「塵」の葛藤は、ついに拭うべくもなかったのか。

（二〇一四年六月二十五日記）

八月の幸運

地上には集団的自衛権行使の是非をめぐる激論から若者の貧困問題までがひしめく。天上からは「これまで経験したこともないような」天変地異の種が落ちてくる。気が重い。

そんな一日、下町の本屋のカウンターでB６サイズの身軽なタウン誌を見つけた。『うえの』八月号とある。何より気に入ったのは五十頁ばかりの、「上野のれん会」発行のこの小冊子、二百円のお代はいらぬ、無料サービスでくださるとのこと。巻頭エッセイのタイトル「非常識？」とアーサー・ビナードの筆者名を見て、喜んでいただくことにした。

この人についてはぼくが知っていることといえば――

一九六七年、米ミシガン州生まれ。コルゲート大学で英米文学を学んだ詩人。卒業と同時に来日。日本語で詩作を始め、あっという間に詩集『釣り上げては』で中原中也賞、『日本語ぽこりぽこり』で講談社エッセイ賞をさらった。

ぐらいのものだ。いや、もう一つ、東日本大震災以後、日米にまたがる独自の視点から、彼が活発な原発批判を続けていることにも目をとめていた。

ビナードはこの四頁のエッセイを、山口県宇部を訪れたときのことから書き出す。彼は瀬戸内海沿岸を走る車から、海面から突き出る巨大な二本の筒を見る。一本は浜辺に近い場所、もう一本はかなり沖に。直径は二メートルか三メートル。煙突？

地元の友人が答えてくれた。「通気口というか排気口というか、炭鉱の用語ではピーヤと呼ばれるもので、その両方で換気をやって、坑内に溜まる海水もポンプで汲み上げて排水した」。

つまりは海底炭鉱の残骸だった。

「長生《ちょうせい》炭鉱」の名で石炭採掘が始まったのが一九三二年。「道路の陸側に坑口があって、そこから瀬戸内海の下をぐんぐん掘り進み、二本のピーヤの延長線上に坑道が遥か沖合へ伸びて、枝分かれしながら広がっていたらしい」とビナードは記す。

その宇部・長生炭鉱は一九四二年二月三日朝、沖合一キロあたりで崩落、働いていた百八十三人が命を失った。うち百三十六人は朝鮮半島から連れてこられた労働者だった。しかも百八十三の遺体は今も海中に放置されたままだ、という。それほどのことがありながら、この地には普通名詞の「水没事故」、あるいは当時炭鉱で通用していた「水非常《みずひじょう》」といった呼称しか残っていない——ビナードはそのことに首をかしげる。

そしてこの国の歴史の断面を思い起こす。そういえば山口県にかぎらず九州でも北海道でも、炭夫らが犠牲になった爆発や水没を「非常」とか「大非常」とかいって長らく過ごしてきたではないか、と。その上で彼は推論をすすめる。事故といえば「下々《しもじも》」の思考はつい「事故原因」に向かいがちだ。そこで「どう転んでも責任追及にはつながらない、だれのせいでもないイメージを醸し出す表現」として水非常が定着したのではないか——。

彼はそこからさらに大胆な推論に踏みこむ。長生での水非常から三年半後の一九四五年八月十五日に日本政府が発表した「戦争終結の詔書」を持ち出すのである。

——朕深ク世界ノ大勢ト帝国ノ現状トニ鑑ミ非常ノ措置ヲ以テ時局ヲ収拾セムト欲シ茲ニ忠良ナル爾《なんじ》臣民ニ告ク
これに続くビナードの指摘は鋭い。「失敗も誤算も虚偽も落ち度すらも触れずに、『帝国ノ現状』の具体的な問題に一切言及しない文脈で……（中略）『告ク』までたどり着けたのは、ひとえに『非常ノ措置』の曖昧さのおかげだ」。詔書に現れる「非常」という「なんとも重宝する言葉」が「多用された時代」をみごとに掬いとっている。

最後にビナードはこの七月中旬の、鹿児島県川内《せんだい》原発の合格をめぐる原子力規制委員会の田中俊一委員長発言に目を転じる。「安全だということは、私は申し上げません。再稼働の判断には関わりません」。同委員会は今後、新規制基準を満たしているかどうか判断して原発再稼働のために必要なお墨付きを与える。だが原発が安全か否かについては触れないようだ。同じ原発の合格について問われた菅義偉官房長官も、こう答えたものだ。「原発の安全性は規制委員会に委ねている。個々の再稼働は事業者の判断で決めることだ」

つまり法的にはだれひとり「安全」だとは言わないので、再稼働後に制御不能におちいってもだれも責任を問われない。かくて「この言葉の流れの延長線上にあるのは、『原発事故』の改名ではないか」というのが、権力者相手に「言葉を疑い、言葉とたたかう」ことをめざすビナードの見立てなのである。次は「原発非常」とくるのか。いや「原発」を削って「津波非常」「地震非常」、さらに薩摩川内がメルトダウンを起こしたら「火山非常」と呼ぶかもしれない……。そんなビナードの連想を妄言と笑える人がこの国にどれだけいるだろう。

この国に、なんて大層らしい言い方をした背景をひとつだけ書いておく。彼ビナードは一九五四年、ビキニ環礁で米国の水爆実験で被曝した第五福竜丸を描いて日本絵本賞を受けている（『ここが家だ─ベン・シャーンの第五福竜丸』）。その制作過程で彼は原発の危険性をも警告し続けてきた、同船の元漁師で被曝者の大石又七氏を知る。ビナードは大石氏から、こんな危機意識を受け継いでいるのだ。

「世界を見渡してみると、日本国民も人類もみんな被曝の一歩手前のところにいて、気づきもしない。すぐそこまで迫っているので、いつかはみんなが被曝してしまう日が来るという意識をもって行動しています。みんな第五福竜丸に乗り組んで航海しているのだと」

上野発のちっぽけな文集が、思いもよらぬ視野をもった場所にぼくを連れ出してくれた。これまで、いま、これから、の空気をいっぺんに大きく呼吸できたみたいだ。ぼくはこれを、八月の幸運と名づけておく。

（二〇一四年九月十五日記）

「侮辱」のかなたに

二年ほど前、私はある冊子に「私たちは侮辱の中に生きている」という大江健三郎の言葉を書きつけた。大江がある反原発集会で引いた中野重治の言葉である。それから一年後（つまり二〇一三年暮れ）、一九七七年生まれの社会思想・政治学研究者の白井聡が自著『永続敗戦論＝戦後日本の核心』（太田出版）の冒頭で、大江が引いたのと同じ中野の言葉を引いているのに出会った。やはり同種の反原発集会でのもののようだった。それを見て私は同じ冊子にこう書きこんだ。「事態は停滞しているのか、それとも悪化……？」（注1）

それがどうだ。二〇一四年十二月総選挙の直前にルポライター鎌田慧も自らの東京新聞連載コラムの一編を「侮辱の中で」と題して、こう書いていた。

「戦前、戦中の日本は警察国家で……思想や表現の自由がなかった。いまなお福島の原発が連続爆発し、世論が急速に脱原発に代わっても安倍政権はどこ吹く風、……その横暴を大江さんは……『侮辱』と表現した」

ちなみに「わたしらは侮辱のなかに生きています」は八十六年前に中野重治が発表した短編小説「春さきの風」で、女主人公が政治活動で拘置所にいる夫に書いた手紙の最後の一行だとのこと。以来延々、権力による侮辱はこの列島に張りついて、大江、白井、鎌田らの同時代にまで脈々と流れこんでいる——そんな光景にも見える。

しかも今回の選挙では新種の侮辱までが混入したようなのだ。民はメディアが「選挙に大義名分なし」と言えばその気になって「しらけ」、「自民大勝」予報が出ればそのとおりの結果を生んでみせるお国ぶりが露になった。あげく「戦後最低の投票率」とやらで「一強」党体制が難なくでき上がった。お上から侮辱される前に、すすんで自身をおとしめる一幕、とでもいうか。これはこわい。うとましい。

だが勝負はこれで終わりではない。いい例が沖縄だ。大勝に酔う「一強」党もここだけは四小選挙区すべてで歯がたたなかった。直前に行われた沖縄県知事選でも自民党が推す現職は閉め出された。沖縄は「もう新基地はやめてくれ」という自身の声を自身で発し、自身で聞きとり、自力で現実のものにしようとしている。あまたの歴史的侮辱を食い破ろうとする、必死の快挙と言いたい。

一方ではまた、選挙が去って「一強」党主導の長期政権の姿がのぞき始めた。これにはこんな見方もある。「たかだか五～六年なら諸外国では当たり前。小泉首相は五年やれたから、外交の場でもそれなりの振る舞いをした。一年交代では相手にされない」（原彬久・東京国際大学名誉教授）。そうでなくとも権力は長居したがるもの。またゴンベが種まきゃカラスがほじくる、も世の習い。ならば、ほじられたらまき、またまき、さらにまき、飽きないでいることだ。

テキに力があるとすれば民には数がある。また平和の御代を重ねたお陰で知力、体力にも多少は余裕があるはず。時には選挙を棄権して考えこんだりサボったりで貯めこんだポテンシャリティーもバカにはなるまい。それを活用してみたい。

最後に選挙の影に隠れた格好だが、じつは報道・言論の自由に密着している朝日新聞問題についてふれておきたい。ただここでは紙幅の関係でそのほんの一角、二十三年前に大阪版朝日で韓国人の元日本軍「慰安婦」の匿名証言を報じた植村隆・元同紙記者（五十六歳）の軌跡に限らせていただく。植村氏はその記事で「『女子挺身隊』の名で連行された」と書いたことが後に、「慰安婦」と挺身隊を混同していると批判された。また「だまされて慰安婦にさせられた」との表現が、親に売られキーセン学校に通ったことを隠した、と指弾された。

植村氏が札幌の北星学園大の非常勤講師になったのは『朝日』在職中の二〇一二年。週一回の授業は留学生への「国際交流」で日本の文化や社会事情を講じ、「慰安婦問題」は教えていない。植村氏へのバッシングが強まるのは二〇一四年に入ってから。『週刊文春』二月六日号に「〝慰安婦捏造〟朝日新聞記者がお嬢様女子大教授に」という記事が載った。その後、植村氏の神戸松蔭女子学院大への教授就任契約は解消された。彼、植村氏がいう「慰安婦が強制連行されたのではないのにそれがあったかのように書いたとされ」、多くのメディアから「捏造記者」「国益を侵害した売国奴」呼ばわりされる事態がここから吹き出した。

そして三月、五月と月を追うにつれて北星学園大にも学長、理事長あてに「植村をやめさせろ。やらなければ学生を痛めつけてやる」といった脅迫状が届きだす。大学側も揺れた。だがその後、植村氏を守るための学者、ジャーナリスト、弁護士らの集団が生まれた。呼びかけ人の小林節・慶應大名誉教授の主張はこうだ。「植村さんは失業すると、生存権が脅かされる。未成年の娘さんに自殺を教唆するのは犯罪だ。これがテロでなくて何か」

こうした動きもあり大学側はこのほど植村氏の雇用継続方針を固めた。またこれより先の二〇一四年八月五日付『朝日』は慰安婦特集の検証記事で、①当時は挺身隊と「慰安婦」が同一視されていた、②(取材時の記者は)キーセン学校のことは聞いていなかった、と説明し、「(植村)記事にねじ曲げはなかった」ことを確認した。ただ、これに関連して社会学者・上野千鶴子は、こう指摘している。「『朝日』がいまやるべきなのは『慰安婦報道』の検証ではなく『慰安婦問題』そのものの歴史的検証ではないのか?」。ジャーナリズム全体への問いかけとして聞くべき発言だろう。

メディアを先頭とするむき出しのマス・ヒステリアやテロ同然の言辞は、いったん下火になった気配がする。が、楽観は禁物。メディアの右のうごめきは、とかく民への侮辱を創り出す側と結託したがるものだから。

(二〇一四年十二月二十二日記)

（注1）『開成悪童連通信』No.39（二〇一四年一月）
（注2）本文中「朝日新聞問題」関係の主たる資料は『週刊金曜日』臨時増刊号「『従軍慰安婦』問題」、『文藝春秋』二〇一五・一所載「慰安婦問題『捏造記者』と呼ばれて」（朝日新聞植村隆・元記者独占手記）などに拠った。

2015

平成27年

三方からの言葉

＊　爆撃機から見下ろす視点と地上の人間が体感する光景とは、あまりにも開きがある。一九四五年三月十日の東京大空襲はその一典型だ。ただ「戦後七十年」という語が氾濫する割に、この惨事をどうとらえるかについてその後、日米両国民がどれだけ論議を闘わせようとしただろう。そこは案外双方にとって、意識の空白部でありつづけているのではないか。米国人作家があの三月十日を日本語で書き下ろした小説『紅蓮の街』（現代思潮新社、二〇一五年一月）を読んで、まずそんなことを思った。

著者フィスク・ブレット（四十三歳）は日本の真珠湾攻撃と同じ十二月七日（米時間）が誕生日。「パールハーバーボーイ」とよばれて日米関係に興味をもつ。九二年来日。日本人と結婚。神奈川県内で英会話教室を経営しつつ日本語と日米関係史を独学。書道四段、空手初段でもある。本書の表題には燃えさかる焼夷弾の炎の色と未来への祈りをこめたという。

作品の前半には、膨大な米軍の報告書と少なからぬ日本人被災者の話をふまえた、リアルな描写がつらなる。が、著者の主眼はむしろ、「米国には空軍の視点からの情報しかない。地上の市民の実態を知ることが重要」ということにあった。大方の米国人は広島、長崎の原爆投下は知っていてもこの大空襲の詳細は知らない。せいぜいが「戦争の早期終結のためにやむなし」止まりにみえたからだ。

後半ではこうした意識を共有する米国人記者ジョセフが戦争直後の東京取材に現れる。案内役は自らも母を炎に巻かれて失った日本人女性晶子。二十八歳。父は戦時中も反戦思想を手放さぬ牧師だった。二人の取材行が重なるにつれて被害・加害をめぐる両者の受け取り方の差異がひろがる。ジョセフはいぜん、無差別爆撃は侵略戦争を早く終わらせるための「必要悪」だったと思いつづけている。晶子はついに、その彼に向けて強く反論する。「〈必要悪〉でも、悪は悪。あなたの国はそれを忘れてはなりません。悪と対決するためと言っても、自分たちも悪に染まってしまったのです」。そのすぐあとに二つのセンテンスがくる。「ジョセフは静かに考えた」「晶子は待ったが、ジョセフは何も言わなかった」。

ここでやっと会うべき人間同士が会い、交すべき言葉（と沈黙）を交しだした。戦争体験の風化どころか、大空襲をめぐる新しい視角なり言葉なりが芽吹こうとしている……。

＊「袴田は、捜査機関によりねつ造された疑いのある重要な証拠によって有罪とされ、極めて長期間死刑の恐怖の下に身柄を拘束されてきた。無罪の蓋然性が相当程度あることが明らかになった現在、これ以上、袴田に対する拘置を続けるのは耐え難いほど正義に反する状況にある」。昨年三月末、再審を訴えていた死刑確定囚・袴田巌さん（当時七十八歳）に出された静岡地裁（村山浩昭裁判長）の「決定」である。ただちに再審開始決定と釈放が決まった。四十八年後の生還だった。

一九八〇年代には免田、財田川、松山、島田の各事件と四人の確定死刑囚の再審開始がつづいたが、釈放はその数年後、やり直し裁判で無罪判決が確定されてからだった。袴田さんの場合は「拘禁反応」が進んでいたことも考慮されたようだ。何年も面会に通っていた実姉の秀子さん（八十一歳）を認識できないほど精神が病んでいたのだ。彼が「宇宙」や「神」と「交信」できるようになったのは三十五年前の一九八〇年十二月、最高裁が死刑を確定してからのことだった。近くの房の確定死刑囚が看守に連れ出され、帰ってこなかった。その話を聞いてから彼はしだいに変調をきたしたという。

二〇一四年五月、釈放後はじめてある集会で袴田さんに接したルポライターの鎌田慧は愕然とする。同じ演壇に座っている鎌田には、袴田さんが語る言葉としてはおよそその場にそぐわない、「松尾芭蕉に学べ」といった語句しか聞きとれなかったからだ。もう一つ衝撃的だったのは、弟が意味不明の長話をつづけるあいだ、「子どもを見詰めるような表情で言うにまかせている」秀子さんの姿だった。「それは身内の恥ではない。『身体は解放されたけれど、こころは獄中のまま』。不当な拘禁によってこのような状態にされてしまった弟を、そのまま認めて下さい、という姉の愛情表現なのだ」と鎌田はとった（『週刊金曜日』二〇一五年二月十三日号）。

その後、袴田さんがいくつかの集会で発し、鎌田が拾いあげた言葉には「未開示証拠」「冤罪」などがまじるようになる。「あとは薄紙が剥がれるように、記憶が回復するのを待つだけのようだ」。鎌田は粉々にされた彼の言葉に聞き入ることで、冤罪に踏みしだかれた人間のありようを凝視している。

＊　彼・若松丈太郎（七十九歳）の詩文に接したのは、東電福島第一原発爆発直後の

二〇一一年五月のことだ。騒動の尻馬にのるようにして、少しはものごとの深みに触れよう、考えるべきことを考えねば、と耳をすましてみたのが出発点だった。一九七一年の第一原発完成後、その存在こそが地域の文化・歴史を危ぅくするもの、と彼の目には映った。以来、原発三十キロ圏内の南相馬市に暮らすものとして、「つねに意識せざるをえないもの」となった。もし事故が起きたら、放射能汚染の拡散を前に十数万の住民の消えるべき先はどこか……。そして詩人の予測、予感どおりの事態が起きた。若松の苦渋の表情はさらに深まった。「放射能汚染をはじめ自分たちだけで処理しきれない過重な負の遺産を後代に託すのは不遜というべき行為だ」と感じたからだ。

それから四年後の今、最近刊の詩集『わが大地よ、ああ』（土曜美術社出版販売、二〇一四年十二月）のあとがきに、若松はこう書きつけた。「核災はまた、未来への想像力を駆りたてる必要をわたしたちに対して求めている。……もし存続しているのであれば十万年後を生きる末裔たちに、わたしたちが犯した罪――核を悪用し誤用し、さらには処理できずにいることの罪――について伝え、謝罪しなければならない」

爆撃、冤罪、福島。三方からの言葉は、こちらもよほど心して刻字しておかねばなるまい。

（二〇一五年三月二十四日）

千本健一郎　編著書・訳書一覧

著書

『「いい文章」の書き方』

（三笠書房・1994年、1999年に〈知的生き方文庫〉から刊行）

『「書く力」をつける本』

（三笠書房・1998年）

共著

『1945～1971 アメリカとの26年』

（新評社・1971年）

『生きる・創る・話す――にんげん訪問』

（朝日ソノラマ・1981年）

『日本国憲法の世界』

（かのう書房・1985年）

訳書

『ラテンアメリカの小さな国』

（ジョーン・ディディオン著、晶文社・1984年）

『イスラエルに生きる人々』

（アモス・オズ著、晶文社・1985年）

『アラブ人とユダヤ人 「約束の地」はだれのものか』

（デイヴィッド・K.シプラー著、朝日新聞社・1990年）

『ヨルダン川西岸――アラブ人とユダヤ人』

（デイヴィッド・グロスマン著、晶文社・1992年）

『贅沢な戦争――イスラエルのレバノン侵攻』

（アモス・オズ著、晶文社・1993年）

『ユダヤ国家のパレスチナ人』

（デイヴィッド・グロスマン著、晶文社・1997年）

解説

千本さんと私――『朝日ジャーナル』のころ

邨野継雄

今、私の机の上に懐かしい雑誌が一冊置いてある。『朝日ジャーナル』最終特別号（一九九二年五月二十九日発行）だ。故・千本健一郎氏のご遺族からお借りしたもので、開いてすぐあたりの頁に、朝日ジャーナル編集部に集まったスタッフの面々の写真が大きく掲載されている。編集部解散に際しての記念写真だろう。十五人ほどいる中のいちばん右端に長身痩躯、腕を組んでやや睨み付けるようにこちらを見ている千本さんがいる。まだ五十代後半だったと思うが、眼光鋭く人を見据えるその眼差しが懐かしい。

このころの私はまだ四十歳を少し越えたばかりで、その何年か前からフリーの記者として朝日ジャーナルの編集部に出入りしていた。私が週刊朝日編集部の外部スタッフとして関わるようになったのは、それよりだいぶ遡る学生時代のころ、まだ朝日新聞社の社屋が有楽町の日劇横にあった時代だ。当時は社員ではない人間が、編集部の部屋に勝手に入ることは許されず、編集部手前の応接室で打合せをしたものだった。築地の新社屋に移ってからは、フリーランスでも自由に出入りができるようになったのはうれしい変化だった。

ある日、隣の朝日ジャーナル編集部に旧知の記者を見つけたので、ちょっとお邪魔したことがあった。たまたま空いていた席に腰をかけて、その知人と話し込んでいたところ、後ろに人の気配がして振り返って見ると、なんだか所在なさげにうろうろしている人物がいる。

あっ、そうか、とその人の様子で気づいた。私が無断で座っているのはその人の席だった。「スミマセン」と慌ててイスから立ち上がった私に、「いいんだいいんだ、そのままどうぞ」と逆に遠慮がちに言われてしまった。

私が千本さんと言葉を交わしたのはこのときが最初だった。週刊朝日を根城にしていた私に朝日ジャーナル副編集長の千本さんから声をかけていただいたのは、それから間もなくだったと思う。私と隣席の記者との会話から私の仕事の守備範囲を類推してくれていたようで、前述の記者に「ちょっと邨野くんを貸してくれないか」と仁義を切ったらOKが出たんだよ、とあとで教えてくださった。

以来、週刊朝日に足場を置きつつ、千本さんのもと、朝日ジャーナルの編集スタッフとしても仕事の場を広げていくことになった。朝日ジャーナルは、六〇年代から七〇年代にかけてジャーナリズムの花形ともいうべき雑誌で、全共闘世代を中心とする学生や社会人の多くに読まれていたと思う。

しかし八〇年代に入ってからは次第に部数も低迷してゆき、九〇年代に入って間もなく休刊の時を迎える。時代の空気に抗えなかったということだろう。

朝日ジャーナルなきあと、千本さんが仕事の軸を移したのは、出版局での書籍の企画・編集だった。本書中「切なる願い」（一九九五年）にも書かれている全十巻本の『二十世紀の千人』の制作に際しては、立ち上げの企画段階から相談を受け、執筆者の一人としても起用してくださった。感謝に堪えない。

私が千本さんと最も近しく仕事をしたのはこのころがピークだったように思う。『二十世紀の千人』の刊行を成し遂げたあと、無事定年を迎えられた千本さんのエネルギーは、本書ができるきっかけでもある朝日カルチャーセンター・千本文章教室や大学の講師という「教える」側の立場に傾注されていくことになる。

私はその後も、週刊朝日の仕事を続けて現在に至るが、定年で朝日を去った千本さんとは会う機会もめっきり減っていった。余談だが、二〇一一年に『朝日ジャーナル』復刊特別号が企画された際には、企画・編集の取りまとめ役を任された。刊行直後に、三・一一の東日本大震災に遭遇するが、復刊号の執筆陣の一人辺見庸氏の文章がまるでその災害を予言しているような内容で大きな話題となったことは懐かしい思い出でもある。


さて、そんな私に振られたのは、本書の解説という役回りだ。が前述のように私と千本さんがご一緒したのはたかだか数年間のことで、今、当時をじっくり振り返ってみても、千本さんのことをどれだけ知っているか……甚だ心もとない。今回、ここに収めてある文章を読んでみて、私の知らなかった千本さんの新たな面を教えてもらった、というのが正直な感想でもある。

仕事をご一緒するなかで、その思想の一端を垣間見ることはあったものの、全容がわかるものではなかった。

ただ、千本さんのもと、編集者であったりライターであったりした私に向かって言われたアドバイスとも叱咤ともとれる口調を思い出しながら読んでいると、ああ、千本さんがここにいる、とストンと腑に落ちる瞬間が何度も訪れ、とても懐かしい感覚に包まれた。この何年か、いわゆる〝反知性主義〟が席巻する世の中と成り果てた感のあるなか、千本さんの文章には、いまや死語かもしれない「リベラルな知識人」の良き平衡感覚が息づいているのを感じて、ノスタルジーを覚えてしまうほどだ。

千本さんと同時代に朝日の紙価を高めたジャーナリストには、筑紫哲也、降幡賢一、外岡秀俊など、すぐに名前が出てくる人がいる一方、私が間近に接した無名の記者にも、多くの優秀な方がいたのも事実で、一時期とはいえ、そんな方々に囲まれて仕事ができたことは幸運だったように思う。

こうした私の来歴に信頼を寄せてくれての原稿依頼だったと思うが、昨年発覚した病が思わず長引いてしまい、いまだ療養中の身とあっては、長尺の文章をものすることもかなわず、本来であれば、ゆっくり時間をかけて解説文を仕上げるところ、このような思い出話で済ませる仕儀になったこと、どうかご寛恕いただきたい。

本書所収の文章は、一九八七年から約三十年、昭和から平成にかけて書き継がれてきたものだが、普遍的なテーマを孕んだものも多い。今回まとめられたことで散逸のおそれがなくなったのは意義のあることだと思う。これからジャーナリズムの門を叩こうとする若い人に是非読んでいただきたい。

千本さんが亡くなってもう三年になるが、肉体は消滅しても、書かれた文章はこうして一冊の書物になれば永遠の生命をもつ。読まれることによって、その一文一文の中に息づいている優れて良質なジャーナリストの精神が、次代へ、そしてその次の世代へと延々と引き継がれていくことを願ってやまない。

二〇二二年三月吉日

謝辞

本書刊行にあたっては、次の方々に大変お世話になりました。

故・千本健一郎氏のご遺族であり著作権者である千本寛子様と千本拓朗様。故人の遺された文章を本書籍にまとめて刊行するご許可をいただけたばかりでなく、ご相談の折には千本氏の往時の思い出話などもお伺いできて、編集作業を潤いのあるものにしてくださいました。

朝日カルチャーセンター・千本文章教室の生徒さんのお一人、竹内素子様。教室在籍中より文集『一ぷらす一〇〇〇』や『作品集』の制作に関わってこられ、文集の印刷物とデータを長年にわたって大事に保管されていました。今回、お忙しいなか、それらを取りまとめてご提供くださいました。

朝日カルチャーセンター・新宿教室様。文集『一ぷらす一〇〇〇』の発行元として、本書制作を快くご了解くださいました。

「開成悪童連通信」編集代表の窪田聡様。同通信から『作品集』に転載された千本氏の文章を、本書に再転載することをご快諾いただきました。

右の方々のご協力なしに本書の刊行はあり得ませんでした。ここに記して感謝申し上げます。ありがとうございました。

著者プロフィール

千本 健一郎（せんぼん けんいちろう）

1935年 東京生まれ
1965年 朝日新聞社入社
「週刊朝日」記者、「朝日ジャーナル」記者・副編集長・編集委員などを経て、出版局スタッフエディター
1985年から2015年まで30年にわたって朝日カルチャーセンター・文章教室の講師を務める
2019年 歿

よく生きることは よく書くこと
ジャーナリスト 千本健一郎の文章教室 1985-2015

2022年4月12日 初版第1刷発行

著　者 千本健一郎
発行者 馬場先智明
発行所 株式会社 静人舎
〒157-0066 東京都世田谷区成城4-4-14
Tel & Fax 03-6314-5326
デザイン 鈴木伸弘
印刷所 株式会社 エーヴィスシステムズ

ISBN978-4-909299-18-5